国家安全法治研究丛书

数字时代的货币

风险和监管

Currency in the Digital Era

Risk and Regulation

沈 伟 主编

上海交通大学出版社
SHANGHAI JIAO TONG UNIVERSITY PRESS

内容提要

除了新的商业形式和新的商业资产之外,数字经济背景下传统的国家主权货币正在发生变化。数字经济时代的金钱随着第四代工业革命的展开而呈现出新的技术、社会和法律特征。以中央银行数字货币和平台主导的数字货币成为具有代表性的替代货币形态。本书主要讨论欧盟和太平洋等法域的央行数字货币、非同质化代币、代币的基本特征和监管政策,以及在此背景下的监管范式和监管规则的变化和发展。

图书在版编目(CIP)数据

数字时代的货币:风险和监管 / 沈伟主编.
上海:上海交通大学出版社,2024.12 -- (国家安全法治研究丛书). -- ISBN 978-7-313-31779-7
Ⅰ. F713.361.3
中国国家版本馆 CIP 数据核字第 2024R4Q859 号

数字时代的货币:风险和监管
SHUZI SHIDAI DE HUOBI: FENGXIAN HE JIANGUAN

主　　编:沈　伟
出版发行:上海交通大学出版社　　　　　　　地　　址:上海市番禺路 951 号
邮政编码:200030　　　　　　　　　　　　　电　　话:021 - 64071208
印　　制:苏州市古得堡数码印刷有限公司　　经　　销:全国新华书店
开　　本:710 mm×1000 mm　1/16　　　　　印　　张:17.75
字　　数:269 千字
版　　次:2024 年 12 月第 1 版　　　　　　　印　　次:2024 年 12 月第 1 次印刷
书　　号:ISBN 978 - 7 - 313 - 31779 - 7
定　　价:72.00 元

国家安全法治研究丛书

编　委　会

总主编：董卫民

编　委：沈　伟　韩　燕　杭　燕　巫社广

总　序

　　国家安全是安邦定国的重要基石，围绕国家安全法治开展多视角、多领域、多法域和多方法的深度研究，是学习和落实总体国家安全观的现实需要。法治是治国理政的基本方式，保障国家安全是现行法律的应有之义。有感于此，我十分乐意为这套国家安全法治研究丛书写序，既为推荐，更是共勉。

　　法律是治国之重器，良法是善治之前提。从社会主义法制到社会主义法治，从依法治国到全面依法治国，从形成中国特色社会主义法律体系到建设中国特色社会主义法治体系，一幅波澜壮阔的法治画卷正在徐徐绘就。党的十八大以来，我国的国家安全法治建设取得历史性成就，发生历史性变革，以《中华人民共和国国家安全法》实施为引领，《反恐怖主义法》《网络安全法》《香港国安法》等 20 余部国家安全专门立法接连出台，110 余部含有国家安全条款的法律法规相继制定、修订。我本人从事法治研究 40 余年，时至今日，最直接的感悟就是中国法治环境的持续改善，法治为强国建设提供了坚实支撑。

　　当前，世界百年未有之大变局加速演进，以中国式现代化全面推进中华民族伟大复兴进入关键阶段，面对风高浪急甚至惊涛骇浪的重大考验，我们所面临的国家安全问题的复杂程度、艰巨程度明显加大，如何维护国家安全，法治既是当务之急，又是重中之重。

　　本系列丛书以国家安全为主轴，对传统安全和非传统安全的各个领域展开系统化研究，既有美国高校使用的专业课教材，也有国际前沿领域专家学者论文的精选；既有国家安全问题的专著，也有专题文献的汇总。每一部书深入、详尽地分析与国家安全有关的理论、案例、问题和制度，从一个核心问题出发，由浅及深地阐述，有助于读者在国内法、比较法和国际法的不同视野下，在世界之变、时代之变、历史之变的大背景下理解国家安全法治的重要意义，了解其他国家的国家安全法律体系和制度，特别是思考在非传统安全领域的新型安全问题所面临的风险和挑战。本系列丛书将开放地吸收国家安全研究的最新成果，将我国和世界其他国家的经验、教训、理论、实践加以归纳和总结，以达到探讨、反思、学习和借鉴的目的。

对我而言，阅读本系列丛书的过程，也是进一步学习和研究国家安全法治的过程。世界各国几乎都有保障国家安全的立法，美国是国家安全法律体系最为完备的国家，最早专门就国家安全进行立法，从1787年通过《美利坚合众国宪法》之后，又陆续出台了国家安全领域的综合性、系统性法律法规，国家安全立法可谓贯穿其整个历史，涵盖内容无所不及。因此，全面理解和认识美国的国家安全法律体系，特别是在中美关系日益复杂、美国全面遏制我国的背景下，对我们做好国家安全工作有着重要的借鉴意义。

我国的国家安全法治体系建设，需要在理论研究方面有所挖掘和创新，更好服务国家安全的战略需求，需要在实践层面有所探索和突破，从法律制度的运行实践中发现问题、总结经验、认识规律，推进国家安全体系和能力现代化。此外，非传统国家安全领域和新兴国家安全议题值得关注。进入数字时代，数字经济是继农业经济、工业经济之后的主要经济形态之一，是高质量发展之路的重要引擎，是新一轮国际竞争重点领域。例如，数字货币这一挑战国家现有主权货币的重大变化，有可能成为未来金融体系的重要组成部分，中国也在积极研发和推出央行数字人民币，走在全球前列，为数字经济竞争创立新的优势。与此同时，数字货币也产生了一系列风险，例如价格波动、安全性问题和监管难题等，需要加强法律制度建设。本丛书对于数字货币的系统研究尤其具有现实意义。

利莫大于治，害莫大于乱。国家安全是国家发展的重要基石，确保国家安全和长治久安必须在法治的轨道上，久久为功、驰而不息。

是为序。

周汉民系全国政协常委、民建中央原副主席、十三届上海市政协副主席、上海中华职教社主任、上海公共外交协会会长。

前　言

哈耶克在其晚年的著作《货币的非国家化》一书中提出将自由竞争引入货币领域，废除中央银行对货币的垄断，允许私人发行货币，可以通过竞争产生最好的货币。区块链技术的发展催生了数字货币，使得哈耶克的理论命题进入实践阶段。

数字货币已经不再是一个停留在纸上的话题，它已经进入法律的现实图景之中，例如，央行数字货币是否能够推动人民币国际化；数字货币能否躲避金融制裁；反洗钱要不要反数字货币洗钱；等等。数字货币的案件已经出现在司法实践中，例如，当事人约定以数字货币方式支付的合同是否具有法律上的有效性，能否得到法院的司法确认和执行。加密货币行业游说和竞选捐款已经成为华盛顿重要的政治力量，美国大选成为比特币和加密货币公司增长的催化剂。美国证监会对加密货币行业的态度决定了行业发展的重要因素。技术的发展已经改变了传统货币和支付的方式，我们已经对无现金交易习以为常。可能在不远的将来，我们将不记得传统纸币是什么样子。

一般认为，我国的电子货币和无现金支付方式是世界领先的。其实，其他国家和地区的电子货币和无现金支付方式也发展迅速。本书主要讨论欧盟和太平洋等法域的央行数字货币、非同质化代币、非金融代币的基本特征和监管政策，以及在此背景下的监管范式和监管规则。由于这些法域允许央行数字货币之外的数字货币存在，这些法域的监管更有参考意义，维度也更加丰富。本书向读者呈现出其他法域数字货币的发展态势、市场结构、监管回应和政策制定，既为我们理解数字货币的运用场景和风险提供了个案和国别研究的素材，也为我国数字货币的发展提供了比较视野。

沈　伟

2023 年 3 月 20 日

CONTENTS |目录|

第四次工业革命中金钱的概念：基于法律和经济的分析
　　………………　埃米利奥·阿夫古利亚斯　威廉·布莱尔
　　　　　　　　（钟凯伦　译　胡志杰　沈伟　校）　1

中央银行数字货币：对部分太平洋岛国特有问题的潜在回应
　　………………　安东·N. 迪登科　罗斯·P. 巴克利
　　　　　　　　（芦心玥　译　陈徐安黎　沈伟　校）　36

加密经济中的央行数字货币：基于欧洲单一市场和机构建设的试验性提案
　　………………………………………　艾里斯·H. Y. 邱
　　　　　　　　（郏遥瑶　译　陈星忆　沈伟　校）　68

探讨非同质化代币的资产化和金融化：机会以及监管法规
　　………………　艾里斯·H. Y. 邱　杰森·G. 艾伦
　　　　　　　　（陈星忆　译　郏遥瑶　沈伟　校）　121

让代币与交易脱钩：超越对 ICO 的投资监管政策
　　………………………………………　艾里斯·H. Y. 邱
　　　　　　　　（傅子洛　译　赵伊　苏可桢　校）　155

数字金融平台：走向新的监管范式
　　………………　德克·A. 泽切　威廉·A. 伯德希尔
　　　　道格拉斯·W. 阿纳　罗斯·P. 巴克利
　　　　　　　　（黄诗轩　译　张嘉欣　沈伟　校）　187

欧盟对数字金融价值链的监管：《金融工具市场指令Ⅱ》、数字一揽子
　　计划以及两者之间的巨大差距
　　………　埃米利奥·阿夫古利亚斯　艾莱克山杜洛斯·色瑞塔克斯
　　　　　　　　　　　　　　　（胡志杰　译　钟凯伦　沈伟　校）　241

后记……………………………………………………………………… 271

第四次工业革命中金钱的概念：基于法律和经济的分析

埃米利奥·阿夫古利亚斯　威廉·布莱尔*

钟凯伦　译　胡志杰　沈伟　校

摘要： 本文探讨了第四次工业革命给我们对货币的理解带来的一些变化。笔者的分析并不表明唯一有效的货币形式仅是由国家提供或支持的货币。笔者认为，如果其不被认为具有某种形式的合法性，类似货币的支付手段不太可能被证明是长期可持续的。尽管如此，仅凭合法性不足以证明新的支付工具有资格成为货币，它们还必须证明能够作为交换或支付手段。价值的急剧下降会降低支付承诺的可信度，从而降低用户的信心以及信任。就像接受即期付款一样，使用货币作为通用的价值衡量标准是法定货币（和金属货币）最重要的特性之一。在困难时期保持价值至关重要，因为新资产有能力作为价值的衡量标准，符合人们对货币的普遍看法。必要的调查应以对工具的跨期行为的实证研究为基础。笔者认为，除了法定货币之外，最终有资格成为"货币"的工具应该通过合法性和相对保值性的双重考验。这种做法并不意味着要恢复"金属规则"，因为它会限制货币的自由流通。这是一个对不受国家意志支持的支付手段必须表现出的具有准货币或类货币地位特征的实用主义的重新制定。因此，表现出高波动性的资产不太可能履行"货币"的功能，如果它们符合"投资"的条件，就应该按照投资法进行

---

* 埃米利奥·阿夫古利亚斯(Emilios Avgouleas)，爱丁堡大学国际银行法及金融讲席教授，香港大学客座研究教授，欧洲政治经济学院客座教授；威廉·布莱尔(William Blair)，伦敦玛丽皇后大学商法研究中心金融法和伦理学教授，欧洲监管机构上诉委员会第一任主席(2012—2019年)，伦敦商事法院前法官，自2016年起担任商事法院主管法官。感谢查尔斯·古德哈特教授、多纳托·马西安达罗教授以及其他匿名审稿人的评论和鼓励。

处理。

关键词：货币；支付手段；法定货币；金属规则；投资

一、引言

货币的起源深陷历史泥潭，目前没有确切迹象表明货币发迹于何处。似乎在"许多社会中，货币起源与接受白银（或者其他商品）作为货币有关"。[①] 自美索不达米亚在公元前 3000 年以来，白银一直被用作交换媒介、记账单位和价值储存的手段。[②] 在纯粹的经济术语中，货币的使用受到这样一个事实的刺激：它可以作为一种简单的方法来衡量价值（记账单位）。[③] 因此，它可以加快交换和商业活动，因为易货贸易充斥着摩擦。因此，货币也成为主要的交换媒介或者支付手段，不仅可以用于购买商品和服务，而且可以用于偿还债务。在近现代的大部分时间里，"货币"一词成为法定货币的同义词。后者是一种没有金属实体的货币形式，而是拥有主权国家的批准。[④]

法定货币被广泛认为具有货币的三种经典功能：计价单位、价值储存、交换或支付手段。这并不意味着所有的法定货币都是特许货币，因为银行存款包括在 M1 中，而 M1 是衡量货币流通的最狭窄的标准。[⑤] 存款或是银

---

① R. J. van der Spek & Bas van Leeuwen. Money and Trust in R. J. van der Spek & Bas van Leeuwen eds. *Money, Currency and Crisis: In Search of Trust, 2000 BC to AD 2000*. UK：Routledge Exploration in Economic History，2018.

② R. J. van der Spek & Bas van Leeuwen. Money and Trust in R. J. van der Spek & Bas van Leeuwen eds. *Money, Currency and Crisis: In Search of Trust, 2000 BC to AD 2000*. UK：Routledge Exploration in Economic History，2018；Christine Desan. *Making Money: Coin, Currency and the Coming of Capitalism*. UK：Oxford University Press，2014.

③ Feng Zhu. Money and Finance in the Digital Age: Some New Developments. in Marlene Amstad *et al*, eds. *Central Bank Digital Currenty and Fintech in Asia*. Asian Development Bank Institute，2019.

④ 格奥尔格·弗里德里希·纳普（Georg Friedrich Knapp）是宪章主义货币观的主要支持者，他认为"货币总是意味着宪章的支付手段。我们称每种支付方式为金钱。因此，货币的定义是一种宪章主义的支付手段"。关于讲述金属法则与查塔尔主义货币理论区别的主要著作，出自著名的伦敦政治经济学院（London School of Economics）经济学家查尔斯·古德哈特之手。Charles A. E. Goodhart. *Money, Information and Uncertainty*. Cambridge, Mass：MIT Press，1989；Charles A. E. Goodhart. The Two Concepts of Money: Implications for the Analysis of Optimal Currency areas. *European Journal of Political Economy*，Vol.14，No.3，1998，p.407.

⑤ M1 包括货币供应中流动性最强的部分，因为它包含可以或者可以迅速转换为现金的货币和资产。M1 由实物货币和硬币活期存款组成，以及旅行者的支票、其他可支票存款和可转让的提款账户，不包括金融资产，例如储蓄账户和债券"近期货币"；储蓄存款货币市场证券共同基金和其他定期存款被包括在更广泛的 M2 指标和"近期货币"项目；存单（CD）包括在 M3 中。

行贷款的结果，或是根据部分准备金原则所产生的银行贷款。部分准备金原则与所谓的私人货币创造密不可分。[①]

另一种不那么形式主义的货币观认为，货币是以信任为前提的，而信任是社会正常运转的基本要素。在这种视角下，虽然金钱是一种特殊的交流形式，但其仍可以被视为一种类似于信件、短信或新石器时代洞穴绘画的交流形式。从本质上讲，这种方法强调了金钱的另一个方面：社会接受度。

最近在计算能力、数字交易、数据存储、决策去中心化和大数据算法处理方面的进步（合称为第四次工业革命），为我们关于货币如何交付的理念增加了一个全新的维度，即加密货币的数字资产。加密资产，[②]即加密货币既不构成对债务的承认，也不包含任何兑付承诺，但它们仍然可以用作基于习惯和接受的交换手段。但是，这项新技术是否改变了货币的法律性质及其用途，或者仅是重新包装了货币的交付方式？[③] 基于技术的资产（代币），例如加密货币和计划支付形式（Facebook 的天秤币）声称拥有与货币相同的实用性。这些工具似乎编织了一张充满复杂挑战的厚网。这些挑战包括法定货币在支付领域（尤其是在汇款等国际零售支付领域）可能（部分）被取代，以及预计未来政府在货币垄断权方面将面临的挑战。更为根本的是，新的支付形式所附带的大量数据引起关于其保护、滥用和可能造成损害的若干问题。[④]过去，这些问题从未以相同的方式与货币联系在一起。

现金（或法令）的大规模转移也可能导致新形式的社会和政治控制，因为即使是央行的数字货币也可能受到现金持有者所不知道的控制。这些新的支付方式可能出现问题的其他例子还包括金融稳定风险，这些风险可能

---

① Michael McLeay, Amar Radia & Ryland Thomas. Money Creation in the Modern Economy. *Bank of England*. https://www.bankofengland.co.uk/ton-in-the-modern-economypdf?1a＝en&hash＝9A8788 FD44A62D8BB927123544205CE476E01654.

② 对加密资产最常见的定义为：① 数字（无形）档案；② 可以通过加密认证（密钥）来控制和转移；③ 通过使用分布式分类账技术"创建"、存储和转移；④ 可以分散，没有中央机构负责维护分类账；⑤ 受制于参与者共识建立的管理规则。这些规则由社区（电路、系统）中称为节点的关键部分实施。

③ 有人说："这些新的货币形式相对于它们所基于的技术来说是新的，但是当我们考虑它们的基本法律概念框架时，就不那么新了。" Andreas Rahmatian. Electronic Money and Cryptocurrencies (Bitcoin)：Suggestions for Definitions. *Journal of International Banking Law and Regulation*, Vol.34, No.3, 2019, p.115；Andreas Rahmatian. *Creditand Creed: A Critical Legal Theory of Money*. London：Routledge, 2019.

④ Lord Hodge. The Potential and Perils of Financial Technology：Can the Law Adapt to Cope? United Kingdom Supreme Court, https://www.supremecourt.uk/docs/speech-190314.pdf.

附加在任何未来的银行稳定币或类似天秤币的代币上。此外，数字支付手段还面临欺诈风险。

本文探讨了第四次工业革命给我们对货币的认识带来的变化。笔者专注于更广泛意义上的新型数字支付手段。这些新的支付手段包括新兴的比特币类加密资产，它们被归类为交换代币和计划中的交换工具，例如天秤币和银行稳定币。天秤币和银行稳定币与加密资产共享相同的技术基础设施，但它们本身并不是加密货币。[①]

技术带来的货币"打包"和交付方式的转变也延伸到法定货币，这种货币可能很快就会以所谓的央行数字货币（CBDC）出现。预计这些债券将是法律认可的"货币"和一种持久的支付手段，当然这取决于债券发行人的地位和财政信誉。类似地，技术在类似货币的工具的"包装"和交付中的应用可以扩展到可能在全球（批发）支付中发挥作用的代币的创造，挑战美元对全球支付系统的控制。在这种背景下，最具特色的想法是马克·卡尼的"合成霸权货币"的概念，[②]尽管这一想法的实施可能面临几个关键的挑战。

电子货币和使用数字支付系统结算交易的做法由来已久，尽管 Visa 和支付宝等系统使用法定数字货币进行结算。同样，在过去的自由银行时期，

[①] 美国监管机构根据豪伊测试（Howey test），将这些工具中的大部分视为证券，对什么是投资采取广泛而实用的方法，而不是形式主义的方法。例如，美国证券交易委员会（SEC）最近的一篇论文指出："所谓的'豪伊测试'适用于任何合同、计划或交易，不管它是否具有典型证券的任何特征。豪伊测试的重点不仅在于工具本身的形式和条款……还在于数字资产周围的环境，以及它被出售、出售或转售（包括二级市场销售）的方式"。SEC. *Framework for "Investment Contract" Analysis of Digital Assets*, *Public Statement of the Strategic Hub for Innovation and Financial Technology*. p.1. 欧洲大陆的监管机构并没有完全采用这种方法，因为证券的法律性质与公司法和合同权利密不可分，这些证券包含了向股东和债券投资者提供治理或财务权利的内容。英国的金融行为管理局（FCA）更是没有采用这种方法，虽然它承认投资、交易（类货币）和公用事业加密资产之间存在重叠，但也承认存在 3 种不同的类别。See also Autorité des Marchés Financiers. *Discussion Paper or Initial Coin Offerings（ICOs）*, online: Autorité des Marchés Financiers, http://www. amf-france. org/en _ US/ Actualites/Communiques-de-presse/AMF/annee-2017?docId＝workspace9o3A9o2F9o2FSpacesStore9o2 F5097c770-e3f7-40bb-81ce-db2c95e7bdae; Financial Conduct Authority. Guidance on Cryptoassets. UK Financial Conduct Authority Consultation Paper CP19/3, UKFCA, https://www. fca. org. uk/ publication/consultation/cp19-03. pdf.

[②] Mark Carney. *The Growing Challenges for Monetary Policy in the Current International Monetary and Financial System*. Bank of England, https://www. bankofengland. co. uM/-media/boe/files/ speech/2019/the-growing-challenges-for-monetary-policy-speech-by-mark-carney. pdf? 1a＝en&-hash＝ 01A18270247C456901D4043F59D4B79F09B6BFBC.

人们也尝试过使用非国有资金。① 哈耶克（以及其他自由主义者）自 20 世纪 70 年代中期以来也一直在谈论非国家控制的货币。②

尽管如此，令人相当怀疑的是，这些财产能否真正证明新兴工具能持续性地发挥作用，即在危机时期作为可信赖的交换或支付手段，而它们却没有得到法律的尊重。亚里士多德在公元前 4 世纪提出了这一观点，他在一段经常被引用并且非常有先见之明的文章中说："货币已经被公认为需要或需求的替代品；这就是为什么我们称之为 νόμισμα，因为它的价值并不是来自自然，而是来自法律（νόμος），并且可以随国家意志改变或废除。"③最近（到他那个时代）发明的货币而不是一般意义上的货币，并且在脑海中有习俗和惯例以及我们如今所考虑严格遵守的法律。法国的博丹更进一步认为："货币的权利，是包含在立法权之内的，因为只有能够制定法律的人才能管理货币，"④这样做的目的是保持"货币的价值和重量"。⑤ 上述论断写于法国因宗教战争而四分五裂的年代。毫无疑问的是，博丹将金钱视为国家统一的元素。然而，法定货币的出现改变了博丹提出的原则。

如今，法律承认的货币或多或少意味着以下几点：首先，根据发行国法律发行的法定货币，得到该国经济实力的支持（储备货币是一个明显的例外，这在下文中有所阐述）。其次，国家机构和法院有责任保护用户免受虚假（欺诈性）价值陈述的影响，这可能导致三种结果：一是某些工具将被视

---

① 一个自由的银行体系没有最后贷款人，纸币和存款的供应是由现金储备或某种商品（例如黄金）支撑的市场力量决定的。瑞典已经出现了几次免费银行业务。还有一些人将美国国有银行直到内战前的运作定义为自由银行。然而，标志着 100 多年相对稳定的最长的免费银行业事件发生在 18—19 世纪的苏格兰，当时有 3 家商业银行享有发行纸币的特权。Sheila C. Dow & John Smithin. *Free Banking in Scotland 1695—1845*. *Scottish Journal of Political Economy*, Vol. 39, 1992, p. 374；Lawrence White. *Free Banking in Britain: Theory, Experience and Debate, 1800 -1845*. London: The Institute of Economic Affairs, 1995；Institute of Economic Affairs, http://www.iea.org.uk/sites/default/files/publications/files/up1dbook115pdf.pdf.

② F. A. Hayek. *Choice in Currency: A Way to Stop Inflation*. London: The Institute of Economic Affairs, 1976；F. A. Hayek. *Denationalisation of Money: The Argument Refined*. London: Institute of Economic Affairs, 1978.

③ Aristotle. *The Nicomachean Ethics of Aristotle*. London: Kegan Paul, Trench, Truebner & Co., 1893, at ch. V.

④ Jean Bodin. *Les Six livres de la République (Sis Books of the Commonwealth)*. Oxford: Basil Blackwell, 1976, p.47.

⑤ Jean Bodin. *Les Six livres de la République (Sis Books of the Commonwealth)*. Oxford: Basil Blackwell, 1976, p.47.

为合法的兑换或支付手段，因此，在所谓的"确认合法性"下，即使这种承诺没有得到国家的支持，有效的类货币工具也能被法律所承认；二是在所谓的"负清算"合法性下，某些金融工具将被视为违法，即使它们没有违反任何现行法律规定；①三是某些金融工具在其经济功能上将被视为明显违法，或实质内容（例如欺诈性金融工具）及持有人在主张其对该金融工具的权利时不能受到保护，即使这些权利可以在其他方面受到财产法的保护。

法定货币当然被法律所承认。然而，笔者的分析并不表明唯一有效的货币形式是由国家提供或支持的。笔者宁愿认为，如果人们不认为类似货币的支付手段具有某种形式的合法性，即使这种手段从未被禁止或宣布为非法，这种手段也不太可能被证明是长期可持续的。当然，任何法律条文都不会是静止的，因为这些金融工具的法律地位将来可能会通过立法而改变。与此同时，对于广大使用者而言，重要的是对金融工具合法性的认识，这种认识在危机时期也可能对金融工具的受欢迎程度或接受程度产生一些影响。因此，我们使用术语——"感知"的合法性。

笔者进一步认为，仅凭合法性不足以检验这些新的支付工具是否符合货币的资格，它们还必须被证明能够在任何时候作为交换或支付手段。这是一个非常重要的区别，因为大多数加密货币和其他类似资产并不包含债务承诺，而债务承诺对一些评论人士来说是一种不可分割的货币属性。②因此，除非它们表现出其他特征，例如是一种可靠的价值衡量标准，③否则它们更容易否认自己是"金钱"的说法。

撇开计划中的银行稳定币不谈，大多数新的外汇工具并不包含债务索偿，因此也不包含偿还义务或任何其他内在价值项目，这使得对这些资产的估值坚持以使用者接受程度或者受欢迎程度为基础。由此可见，由于心理

---

① 在欧盟竞争法中经常使用"否定许可"一词，以表明某一具体商业行为没有违反欧盟反托拉斯法。当然，就"负面清关"的文书而言，将来是否会被宣布为非法，或是否会受到比当下更严格的法律制度规制都是不确定的。

② Andreas Rahmatian. Money as a Legally Enforceable Debt. *European Business Law Review*，Vol.29，No.2，2018，pp.205 - 213.

③ 亚洲开发银行（Asian Development Bank）最近的一份报告也指出："货币具有数字或数学推理能力，技术不会改变这一基本功能，任何声称充当货币的支付手段都应始终履行这一功能。"Yuksel Gormez. Central Bank Digital Currency: A Historical Perspective. in Marlene Amstad *et al*. *Central Bank Digital Currency and Fintech in Asia*. Asian Development Bank Institute，2019，p.245.

层面(市场恐慌)①或其他原因,其中一些金融工具在危机时期的使用或者接受程度降低时,其价值将随着它们的构建方式和标价方式而降低。但是,价值的急剧下降将反过来削弱支付承诺的可信度,从而降低用户信心。这可能是大多数无担保工具的结果。这些工具是市场价格的代表,其价值是基于调节代币流通的算法机制,而不是任何实际或足够的储备。这一发现意味着,其中一些金融工具即使根据某些司法管辖区的法律和公法被视为财产,也无法发挥"货币"的功能。像接受即期付款一样,货币作为一种常见的价值衡量标准,是法定(和金属)货币最重要的属性之一。如今流行的新工具,要么是由于非理性繁荣和高度投机;要么是因为它们是社会(关系)偏好的表现,创造了积极的网络外部性,也必须证明它们的持久性。在危机时期保持价值对于新资产作为价值衡量标准,从而符合人们对货币的普遍看法的能力而言是至关重要的。货币最重要的属性之一是将货币用作价值"记忆"的记录。② 必要的检验将以对金融工具的跨期行为的实证研究为基础。我们已经经历过类似"Tether"这样的加密货币的情况,它最终消耗掉了不足的储备,变得不受约束。③ 如果为支持平价而拨备的外汇储备被证明不足以支持赎回,从而不支持平价,那么,所有类似的工具都可能发生同样的

---

① D. S. Scharfstein and J. Stein. Herd Behavior and Investment. *American Economic Review*, Vol.80, 1990, p.465; David Hirschliefer. Investor Psychology and Asset Pricing. *Journal of Finance*, Vol. 56, 2001, p.1533.在允许卖空的情况下,由于恐慌对股票价格的影响而导致的羊群效应。See Emilios Avgouleas. A New Framework for the Global Regulation of Short Sales. *Stanford Journal of Law, Business & Finance*, Vol.15, 2010, p.376.

② 货币可能起到记录的作用,即记录价值的短路系统。这一理论是由现代经济学家纳拉亚纳·科切拉科塔(Narayana Kocherlakota)提出的。科切拉科塔曾在 2009—2015 年担任明尼阿波利斯联邦储备银行(Minneapolis Federal Reserve Bank)行长。N. Kocherlakota. Money is Memory. Federal Reserve Bank of Minneapolis Research Department Staff Report, 1996, p. 218; N. Kocherlakota. Money is Memory. *Journal of Economic Theory*, Vol.81, No.2, 1998, p.232. 表达货币相同功能的另一种方式是将其归类为处理和存储关于价值的私人信息的一种手段。Donato Masciandaro. Comparing Traditional and New Money: Economics and Experiments (2020) (unpublished, archived at Bocconi University).

③ 这实际上就是加密货币"Tether"所发生的情况。欧元区最初与美元挂钩,但在 2018 年,由于"对欧元区法定货币储备与代币流通量相对应的有效性的担忧",在一波负面情绪中跌破 1 美元大关。Gareth Jenkinson. Untethered: The History of Stablecoin Tether and How it has Lost its $1 Peg. *CoinTelegraph* (17 October 2018), https://cointelegraph. com/news/untethered-the-history-of-stablecoin-tether-and-how-it-has-lost-its-1-peg. 随后,加密货币的发行商 Tether Ltd. 宣布,Tether 的买家没有合同权利,其他法律要求或保证他们的代币将被赎回或兑换成美元,而且, Tether 是一种"部分储备稳定货币"。Olga Kharif. Tether Says Stablecoin is Only Backed 74% by Cash, Securities. *Bloomberg* (30 April 2019), https://www.bloomberg.com/news/articles/2019-04-30/tether-says-stablecoin-is-only-backed-74-by-cash-securities.

情况。2008 年，著名的货币市场基金——质量基金（Primary Fund）①在"跌破 1 美元"时经历了这种情况。

　　因此，笔者在此假设，可能最终被定义为"货币"的金融工具应该通过一个双重考验：合法性和价值在任何时候的相对保留。这并不意味着回归金属规则，即限制自由流通，而是对不受国家（意愿）支持的私人支付手段所必须表现出的享有货币地位特征的一种务实的重新阐述。虽然内在价值可能很重要，但是这里的主要参考是市场价格的稳定性，这使得该工具能够作为一种可靠的价值衡量手段。简言之，这将意味着，表现出高度波动性的资产不太可能履行"货币"的功能。2020 年新冠疫情为这一假设提供了进一步证据。例如，流动性最强的加密货币——比特币在 2020 年 3 月 12 日暴跌48%，3 月 24 日上涨 20%，与金融市场的其他部分一致，在短短 10 个工作日内波动率达到 60%。然而，即使最不稳定的新兴市场货币兑美元汇率在同期下跌了也不到 12%。这清楚显示加密货币（虽然不是那么多稳定币）的表现与其他金融投资相同，并不会追踪货币市场的模式。② 这并不是说稀缺的数码资产在新冠疫情期间不太可能被用作安全资产，特别是如果央行为应对新冠疫情大流行而实施的大规模流动性计划，导致全球主要货币之间出现一波竞争性贬值。但即便如此，它也将以商品的形式出现投资（例如精细金属）而不是支付手段。

　　任何形式的货币在理论上都面临灭绝的风险，因为发行国解体，或者发生某种灾难性事件等。某种支付工具要想承担货币职能，必须通过变幻莫测的经济生活表现出稳健性，而不是在本文其他地方所称的"晴天"货币。如果做不到这一点，这些工具将不适合作为支付手段，尤其不适合作为衡量价值的手段。有时人们声称，在密码空间中合法性并不重要。在一个全球

---

① 2008 年 9 月，规模为 626 亿美元的 Reserve First Fund 净资产价值（NAV）跌至每股 97 美分。这是零售货币市场基金在投资历史上首次未能维持每股 1 美元的资产净值，而货币市场基金则将这一资产净值作为基准。参见 Kimberly Amadeo. *Reserve Primary Fund*, *How it Broke the Buck Causing a Money Market Run*, https://www.thebalance.com/reserve-primary-fund-3305671.

② Billy Bambrough. The Real Reason Behind Bitcoin And Crypto's Massive $50 Billion Crash? *Forbes*（12 March 2020）, https://www.forbes.com/sites/billybambrouglf2020O3/12/the-real-reason-behind-bitcoin-ethereum-ripples-xrp-and-litecoins-50-billion-crash/#6dd8504869b5; Billy Bambrough. Coronavirus COVID-19 Will Go Down in History As The Social Media And Bitcoin Pandemic. *Forbes*（23 March 2020）, https://www.forbes.com/sites/billybambrough/2020/03/23/coronavirus-covid-19-will-go-down-in-history-as-the-social-media-and-bitcoin-pandemic/#53282ac63c10.

化的世界里，个别司法管辖区的法律与电子钱包内数码代币的日常使用和储存并无太大关系，特别是如果这些代币是作为一种投资形式或在闭路环境下进行支付的手段而持有的话，情况就更是如此。然而，任何工具如果离开封闭的使用者群体或闭路支付系统，被用作购买甚至基本实物的支付手段（例如汽车或巧克力棒和服务，又如房间清洁），或实物资产（例如房屋）将受到某种形式的合同法或监管法的制约。撇开法律规范对洗钱的限制不谈，由于司法管辖区的特殊性，一些通过支付货币价值的方式履行的合同包含明确或隐含的法律选择条款。类似地，这类交易往往与某一特定管辖区有其他事实上的联系，例如，因为合同或支付涉及该管辖区内的消费者。

还有一种观点认为，只有在法律上具有合法性（以及正当性），并且得到独立中央银行机构支持的法定货币，才能创造必要的信赖。2019 年 9 月，欧洲央行（ECB）管理委员会成员伊夫·门施（Yves Mensch）表达了欧洲央行对新兴支付手段（尤其是 Facebook 的天秤币）担忧，他表示："私人货币几乎或根本不可能成为央行发行的法定货币的可行替代品。只有一个独立的中央银行才能提供货币所需的机构支持，使其可靠并能够赢得公众的信任……我真诚地希望欧洲人民不受到诱惑，抛弃既有支付解决方案和渠道的安全性和稳定性，转而支持 Facebook 诱人但背信弃义的承诺。"这份声明可以同国际货币基金组织（IMF）2019 年 7 月的一份报告进行比较，该报告由两位杰出的经济学家撰写，他们采取了一个更为微妙的立场："经济学家们要当心了！付款不仅仅是消除债务的行为，它们是一种交流，一种人与人之间的互动——一种基本的社会经验。如果两个人使用相同的支付方式，第三个人更有可能加入。"①

在某种程度上，这两种方法之间的差距不能再大了。笔者认为，事实上，任何时候，"感知"的合法性和在危机时期市场使用的相互作用将对于建立新的工具作为可靠的支付手段，解决这些困境等具有根本的重要性。

作为本文主题的几种新的支付手段或者工具，无论它们是否属于被称

---

① Tobias Adrian & Tommaso Mancini Griffoli. *The Rise of Digital Money*，https://www.imf.org/en/Publications/fintech-notes/Issues/2019/07/12/The-Rise-of-Digital-Money-47097.该作者还指出："加密货币的风险要大得多……比特币价格日变化的标准差约为 G7 多数货币的 10 倍，甚至略高于委内瑞拉玻利瓦尔兑美元汇率。"

为加密资产的工具类别（例如银行稳定币或天秤币），仍然可以作为财产，当然也可以作为证券。① 因此，假如这些证券是根据有关证券制度发行，并符合所需的披露规定，它们便会被赋予（确认）合法性。虽然在资产转移方面，货币和证券之间的区别可能不像过去那么重要，因为适用于大多数这些新型支付手段的标记化原则同样也可以适用于债务工具的转移，但这里的关键考验不是区块链环境下的无摩擦转移，更确切地说，是市场愿意接受某种票据作为付款工具或把它当作价值的衡量标准。

在这种情况下，本文批判性地审查了哪些新的支付形式可以适合现有的法律框架——特别是在普通法的背景下，因为这是大多数国际商业交易中最流行的法律制度选择。说实话，主要的修正案不太可能通过，因为即使政府和法院在促进创新方面采取强有力的立场，它们也很少有非常强烈的动机，让与自己竞争或被认为容易欺诈的支付形式（或货币）合法化。一旦全球几家最大的央行通过提供自己的电子产品实现数字化，这种紧张局势必会加剧对类似货币的代币的监管。② 如前所述，美国监管机构已经表示，除了比特币和以太币等完全去中心化的代币之外，其他代币都受制于规范证券投资的法定框架。③

---

① 美国监管机构对大部分这类工具的做法无疑就是如此。根据豪伊测试，这些工具似乎属于证券。对于什么是投资，它们采取的是广泛而实用的方法，而不是形式主义的方法。

② William Suberg. China's Central Bank to Lead Real-World Pilot of Digital Yuan: Report. *Coin Telegraph*（9 December 2019），https://cointelegraph.com/news/chinas-central-bank-to-lead-real-world-pilot-of-digital-yuan-reports.据报道，中国已经进行了 5 年的研究和系统开发工作来发展即将到来的央行数字货币（CBDC），并于 2019 年 12 月进行了第一次真实世界的货币试点。据英国《每日电讯报》（*CoinTelegraph*）转载《财经》杂志的一篇文章报道，中国计划在 2019 年底之前在深圳进行第一次 CBDC 的现实测试，这类测试可能包括苏州。具体来说，在中国人民银行（PBoC）的支持下，四大银行和中国电信等主要经济参与者将对数字货币支付进行测试。《财经》报道称，在深圳，中国央行正在鼓励一场"赛马"，即每家银行对数字货币实行不同的管理，相互竞争，以确保其模式在未来得到更广泛的采用。参见 PBoC. The Conference of the People's Bank of China 2020 held in Beijing, http://www.pbc.gov.cn/gouton iaoliu/113456/113469/3955023/index.html. 2020 年 1 月，中国人民银行发表了一份简短声明，介绍了数字人民币的发展进程，并报告称："数字法定货币的研究进展顺利。"

③ Remarks by William Hinman. *Digital Asset Transactions: When Howey Met Gary（Plastic）*, https://www.sec.gov/news/speech/speech-hinman-061418s."如果令牌或硬币所在的网络足够分散，那么，数字资产交易可能不再代表证券发行……如果一个网络变得真正分散，确定发行人或发起人进行必要披露的能力变得困难，意义也变得不那么重要……当我今天审视比特币时，我没有看到一个核心的第三方，它的努力是企业的关键决定因素……将披露制度应用于比特币的发行和转售，似乎不会增加多少价值。"而且……根据我对以太币现状的理解，以太网络及其分散式结构、以太币的当前报价和销售都不是证券交易。"

本文分为五个部分。第二部分解释法定货币作为货币的关键形式的演变以及与其作为价值储存手段的功能有关的问题；第三部分审查一些新兴支付手段的主要功能；第四部分以英国和其他普通法系统为参照，审查管理货币的法律框架；第五部分提供结论。

二、作为价值储存手段的法定货币

（一）引言

在货币和支付的背景下，我们这个时代的一个根本问题之一是新的支付手段是否能够对法定货币提出可信度的挑战。在笔者看来，这个问题的答案不取决于哪种货币理论将占上风，而是取决于哪种形式的"货币"能始终保持用户的信心或者信任。如果新的支付手段获得法律承认，问题的答案便与每种"货币"都保留其价值作为交换或者支付手段，从而成为有效的价值记录有着千丝万缕的联系。由于这种方法与任何内在价值的概念都没有联系，法定货币不应该完全被排除在这种分析之外。尽管法律坚定地承认法定货币是"货币"，但在一个新的支付手段声称有能力取代法定货币的世界里，用户对法定货币的信任的讨论仍然占据着核心位置。下文，笔者将简要讨论法定货币的演变，以及使法定货币成为可靠的交换或价值衡量手段的条件。

（二）法定货币之性质

法定货币是指没有任何金属或其他大宗商品支持的中央银行或政府货币，在经济中通过银行系统，并依靠如征税和公共支出的国家职能流通。政府支持的纸币和钞票已经流通了很长时间。在中国，可以追溯到 12—13 世纪，[①]在西方，可以追溯到 17—18 世纪，[②]但这主要可以被看作第二次世界大战（简称二战）后时期的发展，最终在 1971 年美国决定暂停美元自由兑换

---

① William N. Goetzmann & Elisabeth Köll. Paying in Paper: a Government Voucher from the Southern Song. in William N. Goetzmann & K. Geert Rouwenhorst, eds. *The Origins of Value: The Financial Innovations that Created Modern Capital Markets*. London: Oxford University Press, 2005, pp.101 - 102.

② The Florin 是由早期的中央银行阿姆斯特丹银行管理的一种法定货币。Stephen Quinn & William Roberds. Death of a Reserve Currency. *International Journal of Central Banking*, Vol.12, No.4, 2016, p.63.

成黄金。

　　自由流通的工具等有限责任债权，例如本票、钞票及银行汇票等在市面上广泛流通，自意大利文艺复兴以来一直用作支付手段而无须转让硬币。然而，没有人把它们与私人创造的政府（法定）货币相提并论。白芝浩写信给朗伯德街（Lombard Street），解释了银行体系在创造流动性方面的作用。[①] 但他并没有把贴现商业票据与私人资金等同起来，因为他准确地认为当时贴现商业票据是英国经济的主要资金来源。

　　此外，主要国家政府放弃金属的两个已知例子：金本位[②]或者是金银双重本位。首先，在美国内战期间[③]和英国"一战"期间，由于政府需要为战争提供资金，美国政府承认纸币与银币并列为法定货币。它们都是短暂的插曲，在第一次世界大战结束后，英国和美国政府回到金本位。[④] 1945 年后，布雷顿森林体系的固定汇率制度部分取代了金本位制。[⑤]

　　因此，法定货币在 1971 年废除布雷顿森林固定汇率之后获得了目前的显著地位是正确的。批评仅集中在通货膨胀问题上，这影响了货币作为价值储存手段的使用。各国央行抑制了通胀——首先是已故的保罗·沃尔克（Paul Volcker）领导的美联储（Fed）提高利率而完全不考虑随之而来的政治成本；随后是 20 世纪 90 年代就价格稳定的价值达成的共识，即所谓的"大缓和"（Great Moderation）。[⑥] 在过去的 25 年中，后者也支撑着央行的独

---

① Walter Bagehot. *Lombard Street: A Description of the Money Market*. London：Hyperion Press，1873.

② "金本位在第一次世界大战期间崩溃，当时主要交战国诉诸通胀融资，并在 1925—1931 年短暂恢复以黄金作为交易标准。根据这一标准，除了美国和英国，其他国家可以持有黄金、美元或英镑作为外汇储备。这个标准在 1931 年崩溃，当时英国面临大量黄金和资本外流而退出黄金市场……在 1946—1971 年，各国在布雷顿森林协定下运作……（a）金本位的修改，大多数国家以美元结算其国际收支，但美国政府承诺以每盎司 35 美元的固定利率将其他央行持有的美元兑换成黄金。美国持续的国际收支赤字稳步削减了美国的黄金储备……1971 年 8 月 15 日，美国总统理德·M. 尼克松（Richard M. Nixon）宣布，美国将不再用货币兑换黄金。" Michael Bordo. *The Gold Standard*. online：The Library of Economics and Liberty，https://www.econlib.org/library/Enc/GoldStandard.html.

③ *Legal Tender Act*，c 33，12 Stat 345（1862）.

④ "金本位制是参与国承诺以一定数量的黄金来确定本国货币的价格。国家货币和其他形式的货币（银行存款和票据）以固定价格自由兑换成黄金……1880—1914 年被称为古典金本位制。"

⑤ 例如，Barry Eichengreen & Mark Flandreau. Editors' Introduction. in Eichengreen & Flandreau eds. *The Gold Standard in Theory and History*. New York：Routledge，1997，p.1.

⑥ 概述了"大稳健"原则及其对货币政策的（部分）影响。Ben S. Bernanke. *The Great Moderation*. online：The Federal Reserve Board，http://www.federalreserve.gov/Boarddocs/Speeches/2004/20040220/default.htm.

立性。

二战后美元占据霸权地位，[①]随之而来的是美国赤字不断扩大，从而发行了新的美国政府债券。与此同时，美国国内资本市场和金融创新的迅速发展，创造了一个基本上独立于银行贷款、通过非常深入和开放的方式提供资金的经济体系资本市场。因此，在 20 世纪 70 年代，海外持有的美元大部分是由美国的能源出口商持有的，这些美元通过（海外）美元的国际借贷市场（所谓的欧元市场）得到了很大程度的回收，紧随其后的是大量美国政府和私人以美元计价的海外资产。[②] 随着 20 世纪八九十年代全球几乎取消资本管制，美国成为海外投资的主要目的地；反过来，海外私人和国家行为者成为美国资产的主要持有者。20 世纪 90 年代以来，随着全球金融市场，特别是衍生品市场的扩张（膨胀），美元逐渐从国际贸易和政府借贷（支付进口）的主导货币成为流动性最强的国际金融资产的计价货币。这些资产如今被用于全球金融市场的交易结算，进一步加强了美元的控制。为了完成它们的经济和政治一体化，也因为受到了美国全球货币霸权的推动，欧洲大陆成员国崛起，欧盟（EU）在 20 世纪 90 年代创造了它们自己的共同货币——欧元，然而，这是建立在一个不完整的架构之上的。此外，作为 21 世纪不断崛起的经济大国，中国也试图推动人民币国际化，尽管这一努力受到了贸易顺差、资本管制、对外国投资者的准入限制以及相对较低的债券市场的阻碍。

但是，在某种程度上，这场不祥的和有增无减的货币战争现在已经被三个重要的事实所掩盖，这三个事实是今天所有关于法定货币和美元主导地位即将面临的挑战的讨论基础。

[①] 美国的货币霸权已促使英国央行（BoE）前行长马克·卡尼（Mark Carney）认可全球金融周期就是美元周期的观点。Mark Carney. *The Growing Challenges for Monetary Policy in the Current International Monetary and Financial System*. Bank of England, https://www.bankofeng1and.co.uM-/media/boe/fi1es/speech/2019/the-growing-challenges-for-monetary-policy-speech-by-mark-carney.pdf?1a = en&-hash = 01A18270247C456901D4043F59D4B79F09B6BFBC. 7；Helene Rey. *Dilemma Not Trilemma: The Global Cycle and Monetary Policy Independence*. The National Bureau of Economic Research Working Paper No.21162, 2013, http://www.nber.org/papers/w21162.

[②] 例如，Thomas Costigan, Drew Cottle &. Angela Keys. The US Dollar as the Global Reserve Currency: Implications for US Hegemony. *World Review of Political Economy*, Vol. 8, 2017, p.104. 关于美元霸权的历史发展以及美元在全球经济中的主导地位将下降的预测尚未得以实现。Barry Eichengreen. *Exorbitant Privilege: The Rise and Fall of the Dollar*. Oxford: Oxford University Press, 2011.

第一个事实是，全球金融危机期间西方金融体系几近崩溃，这引发了人们对银行通过部分准备金贷款创造货币的特权的质疑，促使一些评论人士呼吁引入完全准备金银行制度；[①]其他人则要求恢复金本位制，或以微妙的方式控制银行体系的货币流通。[②]

第二个事实是，欧洲央行（ECB）、美联储（Fed）和日本等其他发达经济体的央行长期使用量化宽松（QE）计划，并维持极低至负利率，导致汇率走低，以至于发展中国家称之为汇率操纵，并导致对"以邻为壑政策"（Beggar thy neighbor policies）死灰复燃的指责。非常的货币政策使人们更加怀疑政府是否能够控制法定货币的价值稳定，从而使其能够作为一种价值储存手段；它们还激起了人们对美元全球主导地位的不满情绪，为"去美元化"的辩论注入了新的活力。迄今为止，美元的主导地位尚未受到挑战，尽管英国央行前行长马克·卡尼（Mark Carney）呼吁创建一种合成霸权货币，作为一种新货币使用。[③] 然而，中国人民银行公开宣布的人民币全面数字化计划可能是游戏规则的真正改变者。

第三个同样也是关键的事实，涉及当代计算机技术使用上的突破，主要是被称为区块链的分布式记账技术，可以用来创建既不是法定货币，也不是电子货币（即法定货币的数字表示）的支付手段（在某种程度上是投资），例如信用卡、PayPal和支付宝支付。这些新的支付工具可能以信任和价值的社会或关系概念为前提，除了供求法则之外，不再依赖于实体经济资产。

（三）作为价值储存手段的法定货币

各国央行认为，法定货币之所以是一种价值储藏手段，是因为它得到了

---

① Laurence J. Kotlikoff. *Jimmy Stewart Is Dead: Ending the World's Ongoing Financial Plague with Limited Purpose Banking*. US: John Willey & Sons, 2010.

② Morgan Ricks. A More Detailed Blueprint. in Morgan Ricks. *Money Problem: Rethinking Financial Regulation*. US: Chicago University Press, 2016, p.223.

③ 2019年8月下旬，马克·卡尼在杰克逊霍尔会议上发表了一次经常被报道的演讲，强调了美元霸权对全球经济稳定性的危害，并提出了一个新的全球货币的蓝图。卡尼的提议结合了新技术的要素，尤其是Libra等代币以及IMF特别提款权所基于的原则。Mark Carney. *The Growing Challenges for Monetary Policy in the current International Monetary and Financial System*，https://www.bankofengland. co. uM-/media/boe/fi1es/speech/2019/the-growing-challenges-for-monetary-policy-speech-by-mark-carney.pdf?1a=en&hash=01A18270247C456901D4043F59D4B79F09B6BFBC.

国家经济实力的支持。首先，这与政府通过纳税来"支持"货币的能力有关。[1] 笔者曾解释，衡量强劲货币支持的指标应与物价稳定有关。金融稳定，即保持一国银行系统发挥其经济作用的能力也应发挥作用。其他指标包括一个国家的应税财富和收入、生产率和基础设施投资或公共支出以提升贫困公民的生活质量。[2] 其次，预算赤字以及在一定程度上表明竞争力丧失的贸易赤字，可能意味着政府支持的法定货币的价值受到侵蚀。

　　然而，以美元为主导的大量货币，即所谓的储备货币，其价值没有直接联系到国家经济的基本面。这些货币主要用于国际支付，但它们在危急时刻也可以作为一种价值储存手段，即"安全资产"，特别是美元，其凭借在二战后国际支付中的核心地位而享有过高的特权。[3]

　　"水星方法（假设）"强调货币的重要性、安全性、流动性、网络效应、贸易联系和金融联系在决定一种货币作为储值货币的要素方面。这一假设解释了为什么一些货币被从事国际贸易和跨境金融交易的政府和私营实体不成比例地用作交换媒介、价值储存手段和记账单位。[4] "火星方法（假设）"主要应用于储备货币或货币的选择。它强调战略、外交和军事力量（这里一起定义为地缘政治力量）。如果一个国家拥有如此强大的地缘政治力量，外国政府会认为，使用该国货币进行跨境交易符合本国利益。[5] 就其本身而言，处于领导地位的大国本身将拥有政治影响力来鼓励这种做法。这个假设有助于解释国际储备货币组成的其他一些令人困惑的方面。

　　这些发现意味着法定货币不能代表储备货币保存价值，只有当某一国

---

[1] 对这一点的出色分析可以参见 Charles A. E. Goodhart. *Money, Information and Uncertainty*. Cambridge, Mass: MIT Press, 1989; Charles A. E. Goodhart. The Two Concepts of Money: Implications for the Analysis of Optimal Currency areas. *European Journal of Political Economy*, Vol.14, No.3, 1998, p.36.

[2] 特别是运作良好、资金充足的教育和公共健康及医疗保险制度被视为任何经济体的主要生产力提升手段。

[3] Barry Eichengreen, Arnaud Mehl & Livia Chitu. *How Global Currencies Work: Past, Present and Future*. Princeton NJ: Princeton University Press, 2017.

[4] Menzie Chinn & Jeffrey Frankel. Why the Euro Will Rival the Dollar. *International Finance*, Vol.11, 2008, p.49.

[5] 例如，B. Cohen. *The Geography of Money*. Ithaca NY: Cornell University Press, 1998; Benjamin J Cohen. *Currency Power: Understanding Monetary*. Princeton NJ: Princeton University Press, 2015; Steven Liao & Daniel E. McDowell. No Reservations: International Order and Demand for the Renminbi as a Reserve Currency. *International Studies Quarterly*, Vol.60, 2016, p.272.

家的经济基本面(包括通货膨胀)稳健时,货币才能保值。当出口超过进口时,面临贸易逆差的疲软经济体可以通过竞争性贬值来促进出口,从而降低其货币作为价值储存手段的地位。竞争性贬值(所谓的"以邻为壑政策")对国家货币作为价值储存的作用产生了负面影响。然而,该手段在两次世界大战期间得到了广泛的效仿。在经济动荡时期,人们仍然可以观察到"以邻为壑政策"带来的贬值。[①]

通过央行直接购买公共资产(在某些情况下还包括私人债务)来扩大货币基础,也可能导致本国法定货币贬值,这会影响本国货币的价值,进而影响汇率,同时提高外国货币的价值。[②] 正是在这种情况下,"货币战争"一词在 2010 年重新浮出水面,这是其自大萧条以来的首次重现。当巴西财长吉多·曼特加(Guido Mantega)用它来描述美元贸易平价的政策对美国货币的影响时,这个词变得尤为突出。[③]

因此,新兴的支付手段无论是以实际持有的主要储备货币和短期政府证券(例如天秤币)为基础,还是与可证明的商品储备(例如石油硬币)有关,都可能与日常支付方面薄弱的当地法定货币竞争,但代币是否在黑市以外使用也取决于人们对合法性的认识。因此,在任何时候,法定货币的持续竞争者将会是将合法性和保值性结合在一起的支付工具。

三、新出现的付款方式：最新性质及分类

(一)新付款方式的性质

国际货币基金组织的一份有影响力的文件将当代支付方式分成以下五类:[④]中央银行货币;加密货币;目前由银行发行的 b-money;新私营部门提供者提供的电子货币;私人投资基金发行的 i-money(简称投资货币)。根据机制和经济功能区分不同的类别,又可以将新的支付方式分为三类而避

[①] 例如,美国现任和前任政府经常对他们的主要贸易伙伴(主要是中国和欧元区经济体)提出这种要求。

[②] C. Fred Bergsten & Joseph E. Gannon. *Currency Manipulation*, the US Economy and the Global Economic Order, https://www.piie.com/sites/default/files/publications/pb/pb12-25.pdf.

[③] Jonathan Wheatley & Peter Garnham. Brazil in "Currency War" Alert. *Financial Times*（28 September 2010）, https://www.ft.com/content/33ff9624-ca48-11df-a860-00144feab49a.

[④] Tobias Adrian & Tommaso Mancini Griffoli. *The Rise of Digital Money*, https://www.imf.org/en/Publications/fintech-notes/Issues/2019/07/12/The-Rise-of-Digital-Money-47097.

免任何法律上的分类，即非管理（或去中心化）加密货币（比特币等），也称为"公共硬币"；稳定币，其中包含一种机制，保持硬币与参考值的平价，可以是美元或一篮子货币；"管理"硬币。

迄今为止，唯一一家使用区块链技术发行稳定币的银行是摩根大通（JP Morgan），而且这家银行的客户范围也很有限。摩根大通硬币不是加密货币，其原因是因为它不能在摩根大通以外取得（mined）。[①] 它是一种被允许的支付代币，与法定货币等价：原则上 1 prSTC = 1 美元。大型银行可以用资产负债表支持面值，但不能无限制，因为它们的准备金不是无限的。此外，如果稳定币不只是银行内部交易和支付以及银行与客户之间交易和支付的象征，其性质必然会引起争议，潜在风险也非常巨大。可能是因为这个原因，到目前为止还没有银行稳定币进入更广泛的流通领域。

第一个风险是法律方面的。银行稳定币表面上是一种债务合同，可能是两种途径之一：迷你债券或存款（即使没有关于支付利息的规定）。如果是前者，发行银行需要公布招股说明书，并遵守稳定币买方所在国证券法规规定的所有披露和其他投资者权益保障措施。如果它是一个类似存款的工具，那么，它的合法性将与母国的存款担保计划是否愿意为超过国家保险存款限额的稳定货币购买者提供保险或保护联系在一起。第三种途径是将稳定币视为货币市场基金的股份，这在很大程度上取决于发行票据的银行持有准入许可的种类。入股货币市场基金还将立即显示出与活期存款的不同，因为货币市场基金可以在还款需求旺盛之际进行赎回。

对于银行稳定币今后的可行性来说，另一个同样重要的问题是，作为最后贷款人的中央银行是否愿意支持这一活动。即使以美元或任何其他货币发行的稳定币是根据以挂钩货币发行的法定货币发行的，银行准备金从来不足以在发生挤兑时偿还所有银行债权人持有的债务。如果央行没有提供这样的支持，一个并非不可能的情况是 1 prSTC = 1 美元平价不太可能会证明是不可破的。由于该工具基于私人合同而非主权中央银行的发行权，当事人的权利将取决于有效合同的安排。

---

① 严格说来，除非银行稳定币有利息，而且可以在开证行网络之外的用户之间转让或流通，否则，它们不具有存款的资格。

　　第三类所谓的"管理"硬币①也存在许多问题。首先，具有加密货币特征的"受管理"代币，其平价部分通过所涵盖货币的储备进行管理，部分通过在经济景气时期保持价值与市场价格的巧妙稳定机制很容易受到挤兑的影响。平价稳定公式的巧妙部分通常基于代币循环（数量）的稳定扩张或收缩，即算法公式告诉系统何时根据某些循环阈值铸造或烧毁代币。然而，在大规模赎回的情况下，这些代币将不能维持任何作为存储或价值衡量（作为交换手段）的实用工具。此外，如果代币的功能主要是基于对其合法性和合规性的怀疑态度，这些忧虑肯定会加剧。

　　其中一些担忧也可能适用于天秤币类工具，尽管后者计划通过一个完整的储备体系支持锚定美元的汇率机制。② 天秤币既不是加密货币，也不是法定货币。它的价值的上升和下降并不完全基于投资者选择给予它的任何价值。相反，这些代币的发起人坚持认为，它将根据 5 种主要法定货币（美元、欧元、日元、英镑和瑞士法郎）的具体比例得到（用户的）支持。用户可以支付或赎回以其他币种表示的天秤币或其他选择的货币，例如墨西哥比索或者韩元（只要韩元可以完全自由兑换），但是天秤币的价值总是由前面提到的加权值决定的 5 种货币。原则上，储备金将投资于有息票据、存单和汇票，天秤币协会（Libra Association）将保留利息以代替支付费用，因为这些代币不会向持有者支付任何利息。

　　天秤币协会希望未偿还的天秤币的总价值总是等于它将持有的储备货币的总（市场）价值。③ 这个价值将通过持有者可以在任何时候赎回天秤币

---

① Tobias Adrian & Tommaso Mancini Griffoli. *The Rise of Digital Money*，https://www.imf.org/en/Publications/fintech-notes/Issues/2019/07/12/The-Rise-of-Digital-Money-47097. IMF 提到了这些"受管理的"工具："创造加密货币的算法试图通过在价格较高时发行更多货币，在价格较低时将货币撤出流通，从而稳定其相对于法定货币的价值。我们称这些系统为'管理硬币'（有些人也称为'算法稳定的价值硬币'）。"IMF 补充称："有管理的硬币在设计上表现出较低的价格波动性。然而，它们使用一种简单系统的某种变化来稳定价值，这并不总是可信的。发行人在其价值较低时使用另一种资产购买硬币，而在其价值较高时出售硬币……管理下的硬币类似于管理下的汇率。它们的流通应将法定货币与汇率紧密挂钩。然而，我们太清楚盯住汇率制度的共同命运了……管理货币的提供者也可能耗尽支撑其货币价格的资产，尤其是因为它们可能立足于不稳定的基本面使用决定性价值以及使用鼓励性价值。"

② Libra Association. *Libra White Paper: The Libra Currency and Reserve*，https://1libra.org/en-US/white-paper/bthe-libra-currency-and-reserves.

③ Libra Association, *Libra White Paper: The Libra Currency and Reserve*，https://1libra.org/en-US/white-paper/bthe-libra-currency-and-reserves.

的能力来实现，这将自动减少储备中的法定货币数量和流通中的天秤币数量。因此，从原则上讲，金融体系将在货币流入和流出的基础上保持可行性，但是这一原则也将赋予天秤币协会灵活性，使其不必操作一个完整的准备金体系，尤其是如果事实证明天秤币具有强大的价值储存功能，最终会用于购买实物和资产的日常使用从而使赎回属于不必要的情况。在这种情况下，天秤币协会是否会觉得有必要不将外汇储备投资于更有利可图，但也更不稳定，有时甚至流动性更差的证券市场工具？如果天秤币协会面临一波赎回潮，这种做法将带来麻烦，而拥有发行特权的央行从未面临过这种情况。在这种情况下，天秤币协会要么不得不折价出售准备金，造成市场动荡；要么找到一种方法，通过央行的支持来应对任何超额赎回要求，将天秤币协会变成一家最新的"大而不能倒"的机构。

为了避免这种情况发生，许可证监管机构可以要求天秤币协会采取强有力的储备管理和监督要求，并颁发任何必要的许可证作为货币兑换商运作。或者，由于声誉在这种情况下非常重要，天秤币协会可能会考虑，即使由于目前的低收益而有些不情愿，只将其储备投资于超流动性（和低收益率）的国债，从而降低流动性不足的风险，尽管这可能被证明是不太可能的。①

天秤币的法律性质面临着缺乏先例的挑战。尽管如此，正如本文第四部分讨论的，普通法在处理"货币"的方法上相当灵活。因此，这个问题在更大程度上与全球各国央行对数字货币的敌意有关。产生这种敌意的原因在于，天秤币类货币可能会与本国法定货币正面竞争，以此作为额外流动性的支付手段，这可能会对国内价格水平产生影响。如果国内货币当局发现自己无法通过提高利率来控制（通货膨胀）价格的影响，它们将因此经历某种程度的货币主权丧失，外加对国内支付的监督和处理的损失。后者既可以成为有关经济不同方面的宝贵信息来源，也可以成为对执法当局有价值的信息来源。

此外，Facebook 在处理客户隐私方面的记录加剧了人们对天秤币的政治敌意。同一背景下，谷歌等其他主要技术公司进入该领域并向用户提供

---

① 无论如何，目前 Libra 白皮书指出，其储备将包括："从稳定和信誉良好的央行收集低波动性资产，例如银行存款和以货币计价的短期政府证券。"当天秤币上线时，将会对天秤币交易的后果进行全面的讨论。参见 Dirk A. Zetzsche, Ross P. Buckley & Douglas W. Arner. Regulating LIBRA: The Transformative Potential of Facebook's Cryptocurrency and Possible Regulatory Responses. University of New South Wales Faculty of Law Research Series. 2019, p.47.

付款和其他金融服务的可能性可能不再打折扣，从而引起对治理和用户保护的重大关切。

考虑到这些障碍，如果产品或者合约的性质容易界定，有关合法性的问题本身并不重要，但情况并非如此。不同司法管辖区的法律角色塑造会有所不同，可能同时适用多种法律和监管制度。例如，假设天秤币协会没有银行牌照，该工具可能不会被定性为存款，因为在大多数司法管辖区，存款认购只限于特许信贷机构。

马克·卡尼提出的"合成霸权货币……或许通过央行数字货币网络提供……"的概念，旨在"抑制美元对全球贸易[1]的霸权影响"不是像 20 世纪末期的欧元那样，仅将其作为一种计算单位，或者作为一种可交易的指数，[2]而是作为一种储备资产。然而，电子形式的储备资产即使不是最初的设计，也可能用于国际支付，原因是它可以使国际支付更加便宜和顺畅。如果在国际支付中使用这种代币，由于设计的稳定性和主要央行的假定支持，它将成为各国法定货币的强有力竞争对手，但构建这样一个代币的难度是巨大的。目前尚不清楚哪些国家将支持这一倡议，每种组成货币（参与国）中央银行的份额是多少，以及谁是发行者和管理者同时从铸币税中获益。尽管如此，这也算是对所讨论主题的一个主要的概念性贡献。

另一项涉及央行货币的事实对于目前而言更为重要。尽管央行数字货币不是一种新的支付手段，而是一种传递法令的新模式，[3]它仍可能在几个方面带来范式转变。首先，这将是第一次等同于现金的法定货币的转移受到持续的政府监督，[4]对公民行为的监督提高到无法忍受的水平，例如，消

---

① Mark Carney. *The Growing Challenges for Monetary Policy in the Current International Monetary and Financial System*，https：//www. bankofeng1and. co. uM-/media/boe/fi1es/speech/2019/the-growing-challenges-for-monetary-policy-speech-by-mark-carney. pdf? 1a = en&hash = 01A18270247C456901D4043F59D4B79F09B6BFBC.

② Emilios Avgouleas. The Incomplete Financial Order and Spillovers from Instability in Trade and Currency Regimes. in Emilios Avgouleas & David C. Donald eds. *The Political Economy of Financial Regulation.* UK：Cambridge University Press，2019，p.281.

③ 正如 Akeady 所提到的，已知的在不久的将来可以投入流通的 CBDC 唯一计划是中国人民银行的计划。新加坡、加拿大和瑞士也进行了试验。Yuan Yang & Hudson Lockett. What is China's Digital Currency Plan. *Financial Times*（25 November 2019），https：//www.ft.com/content/e3f9c3c2-0aaf-11ea-bb52-34c8d9dc6d84.

④ Paul Pichler，Alexander Schierlinger-Brandmayr & Martin Summer. *Digital Money*，https：//ideas. repec.org/a/onb/oenbmp/y2018iq3-18b2.html.

费习惯、消费者偏好等。其次，如果公民有能力将储蓄存入与央行支付系统直接相连的电子钱包，他们就无须将活期存款（忍受着极低的利率）存入商业银行。[①] 此举可能对商业银行的业务造成重大打击，既会削弱它们的营利能力和放贷能力，最终也会削弱它们现有业务模式的生存能力。再次，如果发行货币的央行不对这些代币实施任何出口限制和其他形式的外汇管制（在这种情况下，这种管制的形式将是阻止对账户中的代币的访问），那么，它们的便携性和在微型电子钱包中携带的能力将意味着如果外国代币代表的是一种比本地法定货币更可信的货币，它很有可能取代本国法币在消费者和其他支付方面的作用。

（二）对新支付方式感知优势的批判性评估

国际货币基金组织（IMF）的分析表明，新的数字支付方式提供了 6 种互补性质的财产，可能使它们至少与传统的法定货币一样受欢迎（便利性；普遍性；互补性；交易成本；信任；网络效应）。[②] 关于便利性，IMF 的文件正确地指出：与银行货币和央行货币相比，电子货币更好融入了我们的数字生活。正如笔者在早期关于数字货币的文章所指出的，除了交易安全之外，这是一个非常重要的因素，因为获取货币和使用货币就像使用智能手机[③]一样简单。因此，在某些国家，获取银行现金充满危险，运输也不安全，数字

---

① 我们对中国人民银行的计划了解如下：首先，它将为发行和赎回"提供一个双层体系"。在第一层，中国人民银行将通过商业银行发行和赎回中国的中央商业银行债券。在第二层，商业银行将负责向散户市场参与者重新分配中国的 CBDC。在第二层，区块链的使用仍未确定，区块链被称为"一个选项"。此外，中国人民银行似乎将采取一种"松散耦合"的设计，允许资金转移，而不需要银行账户。中国人民银行认为，在不破坏现有货币发行和流通体系的情况下，采用二级机制可以实现替代纸币的目标。数字货币将会有一个 1∶1 的挂钩机制，以及它的计息特征。通过假定中国的 M0 货币供应量将被中国人民银行货币发行局取代，中国人民银行将预期零售支付的可移植性将得到改善。在银行间清算领域，分布式的银行间分类账系统将提高清算效率；在跨境支付领域，中国人民银行货币发行局将提高跨境支付的速度，降低成本，最终促进人民币国际化的发展。Mu Changchun. The Practice of Central Bank Legal Digital Currency. *Chain News* (12 August 2019), https://www.chainnews.com/articles/761536251153.htm.有关该报告的中文摘要及中国人民银行计划的另一说明参见 Jinze & Etienne. *First Look: China's Central Bank Digital Currenty*, https://research.binance.com/analysis/china-cbdc.

② Tobias Adrian & Tommaso Mancini Griffoli. *The Rise of Digital Money*, https://www.imf.org/en/Publications/fintech-notes/Issues/2019/07/12/The-Rise-of-Digital-Money-47097.

③ William Blair & Emilios Avgouleas. Opinion：A New Era of Global Payments Is Coming. *CaixiH* (28 August 2019), https://www.caixing1oba1.com/2019-08-28/opinion-a-new-era-of-global-payments-is-coming-101456077.html.

支付手段确实比现金有优势。然而，目前尚不清楚，为什么加密货币或其他形式的支付在使用上与法定货币的数字表示形式（例如中国的支付宝或肯尼亚的 M-Pesa）一样方便。

至于普遍性，数字货币的跨境转移可能比现金和银行存款更快、成本更低，这是市场失灵的表现，而不是结构性优势。在数字时代，支付服务提供商未能下调跨境转账的成本，这对他们的客户造成了极大的伤害。同样的道理也适用于消除交易成本，因为"电子货币的转移几乎没有成本，而且是即时的"，这使得它们比信用卡支付或跨境银行间转移更具吸引力。同样，这也是高度寡头垄断的全球支付行业未能适应数码时代对资金即时转移和交易结算的需求，而非新支付方式的内在或者结构性优势。

一个类似的观察适用于关于互补性的观点。正如 IMF 所指出的，如果把涉及股票和债券等资产交易的支付或结算转移到区块链上，从而消除人工后台任务，那么这可能是真的，但这不只适用于新的支付手段，尤其是加密货币。同样的功能可能是法律的数字表示，特别是央行的数字货币，其也许是在特定环境下的移动区块链。

同样，虽然网络效应更好地称为网络正外部性，[①]这意味着"如果两个人使用相同的支付方式，第三个人更有可能加入"——正确地赋予了关系（社会学方法）对"货币"的充分价值，但它并不意味着一些新的支付方式具有任何结构性竞争优势，这些支付方式充满摩擦，比法定货币的可扩展性差得多。可以想象的是，考虑到大型连锁超市或大型互联网零售商的规模、消费者基础、庞大的供应链和销售规模，它们有朝一日可能会开发出自己的代币或者支付手段以换取价值，从而建立一个庞大的支付网络。社交网络平台同样有可能利用其用户群来获得大量全球支付，例如 Facebook 通过天秤币进行的尝试。

---

① Tobias Adrian & Tommaso Mancini Griffoli. *The Rise of Digital Money*，https://www.imf.org/en/Publications/fintech-notes/Issues/2019/07/12/The-Rise-of-Digital-Money-47097. IMF 很好地解释了这意味着什么："如果商家和同行也使用电子货币，它对潜在用户的价值就更大。随着新用户的加入，对所有参与者（现有用户和未来用户）的价值都在增长。不应低估网络效应在推广采用新服务方面的力量。支付不仅仅是消除债务的行为。它们是一种交流，一种人与人之间的互动——一种基本的社会经验。如果两个人使用相同的支付方式，第三个人更有可能加入。"

　　然而，目前尚不清楚，在缺乏任何支持的情况下，加密货币可能需要多长时间才能实现规模化，才能建立起可与当今最大支付系统匹敌的网络。此外，如果有一天建成了这样的大型支付网络，它们是否会像既有系统一样快速和可靠？如果各主要央行将其（储备）货币数字化，并允许它们通过使用数字钱包进入全球流通，情况将更是如此。至于为什么大多数单纯的消费者（至少是那些没有明确的自由意志的消费者）会选择使用未受到支持的加密货币而不是外国数字化货币进行交易，目前还没有明确的解释。

　　IMF新的支付手段的6个基本属性的最后一个，在笔者看来，信任是最重要的。正如国际货币基金组织所言："在一些国家，电子货币正在起飞，用户信任电信公司和社交媒体公司，而不是银行。"[①]更糟糕的是，在一些国家，人们不再信任本地法定货币作为一种价值储存手段。例如，在津巴布韦出现恶性通货膨胀之后，法定货币在2009—2019年被废除，美元和南非兰特实际上成为法定货币。

　　名为中本聪的个人或群体试图通过在创造比特币过程中使用创新的加密技术来解决他所认为的传统货币固有的信任问题。[②] 然而，货币还必须拥有其他属性，包括可信的价值（记录系统）。因此，在那些政治组织既不信任政府机构，也不信任法币的国家，除非有可能通过货币发行局或通过黑市"合法化"，将外国法定货币作为合法支付手段，否则本国消费者可能会觉得，他们更信任天秤币或未来可能的银行稳定币等支付手段。

　　在天秤币式的支付机制下，法定货币被一篮子货币所取代，既有下行风险，也有消除汇率风险和将恶性通胀风险降至最低的潜力。其结果是，这种类型的支付工具自动成为一个可信的价值衡量，这是计划中的支付系统，例如天秤币，可能会让它们更具吸引力，而不只是因为它们可能比本国法定货币更好地储存价值。一些"安全资产"，包括在黑市流通的精细金属物品，可以作为一种安全的价值储存手段，但它们也可能受到各种摩擦的影响，这使

---

① Tobias Adrian & Tommaso Mancini Griffoli. *The Rise of Digital Money*，https://www.imf.org/en/Publications/fintech-notes/Issues/2019/07/12/The-Rise-of-Digital-Money-47097.

② Satoshi Nakamoto. Bitcoin P2P e-cash paper，https://satoshi.nakamotoinstitute.org/emails/cryptography/1/；Satoshi Nakamoto. *Bitcoin: A Peer-to-Peer Electronic Cash System*，https://bitcoin.org/bitcoin.pdf.

得它们不如天秤币或稳定币等人造货币有用。

与此同时，即使允许使用天秤币或外国数字货币来稳固不稳定的经济，这种发展也不会对"进口"的国民经济免费。在这种情况下，从进口发行主要货币的国家的经济和货币周期的角度来看，对发展中市场经济体的影响将更加突出。

四、法律基础设施调查

（一）法律事项

这里的主要论点之一是，没有被视为享有私法或公法保护的金融工具在危机条件下将不能作为持久的交换手段而存在。因此，这不仅是理论上或哲学上的问题，对于零售支付以外的新工具的使用，尤其是在构成现代经济主体的商业和投资领域的使用也具有重要的实际意义。

由于社会偏好所形成的社会习惯，例如，社会偏好使用政府没有发放的货币或支付手段来交易和支付生活必需品，这些工具中的大多数可能在开始时或在繁荣时期得到用户的信任，但是当一个普通的经济事件发生，与特定加密资产或其他类似支付工具无关的风险会造成市场信心危机。因此可以预见，只有那些被视为其地位得到法律承认的资产才会被视为可信的支付手段。当然，广泛存在的经济、政治不稳定或自然灾害也会削弱法定货币作为可靠价值衡量标准的地位。但是，由于法律承认法定货币，在这种情况下发生的事情超出了本文的范围。

在某些情况下，借助新技术创造的类似货币的工具模糊了货币与投资之间的界限。后者是两个截然不同的法律概念，在某种程度上也是经济概念。自从美国新政（New Deal）①出台以来，证券等投资工具传统上一直受到严重的准入壁垒的阻碍，原因是披露负担过重，以及其他投资者保护控制措施。然而，这些阻碍或者说摩擦是团体或私人创造的法定货币从未经历过的。

---

① 美国最高法院的 Howey 案和随后的判例法发现，当存在以下情况时就存在"投资合同"：① 资金投资；② 对一家普通企业的投资；③ 以合理的利润预期为前提；④ 从其他人的努力中获得。See SOC v. W. J. Howey Co，328 US 293（1946）；*United Housing Found Inc. v. Forman*，421 US 837（1975）；*Tcherepnin v. Knight*，389 US 332（1967）；*SEC v. C. M. Joiner Leasing Corp.*，320 US 344（1943）.

为了就新工具的合法性问题提供一些答案,笔者将在下文探讨金钱在法规中的含义,以及更重要的是在普通法中的含义。

（二）货币法和合同法

"货币是法律的产物",因此"货币的灵魂不在于纸张"——也就是说,不是通过某种内在价值与金属联系起来的——"但在规范金属使用的法律条例中"主要意味着货币只是国家货币。[1] 今天,这可以被解释为只有那些可以被法律认可的支付手段才能被视为货币。这种表述承认,只要非法定的货币支付手段作为支付手段的作用不受法律限制,就没有理由将其排除在法律定义和理解之外。在某种程度上,这可能是对货币法的修改,[2]但它符合……普通法对"货币"的灵活处理方法。

笔者认为,没有理由把对"货币"更广泛的定义或者法律理解视为对国家行使货币法所依据的以下三项专属权力的挑战：在其领土内发行货币（即作为法定货币的硬币和钞票）的权力;[3]确定和改变该货币价值的权力;管制该货币或任何其他货币在其领土内的使用权力。[4] 欧元作为欧盟19个成员国的单一货币表明各国可以将货币主权集中起来。[5] 它还表明,货币可以作为单一的"账面货币"存在,与不同国家的纸币并存,正如1999—2001年,欧洲央行（ECB）首次发行欧元纸币。

货币法和合同法之间有一个重要的区别,一方面,是国家对其货币的主权;另一方面,是受私法管辖的私人当事人之间的合同关系。例如,合同中关于付款的目的、付款时间等事项是由合同法管辖的。[6] 因此,货币或类似付款方式的选择应被视为属于合同当事人的权利范围。其法律效力并不取

[1] Charles A. E. Goodhart. *Money, Information and Uncertainty*. Cambridge, Mass: MIT Press, 1989; Charles A. E. Goodhart. The Two Concepts of Money: Implications for the Analysis of Optimal Currency areas. *European Journal of Political Economy*, Vol.14, No.3, 1998, p.1.
[2] 货币法是涉及货币特定方面的法律,特别是货币和法定货币,其作用反映在货币主权的国际法学说中。
[3] 法定货币是由金融当局或政府发行的货币（在双方同意的前提下）,任何人不得拒绝为交易付款。根据法律,这笔钱的投标或付款构成债务的充分清偿。
[4] François Gianviti. *Current Legal Aspects of Monetary Sovereignty*, https://www.imf.org/external/np/leg/sem/2004/cdmfl/eng/gianvi.pdf; Luc Thevenoz. The Single Currency and Other Countries: the Swiss Point of View. *International Business Law Journal*, Vol.3, 1997, p.275.
[5] Rosa Lastra. *International Financial and Monetary Law*. UK: Oxford University Press, 2015.
[6] *Mardorf Peach & Co. Ltd. v. Attica Sea Carriers Corporation of Liberia* (1977) AC 850(HL); *Spar Shipping A. S. v. Grand China Logistics(Group) Co. Ltd.* (2016) EWCA Civ. 982.

决于管辖合同的法律是货币作为选择的支付手段的国家的法律。① 也就是说，虽然一国的公法可以排他性地规定某一特定国家的法定货币是什么，但这不应影响合同当事方对其他付款方式的选择。

在合同中选择付款方式的权利也符合英国法院所采取的做法，英国法院一贯避免提供货币的排他性定义。尽管如此，在大多数情况下英国法院都假定"货币"是由一个国家发行的，或者拥有这个国家的权力，②并且在这个程度上倾向于采用国家货币理论。③

法院也接受以货币表达的权利的面值。在"葡萄牙银行诉沃特洛父子有限公司案"④中，葡萄牙央行委托印刷商印制票面印有瓦斯科·达·伽马，面值为 500 埃斯库多的纸币。印刷商被引诱提供钞票底版，由此印刷的假钞与原版钞票没有区别。因此，银行不得不从流通中撤出这批钞票，并更换假钞。法院认为，银行可以根据钞票的面值而不仅是实际生产这些钞票的成本要求损害赔偿。

（三）成文法下的金钱

术语"金钱"和"货币"可以在法律渊源中互换使用，货币是指特定国家的货币。"法定货币"一词虽然有时被用作货币或货币的同义词，但是它是一个独特的概念，是指债务人在偿还国家货币债务时有权提供什么（除了合同协议外）——法定货币实际上是对债务诉讼的防御。这些条款可以在同一法规中找到。例如，在《新加坡货币法案》第 13 条规定，新加坡货币管理局有"在新加坡发行纸币和硬币的唯一权力，只有管理局发行的纸币和硬币才是新加坡的法定货币。"⑤类似地，1934 年《印度储备银行法》⑥第 3 条规定：印度储备银行有责任管理货币；第 22 条规定："在印度发行纸币的唯一权力"；第 26 条规定："每张纸币在印度任何地方都应该是法定货币，用于支

---

① Norbert Horn, ed. *German Banking Law and Practice in International Perspective*. Berlin: De Gruyter, 1999, p.33.

② *Adelaide Electric Supply C. Ltd. v. Prudential Assurance Co. Ltd.* (1934) AC 122 (HL), *Bonython v. Commonwealth of Australia* (1951) AC 201 (PC).

③ F. A. Mann. *The Legal Aspect of Money*. UK: Oxford University Press, 1992, p.15.

④ [1932] AC 452(HL).

⑤ 每宗交易最多可提供每面额 20 枚硬币，以尽量减少对供应商及其等候付款的顾客造成的不便。

⑥ Act No.2 of 1934.

付,或者用于支付纸币上的金额"。然而,随着现代支付系统的发展,法定货币的重要性在相当长的一段时间内逐渐减弱。①

　　国家货币理论得到了《美国统一商法典》(UCC)的认可(UCC 主要起草于 20 世纪四五十年代,是美国国家法律的一部分)。在其一般定义中,UCC 指出:货币是指"目前由国内或外国政府认证或采用的"交换媒介;关键的检验标准是"政府的认可,无论是在发行之前授权,还是之后采用,承认流通媒介是政府官方货币的一部分"。② 虽然法定货币的存在以国家货币体系为前提,但 UCC 并没有反映货币仅限于法定货币的狭隘观点。该定义继续说明:"该术语包括由两个或两个以上国家之间的跨政府机构或协议确定的货币记账单位"。此定义非常宽泛,足以延伸到欧元区,但不会延伸到天秤币。它似乎可以延伸到 IMF 的特别提款权(SDR),但是 IMF 本身并不赞成这种方法,称"特别提款权既不是一种货币,也不是对 IMF 的要求;相反,这是对 IMF 成员国可自由使用货币的潜在要求。特别提款权可以兑换成这些货币"。③

　　根据《法国货币和金融法规》L.111 - 1 条款,④"法国的货币是欧元"。因此,这是法国唯一具有法定货币地位的货币。据此,加密资产在法国不能成为法定货币。因而,在不违反《法国刑法典》⑤第 R.642 - 3 条规定的情况下有权拒绝支付这些款项。根据该条规定,任何人如果拒绝以具有法定货币地位的欧元纸币及硬币付款,即属违法。

　　《美国宪法》第 1 条第 10 款规定禁止各州将金币或银币以外的任何货币作为法定货币,但并不禁止联邦政府这样做。这是美国最高法院在 1871 年作出的开创性裁判,⑥其以 5∶4 的多数支持了《1862 年法定货币法案》⑦的合宪性,该法案旨在使联邦政府能够发行纸币(美元)为内战提供资金,而

---

① 美国法学家赫尔曼·奥列芬特(Herman Oliphant)于 1920 年指出:"货币的狭义定义在实践中是不方便的……我们的流通媒介中有很大一部分不是法定货币。"Oliphant. The Theory of Money in the Law of Commercial Instruments. *Yale Law Journal*, Vol.29, 1920, pp.606 - 617.

② UCC §1 - 201(b)(24)(1952).

③ IMF. Factsheet: Special Drawing Rights, https://www.imf.org/en/About/Factsheets/Sheets/2016/08/01/14/51/Special-Drawing-Right-SDR.

④ *Code Monétaire et Financier* art 111 - 1 CMF (*French Monetary and Financial Code*).

⑤ *Code pénal* art 642 - 643 C pén(*French Penal Code*).

⑥ *Knox v. Lee*, *Parker v. Davis*. 79 US 457(1871).

⑦ *Legal Tender Act*, c 33,12 Stat 345(1862).

无需增加额外的税收。

　　根据欧盟法律，加密资产不是"电子货币"，因为它们不是在收到资金时发行的。① 因此，与电子货币不同，加密资产不受欧盟的担保，即在未经授权的支付情况下按面值偿还，这并不一定意味着欧盟法律根据的是狭隘的做法。《欧盟反洗钱指令》(5MLD)②对加密货币(或称为虚拟货币)有一个法律定义："虚拟货币"是指不由中央银行或公共当局发行或担保，不一定附属于合法确立的货币，并且不具有货币的法律地位的价值的数字表示，但可被自然人或法人接受为一种交换手段，并可以电子方式转让、储存和交易。③ 这个略不透明的定义显然是为了区分"虚拟货币"和一个国家发行的货币。据此推断，一种虚拟货币不具有货币的法律地位。

　　上述定义似乎保留了"稳定币"的可能性"必然附属于"一种"合法确立的货币"应被视为"货币"。事实上，欧盟法院已经裁判，基于"货币"豁免(Skatteverket v. David Hedqvist, Case C - 264/14)，④比特币交易所将比特币兑换成传统货币的服务可以免征增值税，但是这个裁判应该仅限于特定情况。

(四) 普通法中的货币

1. 普通法中的货币：一种商业而非理论的进路

普通法倾向于避免对货币的总体定义。⑤ 从传统意义上讲，根据普通法作为由法官逐步发展起来的一种制度的特点，普通法考虑了有关货币性质的法律问题，⑥这些问题在货币产生的背景下出现在付款方面。⑦ 在大量

---

① European Commission, "2009 年 9 月 16 日第 2009/110/EC 号指令，修订第 2005/60/EC 号指令和第 2006/48/EC 号指令，并废除第 2000/46/EC 号指令"［2009］OJ L 167/7［*Directive 2009/110/E*］, Art 2(2).

② "2018 年 5 月 30 日，Directive(EU)2018/843 修正了关于防止利用金融系统从事洗钱或恐怖主义融资的 Directive(EU)2015/849，并修正了 Directives 2009/138/EC 和 2013/36/EU"［2018］OJ L 156/43［*Directive(EU)2018/843*］.

③ Directive (EU) 2018/843 修改了 Directive (EU) 2015/849，增加了新的 Art 3(18)。同样，虚拟货币不应与 2009/110/EC 指令第 2 条第(2)款中所定义的电子货币概念相混淆。

④ Georgios Dimitropoulos. Global Currencies and Domestic Regulation: Embedding through Enabling? in Philipp Hacker *et al* eds. *Regulating Blockchain, Techno-social and Legal Challenges*. Oxford: Oxford University Press, 2019, p.112.

⑤ 对于"钱"这个词的含义不存在赞成的推定: *Perrin v. Morgan* ［1943］AC 399(HL).

⑥ Ewan McKendrick. *Goode or Commercial Law*. UK: Penguin, 2016.

⑦ Victoria Dixon ed. *Goode or Payment Obligations in Commercial and Financial Transactions*. London: Sweet & Maxwell, 2020.

案件中，英国法院一直小心翼翼地避免以决定性或限制性的方式来定义货币，而采取一种广泛务实的商业方法，这可能被视为"社会（关系）"货币理论。"Miller v. Race 案"①是在纸币普遍用于支付较高价值的时代裁判的。从某种意义上说，这与电子货币现在所发生的变化一样具有根本性，因为过去在货币和货币内在价值之间联系（尽管有时微不足道）已经完全消失了。

　　出于商业需要，曼斯菲尔德勋爵认为纸币是可流通的，因此财产转让给了善意取得它们的人。然而，他把它们归入一个独特的财产类别，他说："它们不是货物，不是证券，也不是债务凭证，不受人尊敬，而是在正常的商业过程和交易中，经人类普遍同意，被视为货币、现金；从各种意图和目的来看，它们被赋予了货币的信用和流通"；该决定的比例是，"（一张）纸币在国内外一直被普遍视为货币、视为现金，而支付和收取则被视为现金，为了商业目的，有必要确立和保护它们的货币"。②

　　这种强大的商业手段并非金钱所独有。法院还通过了关于确定金融工具可转让性的一般规定。最主要的案件是"古德温诉罗巴茨案"，③法院在裁判时作出了一个深刻的国际和商业方法，④即求助于法律商人、贸易法、商业惯例和用法，类似于十二—十三世纪的佛罗伦萨和威尼斯以及美国、德国和法国的教科书对类似工具的处理。这个案件值得注意的是，在支票还是一种新鲜事物时，⑤我们现在称之为（私人创造的）银行货币已经得到了早期司法认可。同样，法院在区分货币和商品方面也毫无困难。在"莫斯诉汉考克案"⑥中，法院下令归还被盗者一枚 5 磅重的金币，虽然是法定货币，但其价值大大超过其面值。实际上，法院并没有将硬币视为可流通的货币，而是将其视为一种商品，理由是其反映了被告据以拥有硬币的商业交易。⑦法院采纳了当时经济学家的观点，将货币定义为"在整个社会自由流通，以最终清偿债务和全额支付商品"的工具。⑧ 因此，根据这项裁判，可以认为

---

① （1758）1 Burrow 452（HL）.

② （1758）1 Burrow 452（HL），401.

③ （1875）LR 10 Ex 337（Exch），affirmed in *Goodwin v. Robarts* （1876）1 App Cas 476（HL）.

④ William Blair. Negotiability and Estoppel. *Journal of International Banking Law*，Vol.1，1988，p.8.

⑤ *Goodwin v. Roberts* （1875）LR 10 Ex 337，*Currie v. Misa* （1875）LR 10 Ex 351.

⑥ ［1899］2 QB 111.

⑦ 美国案件 *Cordner v. United States*，671 F（2d）367（9th Cir 1982）也采取了相似的观点。

⑧ ［1899］2 QB 111 at 116（QBD）.

任何一种新的工具，无论是加密货币还是稳定硬币，经常用于清偿债务，并被接受用于购买商品和服务，都可以在普通法中定义为"货币"。

正如乔安娜·珀金斯(Joanna Perkins)所言："原则上，在一个重要用户群体中取得了交易媒介地位的虚拟货币，有理由被视为货币。"①这是一个重要的测试，正好处于本文提出的组成分析中。只有拥有大量用户群并且可以作为支付手段或价值衡量标准不断使用的虚拟支付手段，在面临压力的时候才会被视为货币。然而，这种支付方式不是法定货币的这一事实，绝不是一种限制因素。

法院的实用主义也可以在著名的"Foley v. Hill案"②中找到，该案判决银行家和客户之间的关系就金钱交易而言，"是债务人和债权人"与属于银行而非客户的钱进行的交易。这一"历史性突破"③为法律承认的(私人创造的)银行货币的发展扫清了道路。正如美国最高法院在2016年表示的那样："当客户存入资金时，银行通常成为资金的所有者，因此有权利将资金用作帮助银行赚取利润的贷款来源(尽管客户保留提取资金的权利，例如收回存款)。"④

总的来说，判例法表明货币的定义并非一成不变的。格里森指出，⑤这并不意味着某一特定工具是否货币的问题应该一次性地确定下来。正如他所说："似乎很清楚，法律认为什么是金钱的问题，只能通过观察社会本身认为什么是金钱来回答。"⑥无论如何，数字货币的"巨大增长潜力"是"建立在它们为远距离非中介化的基础的愿景之上，从而提高速度、降低成本、扩大用户基础以及加强安全性"的。⑦

同时，笔者认为，比特币的运作更像是一种商品，而不是货币，它既太不稳定，也不具备充分的实在性，因此不能作为一种普遍使用的交换媒介。

---

① Joanna Perkins & Jennifer Enwezor. The Legal Aspects of Virtual Currencies. *Journal of International Banking & Financial Law*, Vol.31, No.10, 2016, p.569.

② (1848) 2 HLC 28 at 45 (HL).

③ Ross Cranston, Emilios Avgouleas. *Principles of Banking Law*. UK：Oxford University Press, 2017, p.190.

④ *Shaw v. United States*, 781 F (3d) 1130 (9th Cir 2015).

⑤ Simon Gleeson. *The Legal Concept of Money*. UK：Oxford University Press, 2018, p.122.

⑥ Simon Gleeson. *The Legal Concept of Money*. UK：Oxford University Press, 2018, p.4.

⑦ Benjamin Geva. Disintermediating Electronic Payments：Digital Cash and Virtual Currencies. *Journal of International Banking Law & Regulation*, Vol.31, No.12, 2016, p.661.

2. 金钱是财产

认为货币可能是一种财产形式的观点并不新奇。① 正如 Richard Posner 法官在 In re Oakley 一案中所说，②货币是一种无形的个人财产。这个问题出现在破产法对有形财产和无形财产规定了不同的豁免，这就是为什么分类至关重要。③

关于加密货币，于 2015 年作出的一项早期法律裁判是由总部位于东京的 Mt Gox 交易所破产引起的，该交易所在一次破产中再次破产。法院认为，根据《民法典》，比特币缺乏被视为财产的"物质现实"。④ 最近，在"B2C2 有限公司诉 Quoine Pte 有限公司案"⑤中，新加坡国际商业银行的一项决定对于新加坡国际商事法庭（SICC）将合同原则和信托法适用于加密货币交易案持相反观点。法官裁判虚拟货币可被视为能够以信托方式持有的财产，并对通过算法编程自动签订的合同中的错误原则进行了分析。

司法机构还通过判例法以外的其他方式为辩论作出了贡献。2019 年 11 月，英国管辖权特别工作组⑥（隶属于英国法律技术交付委员会）发表了一份关于加密资产和智能合同的法律声明，其中审查了适用的英国法律原则，并得出结论：加密资产原则上被视为财产，然而，这并不等同于所谓用货币交换代币或类似货币的支付手段。

应用这一分析，伦敦商业法院最近裁判，加密货币是一种财产形式，可以成为专有禁令的主体。通过对索取比特币赎金的身份不明者和追踪比特币的加密货币交易所发布禁令，法院力求最大限度地提高追回的可能性，并防止将比特币兑换为法定货币。⑦

对于本文的分析来说，更为重要的是一个由伊丽莎白时期法院判决的

---

① J. G. Allen. Property in Digital Coins. *European Property Law Journal*，Vol.8，No.1，2019，p.64.

② 344 F (3d) 709 (7th Cir 2003).

③ 关于金钱一般作为个人财产，参见 Michael Bridge *et al*. Financing Devices Involving the Transfer or Retention of Title. in Michael Bridge *et al*. *The Law of Personal Property*. UK：Sweet & Maxwell，2018.

④ Tokyo District Court，Tokyo，August 2015，Case claiming the bitcoin transfer, etc (Mt Gox case)，Heisei 26 (Year of 2014)，(Wa) 33320 (Japan).

⑤ [2019] SGHC(I) 03.新加坡上诉法院随后在 QuoineQrioiHe Pte Ltd. v. B2C2 Ltd. [2020] SGCA (I) 02 一案的重要判决中考虑了与错误和违反信托有关的问题。

⑥ Chaired by Sir Geoffrey，Chancellor of the High Court of England and Wales.

⑦ *Aa v. Persons Unknown Who Demanded Bitcoin or 10th and 11th October 2019*，*Persons Unknown Who Own/Control Specified Bitcoin*，*trading as Bitfinex*，*BFXWW Inc. trading as Bitfinex* [2019] EWHC 3556 (Comm).

古老案件。在"吉尔伯特诉布雷特案"（"混合货币案"）①中,法院裁判货币是以名义利率支付和收取的,用于偿还债务,而不考虑货币实物可能发生的任何贬值。该案证实了普通法中的货币唯名主义原则,即排除了以通胀为由进行货币重估的可能性（没有黄金条款②等特殊条款）。在所有西方国家司法当中,这已被描述为现代货币法的一项基本原则。③

正如戴维·福克斯（David Fox）所评论的,④该案件为普通法使用名义价值来强制履行货币义务提供了基础,因此,在该案件本身所涉及的商品货币体系消亡之后很长时间内,这一点仍然很重要。唯名主义还支持这样一种论点,即只有能够作为可靠的价值衡量标准的工具,才能作为可持续的支付或交换手段。很难看出当事人如何能够接受在其合同中使用一种新的付款方式,即在明知普通法法院不会接受任何重新估值的情况下使用一种有严重贬值风险的工具。

3. 金钱和给付

虽然货币和支付是截然不同的概念,但它们是相互联系的,特别是在支付方面有大量的法律。判例法跟踪了货币在商业交易中的发展——从金属硬币到纸币、银行货币（存款和转账）,再到电子货币,⑤然后到加密货币。在法律中,付款通常指转移货币或货币基金,或履行为履行货币义务而提供和接受的其他行为。⑥

普通法发展了一系列规则,这些规则随着货币体系以不同形式的发展而变化,典型如 Miliangos v. George Frank Ltd.案。⑦ 法院裁判,债权人有权根据合同获得以外币作为记账金额的判决。在"Camdex International Ltd. v.

---

① (1604) Davis 18，(1605) 2 Howells State Trials 114.

② Philip Wood. *Conflict of Laws and International Finance*. London：Sweet & Maxwell, 2019.

③ F. A. Mann. *The Legal Aspect of Money*. London：Oxford University Press, 1939, pp.60 - 61；Charles Proctor. *Marx or the Legal Aspect of Money*. London：Oxford University Press, 2012.

④ David Fox & Wolfgang Ernst. *Money in the Western Legal Tradition: Middle Ages to Bretton Woods*. London：Oxford University Press, 2016, p.243.

⑤ Grace T. Y. Cheng. E — money: Evolution or Revolution? *Journal of International Banking Law & Regulation*, Vol.33, No.2, 2018, p.57.

⑥ Victoria Dixon & Charles Proctor eds. *Goode or Payment Obligations in Commercial and Financial Transactions*. London：Sweet & Maxwell, 2016；Professor Goode's analysis of the meaning of payment was accepted by the Federal Court of Australia in *Quality Publications AustraliaPty Ltd v. Commissioner of Taxation* [2012] 202 FCR 574 (FCA) at para 48.

⑦ [1976] AC 443 (HL).

赞比亚银行案①中，法律明确规定，任何数额的货币，无论以何种货币计价，"都保留了其作为交易媒介的特性"。② 在程序方面，至执行为止，外币都与计量利率相联系，而非本地货币。

19世纪，由于商业银行（以及提供类似服务的机构，例如建筑协会、储蓄和贷款，以及信用合作社）的兴起，带来了可靠和便于获得的账目报表，以及可靠支付系统（例如支票结算）的发展，使得金钱、货币、法定货币的法律概念与支付规则变得模糊起来。现在，随着多种支付方式的出现，这一点依然成立。一方面，正如已经解释过的，加密货币发展的主要部分与支付无关；另一方面，移动支付应用虽然只有不到10年的历史，但已经在消费层面无处不在。一旦法定货币从银行账户流入用户的支付宝或微信支付电子钱包，该系统基本上是自动运行的。③ 就用户而言，与法定货币的物理联系已经消失了，然而，法定货币的面值以及随之而来的金融基础设施，④使该系统得以运转。对于用户来说，"货币"似乎是一个越来越遥远的概念，但无论如何，在不确定时期，最重要的是法律对货币的表述方式，这是整个过程的基础。

虽然其中一些金融工具不受违约法的约束，因为它们可能包含也可能不包含转换为法定货币的承诺，但是大多数金融工具价值都与供求关系的法律有着不可分割的关系。需求在危机时期的任何下降都会影响它们的受欢迎程度，从而影响市场价格，而市场价格本质上是衡量它们价值的唯一指标。因此，除了其他结构性弱点之外，大量的新型支付工具可能无法在危机时期作为一种共同的价值衡量标准。

五、结论

在第四次工业革命的背景下发展起来的电子技术可以使人们更便宜获

---

① [1997] EWCA Civ 798.

② 关于外币支付，参见 *Libyan Arab Foreign Bank v. Bankers Trust Co* [1989] QB 728 (QBD).

③ 支付宝（Alipay）和微信支付（WeChat Pay）目前都在试用一种系统，这种系统允许客户在中国的几家零售连锁店只需扫描面部就可以进行支付。鉴于人脸识别技术的发展速度，人脸取代现金或信用卡或手机实际上还需要多长时间？这里的风险主要不是货币方面的，而是数据保护、非法数据连接和其他潜在风险的滥用。

④ Agustin Carstens. *The Future of Money and the Payment System: What Role for Central Banks?* Lecture delivered at Princeton University (December 2019), https://www.bis.org/speeches/sp191205.htm.

得、更容易处理和兑换货币。有争论的是，这项新技术带来的主要范式转变将发生在国际支付领域，因此，国际支付将变得更安全、更廉价和更便捷，例如，在零售支付领域出现全面的新的竞争，可以明显提高汇款给消费者的价格，但是，技术革命带来的新的支付手段，无论是加密货币、稳定币还是其他工具，是否符合"货币"的定义？

基于前面的法律和经济分析，笔者认为，如果满足两个条件，那么对"货币"采取多元化的方法，将其范围扩大到法定货币之外，问题可能没有人们通常预测得那么严重。首先，代币本身或其所包含的权利必须得到法律的承认，而普通法在这一点上的立场是相当灵活的。其次，代币必须能够在任何时候保留其作为价值衡量标准的功能。如果代币不能在任何时候执行这一功能，用户的信任将大大受损。新的支付手段应该既保留加密资产所拥有的独立于其他任何公用事业的财产，以弥补初创企业或小型发行人的资金缺口，又保留某些工具最终可能创造的社会经济效益，例如所谓的效用代币（utility tokens）。在降低交易成本和减少其他摩擦方面，新的支付手段和其他类型的加密资产之间的重叠不断增加。但是，即使今天的计算技术进步，依然很难想象投资式工具或效用代币作为一个被广泛使用的和客观的价值衡量手段。如果天秤币这样的新工具规模化，那么，洗钱、日益加剧的消费者保护担忧（欺诈），甚至金融稳定性问题等理由可以合理化人们对监管机构监管新工具的期待。尽管如此，监管（立法）的合理性不应包括这样的假设：政府是可信货币的垄断供应商。同样，根据广义的货币定义，其价值将在危机时期崩溃的金融工具也不能算作私人货币或基于市场的货币，这应该在支付的视角下加以考察，无法作为一种安全的价值衡量标准，严重影响了任何工具作为交换手段的功能。支付手段不能仅在景气的时候可信，即作为"晴天"货币。作为一种新的工具，不是以法定资产的数字化表现，在任何时候如果不能作为可信的价值衡量标准使用，就不能在现实中被称为"货币"。

本文提出的将新工具归类为"货币"的双重检验并不构成对金属规则的回归。它的范围足够广泛，包括新的支付手段，其中含有法律承认的权利，并在一段时间内作为可信赖的价值衡量标准被用于经济和社会进程。与此同时，这一检验的范围很窄，足以排除其主要目的是作为投资而不是用于衡量价值的支付手段的工具。这种表述不可避免地将笔者对第四次工业革命中"货币"的理解排除在外，使得在危机时期①使用者不会相信这种具有高度波动性的工具。

---

① 事实上，新冠疫情大流行引发的市场动荡（这一事件应被视为重大动荡）表明，比特币（Bitcoin）和以太币（Etherum）等加密货币的波动性要比法定货币高出许多倍。也就是说，这些工具的市场价格的变动方式类似于股票和其他投资标的。

中央银行数字货币：对部分太平洋岛国特有问题的潜在回应

安东·N. 迪登科　　罗斯·P. 巴克利*

芦心玥　译　陈徐安黎　沈伟　校

摘要：尽管历经多年努力，普惠金融仍是太平洋岛屿国家（Pacific Island Countries, PICs）所面临的重大挑战。至今该区域内仍有诸多国家无法获得金融服务。本文认为，中央银行数字货币（Central Bank Digital Currencies, CBDC）为解决 PICs 所面临的普惠金融挑战以及目前作为岛国居民海外收入征税方法的高汇款费用问题提供了一种可能的高效解决路径。阻碍 PICs 推出 CBDC 存在一些挑战，但是随着时间的推移，PICs 发展 CBDC 的关键驱动力并不在其内部，因此这些国家仍有较大可能推出 CBDC。尽管 CBDC 有巨大潜力，但本文的结论是，现在还不是在该地区发行 CBDC 的时候，不过是时候开始通过发展该地区中央银行所需的专业技能，为日后的创新奠定基础。

关键词：中央银行数字货币；中央银行；太平洋岛屿国家；普惠金融

一、引言

CBDC 被公认为是货币发展的新阶段，有望攻克全球货币和支付系统

---

* 安东·N. 迪登科（Anton N. Didenko），新南威尔士大学法学院高级讲师；罗斯·P. 巴克利（Ross P. Buckley），新南威尔士大学毕马威法律与金杜律师事务所颠覆式创新教席、Scientia 教授，法律、市场和监管中心成员。

中长期存在的难题。① 关于开发和发行 CBDC 的益处如下：促进对社会中无银行账户用户和次级银行用户实现普惠金融；确保即使私人数字货币数量增多，公共货币仍然是主要记账单位；使公众的存储和支付的方式稳定、无信用风险；改善宏观经济，维护金融稳定。② 在此基础上，国际清算银行（Bank for International Settlements, BIS）的调查报告显示，在其调研的中央银行中，86％的银行正在积极进行 CBDC 的研究、实验和开发。③ 然而，数字和金融基础设施相对欠发达的国家几乎没有评估开发 CBDC 的可行性和适当性。本文弥补了这一缺陷，拟探讨在太平洋岛国运行 CBDC 的机遇与风险，并分析 CBDC 促进该地区普惠金融的潜能。

　　CBDC 是以国家记账单位计价的数字支付工具，由中央银行直接负责。④ 定义看似简单，但并未达成共识。随着数字货币的种类不断增加，新的数字货币有时会尝试将官方货币以不同形式整合到私人发行的支付工具中，这导致 CBDC 难以与某些私人发行的数据货币区分开来，因此分析 CBDC 的风险和机遇也有一定难度。在最近的报告中，BIS（由欧洲中央银行、联邦储备系统理事会以及加拿大、英国、日本、瑞典和瑞士的中央银行组成）强调了区分"真正"和"综合"CBDC 的重要性。BIS 认为"综合 CBDC"其实是一种错误表达，其代表的是私主体（例如商业银行）发行，与中央银行所持存款匹配的数字货币。⑤ 在这种综合 CBDC 中，私主体本质上是中央银行和相关终端用户间的过渡。因此，这种结构不属于 CBDC，因为终端用户无权对中央银行直接追索（即使私人发行者的全部余额由中央银行资助，这

---

① Carlos Viñuela, Juan Sapena and Gonzalo Wandosel. The Future of Money and the Central Bank Digital Currency Dilemma. *Sustainability*, Vol. 12, No. 22, 2021, p. 2.

② Carlos Viñuela, Juan Sapena and Gonzalo Wandosel. The Future of Money and the Central Bank Digital Currency Dilemma. *Sustainability*, Vol. 12, No. 22, 2021, p. 2; Markus K. Brunnermeier, Harold James and Jean-Pierre Landau. The Digitalization of Money (BIS, August 2019); John Barrdear and Michael Kumhof. The Macroeconomics of Central-Bank-Issued Digital Currencies (BIS, February 2019); Michael D. Bordo and Andrew T. Levin. Central Bank Digital Currency and the Future of Monetary Policy (Working Paper No. 23711, National Bureau of Economic Research, August 2017).

③ Codruta Boar and Andreas Wehrli. Ready, Steady, Go? Results of the Third BIS Survey on Central Bank Digital Currency. https://www.bis.org/publ/bppdf/bispap114.pdf.

④ Bank for International Settlements. Central Bank Digital Currencies: Foundational Principles and Core Features. https://www.bis.org/publ/othp33.pdf.

⑤ Bank for International Settlements. Central Bank Digital Currencies: Foundational Principles and Core Features. https://www.bis.org/publ/othp33.pdf.

在本质上建立了一个完整的储蓄银行模型）。① 在概念上，综合 CBDC 与
CBDC 也不相同：前者受益于逐利的私人发行者创造的网络效应；后者则
由代表公共利益的中央银行发行。② 此外，私人发行的数字货币缺少 CBDC
的灵活性：不同于中央银行可在短期内相对容易地扩大责任规模，私人发
行者首先需要确保相关存款在中央银行可用（而这无法确保）。③ 本文采用
狭义 CBDC，乃基于其重点突出、清晰明了地展开论述，且这些术语已被研
究 CBDC 影响的领先机构认可。

要分析 CBDC 能否促进太平洋地区普惠金融及其潜在影响，《巴厘岛金
融科技议程》（*Bali Fintech Agenda*，简称《议程》）是一个有用的开端。该议
程采用广义的普惠金融的概念，意为"个人和企业可以获得有用、实惠的金
融产品和服务（交易、支付、储蓄、信贷和保险）来满足他们的需求，并以负责
任和可持续的方式交付"。④《议程》承认金融科技的机遇与风险并存，但金
融科技对这一进展仍然发挥着重要作用。⑤ 一方面，《议程》认为，金融系统
通过金融科技得到发展值得肯定，因为政府也在从这两个角度探索金融科
技，即向缺乏金融服务的群体普惠金融、深化金融市场，以及提高金融服务
的供给效率。另一方面，《议程》承认"要享受金融科技的全部好处就要作充
分的准备"，包括提高机构能力、寻找相关人才和专家、加强消费者教育、提
高利益相关者的知识储备。正如本文将进一步证明的，这些角度对于评估
CBDC 促进普惠金融的前景至关重要。

本文其他部分结构如下：第二部分简要总结 PICs 的普惠金融面临的
关键性挑战；第三部分从地方货币和支付系统可能存在的机会成本着手，研

---

① Bank for International Settlements. Central Bank Digital Currencies：Foundational Principles and Core Features. https：//www.bis.org/publ/othp33.pdf.

② Bank for International Settlements. Central Bank Digital Currencies：Foundational Principles and Core Features. https：//www.bis.org/publ/othp33.pdf.

③ Bank for International Settlements. Central Bank Digital Currencies：Foundational Principles and Core Features. https：//www.bis.org/publ/othp33.pdf.

④ Bali FinTech Agenda. Attachment I. The Bali Fintech Agenda—Background Paper. (2018) 12.

⑤ 总体可见 Sofie Blakstad and Robert Allen. FinTech Revolution：Universal Inclusion in the New Financial Ecosystem (Palgrave Macmillan, 2018)；T. Ravikumar. Digital Financial Inclusion：A Payoff of Financial Technology and Digital Finance Uprising in India. *International Journal of Scientific & Technology Research*, Vol.8, No.11, 2019, pp.3434, 3438（该文认为，在印度语境下，金融科技在 3 年内使成年人获得银行账户的人数增加 27% 方面发挥了主导作用）。

究 CBDC 对于太平洋地区普惠金融的前景，并概括了 CBDC 会在该地区涌现的主要原因；第四部分概述影响 PICs 的 CBDC 设计的重要因素；第五、六部分探讨了与在 PICs 实施 CBDC 对实现普惠金融的机遇和挑战；第七部分考量后续设计、确认 CBDC 可行性的关键步骤；第八部分得出结论。

二、PICs 的普惠金融挑战

PICs[①] 面临着许多普惠金融挑战，包括① 地理位置偏僻；② 数字基础设施有限；③ 金融知识不足。[②] 此外，PICs 的金融系统往往由少数银行主导，而这对竞争有着不利的影响。[③]

（一）该区域的数字基础设施发展

PICs 的地理位置偏远又分散，导致该地区基础设施（包括电和互联网）的情况也不尽相同。由于多重原因，这种有限的基础设施阻碍了该地区普惠金融的发展。例如，商业机会的短缺、对消费者来说高昂的使用成本，以及贫困人口或"技术文盲"对互联网或其他方式储蓄、获得金融服务的心理障碍。[④] PICs 有超过 800 万人没有供电，且多人口国家（特别是巴布亚新几内亚）的电力供应量最低。[⑤] 该地区的互联网普及率与中低收入经济体大致相当，但绝对值仍然很低且非常不平衡。[⑥] 互联网普及程度的差异也较大，巴布亚新几内亚有 11.21％的人口能接入网络，所罗门群岛有 11.92％，斐济和瑙鲁则分别有 47.97％和 57％，[⑦]而宽带要么贵，要么限制很多，要么两

---

① 本文中，"太平洋岛国"（PICs）指库克群岛、斐济、基里巴斯、马绍尔群岛、密克罗尼西亚联邦、瑙鲁、纽埃、帕劳、巴布亚新几内亚、萨摩亚、所罗门群岛、东帝汶、汤加、图瓦卢和瓦努阿图。

② Sonja Davidovic and others. Strategy for Fintech Applications in the Pacific Island Countries. https://www.imf.org/-/media/Files/Publications/DP/2019/English/sfapicea.ashx.

③ Sonja Davidovic and others. Strategy for Fintech Applications in the Pacific Island Countries. https://www.imf.org/-/media/Files/Publications/DP/2019/English/sfapicea.ashx.

④ Anju Patwardham. Financial Inclusion in the Digital Age, in David Lee Luo Chuen and Robert H. Deng eds. *Handbook of Blockchain, Digital Finance and Inclusion: Cryptocurrency, FinTech, InsurTech and Regulation*. Academic Press, 2018, p. 84; Dan Radcliffe and Rodger Voorhies. A Digital Pathway to Financial Inclusion. https://www.responsiblefnanceforum.org/wp-content/uploads/Pathway Financial Inclusion.pdf.

⑤ ADB. Pacific Energy Update 2018. https://www.adb.org/sites/default/files/institutional-document/425871/pacific-energy-update-2018.pdf.

⑥ Sonja Davidovic and others. Strategy for Fintech Applications in the Pacific Island Countries. https://www.imf.org/-/media/Files/Publications/DP/2019/English/sfapicea.ashx.

⑦ Annex Table 12. Telecommunication Infrastructure Index（TII）and its Components, in United Nations Department of Economic and Social Affairs, E — Government Survey 2020（Report, 2020）, p. 288.

者都占。① 岛屿的地形导致客户群较小,使高速互联网很难均匀分布,②
PICs 的宽带接入情况也不均衡。根据联合国亚洲及太平洋经济社会委员
会(United Nations Economic and Social Commission for Asia and the
Pacific,UNESCAP)的统计,在固定宽带互联网普及率小于或等于 2% 的
19 个成员国中,有 8 个是 PICs。③ 与此同时,斐济、瑙鲁和汤加的移动宽带
普及率超过 30%。④ 此外,在太平洋次区域内,这种不均衡会持续加剧,具
体体现价格上。例如,在巴布亚新几内亚,移动预支付 6GB 流量套餐的费
用为一个月 230 基那(约合 70 美元),而斐济的类似套餐(6.5 GB)仅为
24.99 斐济元(约合 12 美元)。⑤

　　PICs 的手机用户数量低于其他中低收入经济体(2018 年约为 87%)。⑥
发展不均衡的问题也非常明显:移动(网络)普及率从密克罗尼西亚联邦的
21%、马绍尔群岛的 28% 到基里巴斯的 46%、巴布亚新几内亚的 48%、东帝
汶的 110%、斐济的 118% 和帕劳的 134% 不等。⑦ 即使有较高的网络覆盖
率,许多 PICs 使用的主要是落后、低容量的 2G 连接技术,而不是更先进的
3G、4G、5G 网络。⑧ 另一个挑战是满足不同地区人口的需求,"城市的社区
渴望 4G 等最新的互联网技术,但偏远地区更喜欢基于非结构化补充数据
业务(USSD)平台连接 2G 网络"。⑨ 这些局限性的影响是,金融服务部门可

---

① Lauren Dickey and others. Mapping the Information Environment in the Pacific Island Countries:
Disruptors, Deficits and Decisions. https://www.cna.org/CNA fles/centers/cna/cip/disinformation/ IRM-
2019-U-019755-Final. pdf.

② Nabilah Safira. Toward Financial Inclusion in Pacific Islands. https://www. techinpacifc. com/toward-
financial-inclusion-pacific-islands/.

③ UNESCAP. Broadband Connectivity in Pacific Island Countries. https://www. unescap. org/sites/
default/fles/PACIFIC PAPER Final Publication_1_3.pdf.

④ UNESCAP. Broadband Connectivity in Pacific Island Countries. https://www. unescap. org/sites/
default/fles/PACIFIC PAPER Final Publication_1_3.pdf.

⑤ UNESCAP. Broadband Connectivity in Pacific Island Countries. https://www. unescap. org/sites/
default/fles/PACIFIC PAPER Final Publication_1_3.pdf.

⑥ Mobile Cellular Subscriptions (Per 100 People). The World Bank Data. https://data. worldbank.
orgindicator/IT.CEL.SETS.P2.

⑦ Mobile Cellular Subscriptions (Per 100 People). The World Bank Data. https://data. worldbank.
orgindicator/IT.CEL.SETS.P2.

⑧ Sonja Davidovic and others. Strategy for Fintech Applications in the Pacific Island Countries. https://
www.imf.org/-/media/Files/Publications/DP/2019/English/sfapicea.ashx.

⑨ Nabilah Safira. Toward Financial Inclusion in Pacific Islands. https://wwwtechinpacifc. com/toward-
fnancial-inclusion-pacifc-islands/.

以在一些领域有效推行技术，但技术的种类会受到这些局限性的制约。

尽管面临这些挑战，一些 PICs 已经采取重要步骤以提高互联网接入率——建造新的海底电缆和卫星互联网基础设施。例如，国际光纤珊瑚海电缆（Coral Sea Cable）的安装——连接悉尼到莫尔兹比港和霍尼亚拉的光纤海底电缆系统长 4 700 公里，预计向巴布亚新几内亚和所罗门群岛提供至少 20 太比特（Tbps）每秒的数容量（两国共 40 Tbps）。① 帕劳海底电缆分支系统项目（Palau Submarine Cable Branch System Project）——澳大利亚、日本和美国之间印太地区三边基础设施投资伙伴关系下的第一个项目旨在为 2017 年在帕劳安装的第一条海底电缆提供冗余（通过建设第二条海底光缆系统）。② 卫星可以通过增加类似于 Kacific‑1（2019 年 12 月在地球同步轨道成功发射）的高速宽带商用卫星数量促进卫星连接。③

尽管亚洲开发银行（Asian Development Bank，ADB）、世界银行等国际发展机构提供了大量的资金支持，PICs 的电缆连接项目仍受到该地区政治冲突的负面影响，这些冲突与主要经济体的利益竞争相关。东密克罗尼西亚电缆系统（East Micronesia Cable）就是一个典型例子，该系统旨在改善瑙鲁、基里巴斯和密克罗尼西亚联邦的通信，但由于美国强烈反对（美国认为中国公司是在参与应由世界银行主导的招标过程），该项目最终陷入僵局。④ 另外一个挑战是 PICs 需要进一步开发内部电缆，以扩大国内对高宽带的连入。即使是最近的例如库木尔海底电缆网络——巴布亚新几内亚第一条国内海底电缆（主要目标是扩大内部电缆的覆盖范围）——如果登陆站"离电信服务提供商主要的转换中心很远"，则需要投入高额的资本来建造新的互联光纤，⑤该项目最终可能无法实现既定目标。

---

① About the Project Coral Sea Cable System. https://www.coralseacablesystem.com.au/about/.

② Palau Submarine Cable Branch System Project (PC2) Australian Infrastructure Financing Facility for the Pacific. https://www.aifp.gov.au/investments/investment-ist/palau-submarine-cable-branch-system-project-pc2.

③ Kacific—1 Communications Satellite Successfully Launched by SpaceX Spacewatch Asia Pacific. https://spacewatch.global/2019/12/kacifc-1-communications-satellite-successfully-launched-by-spacex/.

④ Jonathan Barrett and Yew Lun Tian. Exclusive Pacific Undersea Cable Project Sinks after U.S. Warns against Chinese Bid. https://www.reuters.com/world/asia-pacihc/exclusive-pacifc-undersea-cable-project-sinksafter-us-warns-against-chinese-2021-06-18/.

⑤ Joseph Kim Suwamaru. Beneath the Veil of the Kumul Submarine Cable Network. *Electronic Journal of Informatics*, No. 2, 2020.

（二）该地区的普惠金融

PICs 的总体普惠金融程度较低（见表1）。

表 1　基于公开数据的普惠金融统计数据（部分 PICs）

国　家	在正式机构存款的成年人	有正式银行账户的成年人	有信用额度的成年人	有保险产品的成年人	汇款（汇入或汇出）
斐济	39.3%①	79.5%②	12.6%③	41%④	23.3%⑤
巴布亚新几内亚	37%⑥	36.96%⑦	2.4%⑧	无	无
萨摩亚	11.1%⑨	39%⑩	13.4%⑪	20.6%⑫	58.3%⑬

① National Financial Inclusion Taskforce and Reserve Bank of Fiji. 2020 Financial Inclusion Report. https：//www.rbf.gov.fj/wp-content/uploads/2021/03/Financial-Nclusion-Report-2020.pdf.

② National Financial Inclusion Taskforce and Reserve Bank of Fiji. 2020 Financial Inclusion Report. https：//www.rbf.gov.fj/wp-content/uploads/2021/03/Financial-Nclusion-Report-2020.pdf.

③ National Financial Inclusion Taskforce and Reserve Bank of Fiji. 2020 Financial Inclusion Report. https：//www.rbf.gov.fj/wp-content/uploads/2021/03/Financial-Nclusion-Report-2020.pdf.

④ National Financial Inclusion Taskforce and Reserve Bank of Fiji. 2020 Financial Inclusion Report. https：//www.rbf.gov.fj/wp-content/uploads/2021/03/Financial-Nclusion-Report-2020.pdf.

⑤ Reserve Bank of Fiji. Financial Services Demand Side Survey Republic of Fiji. https：//www.php.org/wpcontent/uploads/2016/08/Fianancial-Services.pdf.

⑥ Centre for Excellence in Financial Inclusion. (Second) National Financial Inclusion Strategy. https：//wwwphp. org/wp-content/uploads/2017/01/2-Png-National-Financial-Inclusion-Strategy- 2016-2020-fnal.pdf.

⑦ Centre for Excellence in Financial Inclusion. (Second) National Financial Inclusion Strategy. https：//wwwphp. org/wp-content/uploads/2017/01/2-Png-National-Financial-Inclusion-Strategy- 2016-2020-fnal.pdf.

⑧ Centre for Excellence in Financial Inclusion. (Second) National Financial Inclusion Strategy. https：//wwwphp. org/wp-content/uploads/2017/01/2-Png-National-Financial-Inclusion-Strategy- 2016-2020-fnal.pdf.

⑨ PFIP. Financial Services Demand Side Survey Samoa (2016) 43 https：//www.pfp.org/wp-content/uploads/2016/08/Samoa-Dss-Report-web-version.pdf.

⑩ PFIP. Financial Services Demand Side Survey Samoa (2016) 43 https：//www.pfp.org/wp-content/uploads/2016/08/Samoa-Dss-Report-web-version.pdf.

⑪ PFIP. Financial Services Demand Side Survey Samoa (2016) 43 https：//www.pfp.org/wp-content/uploads/2016/08/Samoa-Dss-Report-web-version.pdf.

⑫ PFIP. Financial Services Demand Side Survey Samoa (2016) 43 https：//www.pfp.org/wp-content/uploads/2016/08/Samoa-Dss-Report-web-version.pdf.

⑬ PFIP. Financial Services Demand Side Survey Samoa (2016) 43 https：//www.pfp.org/wp-content/uploads/2016/08/Samoa-Dss-Report-web-version.pdf.

续　表

国　　家	在正式机构存款的成年人	有正式银行账户的成年人	有信用额度的成年人	有保险产品的成年人	汇款（汇入或汇出）
所罗门群岛	17.08％①	27.26％②	3.87％③	7.08％④	35.94％⑤
东帝汶	16.42％（19％的银行账户持有人⑥和69％的其他账户持有人）⑦	67.6％⑧	14％⑨	无	10.37％（17％的银行账户持有人）⑩
汤加	18.2％⑪	48.0％⑫	13.6％⑬	13.4％⑭	73.2％⑮

---

① PFIP. Financial Services Demand Side Survey Solomon Islands（2016）22，https：//www.php.org/wp-content/uploads2016/08/Financial-Services-Demand-Side-Survey-Solomon-lslands.pdf.

② PFIP. Financial Services Demand Side Survey Solomon Islands（2016）22，https：//www.php.org/wp-content/uploads2016/08/Financial-Services-Demand-Side-Survey-Solomon-lslands.pdf.

③ PFIP. Financial Services Demand Side Survey Solomon Islands（2016）22，https：//www.php.org/wp-content/uploads2016/08/Financial-Services-Demand-Side-Survey-Solomon-lslands.pdf.

④ PFIP. Financial Services Demand Side Survey Solomon Islands（2016）22，https：//www.php.org/wp-content/uploads2016/08/Financial-Services-Demand-Side-Survey-Solomon-lslands.pdf.

⑤ PFIP. Financial Services Demand Side Survey Solomon Islands（2016）22，https：//www.php.org/wp-content/uploads2016/08/Financial-Services-Demand-Side-Survey-Solomon-lslands.pdf.

⑥ Banco Central de Timor-Leste. Financial Inclusion Report 2020：Boosting Financial Services Access through Digitization（2020）46，https：//www.bancocentral.tl/uploads/documentos/documento 1623908800 2157.pdf.

⑦ Banco Central de Timor-Leste. Financial Inclusion Report 2020：Boosting Financial Services Access through Digitization（2020）46，https：//www.bancocentral.tl/uploads/documentos/documento 1623908800 2157.pdf.

⑧ Banco Central de Timor-Leste. Financial Inclusion Report 2020：Boosting Financial Services Access through Digitization（2020）46，https：//www.bancocentral.tl/uploads/documentos/documento 1623908800 2157.pdf.

⑨ Banco Central de Timor-Leste. Financial Inclusion Report 2020：Boosting Financial Services Access through Digitization（2020）46，https：//www.bancocentral.tl/uploads/documentos/documento 1623908800 2157.pdf.

⑩ Banco Central de Timor-Leste. Financial Inclusion Report 2020：Boosting Financial Services Access through Digitization（2020）46，https：//www.bancocentral.tl/uploads/documentos/documento 1623908800 2157.pdf.

⑪ PFIP. Financial Services Demand Side Survey Tonga（2016）6，https：//www.pfp.org/wp-content/uploads/2017/08，Tonga-Dss-Report-Lowres-Final. pdf.

⑫ PFIP. Financial Services Demand Side Survey Tonga（2016）6，https：//www.pfp.org/wp-content/uploads/2017/08，Tonga-Dss-Report-Lowres-Final. pdf.

⑬ PFIP. Financial Services Demand Side Survey Tonga（2016）6，https：//www.pfp.org/wp-content/uploads/2017/08，Tonga-Dss-Report-Lowres-Final. pdf.

⑭ PFIP. Financial Services Demand Side Survey Tonga（2016）6，https：//www.pfp.org/wp-content/uploads/2017/08，Tonga-Dss-Report-Lowres-Final. pdf.

⑮ PFIP. Financial Services Demand Side Survey Tonga（2016）6，https：//www.pfp.org/wp-content/uploads/2017/08，Tonga-Dss-Report-Lowres-Final. pdf.

续 表

国　　家	在正式机构存款的成年人	有正式银行账户的成年人	有信用额度的成年人	有保险产品的成年人	汇款（汇入或汇出）
瓦努阿图	26.8%①	36.7%②	9.2%③	5.4%④	48.6%⑤

　　（PICs）大多数零售交易仍偏向现金支付，大额交易则使用纸质支票。⑥对实物（现金）的严重依赖导致支付难度较大，因为付款人需要亲自前往金融中心，这在人口高度分散、多山多岛的地区成本高昂且耗费时间。⑦

　　太平洋地区已推出几种电子货币服务（electronic money，e-money），试图复刻撒哈拉以南非洲、南亚等地区快速增长的经验。该技术在斐济发展迅速［2017 年报告的近 120 万笔移动货币交易占国内生产总值（GDP）的 8%］，2014—2017 年交易数量快速增长，年增长超过 150%。⑧汤加和萨摩亚的 e-money 交易使用率较高，交易总值分别达到国内总产值的 2.8% 和 1.1%。⑨该地区正式的支付系统的运营范围遍及全国，而非仅限地区范围内运营（例如斐济的实时结算系统 FIJICLEAR 和巴布新几内亚的 Kina 自动转账系统，该系统提供不同类型的结算）。同时，世界银行的《太平洋支付、汇款和证券倡议》（*Pacific Payments，Remittances and Securities*

---

① PFIP. Financial Services Demand Side Survey Vanuatu (2016) 4，https：//www.pfip.org/wp-content/uploads/2017/05/VANUATU-DSS.pdf.

② PFIP. Financial Services Demand Side Survey Vanuatu (2016) 4，https：//www.pfip.org/wp-content/uploads/2017/05/VANUATU-DSS.pdf.

③ PFIP. Financial Services Demand Side Survey Vanuatu (2016) 4，https：//www.pfip.org/wp-content/uploads/2017/05/VANUATU-DSS.pdf.

④ PFIP. Financial Services Demand Side Survey Vanuatu (2016) 4，https：//www.pfip.org/wp-content/uploads/2017/05/VANUATU-DSS.pdf.

⑤ PFIP. Financial Services Demand Side Survey Vanuatu (2016) 4，https：//www.pfip.org/wp-content/uploads/2017/05/VANUATU-DSS.pdf.

⑥ Sonja Davidovic and others. Strategy for Fintech Applications in the Pacific Island Countries，https：//www.imf.org/-/media/Files/Publications/DP/2019/English/sfapicea.ashx.

⑦ Sonja Davidovic and others. Strategy for Fintech Applications in the Pacific Island Countries，https：//www.imf.org/-/media/Files/Publications/DP/2019/English/sfapicea.ashx.

⑧ Sonja Davidovic and others. Strategy for Fintech Applications in the Pacific Island Countries，https：//www.imf.org/-/media/Files/Publications/DP/2019/English/sfapicea.ashx.

⑨ Sonja Davidovic and others. Strategy for Fintech Applications in the Pacific Island Countries，https：//www.imf.org/-/media/Files/Publications/DP/2019/English/sfapicea.ashx.

Settlement Initiative，*PAPRI*）的目标是在萨摩亚、所罗门、汤加和瓦努阿图开发新的综合支付和结算系统。[1] 由于高移民率和季节性就业，跨境支付仍然是 PICs 的重要收入来源（占 GDP 的 10％）。[2] 汤加和萨摩亚的这一比例高很多，分别超过了国内生产总值的 30％和 15％。[3]

大量未注册（也就是未正式确认身份）的人口阻碍了该地区实现更高程度的普惠金融。例如，巴布亚新几内亚 80％的人没有任何明确的身份证明。[4] 2017 年，巴布亚新几内亚的银行发起了"身份箱"（IDBox）试点项目——一种使用生物识别（指纹）和区块链数据库结构的数据身份管理系统。[5] 该试点项目的扩展性和交易能力速度并不理想，[6]因此，ADB 支持巴布亚新几内亚开发数字接入工具。[7] 这种工具收集"了解你的客户"（Know Your Customer，KYC）的基础数据并捕获 ID 照片，然后使用近场通信（NFC）技术将其无线传输到塑料身份证，并于 2019 年作为概念验证成功试验。[8] 2020 年，萨摩亚政府为建立全国范围内的身份管理系统与国际机构签订合同——国家数字身份系统（National Digital Identification System，NDIDS）提供技术辅助作为 3 年实施计划的一部分。[9]

新冠疫情导致向 PICs 的跨境汇款大幅增加：向斐济和萨摩亚的转款

---

① Sonja Davidovic and others. Strategy for Fintech Applications in the Pacific Island Countries. https://www.imf.org/-/media/Files/Publications/DP/2019/English/sfapicea.ashx.

② Sonja Davidovic and others. Strategy for Fintech Applications in the Pacific Island Countries. https://www.imf.org/-/media/Files/Publications/DP/2019/English/sfapicea.ashx.

③ Sonja Davidovic and others. Strategy for Fintech Applications in the Pacific Island Countries. https://www.imf.org/-/media/Files/Publications/DP/2019/English/sfapicea.ashx.

④ GSMA. Digital Transformation：The Role of Mobile Technology in Papua New Guinea. https://www.gsmacom/mobilefordevelopment/wp-content/uploads/2019/03/Digita-Transformation-The-Role-of-Mobile-Technology-in-Papua-New-Guinea.pdf.

⑤ GSMA. Digital Transformation：The Role of Mobile Technology in Papua New Guinea. https://www.gsmacom/mobilefordevelopment/wp-content/uploads/2019/03/Digita-Transformation-The-Role-of-Mobile-Technology-in-Papua-New-Guinea.pdf.

⑥ Sonja Davidovic and others. Strategy for Fintech Applications in the Pacific Island Countries. https://www.imf.org/-/media/Files/Publications/DP/2019/English/sfapicea.ashx.

⑦ Lotte Schou-Zibell and Nigel Phair. COVID—19 has Created Digital Opportunities in the Pacific. Asian Development Blog. https://blogs.adb.org/blog/covid-19-has-created-digita-opportunities-pacifc.

⑧ Sonja Davidovic and others. Strategy for Fintech Applications in the Pacific Island Countries. https://www.imf.org/-/media/Files/Publications/DP/2019/English/sfapicea.ashx.

⑨ National ID' Samoa Bureau of Statistics. https://www.sbs.gov.ws/nationalid.

增加了 400%。① 然而，尽管货币流动增长了，但支付系统运营商和基础设施提供商（往往少有竞争对手或处于垄断地位）要求的高额费用仍是跨境支付的主要障碍。② 这些障碍阻碍了联合国可持续发展目标（Sustainable Development Goal, SDG）的具体目标，尤其是消除"成本高于 5% 的汇款走廊"以及"2030 年以前将移民汇款的交易成本降至 3% 以下"的目标。③

三、PICs 的 CBDC：主要驱动力

国际社会监管 CBDC 的意愿正在增长，BIS 近期（2020 年 1 月）发布的一项调查也证明了这一点：

越来越多的央行正在（或即将）参与 CBDC 的工作。大概有 80% 的中央银行正从事相关业务，其中半数重点关注批发型 CBDC 和基于通用目的的 CBDC，约 40% 的中央银行已经从理论研究阶段推进到实验或概念证明（proofs-of-concept, POC）阶段，另有 10% 的国家已设置 CBDC 的试点项目。④

BIS 调研的 86% 的中央银行正在"探索 CBDC 的利弊"，由此可以看出这种趋势在 2020 年依然持续。⑤ 虽然以上数据清楚地表明：全球范围内 CBDC 的整体参与度正发生更大程度的转变，但仔细观察就会发现，不同国家的参与程度仍然大相径庭。事实上，CBDC 的有效性、可行性和时效性可

---

① Nicolas Zoumboulis. COVID-19 Leads to Huge Growth in Digital Money Transfers to Pacific but Concerns Remains over High Fees. https://www.abc.net.au/radio-australia/programs/pacihcbeat/covid-signihcant-growthin-pacihc-diqital-remittances/12731412.虽然新冠疫情前几个月该地区的汇款有所下降，但无法说明这种下降会持续；Stephen Howes and Sherman Surandiran. Pacific Remittances：Holding up Despite COVID-19. Dev Policy Blog. https://devpolicy.org pacihc-remittances-COVID-19-20201116/.

② Nicolas Zoumboulis, 'COVID-19 Leads to Huge Growth in Digital Money Transfers to Pacific but Concerns Remains［sic］over High Fees'. https://www.abc.net.au/radio-australia/programs/pacihcbeat/covid-signihcant-growthin-pacihc-diqital-remittances/12731412.虽然新冠疫情前几个月该地区的汇款有所下降，但无法说明这种下降会持续；Stephen Howes and Sherman Surandiran. Pacific Remittances：Holding up Despite COVID-19. Dev Policy Blog. https://devpolicy.org pacihc-remittances-COVID-19-20201116/.

③ Transforming our World：The 2030 Agenda for Sustainable Development, GA Res 70/1, UN Doc A/RES/70/1 (21 October 2015, adopted 25 September 2015) 21.

④ Codruta Boar. Henry Holden and Amber Wadsworth. Impending Arrival—A Sequel to the Survey on Central Bank Digital Currency. https://www.bis.org/publ/bppdf/bispap107.pdf.

⑤ Codruta Boar and Andreas Wehrli. Ready, Steady, Go? Results of the Third BIS Survey on Central Bank Digital Currency. https://www.bis.org/publ/bppdf/bispap114.pdf.

能会因为相关经济体的规模、数字基础设施的发展水平、普惠金融的挑战以及各种其他因素而有所差异。

发达经济体主要关注支付安全，以及如何把握机会提高跨境支付效率，因此它们发行 CBDC 的动机通常比较弱。[①] 即便是积极参与 CBDC 相关研究的中央银行，CBDC 对它们来说是一种解决方案，用来发现需要解决的问题。例如，经过多年的研究和测试后，[②]加拿大银行表示"尚无计划发行CBDC"，加拿大很大程度上视 CBDC 为一种应急措施，这种措施也许会"变得有益甚至必要"，但前提是：① 现金使用率的下降超过了一定阈值，以至于限制加拿大人大范围使用钞票支付；② 有一种或多种新兴的可替代性数字货币威胁到加拿大的货币主权，还可能会取代加拿大元成为该国的主要支付媒介。[③] 同时，监管机构正培养自身能力，以发行"通用的、现金式的CBDC（如果对实施的需求上升）"。[④]

EME 对 CBDC 的兴趣总体更高。不同于发达经济体，EME 发展CBDC 的动力更加多元：从提高国内支付效率到普惠金融。这种更加强烈的意向更有可能促成 CBDC 的实施。事实上，根据 BIS 的说法，"已经发展或试点 CBDC 项目的中央银行都来自 EME"。[⑤] 总体而言，与发达经济体不同，EME 似乎更加重视实施 CBDC 以应对更大范围的挑战。2020 年 10月推出的数字版巴哈马元（称为沙元）[⑥]以及正在试点的数字版东加勒比元（DCash，由东加勒比中央银行发行）就是证明。[⑦]

最后，没有积极考虑 CBDC 的中央银行通常来自较小的司法辖区，这些

① Codruta Boar and Andreas Wehrli. Ready, Steady, Go? Results of the Third BIS Survey on Central Bank Digital Currency. https://www.bis.org/publ/bppdf/bispap114.pdf.

② Bank of Canada. Digital Currencies and Fintech: Projects. https://www.bankofcanada.ca/researchdigital-currencies-and-fntech/projects/#fproject-jasper.

③ Bank of Canada. Contingency Planning for a Central Bank Digital Currency. Online: Bank of Canada. https://www.bankofcanada.ca/2020/02/contingency-planning-centra-bank-digitacurrency.

④ Bank of Canada. Contingency Planning for a Central Bank Digital Currency. Online: Bank of Canada. https://www.bankofcanada.ca/2020/02/contingency-planning-centra-bank-digitacurrency.

⑤ Codruta Boar, Henry Holden and Amber Wadsworth. Impending Arrival—A Sequel to the Survey on Central Bank Digital Currency. https://www.bis.org/publ/bppdf/bispap107.pdf.

⑥ History. Sanddollar. https://www.sanddollar.bs/history.

⑦ About the Project. Eastern Caribbean Central Bank. https://www.eccb-centralbank.org/p/about-theproject.

辖区倾向于将精力集中在其他更紧迫的问题上。[①] 可以理解的是，这些地区的中央银行并不认为它们应在 CBDC 项目上投入时间和资源，可能会依赖国际组织或区域网络的研究。[②] 考虑到上述紧迫的普惠金融问题，很容易得出推断：诸多 PICs 最终会成为"最后一组国家"之一，然而这仅是一种合理的猜想，前提是：在普惠金融背景下，开发、测试和发行 CBDC 所投入的时间和资源被视为一种机会成本。如果引入 CBDC 是为了取代国内支付中的外币（例如美元）或使批发（银行内）结算流程现代化，则 PICs 可能成为"最后一组国家"之一，但如果 CBDC 是专门为普惠金融构建的呢？在这种情况下，虽然资源有限，但是坚持开发 CBDC 是否合理？没有事后的国内实证数据，这个问题笔者也不得而知。前述国际动态（受调查的中央银行绝大多数都在积极调研 CBDC，还有越来越多的 CBDC 试点或项目已经或即将上线）表明，PICs 开发 CBDC 可能只是时间问题——即使普惠金融的预期收益尚不清楚。该结论是基于两点关键性要素得出的。

首先，国内和区域 CBDC 可能是对"数字美元化"问题最有效（许多情况下甚至是唯一）的回应——此处存在一种风险：外国（或外国国家集团）发行的 CBDC 范围非常广泛，最终导致国内经济中官方货币被外国 CBDC 取代。这种风险被公认为是国际范围内使用 CBDC 的"首要关注点"（特别是在新兴市场和发展中经济体中）。[③] 由于多重原因（例如无需更换旧钞和硬币），"数字美元化"相较于"现金美元化"更加难以逆转和预防。[④] 综上，长期来看，引进国内 CBDC 作为替代方案是一项有意义的预防措施。

由外国 CBDC 引发的"数字美元化"的风险和潜在影响非常大，原因是该地区一直是世界上代理银行关系最发达的地区之一，但代理银行关系却一直在撤出：2011—2019 年，"代理银行关系在美拉尼西亚下降了 48%，在

---

① Codruta Boar, Henry Holden and Amber Wadsworth. Impending Arrival—A Sequel to the Survey on Central Bank Digital Currency. https://www.bis.org/publ/bppdf/bispap107.pdf.

② Codruta Boar, Henry Holden and Amber Wadsworth. Impending Arrival—A Sequel to the Survey on Central Bank Digital Currency. https://www.bis.org/publ/bppdf/bispap107.pdf.

③ Raphael Auer, Codruta Boar, Giulio Cornelli, Jon Frost, Henry Holden and Andreas Wehrli. CBDCs beyond Borders: Results from a Survey of Central Banks. https://www.bis.org/publ/bppdfbispap116.pdf.

④ Raphael Auer, Codruta Boar, Giulio Cornelli, Jon Frost, Henry Holden and Andreas Wehrli. CBDCs beyond Borders: Results from a Survey of Central Banks. https://www.bis.org/publ/bppdfbispap116.pdf.

波利尼西亚下降了 44％"。① 此外，虽然代理银行的撤出速度在南太平洋地区"似乎已经趋于稳定"，但南太平洋的下降速度最近加快："2019 年，美拉尼西亚活跃的跨境代理数下降了 11％，波利尼西亚下降了 9％，而全球下降了 3％。"② 已有报告显示这一趋势可能仍将持续。③ 因此，一些 PICs 正面临被排除在全球金融系统外的风险。例如，在图瓦卢，"图瓦卢国家银行（National Bank of Tuvalu，NBT）——唯一能够从事跨境交易的金融机构有可能失去与澳大利亚银行的代理关系"。④ 失去代理关系将对国民经济产生重大影响：接受的捐赠款会下降，外汇交易利润受到限制（NBT 最大的收入来源）。⑤ 失去跨境支付的渠道对依赖外汇流动的 PICs 尤其具有破坏性，例如汤加，该国 2020 年的汇款支付占 GDP 的 40％。⑥

　　在这些情况下，确保可靠地进入外国银行系统成为许多 PICs 的战略重点。在此背景下，CBDC 可为 PICs 提供机会，通过中央银行建立的多重 CBDC 安排和走廊与海外货币市场连接，这样就可以绕过传统上依赖商业银行的代理银行。⑦

　　笔者预计，PICs 更容易受到"数字美元化"的影响，这种影响由海外经济体发行的 CBDC 造成，而这些海外经济体与 PICs 联系紧密，例如澳大利

---

① Reserve Bank of New Zealand. Correspondent Banking in the Pacific. https://www.rbnz.govt.nz/-media/ReserveBank/Files/Publications/lnformation-releases/2021/correspondent-banking-in-the-pacifc, pdf?revision=ed56a3f5-d4eb-49eb-a278-f909b719b058.

② Reserve Bank of New Zealand. Correspondent Banking in the Pacific. https://www.rbnz.govt.nz/-media/ReserveBank/Files/Publications/lnformation-releases/2021/correspondent-banking-in-the-pacifc, pdf?revision=ed56a3f5-d4eb-49eb-a278-f909b719b058.

③ Reserve Bank of New Zealand. Correspondent Banking in the Pacific. https://www.rbnz.govt.nz/-media/ReserveBank/Files/Publications/lnformation-releases/2021/correspondent-banking-in-the-pacifc, pdf?revision=ed56a3f5-d4eb-49eb-a278-f909b719b058.

④ International Monetary Fund. Tuvalu：Staff Concluding Statement of the 2021 Article IV Mission. https://www.imforg/en/News/Articles/2021/04/26/mcs042621-tuvalu-staff-concludingistatement-of-the-2021-article-iv-mission.

⑤ International Monetary Fund. Tuvalu：Staff Concluding Statement of the 2021 Article IV Mission. https://www.imforg/en/News/Articles/2021/04/26/mcs042621-tuvalu-staff-concludingistatement-of-the-2021-article-iv-mission.

⑥ Reserve Bank of New Zealand. Correspondent Banking in the Pacific. https://www.rbnz.govtn2/-/media/ReserveBank/Files/Publications/information-releases/2021/correspondent-bankina-in-the-pacifcpdf?revision=ed56a3f5-d4eb-49eb-a278-f909b719b058.

⑦ 其他关于这种安排的不同设计模型的信息，参见 Raphael Auer, Philipp Haene and Henry Holden. Multi-CBDC Arrangements and the Future of Cross-Border Payments. https://www.bis.org/publ/bppdf/bispap115.pdf.

亚、新西兰(这两个国家传统上与南太平洋地区的 PICs 有密切联系)和美国(通过《自由联合协议》和普惠制主动允许 11 个 PICs 可以优先准入)。① 然而,如果多个主要经济体同步开发在 PICs 适用的 CBDC,情况会更加复杂。此外,处在不同研发阶段的 CBDC(中国的 E-CNY 项目似乎处于领先地位)表明,即使其他主要经济体以自己的 CBDC 作出回应,各种 CBDC 也不可能互相协调。海外 CBDC 的不协调可能会根据 CBDC 的技术特点和准入参数,将太平洋经济体的现有平衡转向不同的海外市场。因此,一些 PICs 的终端用户很有可能偏好中国人民银行开发的 e-CNY(因为它相较于类似项目发展阶段更加先进,以后有可能获得补贴,而且价格更优惠甚至是免费的)。②

　　另外,加密货币(包括稳定币)市场的持续扩张给 PICs 经济体施加了另一压力:萨尔瓦多最近(也是世界首次)承认比特币为法定货币就是证明。③ 笔者不建议更不推荐以同样的方式让比特币在 PICs 成为法定货币——但即使没有这样激进的步骤,各种加密货币也可能创造出高利润的国内货币替代品来储值或支付(尤其是随着加密货币的发展,为了维持稳定币的价值,一些缺陷已经被削弱,例如采矿中高能耗、不确定的储备管理安排)。对某些国家来说,在国内支付系统中大量使用加密货币会造成普惠金融的表象——但是这种普惠金融需要消费者(如果新货币种类发生意外波动)和国家(例如需要限制国内货币政策工具)付出代价,而个体终端用户支付的成本和其对数字、金融的了解水平成反比。

　　以上两个因素,结合本文已经讨论的机会成本,共同使 PICs 陷入了两难境地。一方面,CBDC 本身并不能为 PICs 提供明确的事前可衡量利益,它应被视为普惠金融背景下的一种机会成本;另一方面,海外 CBDC 和加密货币带来的"数字美元化"风险与日俱增、代理银行撤回合作关系这些现实

---

① Working Group on E-CNY Research and Development of the People's Bank of China, Progress of Research & Development of E-CNY in China. https://www.pbc.gov.cn/en/3688110/3688172/4157443/4293696)2021071614584691871.pdf.

② Working Group on E-CNY Research and Development of the People's Bank of China, Progress of Research & Development of E-CNY in China. https://www.pbc.gov.cn/en/3688110/3688172/4157443/4293696)2021071614584691871.pdf.

③ Diario Oficial, San Salvador, Tomo No. 431, 9 de Junio de 2021, Decreto No. 57. 需要注意,萨尔瓦多这种发展是非常有问题的,比特币价格变动非常剧烈,这使其无法成为货币。

表明：PICs 难以扭转"数字美元化"，还有可能被排除在全球金融体系之外。因此不开发、发行国内 CBDC（先发制人或作为回应）可能会有更大的机会成本。

现在转向讨论 PICs 开发 CBDC 的技术和政策影响。

四、关键设计路径和原则

上述的不同动机决定了 CBDC 的设计路径。那些影响 PICs 的特有因素包括数字基础设施的水平和人口规模将对构建 CBDC 起到关键作用。

（一）批发或零售

一些 CBDC 方案设想限制 CBDC 的流通，且终端用户只能是金融机构。这些就是"批发型"CBDC。其他方案的设计则是供大众日常使用，是"零售型"或"综合型"CBDC。前者可以用于提高银行同业支付的效率或证券结算（例如加拿大的贾斯珀项目、新加坡的乌敏项目、泰国的他农项目）。然而，这些项目对普惠金融的影响可能微乎其微。相反，笔者预计想要应对普惠金融挑战的中央银行会考虑发行综合型 CBDC。综合型 CBDC 的内部设计也各不相同，但总体上或基于通证或基于账户。

（二）基于通证还是基于账户的 CBDC

两种通用 CBDC 的主要差别在于认证过程。基于通证的 CBDC 验证的是代表 CBDC 单位的数字通证（类似于现金支付验证仅限于确定纸币或硬币是否是真的而非伪造），而基于账户的 CBDC 验证的是持有人身份（通常由中间机构完成）。①

CBDC 工作的地域范围内，数字基础设施发展水平参差不齐，因此笔者预计这种设计选择对 PICs 至关重要。基于账户的 CBDC 系统类似于典型的银行账户模型，账户的控制与账户持有人的身份相关联。② 客户身份的

---

① Tony Richards，Chris Thompson and Cameron Dark. Retail Central Bank Digital Currency：Design Considerations，Rationales and Implications. https://www. rba. covau/publications/bulletin/2020/sep/pdf/retai-centra-bank-digita-currency-design-considerations-rationales-and-implications.pdf.

② Bank for International Settlements. BIS Quarterly Review：International Banking and Financial Market Developments. https://www.bis.org/publ/gtrpdf/r gt2003.pdf.

识别是此类 CBDC 设计的核心，[①]因此，此类 CBDC 仅在强大的身份验证系统到位的情况下才可行，并且通常需要互联网连接情况良好、智能手机使用情况乐观。

相反，基于通证的 CBDC 在一些连接有限的地域更有效，因为终端用户可以交换储存在数字钱包中的通证。在基于通证的 CBDC 中，中央银行通常会支持能够证明一定"值"的用户的请求。这个"值"可以是密钥（本质是在公钥加密中使用的数字签名），[②]其存储可以是托管的（由信任的第三方实体或服务管理）、非托管的（留在终端用户拥有的实体设备）或介于两个选项间的某种平衡。这些储存方法会深刻影响基于通证的 CBDC 相关的收益和风险。

非托管设计中密钥的控制权由最终用户享有：一方面，这种设计是真正的通用访问——任何人都可以获得数字钱包的相关数字签名（无需昂贵的识别系统）；另一方面，不成熟的用户如果忘记私钥或未能保密，可能失去他们对资金的访问权限。相比之下，托管设计依赖第三方对终端用户的身份认证——可以提高可访问性，降低私钥被错放的风险，但代价是需要身份管理功能（基于账户的 CBDC 的主要挑战又出现了）。

基于通证的系统可能给追踪货币流通和实施反洗钱法造成障碍。[③]CBDC 的设计决定终端用户获得的匿名程度。虽然一些专家认为，零售CBDC 的主要好处可能就是类似现金的匿名，[④]但该领域的主要监管者则认为 CBDC 完全匿名是不现实的。

首先，完全匿名不可行。虽然反洗钱和打击资助恐怖主义（AML/CFT）既不是中央银行的核心目标，也不是发行 CBDC 的主要动机，但是中央银行设计的 CBDC 应当符合这些要求（以及其他监管要求或是披露法律）。[⑤]

---

① Bank for International Settlements. BIS Annual Economic Report 2021，82.
② Bank for International Settlements. BIS Annual Economic Report 2021，94.
③ Bank for International Settlements. BIS Annual Economic Report 2021，94.
④ Morten Bech and Rodney Garratt. Central Bank Cryptocurrencies. *BIS Quarterly Review*，2017，p. 67.
⑤ Bank for International Settlements. Central Bank Digital Currencies：Foundational Principles and Core Features. https://www.bis.org/publ/othp33.pdf.

其次，设计 CBDC 的关键政策挑战之一是确定哪些实体可以访问其生成的交易数据。

再次，想在公众隐私（特别是随着数据保护立法不断发展）和减少非法活动之间达到平衡，就需要与相关国内政府机关（例如税务机关）形成强有力的协调。①

（三）是否基于分布式账本技术

目前 CBDC 项目的一个特征是使用集成式分布式账本技术（distributed ledger technology，DLT）。然而，从技术上讲，DLT 不是必需的：CBDC 平台可以用传统的中央控制数据库。这些数据库结构可以在不同地点储存大量数据，其主要差异在于更新存储记录的过程。

集中式账本是当今最常见的数据存储设备。数据可以存储在不同的实体节点中，但是控制权掌握在受信任的管理员手中，该管理员有权对数据库进行更改。在分布式账本中，多个数据存储点（节点）相互连接，同时存储所有数据，共同构成公共账本。DLT 需要这些节点的共识机制。如何达成共识机制的技术细节各不相同——已有多个概念被开发，例如工作量证明、② 权益证明、③权威证明④等。虽然数据库的分布式特性有一定安全优势，但与集中式系统相比，协调不同节点会降低处理事务的速度，这经常使 DLT 无法适应大规模的主要经济体。然而，因为交易总量低很多，这些问题对于小型经济体（例如 PICs）可能不那么明显。

---

① Bank for International Settlements. Central Bank Digital Currencies：Foundational Principles and Core Features. https://www.bis.org/publ/othp33.pdf.
② 在工作量证明系统中，多个服务器（节点）都试图解决一个（通常是复杂的、资源密集型的）数学问题。解决问题的第一个节点因其执行"工作"得到补偿，而其他节点则使用第一个节点提供的解决方案来验证问题是否正确解决，因此，数学问题的解决方案假定代码的功能是唯一的、一次性使用的。
③ 在权益证明系统中，一组称为"验证者"的网络参与者负责促进向账本添加新数据的关键功能。验证者锁定了他们持有的一些数字资产作为生态系统的股份。之后，在区块链网络上，验证者促进引入新区块（例如，通过提出新区块或批准它们）。引入区块后，验证者会获得与其权益呈比例的区块奖励。如果验证者未履行其职能，他们将受到惩罚（并可能损失高达其本金金额）。
④ 权威证明（proof-of-authority，PoA）共识算法利用身份的价值。与权益证明算法一样，它需要验证者向账本添加新数据。然而，要成为基于权威证明的分类账上的验证者，网络参与者不需要质押任何数字资产——PoA 验证者是根据他们的声誉来识别和选择的。权威证明可以是对权益证明共识算法的修改，验证者的声誉充当"权益"（由于所有 PoA 验证者的身份是已知的，验证者未能履行其功能可能会降低其声誉）。

（四）CBDC 的设计原则

在 2020 年 10 月发布的最新报告（BIS 报告）中，BIS 与几家主要央行合作，概述了 CBDC 的一些核心特征和基本原则。[①] 该报告认识到中央银行对货币发行的作用，强调加速使用数据支付，新冠疫情使现金使用普遍下降。因此，影响中央银行发行通用 CBDC 的主要动力因素是如何用 CBDC 替代支付，并辅以现金。BIS 报告遵循基于风险的方法制定基本原则，强调需要识别与发行 CBDC 相关的所有潜在风险，特别是威胁金融稳定或可能对金融市场结构产生负面影响的风险。

因此，BIS 报告总结了中央银行发行 CBDC 应考虑的三项基本原则：一是 CBDC 不能干扰公共政策目标或阻止银行履行其货币稳定的义务（"不伤害"原则）；二是 CBDC 应与现有形式的货币一起使用并加以补充（"共存"原则）；三是 CBDC 应促进创新和竞争，以提高支付系统的整体效率和可访问性（"创新和效率"原则）。[②]

BIS 报告强调，世界主要的中央银行在决定是否发行 CBDC 这一问题上要进行持续的工作，这并不意味着这些决定是确定的。因此，BIS 的工作将继续进行，特别是在下一阶段涉及额外的政策分析以及 CBDC 设计选择和技术试验。

CBDC 的推出不太可能协同进行，不同的 CBDC 也不太可能用相同的技术。因此，随着新的 CBDC 平台持续出现，人们可能对不同平台的跨境操作性产生需求。此外，目前许多 CBDC 公共和私人部门之间的协调给确保跨管辖区的国内互操作性带来了压力。

笔者预计，互操作性将成为所有 CBDC 设计的关键组成部分。互操作性需求已经被主要中央银行所认可（包括加拿大银行、欧洲中央银行、日本银行、瑞典中央银行、瑞士国家银行、英格兰银行和联邦储备系统理事会）。

中央银行应当从开始研究 CBDC 时起就考虑跨境互操作性（重点是货

[①] Bank for International Settlements. Central Bank Digital Currencies: Foundational Principles and Core Features. https://www.bis.org/publ/othp33.pdf.

[②] Bank for International Settlements. Central Bank Digital Currencies: Foundational Principles and Core Features. https://www.bis.org/publ/othp33.pdf.

币间的大范围协调和兼容，以促进安全有效的转账）。因此，本集团的中央银行致力于在推进自己的国内选择时进行协调，探索实践中的问题和挑战。①

五、CBDC 之于普惠金融：机遇

从普惠金融的角度来看，CBDC 可以带来大量的机会。根据不同的设计和法律特征，CBDC 可带来本文讨论的所有或部分好处，但也有可能没有好处。

第一，CBDC 可以通过数字分销渠道和信息通信领域技术（ICT）的基础设施，解决现有的支付系统覆盖范围不足的问题，为大多数人提供中央银行的资金。在一些国家，运营大量低价值支付和其他金融业务无法吸引或持续吸引商业银行和 E-money 运营商，而 CBDC 可以提供政府授权的资金来储值和支付。这种解决方案有利于抑制私人发行加密货币的相关风险（尤其对非专业的终端用户极具风险性）。此外，CBDC 可以成为政府刺激个人、企业进行支付的有效渠道，尤其是在危机的时候。这对于容易受到气候变化和自然灾害的影响的 PICs 尤其重要：根据《2019 年世界风险报告》(*World Risk Report 2019*)，许多 PICs 位于最危险的国家前 20 名。② 瓦努阿图是全球灾害风险最高的国家，汤加、所罗门群岛和巴布亚新几内亚分别位居第 3、第 4 和第 6 位。③ 除此之外，斐济和东帝汶分别在全球排名第 12 和 15 位。④

第二，通过发行 CBDC，国家可以先发性地解决一些客户认证问题，这些问题与私人发行支付工具有关：如果私营部门尚未开发适当的客户认证格式，政府可以从一开始就将安全的客户认证工具整合到 CBDC 中。这可能有助于实现反洗钱法的目标，还可能促使私营部门改进其消费者尽职调

---

① Bank for International Settlements. Central Bank Digital Currencies: Foundational Principles and Core Features. https://www.bis.org/publ/othp33.pdf.
② World Risk Report 2019. https://reliefweb.int/sites/reliefweb.int/fles/resources/WorldRiskReport-2019_Online.english.pdf.
③ World Risk Report 2019. https://reliefweb.int/sites/reliefweb.int/fles/resources/WorldRiskReport-2019_Online.english.pdf.
④ World Risk Report 2019. https://reliefweb.int/sites/reliefweb.int/fles/resources/WorldRiskReport-2019_Online.english.pdf.

查程序。联合国资本发展基金(United Nations Capital Development Fund，UNCDF)的数据支持这个结论，其认为普惠性的数字身份平台是实现大规模普惠的有力工具，①这尤其与 PICs 息息相关，因为缺少有力的全国性数字 ID 平台引发了许多摩擦。所罗门群岛缺少"单一、可接受、广泛的 ID"，②且基本身份覆盖率仍有较大缺口(70％的人口没有出生证明)，在这种情况下的平台是中央银行"实现普惠金融、管理金融及其他部门风险"的优先选项。③ 在斐济，基础的身份问题不是太明显(因为有 71％的人口进行了出生登记)，但账户的公开仍然限于亲自使用或拷贝硬件，因此数字 ID 是普惠金融的推广因素。④ 此外，为了获取移动货币服务，常见的做法是使用不同身份证得到多张 SIM 卡，而这不仅使欺诈行为发生的风险倍增，而且导致自然灾害辅助支付系统的泄露。⑤ 瓦努阿图目前也面临类似的挑战，基本的身份文件都存在重复(因为选民卡持有人数超过了出生证持有人数——理论上这是不可能的)，目前正在通过改革消除这种重复。⑥

第三，CBDC 可以促进价值链在经济领域的数字化(例如农业)，⑦进而促进个人对企业、企业对企业的支付。⑧ 更广泛地讲，这可能有助于解决现在 PICs 明显的数据鸿沟，这种鸿沟导致数据和数据经济的不平等，并阻碍

---

① Inclusive Digital Identify Platforms：Country Diagnostics：Solomon Islands，Fiji & Vanuatu. UNCDF. https：//www.uncdforg/article/6814/inclusive-digital-identity-platform-country-diagnostics.

② UNCDF. An Inclusive Digital Identify Platform in the Solomon Islands. https：/www.uncdf.org/Download/ AdminFileWithFilename?id=14498&cultureId=1278flename-2021-pacih-solomonislandsdigital-id-country-diagnosticpdf.

③ UNCDF. An Inclusive Digital Identify Platform in the Solomon Islands. https：//www.uncdf.org/Download/ AdminFileWithFilename?id=14498&cultureId=1278flename-2021-pacih-solomonislandsdigital-id-country-diagnosticpdf，v.

④ UNCDF. An Inclusive Digital Identify Platform in the Fiji. https：//www. uncdf. orgDownload/ AdminFileWithFilename?id=14496&cultureId=127&flename=2021-pacihc-fji-digital-id-country-diagnosticpdf.

⑤ UNCDF. An Inclusive Digital Identify Platform in the Fiji. https：//www. uncdf. orgDownload/ AdminFileWithFilename?id=14496&cultureId=127&flename=2021-pacihc-fji-digital-id-country-diagnosticpdf.

⑥ UNCDF. An Inclusive Digital Identify Platform in Vanuatu. https：//www. uncdf. org/Download/ AdminFileWithFilename?id=14497&cultureId=127&flename=2021-pacifc-vanuatu-digital-id-country-diagnosticpdf.

⑦ PICs 经济体的一个部门，对数字技术的使用仍然在起步阶段。FAO Regional Office for Asia and the Pacific. Food and Agriculture Organization of the United Nations. https：//www.fao. orgasiapacific/ perspectives/digital-villages/sids-dvi/en/.

⑧ Cenfri. The Use Cases of Central Bank Digital Currency for Financial Inclusion：A Case for Mobile Money. https：//cenfri. org/wp-content/uploads/2019/06/CBDC-and-hnancial-indusionA-case-for-mobile-money. pdf.

地理分散的 PICs 进一步融入全球经济。[①] 此外，它可以通过应用程序接口（Application Programming Interfaces，API）连接不同的支付系统，以促进金融服务部门的互操作性，就像世界各地的开放银行框架连接金融机构那样。[②] 总之，CBDC 有助于国家构建有力的数据支付生态系统。

第四，CBDC 相较于其他用于促进普惠金融的支付工具有重要的优点，尤其是 e-money（也称移动货币）。[③] 虽然移动货币平台在撒哈拉以南的非洲（占全球注册移动货币客户近 50%的份额）和南亚（占全球近 34%）特别受欢迎，[④]但最近 PICs 也启动了几个项目。例如，在斐济，2019 年 12 月流通的 e-money 总额增至 3 220 万斐济元，比上一年增长了 10%；[⑤]注册账户数目也增加了 11%，达到 345 323 个账户。[⑥] 然而，即便如此，积极使用账户的用户占比仍然很低，只有 44%的注册用户——这意味着只有 24.2%的成年人口持有活跃的 e-money 账户。[⑦] 2019 年，该国的 e-money 支付总价值也下降了 72.9%，从 2018 年的近 2.8 亿斐济元降至 7 580 万斐济元。这种下降是因为 2018 年 4 月发生了 Tropical Cyclones Jose and Keni（一次严重的自然灾害），当时政府的援助项目是通过 e-money 平台支付的。[⑧] 然而，意料之中的是，2020 年的数据呈现出不同的结果：截至 2020 年 12 月 31

---

① International Labour Organization. Digitalization and Decent Work: Implications for Pacific Island Countries. htps://www.ilo.org/wcmsp5/groups/public/—asia/—ro-bangkok/-ilo-suva/documents/publication/wcms712544.pdf.

② Nikhil Raghuveera. Central Bank Digital Currency Can Contribute to Financial Inclusion but Cannot Solve Its Root Causes. https://www.atlanticcouncil.org/blogs/geotech-cues/central-bank-digita-currency-can-contribute-to-fnancial-inclusion-but-cannot-solve-its-root-causes/.

③ 关于 e-money 和其他种类货币的详细分析，参见 Anton N. Didenko and Ross P. Buckley. The Evolution of Currency: Cash to Cryptos to Sovereign Digital Currencies. *Fordham International Law Journal*. Vol.42, 2019, p.1041.

④ Cenfri. The Use Cases of Central Bank Digital Currency for Financial Inclusion: A Case for Mobile Money. https://cenfri.org/wp-content/uploads/2019/06/CBDC-and-fnancial-inclusionA-case-for-mobile-money.pdf.

⑤ National Financial Inclusion Taskforce and Reserve Bank of Fiji. 2019 Financial Inclusion Report. https://www.nhthj.com/wp-content/uploads/Fji-Financial-Inclusion-Annual-report-2019_final.pdf.

⑥ National Financial Inclusion Taskforce and Reserve Bank of Fiji. 2019 Financial Inclusion Report. https://www.nhthj.com/wp-content/uploads/Fji-Financial-Inclusion-Annual-report-2019_final.pdf.

⑦ National Financial Inclusion Taskforce and Reserve Bank of Fiji. 2019 Financial Inclusion Report. https://www.nhthj.com/wp-content/uploads/Fji-Financial-Inclusion-Annual-report-2019_final.pdf.

⑧ National Financial Inclusion Taskforce and Reserve Bank of Fiji. 2019 Financial Inclusion Report. https://www.nhthj.com/wp-content/uploads/Fji-Financial-Inclusion-Annual-report-2019_final.pdf.

日，通过 e-money 的汇款"表现出前所未有的增长，达到 8 210 万美元"。①

相较于 e-money，CBDC 并不需要中间商（例如移动运营商）发行 CBDC 单位：从定义上看，CBDC 代表相关中央银行的直接责任。同时，CBDC 不必取代 e-money，且可以只用于保护储值安全。如果浮存金在商业银行账户中存放，相关银行的破产（在有存款保险的国家）通常允许账户持有人收回"存款保险计划"（如果有的话）所担保的最高金额，但是金额通常比较小。然而，为此目的使用 CBDC，储值持有人可以保证整个浮存金的安全，即使浮存金额超过存款保险上限。此外，在银行数量较少的小国使用储值 CBDC 可以规避市场竞争不充分的风险（因此储值持有人支付的成本可能更高），或者一个或多个商业银行退出相关市场的风险。此外，国家可以通过监管（例如给 CBDC 单位法定货币的地位）和允许用 CBDC 支付税收和费用，促进（市场）对 CBDC 的额外需求。

第五，与 PICs 特别相关的是，CBDC 有可能解决跨境支付的一些反复出现的挑战。2020 年，G20 将加强跨境支付作为战略性重点，发布了 3 份专门报告：FSB 的 1 阶段报告"加强跨境支付"（2020 年 4 月）；②CPMI 的 2 阶段报告"加强跨境支付：全球路线图的基石"（2020 年 7 月）；③CPMI 的 3 阶段路线图列出了 2020—2025 年的详细议程。④ G20 提出的改革旨在促进跨境支付，同时保留现有的国际支付基础设施。然而，值得注意的是，上述报告确定的关键领域之一是"探索支付基础设施和安排的潜在作用"。⑤ 除了其他事项，这个关键领域旨在确认 CBDC 可以在多大程度上促进跨境支付。⑥

在跨境支付的背景下，CBDC 可以通过不同方式实施：一方面，CBDC

---

① National Financial Inclusion Taskforce and Reserve Bank of Fiji. 2020 Financial Inclusion Report. https://www.rbf.gov.fj/wp-content/uploads/2021/03/FINANCIAL-NCLUSION-REPORT-2020.pdf.

② Financial Stability Board. Enhancing Cross-border Payments: Stage 1 Report to the G20 (Report, 6 April 2020).

③ Bank for International Settlements. Enhancing Cross-Border Payments: Building Blocks of a Global Roadmap (Report, July 2020).

④ Financial Stability Board. Enhancing Cross-border Payments: Stage 3 Roadmap (Report, 13 October 2020).

⑤ Financial Stability Board. Enhancing Cross-border Payments: Stage 3 Roadmap (Report, 13 October 2020).

⑥ Committee on Payments and Market Infrastructures. Enhancing Cross-border Payments: Building Blocks of a Global Roadmap. https://www.bis.org/cpmi/publd194.pdf.

可用于向或从某个货币区付款；另一方面，不同的地区可以促进国内 SDC 平台的互操作性，以简化跨币种支付。① 由此带来的好处可能是巨大的，包括全天候加快交易处理速度、提高透明度、加强促进区域内贸易的结算机制（例如原子化结算：在双边结算中，当相应转移在相反方向进行时，货币才在一个方向上发生转移）。②

笔者认为，CBDC 带来的潜在好处是可以间接影响普惠金融，即为监管者提供额外的工具使支付系统在总体上实现现代化。下文仅概述这种间接影响的几个例子，因为全面讨论 CBDC 带来的各种机会超出了本文的范围。

例如，CBDC 可以降低现金管理成本。由于多种原因，从昂贵的发行和保管到对银行分行的依赖，发展中经济体的现金管理成本尤其高。③ CBDC 可以降低维持现金供应和保护现金免于伪造的成本；CBDC 还可以通过降低簿记、运营和支付对账成本，使私人支付系统的运营者受益；④商人可以受益于现金物流的减少，个人则受益于以最低的成本从 ATM 机取款。⑤

此外，CBDC 可以为监管者执行国家政策（尤其货币政策）提供额外的工具。中央银行可以通过 CBDC 获取更多关于经济和货币流动的数据，进而加强监控和监管（特别是在政府采购等领域的关键政府支出）。某些货币政策工具也成为可能，包括负利率（由于大规模逃逸至现金的风险，负利率通常是不切实际的）。总之，国家对 CBDC 利率的管控可提高货币政策的传递效应，使金融机构更能调整利率。

同时，CBDC 可以作为去中心化货币（例如比特币）更加安全有效地替

① Bank for International Settlements. Central Bank Digital Currencies：Foundational Principles and Core Features. https://www.bis.org/publ/othp33.pdf.
② Marcos Allende Lopez and others. A Caribbean Settlement Network：Can Blockchain Ease Intraregional Trade in the Caribbean? https://publications.adb.org/publications/english/document/A-Caribbean-SettlementNetwork-Can-Blockchain-Ease-Intra-regional-Trade-in-the-Caribbean.pdf.
③ Marcos Allende Lopez and others. A Caribbean Settlement Network：Can Blockchain Ease Intraregional Trade in the Caribbean? https://publications.adb.org/publications/english/document/A-Caribbean-SettlementNetwork-Can-Blockchain-Ease-Intra-regional-Trade-in-the-Caribbean.pdf.
④ Cenfri. The Use Cases of Central Bank Digital Currency for Financial Inclusion：A Case for Mobile Money. https://cenfri.org/wp-content/uploads/2019/06/CBDC-and-fnancial-incusion_A-case-for-mobile-money.pdf.
⑤ Cenfri. The Use Cases of Central Bank Digital Currency for Financial Inclusion：A Case for Mobile Money. https://cenfri.org/wp-content/uploads/2019/06/CBDC-and-fnancial-incusion_A-case-for-mobile-money.pdf.

代,这些去中心化货币在保护消费者和投资者、打击洗钱、资助恐怖活动、执行税法和国际制裁方面引发了多重挑战。

虽然这些创新可能有巨大的潜力,但由于对创新技术潜在的挑战了解不足,这些潜力仍未经证实或处于研究的初期。

六、CBDC 之于普惠金融：挑战

虽然 CBDC 为普惠金融带来机会,但其潜在的挑战也可能是巨大的,尤其是对 PICs,它们在成功实施 CBDC 必须的数字和金融基础设施方面仍然相对落后。

第一,CBDC 能否有效实施取决于所需基础设施是否具有可得性(尤其是电力、互联网和蜂窝网络覆盖范围、智能手机普及率和数字身份系统)。一些国家可能已经建立了线下支付设施,可以通过调整这些设施来适应 CBDC 的整合,而其他国家则需要专门为 CBDC 开发这些设施。

总体来说,笔者预计 CBDC 主要通过电力和互联网接入推动普惠金融。虽然一些 CBDC 理论上可以通过变通在低宽带区域运行(例如中国的央行数字货币 DCEP 的"触摸和触摸"功能,允许用户通过触摸移动设备进行点对点转账),[1]但在通常情况下,互联网普及率低且没有简单的解决方案,解决都需要基于通证的系统(这也带来了挑战,例如实施反洗钱法的障碍和促进充分的网络安全的需求)。移动钱包需要高水平的加密技术[2]和更强的访问性,因此智能手机的普及对于发展全面、安全的 CBDC 钱包非常重要。

第二,与其他货币一样,CBDC 的实施水平最终取决于终端用户的信任、需求和理解程度。在最近的一项研究中,只有 54% 的受访者表示他们会信任政府或中央银行发行的数字货币。[3] 笔者预计在 PICs,这个数字还

① Karen Yeung. What is China's Sovereign Digital Currency? South China Morning Post (13 May 2020).

② Nikhil Raghuveera. Central Bank Digital Currency Can Contribute to Financial Inclusion but Cannot Solve its Root Causes. https://www.scmp.com/economy/china-economy/artice/3083952/what-china-cryptocurrency-sovereiqn-digital-currency-and-why.

③ Samuel Haig. Survey: Consumers Trust CBDCs Over Privately-Issued Crypto Assets. https:/cointelegraph.com/news/survey-consumers-trust-cbdcs-over-privately-issued-crypto-assets(该调查在一些国家进行,包括发达国家,例如澳大利亚、法国、韩国、美国和英国,也包括发展中国家,例如巴西、菲律宾、南非、土耳其和越南)。

会大幅下降——考虑到在一些 PICs,绝大多数人仍然更喜欢现金支付而不是数字货币。例如,根据 2020 年在东帝汶进行的首次全面金融服务市场调查,91％的受访者表示更喜欢现金而非数字货币。[①] 此外,PICs 的居民抗拒 e-money 主要是因为对 e-money 的概念缺乏了解。[②]

多种原因导致了信任的缺失。一是技术和金融知识不足(PICs 的主要挑战)[③]导致(很多人)混淆 CBDC、私人发行的去中心化加密货币(例如比特币)、与官方货币挂钩的中心化稳定币(例如 Tether 或 Diem 币)和上述的"合成型 CBDC"这些概念。没有统一的"数字货币"术语,使这个问题进一步恶化。二是正如厄瓜多尔所证明的,国家发行人或国家支持本身并不足以保证成功,特别是在政府过去曾经拖欠国家债券的情况下。[④] 因此,在 PICs 推出 CBDC 可能需要额外的、以消费者为中心的项目,重点如下:① 普及金融(知识)和提高(金融)意识;[⑤]② 注重终端用户的反馈和投诉的采集;③ 制定消费者保护标准。[⑥]

---

① Banco Central de Timor-Leste. Financial Inclusion Report 2020: Boosting Financial Services Access through Digitization (2020) 63, https://www. bancocentral. tl/uploads/documentos/documento 1623908800_2157.pdf.

② Banco Central de Timor-Leste. Financial Inclusion Report 2020: Boosting Financial Services Access through Digitization (2020) 63, https://www. bancocentral. tl/uploads/documentos/documento 1623908800_2157.pdf.

③ Asian Development Bank. Digital Financial Services in the Pacific: Experiences and Regulatory Issues (2016) 18, https://www. adb. org/sites/default/fles/publication/182300/digital-fnancial-services-pacifc.pdf.

④ Lawrence White. The World's First Central Bank Electronic Money has Come—And Gone: Ecuador, 2014 -2018.

⑤ 强有力的证据显示,在 PICs,金融知识水平不足导致金融服务和产品的利用率低下。例如,在巴布亚新几内亚,根据一项最近的研究,受访的 49％低收入客户表示,他们没有使用 MiBank 移动储蓄账户(与太平洋普惠金融计划合作开发的试点项目),因为他们记不住访问账户所需的 4 位 PIN 码。金融知识计划可以帮助客户重置 PIN 码,并教育他们了解安全功能的重要性。事实证明,此类计划在类似情况下有所成效。例如,在肯尼亚,Safaricom 的移动货币平台因其代理网络非常成功。代理商扮演着 3 个重要角色:注册客户、教授移动货币的知识和促进现金进出交易。这些举措可以提高群众的金融和数字素养,同时在建立对金融服务的信任方面也发挥着关键作用。Eric Sena Morttey and Naomi de Groot. Third Time Lucky: How PIN Codes are Inhibiting the Uptake of Mobile Financial Services in Papua New Guinea. https://www.uncdfora/article/6010/third-time-lucky-how-pin-codes-are-inhibiting-the-uptake-of-mobile-fnancia-services-in-papua-new-guinea; Neil Davidson and Paul Leishman. Building a Network of Mobile Money Agents. https://www.gsma.com/mobilefordevelopment/wp-content/uploads/2012/03/buildinq.pdf.

⑥ Nikhil Raghuveera. Central Bank Digital Currency Can Contribute to Financial Inclusion but Cannot Solve Its Root Causes. https://www.atlanticcouncil.org/blogs/geotech-cues/centra-bank-digita-currency-cancontribute-to-fnancial-inclusion-but-cannot-solve-its-root-causes/.

最终，除非国家禁止了所有补充形式的官方货币并强行过渡到 CBDC（这非常罕见），否则仍然是市场力量决定能否使用 CBDC。虽然主权国家有更广泛的工具（例如拥有权力，能够将 CBDC 指定为等同于现金和银行账户资金的官方货币），但仍然需要（市场）对 CBDC 有充分的信任和需求。在一些经济体中，基础性技术（例如 DLT）的韧性、管理实体的组成以及负责CBDC 的中央银行的法律地位和信用通常足矣。然而，如果一国或中央银行此前没能履行义务，那么国家支持的意义也不大；如果义务履行得不充分，可能还需要额外的支持机制（例如委内瑞拉石油公司的价格稳定机制，但是也失败了）。

第三，监管专业知识对于发挥 CBDC 长处、抑制风险至关重要。笔者的经验表明，即使是主要经济体的中央银行，可能也在努力应对 CBDC 的技术影响。笔者预计 PICs 会把 CBDC 平台的开发外包给第三方——这种情况下，监管者必须能够理解 CBDC 的编程并确保 CBDC 平台不会成为"技术黑箱"。在当前的货币和支付安排之外发行 CBDC，对任何国家的金融结构来说都是一场根本性的改变，因此中央银行必须深谙其运行逻辑。

第四，推出具有一般访问权限的 CBDC 给所有利益相关方带来了新的网络安全风险，包括监管者，甚至是有金融专业知识的用户。虽然近年来几个主要经济体已经加强其网络安全框架，[1]但是 PICs 配套的法律框架不够完善，无法与 CBDC 相关的风险强度相匹配。

毕竟，CBDC 平台只有在以下情况是安全的：① 底层技术和设计允许；② 监管者有能力有效监管 CBDC 的运营，收集网络安全的情报，预防风险，并在网络事故发生时组织恢复工作；③ 终端用户了解怎样使用相关技术并将其风险降至最低。在这方面，PICs 在网络安全上已有的数据和能够提供的见解也都十分有限。一方面，早在 2017 年，澳大利亚交易报告分析中心（AUSTRAC）[2]就评估了涉及从澳大利亚汇款到 PICs 的犯罪风险较低。[3]

---

① Anton N. Didenko. Cybersecurity Regulation in the Financial Sector: Prospects of Legal Harmonization in the European Union and Beyond. *Uniform Law Review*, Vol.25, No.1, 2020, p.125.

② Australian Transaction Reports and Analysis Centre.

③ AUSTRAC. Remittance Corridors: Australia to Pacific Island Countries: Money Laundering and Terrorism Financing Risk Assessment, https://www. austrac. gov. au/sites/default/fles/2019-06/remittance-corridors-risk-assessmentpdf.

但是这项分析的范围有限（仅涵盖从澳大利亚汇款的情况，主要参考的是澳大利亚近一年内的金融交易报告和分析中心的可疑事项报告），在 PICs 为普惠金融实施 CBDC 的背景下，这项分析（与本文）几乎没有关联，毕竟这种 CBDC 由 PIC 监管机构发行和监督的资源要有限得多（与澳大利亚同行相比），而且大概率会在全国范围内使用（否则无法实现普惠金融的目标）。此外，在最近几年，网络安全威胁也在进化，即金融业连续 5 年成为全球受攻击最严重的行业（占 2020 年所有网络攻击的 23%）。①

第五，CBDC 项目会引发广泛的竞争问题。根据经济的种类和规模，中央银行可能会通过发行 CBDC，与商业银行、中央对手方、其他支付系统运营商甚至是其他中央银行竞争，而 CBDC 可能会与流通中的其他种类货币直接竞争。在普惠金融水平较低和支付系统较为单一的 PICs，CBDC 最有可能影响商业银行和 e-money 运营商。同时，对竞争的影响最终取决于 CBDC 的设计。一方面，DLT 可在新货币的去中介化准入中使用，使现有的支付系统运营商边缘化；另一方面，CBDC 可与其他支付工具合作（例如 CBDC 整合进 e-money 平台，用于保证浮差的稳定）。

第六，将开发 CBDC 平台外包引发了广泛的问题。如果没有预先支付开发的费用（由相关国家或开发机构或其代表支付），成本回收机制需要做到位。从实施国的整体货币主权来看，这些机制需安全、合理。例如，马绍尔群岛共和国于 2018 年立法，为财政部首次发行代币背书：财政部将在 DLT 平台上发行多达 600 万个"主权"（SOV）②单位的货币，最后的总发行量是 2 400 万个单位。③ 主权货币的开发和发行外包给第三方研发者（指定组织者），第三方开发商承担了全部预先费用，"发行主权货币和进行首次币发行（ICO）所必需的费用由指定组织者承担，RMI 无需支付发行 SOV 和执行 ICO 的任何费用"。④

---

① IBM. X-Force Threat Intelligence Index 2021.
② Declaration and Issuance of the Sovereign Currency Act 2018 s303(a)，https://rmiparliament.org/cms/images/Legislation/Principal/2018/2018-0053/Declaration and Issuance of the overeign Currency Act2018_1.pdf.
③ Declaration and Issuance of the Sovereign Currency Act 2018 s305(3)，https://rmiparliament.org/cms/images/Legislation/Principal/2018/2018-0053/Declaration and Issuance of the overeign Currency Act2018_1.pdf.
④ Declaration and Issuance of the Sovereign Currency Act 2018 s305(1)，https://rmiparliament.org/cms/images/Legislation/Principal/2018/2018-0053/Declaration and Issuance of the overeign Currency Act2018_1.pdf.

成本回收于事后进行，指定组织者获得总发行额的 50%（2 400万个 SOV 单位中的 1 200 万个）。[①] 这种成本回收模型严重侵害了主权，永远不会被认可。

相反，外包安排应在编码或编程不充分时提供足够的保护，例如责任的分配和保险问题。根据笔者从事私人银行业务的经验，软件开发合同通常会从实质上限制开发人员的责任。在学术文献中，这个现象被称为软件开发者特殊的"合法之茧"（legal cocoon）：根据一项基于对数百种软件许可协议的审查的研究，这个问题不限于为消费者开发的软件，在精明的商事主体间签订的合同中也普遍存在。[②] 软件可以按照"原样"提供（有效免除责任），可附带排他性保证，并明示该软件可能有错误；最后，即使开发者责任仍然存在，责任也可能受到限制（例如为软件开发支付的费用）。与此同时，如果中央银行未能有效运行 CBDC，潜在的信誉风险是无限的。因此，试验 CBDC 的中央银行必须有计划，并制定合同或采取其他适当的保护措施。

第七，本文只讨论中央银行发行的数字货币，但一些 PICs 缺少中央银行作为主管 CBDC 的公权机构，此处的挑战显而易见。目前只有斐济、巴布亚新几内亚、萨摩亚、所罗门群岛、东帝汶、汤加和瓦努阿图有独立的中央银行。

七、建议

这部分会列出一些关键步骤用来评价在 PICs 推出 CBDC 的可行性，这些步骤必须纳入考量范围。

第一，CBDC 设计应参考海外中央银行和国际组织已有的研究。笔者特别强调三项设计原则，这些原则由 BIS 与部分主要中央银行联合编写的最近报告列出，这些原则强调：① 禁止中央银行通过发行 CBDC 损害货币或金融稳定；② CBDC 需与现有的货币共存并予以补充；③ CBDC 应促进创新、提高效率。[③]

---

① Declaration and Issuance of the Sovereign Currency Act 2018 s309, https://rmiparliament.org/cms/images/Legislation/Principal/2018/2018-0053/Declaration and Issuance of the overeign Currency Act2018_1.pdf.

② Marian K Riedy and Bartlomiej Hanus. It is Just Unfair Using Trade Laws to "Out" Security Software Vulnerabilities. *Loyola University Chicago Law Journal*，Vol.48，2017，p.1099.

③ Bank for International Settlements. Central Bank Digital Currencies：Foundational Principles and Core Features. https://www.bis.org/publ/othp33.pdf.

第二，不是所有 CBDC 设计都旨在应对普惠金融的挑战。通用的 CBDC 将对普惠金融产生最大的影响，尤其与 PICs 相关。

第三，太平洋地区的 CBDC 应充分利用：① 区域合作的机会；② 行业已有的安排。例如，萨摩亚对太平洋岛屿的承诺，该承诺确认了中央银行行长的意向，即"深化并提高金融系统的效率，以全力支持该地区的经济发展和普惠金融"；该承诺还达成了一个共识，即"带头发展区域 KYC 设施和相关区域的支付和结算安排"。① 此外，普惠金融联盟也开始探索 CBDC 所提供的机会。②

第四，鉴于该地区竞争性支付系统提供商的数量相对较少，PICs 的中央银行需要认真考虑 CBDC 对行业竞争潜在的不利影响。具体而言，它们应评估 CBDC 能在多大程度上整合到已有的私人发行的产品和服务中，以及这种整合怎样实现。

第五，PICs 推出 CBDC 应配有一系列辅助活动，以增强客户对新技术的理解、刺激需求，促进对发行银行的信任。同样重要的是，要避免缺乏金融知识的人误用技术，以及精通技术的人滥用技术。

这些主题在巴哈马的经历中有所凸显。巴哈马中央银行宣布，将从 2020 年 10 月 20 日起逐步发行数字版巴哈马元（称为沙元）。③ 沙元的发布行用分阶段的模式。第一阶段包括 2020 年年底和 2021 年第一季度，重点是在整个私营部门提供沙元，包括三层授权账户：① 交易限额较低的低价值个人数字钱包；② 常规个人账户；③ 商业或企业账户。每一层次都有不同的"了解您的客户"要求。第二阶段（2021 年的第一和第二季度）针对政府服务和公用事业。④ 沙元受到以下授权金融机构的推动：几个汇款企业、支付服务提供商，以及一家被准许向终端用户提供沙元服务的商业银行。

---

① Reserve Bank of Australia. Samoa Commitment for the Pacific Islands. https://www.rba.gov.au/media-releases/2018/mr-18-30.html.

② AFI. AFI Members Explore Central Bank Digital Currency Opportunities. https://www.af-global.org/news2020/11/af-members-explore-central-bank-digital-currency-opportunities.

③ Central Bank of the Bahamas. The Sand Dollar is on Schedule for Gradual National Release to The Bahamas in mid-October 2020. https://www.centralbankbahamas.com/viewPDF/documents/2020-09-25-18-25-20PsDPublic-Update-20200925-Final.pdf.

④ Central Bank of the Bahamas. The Sand Dollar is on Schedule for Gradual National Release to The Bahamas in mid-October 2020. https://www.centralbankbahamas.com/viewPDF/documents/2020-09-25-18-25-20PsDPublic-Update-20200925-Final.pdf.

沙元钱包受到多方面身份验证的保护（所有移动设备必须能使用密码或生物识别技术）。[1] 重要的是，巴哈马中央的银行的策略包括"可持续的金融知识普及活动，以增强对金融产品的认识，并鼓励对个人财务采取更积极的行为，以及'关于网络安全的金融行为的教育'"。[2] 这种多层次发行 CBDC 的方法是 PICs 长期应对普惠金融挑战的良性模式，这种方法努力提高金融服务的可获取性，同时认识到整合 KYC 要求和安全措施的重要性，并大力投资那些能提高最终用户金融素养和对金融服务信任的项目。

八、结论

虽然本文第五部分阐述了 CBDC 在 PICs 发展所面临的挑战和耗费的资源，但 CBDC 在 PICs 出现只是时间问题。正如第三部分所述，该地区开发 CBDC 的关键驱动很大程度上受国家外部对国内货币和支付系统的影响。这些驱动力（境外使用外国 CBDC 导致代理银行关系撤销，以及私人发行的加密货币激增进而导致数字美元化）给 PICs 的回旋余地很小：数字美元化一旦发生，将很难逆转，代理银行需要与海外金融机构合作，许多（尤其是完全分散的）加密货币可能实际上不受国内监管干预的影响，因此笔者认为，PICs 可以选择在国内实施自己的 CBDC 作为一种替代措施——这种措施也许可以（取决于设计）为解决所有这些外部压力提供工具。

然而，通过 CBDC 实现普惠金融没有放之四海而皆准的方法，实施 CBDC 既没有单一的、可接受的路径，也没有商定的技术或设计作为设立 CBDC 的基础。全球的最佳实践也并非一成不变。CBDC 不只是一套复杂的软件——如本文分析，它是一个复杂的数字框架，既能给整个经济带来效益，也能给其带来冲击。

假以时日，CBDC 大概率会在太平洋地区发行，因为 CBDC 可以为该地区以下问题提供简单又高效的解决方案：① 主要由地理原因引发的普惠金

---

[1] Central Bank of the Bahamas. The Sand Dollar is on Schedule for Gradual National Release to The Bahamas in mid-October 2020. https://www.centralbankbahamas.com/view PDF/documents/2020-09-25-18-25-20PsDPublic-Update-20200925-Final pdf.

[2] Central Bank of the Bahamas. The Sand Dollar is on Schedule for Gradual National Release to The Bahamas in mid-October 2020. https://www.centralbankbahamas.com/view PDF/documents/2020-09-25-18-25-20PsDPublic-Update-20200925-Final pdf.

融挑战；② 汇款费用高昂的问题（作为征收海外岛民将部分收入寄回家里的税费）。在太平洋地区，任何CBDC的设计由中央银行决定，但或许有一个更优解：设想一个集中的账户结构，其中分类账由中央银行管理，分类账之外的账户由商业银行和其他可信赖的金融实体管理；系统是基于通证还是基于账户主要取决于互联网普及率和智能手机的使用率。因此，不同PICs的选择也不相同——互联网连接情况较差的国家更可能选择基于通证的系统。

任何太平洋国家建立和运行CBDC都应有充足的专业知识，并深入理解这种全新的货币形式将引发的设计选择和问题。笔者认为，现在不是在太平洋地区发行CBDC的时候，因为安全、高效和可获取的CBDC需要监管者重新分配稀缺的资源，例如强化金融规则的反洗钱和反恐怖特性，同时与海外商业银行保持代理关系。尽管如此，现在肯定是扩充CBDC专业知识和理解的时候了。理解这些问题需要开展专项研究，以及花费大量的时间复盘、解决所有可能的结果。PICs的中央银行需要组建内部单位来探究设计和实施CBDC的不同方案。如果设计与运行得当，CBDC将为困扰该地区的普惠金融和汇费问题提供真正的甚至可能是最佳的解决方案。现在是时候强化该地区中央银行的专业知识储备，以为这场创新奠定基础。

加密经济中的央行数字货币：基于欧洲单一市场和机构建设的试验性提案

艾里斯·H. Y. 邱*

郏遥瑶 译 陈星忆 沈伟 校

摘要：本文提出了两个看似平行的经济和货币领域的结合或整合，其中包括：第一，加密经济，有时被描述为超出法律范围的经济和货币活动领域，或反映了一种不受当前制度束缚的新型资本主义。第二，中央银行的作用，特别是欧洲中央银行系统（ESCB）。笔者认为，加密经济可以从与可编程的中央银行数字欧元的接触中受益，而 ESCB 也将受益于能够在加密经济中测试中央银行数字欧元的限量发行。

关键词：央行数字货币；加密经济；欧洲中央银行；数字欧元；欧洲单一市场

一、介绍

通常被称为"加密经济"的是一个不受监管但蓬勃发展的空间，[1]其在进行创新以促进由区块链基础设施支持的点对点商业的"去中心化应用"（dApp）业务开发人员中越来越受欢迎。[2] dApp 经济的潜力可以在制度支持下流动起来。笔者认为，在利用监管资本主义框架的情况下，公共部门的

---

* 艾里斯·H. Y. 邱（Iris H. Y. Chiu），伦敦大学学院企业法与金融监管学教授，博士，剑桥大学法学硕士。本文是基于欧洲央行 2020 年法律研究计划进行的研究。非常感谢欧洲中央银行总法律顾问 Chiara Zilioli 博士及其团队对早期草案的评论和反馈，所有错误和遗漏由邱教授自负。
① Andrew Romans. Masters of Blockchain and Initial Coin Offerings，2018.
② 这是一种分布式账本，通过附加数据块来构建一个完整的在所有节点之间共享的账本。Michele Finck. Blockchain Regulation and Governance in Europe，2018.

支持可能是有益的、有动员力的。笔者建议调整 dApp 经济(有时被描述为超出法律范围的经济和货币活动领域①或反映不受当前制度束缚的新型资本主义)②和中央银行的角色，特别是欧洲中央银行系统(ESCB)。笔者专注于一个特定的起点，即 dApp 经济的、授权的③法律框架，其基础是提供由中央银行发行的用于投资的数字法定货币。

　　笔者认为，央行数字货币(CBDC)可以针对 dApp 经济，作为主要投资目的的"限量发行"。虽然 CBDC 的讨论主要与主流经济和金融活动有关，但人们认识到其作为现金实物流通的替代品的发行面临挑战。限量的发行为中央银行和 dApp 经济开发商提供了一个实验空间，将一个新的技术开发的经济空间与一个旧的公共部门机构联系起来。笔者建议在欧洲范围内尝试限量发行，因为欧元作为欧元区的通用货币，为构建通常被认为是无国界和全球性的 dApp 经济提供了一个很好的起点。此外，欧洲政策制定位于促进欧洲经济单一市场建设的制度框架之中，④为紧密耦合的经济体之间的跨国界政策制定提供了引领范例，这一讨论也为美国提供了相关见解。对于美国来说，央行数字美元可以为调动 dApp 经济提供一个起点，并利用其作为全球储备货币仍被接受的地位。⑤ 中央银行数字美元还可以促进建立一个管理 dApp 经济关键方面的联邦框架，例如支付业务监管、证券和筹款监管，以及交易所和市场监管。这些方面将在本文第三部分的欧洲示例中列出。笔者虽然选择详细讨论中央银行数字欧元作为 dApp 经济实施 CBDC 的示例，但对 dApp 经济发展的进展、市场失灵以及 CBDC 通常适用于欧洲或其他地区的政策也进行了思考。

　　本文第一部分回顾了当前关于 CBDC 在主流经济中使用的政策思考。

---

① Thibault Schrepel. Anarchy, State and Blockchain Utopia: Rule of Law versus Lex Cryptographia. in *General Principles and Digitalisation*, https://papers. ssm. com/sol3/papers. cfn? abstractid = 3485436.

② John Flood & Lachlan Robb. Trust, Anarcho-Capitalism, Blockchain and Initial Coin Offerings. http://ssrn.com/abstract=3074263.

③ 监管使经济活动得以开展、组织和合法化。Barak Orbach. What is Regulation? *Yale J. on Reg.*, Vol.30, 2012, p.1.

④ Consolidated version of the Treaty on the Functioning of the European Union art. 26, 2012/C 236/01, https://eur-lex.europa.eu/legalcontent/EN/TXT/?uri=celex%3A12012E%2FTXT.

⑤ Kimberly Amadeo. Why the US Dollar Is the Global Currency. https://www.thebalance.com/world-currency-3305931.

据观察，中央银行已从数字货币的"研究"阶段进入探索操作化阶段，尽管在研究阶段探讨的许多挑战并没有明确解决。中央银行似乎有意将 CBDC 用于主流电子商务，可能还有全球贸易和零售业。[①] 但是，笔者敦促中央银行考虑针对 dApp 经济试行 CBDC，以测试需求及其运作的效率和安全性。这种有限的提议是基于 dApp 经济中中央银行和开发者的双赢议程。此外，中央银行对 CBDC 的兴趣源于加密货币的兴起，这些加密货币在 dApp 经济中用于支付和其他交易功能。[②]

第二部分解释了为什么 CBDC 与 dApp 经济特别相关。它讨论了 dApp 经济中自治解决方案的市场失灵，包括对私人加密货币的依赖，并认为 CBDC 形式的公共部门解决方案在本质上可以实现，对稳定币的发展以及与它们在 dApp 经济中的货币功能相关的风险图景进行了调查。笔者认为，CBDC 是一种具有赋能性质的公共部门解决方案，有利于将 dApp 经济作为资本主义和治理秩序进行动员。

第三部分探讨了应如何发行此类 CBDC 以及对管理 dApp 经济制度框架的适用。以中央银行数字欧元为例，讨论如何在区域市场上以试验性方式发行 CBDC。由于 CBDC 将成为获取和动员金钱的赋能或授权机构，它为投资 dApp 经济铺平了道路，其方式与受监管的市场秩序的机构信任相一致。它还为治理 dApp 经济的更广泛制度影响的蓝图铺平了道路，这可能是经济和金融动员的一个新的有前途的空间。这些基于实验性央行数字欧元的见解对全球政策思考可能有用。

二、关于 CBDC 政策发展的思考

与 CBDC 有关的第一个问题是它们是否真的被需要。在许多发达经济体中，私人创造的货币在货币供应中占主导地位，[③]而且电子形式的汇款和支付方式从几十年前就已演变而来。随着时间的推移，支付货币的数字化得到了发展，从支付卡发展到以电子商务和无现金实体商业中的金融科技

---

① Bank for Int'l Settlements. Central Bank Digital Currencies: Foundational Principles and Core Features (2020), https://www.bis.org/publ/othp33.html.

② Dirk Bullman, Jonas Klemm & Andrea Pinna. In Search for Stability in Crypto‑assets: Are Stablecoins the Solution? https://papers.ssrn.com/sol3/papers.cfm?abstract-id=3444847.

③ Mary Mellor. The Future of Money: From Financial Crisis to Public Resource (2010).

(fintechs)为主导的用户友好型支付方式。① 支付卡中的货币数字化迎合了消费经济的兴起，因为信贷与支付捆绑在一起，改变了相对容易获得的消费信贷的性质。② 电子商务的兴起进一步推动了对数字支付形式的需求和金融科技的兴起，其中最早的可能是 Paypal，③以服务于与全球联系的零售经济。然而，金融科技已经开始挑战支付和汇款垄断的低效率，④促使人们更多地采用无现金转账。⑤ 金融科技领域的不断创新表明，我们并不缺乏数字支付接口和货币数字化。因此有人提出质疑，当我们在电子货币和支付创新方面营造了一个开放和具有竞争力的空间时，我们为什么可能需要 CBDC 形式的公共产品？⑥

早期对 CBDC 的研究集中在消费者如何需要钱，⑦并考虑 CBDC 是否应该取代实物现金。CBDC 可以被视为一种具有成本效益的替代现金的手段，然而由于需要对其进行实物生产和更换，以及与丢失、被盗和伪造有关的实物处理风险，这种方式被认为效率低下。⑧ 现金需求的下降和消费者对电子支付的偏好似乎也构成了瑞典中央银行试验 CBDC 的基础。⑨ 然而，时事评论员提出了那些习惯于现金且不熟悉数字界面的人可能会对 CBDC 产生金

---

① Peter Gomber et al. On the Fintech Revolution: Interpreting the Forces of Innovation, Disruption and Transformation in Financial Services. *J. Mgmt. Info. Sys.*, Vol.35, 2018, pp.220, 265.

② Gillian Garcia. Credit Cards: An Interdisciplinary Survey. *J. Consumer Res.*, Vol.6, 1980, p.327.

③ PayPal, https://www.paypal.com/uk/home; Kerry L. MacIntosh. The New Money. *Berkeley Tech. L.J.*, Vol.14, 1999, p.659 (早期的文章指出，电子商务需要超越信用卡的数字货币); Lawrence J. Trautman. E-Commerce and Electronic Payment System Risks: Lessons from Paypal. *U.C. Davis Bus. L. J.*, Vol.16, 2016, p.261.

④ Iris H-Y Chiu. A New Era in Fintech Payment Innovations? A Perspective from the Institutions and Regulation of Payment Systems. *L. Innovation & Tech.*, Vol.9, 2017, p.190.

⑤ The Business Research Company, https://www.thebusinessresearchcompany.com/report/fmtech-market.

⑥ The role of the Directive (EU) 2015/2366 of the European Parliament and of the Council of 25 November 2015 on payment services in the internal market, amending Directives 2002/65/EC, 2009/110/EC and 2013/36/EU and Regulation (EU) No.1093/2010, and repealing Directive 2007/64/EC (Payment Services Directive 2015).

⑦ Christian Barontini & Henry Holden. Proceeding with Caution—A Survey on Central Bank Digital Currency. https://ssrn.com/abstract-3331590; Tanai Khiaonarong & David Humphrey. Cash Use Across Countries and the Demand for Central Bank Digital Currency. https://www.imf.org/en/Publications/WP/Issues/2019/03/01/Cash-Use-Across-Countries-and-the-Demand-for-Central-Bank-Digital-Currency-46617(展示相反的观点，即人群对实物现金的需求).

⑧ Craig Calcaterra, Wulf A. Kaal & Vadhindran Rao. Stable Cryptocurrencies: First Order Principles. *Stanford J. Blockchain L. & Pol'y* (2019), https://ssrn.com/abstract=3402701.

⑨ Dylan Love. Sweden is Testing its New Central Bank Digital Currency. Cointelegraph (Feb. 20, 2020), https://cointelegraph.com/news/sweden-is-testingits-new-central-bank-digital-currency.

融排斥性的担忧。这样，CBDC 的金融包容性逻辑依据①可能会被削弱。事实上，央行行长在进入 CBDC 的运营阶段时，已决定不会将 CBDC 视为现金的替代品，而是原则上保持 CBDC 和现金的共存状态，以促进选择。因此，可以说 CBDC 的公共利益认知不会是货币的完全数字化，而是试图纠正市场失灵或改善与私营部门发行的数字货币和支付系统有关的市场效率低下的问题。

但是，与私营部门发行的数字货币有关的市场失灵或效率低下是什么？可以说，市场失灵的一个领域在于金融参与者和金融机构之间在反欺诈和反洗钱合规框架下对跨境支付和汇款的信任崩溃。② 例如，消费者信用卡用户尝试在外国司法管辖区进行支付或从海外在线零售商处购买时面临付款阻碍或卡片冻结。③ 由于每家金融机构自身的法律风险，人们对金融机构的监管合规需求持怀疑态度，其中反洗钱规则承担严格责任，④这可能导致金融机构之间的协调破裂，对资金顺畅流动产生不利影响。一方面，这种资金流动的中断有助于保护金融机构免受法律风险；另一方面，私营部门金融机构可以改进协调性，以便有效发现金融犯罪或欺诈的真实情况，而不是误报。反洗钱的监管要求导致银行和汇款提供商等国际金融机构之间的信任分散。许多司法管辖区的银行都属于风险规避者，因为代理金融机构的监管合规性可能不足，因此增加了它们的监管风险，这导致高风险司法管辖区的代理银行业务减少以及潜在的、不分青红皂白的金融排斥。⑤

即使在政策举措带来了架构和标准化优势的地方，例如在单一欧洲支付区，⑥

---

① David Andolfatto. Assessing the Impact of Central Bank Digital Currency on Private Banks. https://doi.org/10.20955/wp.2018.026.

② Emily Lee. Financial Inclusion: A Challenge to the New Paradigm of Financial Technology, Regulatory Technology and Anti-Money Laundering Law, *J. Bus. Law*, Vol.6, 2017, p.473（讨论金融机构因反洗钱合规而降低风险的一些影响）。去风险的影响，例如排除和准入问题不可避免地对金融交易的效率造成障碍，需要创造平衡。

③ Stephen Little. One in four holidaymakers have had their credit card blocked whilst abroad. Money Pages（June 1, 2017），https://www.themoneypages.com/latest-news/one-in-four-holidaymakers-has-hadtheir-credit-card-blocked-whilst-abroad/.

④ U.K. Proceeds of Crime Act 2002, § 328（可用于指控从事便利洗钱的"安排"的银行有罪的法律示例。虽然在一节中提到了"知道或怀疑"的心理要素，但怀疑的门槛相对较低）；*Lonsdale v. National Westminster Bank Plc* [2018] EWHC 1843（QB）.

⑤ Financial Stability Board. FSB Action Plan to Assess and Address the Decline in Correspondent Banking（May 2019），https://www.fsb.org/wp-content/uploads/P290519-1.pdf.

⑥ Single Euro Payments Area（SEPA）Regulation（EU）No. 260/2012. Jakub Gorka. Transforming Payment Systems in Europe（2016）.

是否可以提高单一市场（尤其是欧元区）内的跨境支付效率仍然是有争议的。[①] 预期的平稳性在支付服务机构失败的情况下,支付服务的外包尤其受到考验,例如,德国支付服务提供商 Wirecard 的失败导致不同监管机构采取不协调的做法,使消费者处于明显不便的境地。[②] 如果受监管的实体陷入危机,法律和架构的协调可能仍会遇到国家监督和协调的碎片化的问题。

　　比特币的发明——第一个可以以加密安全的方式通过对等网络进行传输。2009 年,[③]可以说为可能在主流金融架构中受到阻碍的金融转移开辟了空间。毫无疑问,比特币中非法资金的转移已经被详细讨论过,[④]犯罪者甚至要求用比特币支付赎金,以匿名方式取走他们的不义之财,[⑤]然而,加密货币区块链的可用性也为这些被排除在主流金融架构之外的人提供了一种支持机制,[⑥]其中很多原因是他们无法控制的。[⑦] 此外,私人加密货币为那些认为政府滥用货币政策的民众提供了选择。[⑧] 即使在利率长期保持低位的发达经济体中,[⑨]普通公民也可以购买加密货币,例如私人发行的加密

[①] European Association of Cooperative Banks (EACB), The European Banking Federation (EBF) & European Savings and Retail Banking Group (ESBG). Payments Policy for Europe: Direction for the Next Five Years (2020), https://www. finextra. com/finextra-downloads/newsdocs/ecsas-policy-paperpayments. pdf.

[②] Nicholas Megaw. UK Consumers Dragged into Wirecard's collapse. Financial Times (June 29, 2020), https://www.ft.com/content/dbel6ce4-fl54-4985-a210-279falf53e24 (报道冻结客户账户,FCA 随后干预了客户投诉,以及德国金融科技公司倒闭后其他国家的零散争夺);Stefania Palma. Ex-Wirecard Clients Scramble to Process Payments in Singapore. Financial Times (Oct. 12, 2020), https://www.ft.com/content/3ed31549-a012-4bd4-a130-696790027b7e.

[③] Satoshi Nakamoto. Bitcoin: A Peer to Peer Electronic Cash System (2008), https://bitcoin.org/bitcoin.pdf.

[④] Damodaran Appukuttan Nair. The Bitcoin Innovation, Crypto Currencies and the Leviathan. *Innovation & Development*, Vol.9, 2019, pp.85 – 103. Braeden K. Anderson. Regulating the Future of Finance and Money: A Rational U.S. Regulatory Approach to Maximizing the Value of Crypto-Assets and Blockchain Systems. *Bocconi Legal Papers*, Vol.11, 2018, p.1.

[⑤] *AA v. Persons Unknown and Bitfinex* [2019] EWHC 3556 (Comm).

[⑥] Armine Soufaih. Revolutionizing International Remittance Payments Using Cryptocurrency and Blockchain-based Technology. Social Impact Research Experience (Sire) 75 (2020), https://repository.upenn.edu/sire/75; Rajendra Kulkarni et al. Cryptocurrency, Stablecoins and Blockchain: Exploring Digital Money Solutions for Remittances and Inclusive Economies. https://papers. ssrn. com/sol3/papers.cfm?abstract id=3511139.

[⑦] Jay Hao. Financial Inclusion, Cryptocurrency and the Developing World. Cointelegraph (June 25, 2020), https://cointelegraph.com/news/financialinclusion-cryptocurrency-and-the-developing-world.

[⑧] Max Raskin, Fahad Saleh & David Yermack. How Do Private Digital Currencies Affect Government Policy? http://www.nber.org/papers/w26219.

[⑨] Nares Laopannarai. Can the Fed's Prolonged Low-Interest Rates Lead Bitcoin to the Upside? Supercryptonews (Aug. 31, 2020), https://www.supercryptonews.com/fed-prolonged-low-interest-rates-lead-bitcoin-tothe-upside/.

稳定币。

因此，对 CBDC 发展的兴趣可归因于以下背景：传统金融部门运营的支付和汇款中的协调低效率和市场失灵，以及可以从未经公开监管的无许可区块链上的点对点钱包上对等转移的可编程加密货币的兴起。[1]

结合对 CBDC 作为克服市场失灵和私人支付服务效率低下的工具的公共利益分析，在基于账户的设计中，CBDC 可以用于电子商务和汇款中的支付，即账户由个人用户直接保存在中央银行。中央银行承担支付中介的作用，以解决私营部门服务的缺陷。在欧元区，这可能对汇款产生变革性影响。相对于在中央银行持有的其他 CBDC 账户，用户可以在整个欧元区市场以及跨越其他成员国的边界从其 CBDC 账户中进行转账和收款。[2] 在人力资本流动、电子商务、点对点消费甚至金融服务（例如点对点众筹）方面，这可以说是支持单一市场自由流动的革命性举措。

欧洲中央银行（ECB）最近提出的探索 CBDC 运营化的提议，便是以上述可知利益为基础的。[3] 在以这种方式与主流支付服务提供商竞争时，ECB 预想可能会存在从主流支付服务机构迁移。然而，迄今为止能够向其支付系统[4]的用户，尤其是在跨境基础上收取租金的金融中介机构将不得不变得具有竞争力，并寻求对其服务的改进和创新。与此同时，中央银行可能必须为加强对用户关系的管理做好准备，尤其是与消费者的关系。

此外，采用基于账户设计的 CBDC 能够观察支付信息，这有助于反洗钱监视，尽管会以隐私为代价。[5] 这可能会给大规模用户带来两难境地，中央银行拥有大量有关私人资金流动的数据，数据安全和处理可能变得至关重

---

[1] 英格兰银行尤其迫切需要改革传统的支付系统，特别是国际汇款，以解决金融机构之间导致市场失灵的分散和崩溃问题。发展 CBDC 被视为探索改革的途径之一。Victoria Cleland. Cross-Border Payments-Innovating in a Changing World, https://www.bankofengland.co.uk/speech/2020/vctoria-cleland-keynotepresentation-at-the-central-bank-payments-conference-2020.

[2] Harry Leinonen. Electronic Central Bank Cash: To Be or Not to Be? J. *Payments Strategy & Systems*, Vol.13, 2019, p.20.

[3] European Central Bank. Report on a Digital Euro (Oct. 2020), https://www.ecb.europa.eu/euro/html/digitaleuro.en.html.

[4] Tommaso Mancini-Griffoli et al. Casting Light on Central Bank Digital Currency. Cryptoassets: Legal, Regulatory and Monetary Perspectives (2019).

[5] Hossein Nabilou. Testing the Waters of the Rubicon: The European Central Bank and Central Bank Digital Currencies. J. Banking Regulation (2019), https://doi.org/10.1057/s41261-019-00112-1.

要并需要问责。[①] 例如，中国政府推出的 CBDC 项目可能会因数据收集的倾向和国家控制形式的行使而受到一些关注。中国 CBDC 的发行处于试点阶段，仅在中国 4 个省份进行试点，大型国有银行等现有金融机构和腾讯等主要金融科技机构将成为 CBDC 的钱包提供商。[②] CBDC 的发行可能是规范中国不平衡格局的一种方式，中国的大型银行业在数字化方面落后，而金融科技部门在信贷创造、货币供应和投资服务方面变得异常重要。然而，一位中国权威评论员[③]认为，CBDC 将提高零售使用中的数据的安全性和支付的确定性，表明对 CBDC 的兴趣可能在于实现公共部门对由中国金融科技行业不均匀监管着的现金流的更强控制。

基于账户设计的 CBDC 能够吸引到储户，他们认为央行是安全的以及银行挤兑可以在事实上被废除。[④] 评论员担心这可能会对银行的信贷创造角色产生不利影响，或者这一角色可能会被推到中央银行身上。[⑤] 然而，其他人认为 CBDC 的发行不一定涉及信贷业务，金融客户仍需要转向商业银行。[⑥] 然而，央行可能需要"重新"投资于商业银行以支持它们在私人货币创造中的作用，以便信贷可用于经济发展。[⑦] CBDC 的发行还可能引发与商业银行提供的存款服务相关的竞争，并且它们可能会提高账户利率以吸引存款。[⑧] 或者，为避免私营部门不成比例地流入 CBDC，对于高余额的 CBDC

---

① European Central Bank. Report on a Digital Euro (Oct. 2020), https://www.ecb.europa.eu/euro/html/digitaleuro.en.html.

② Staff. China's Central Bank Digital Currency Wallet is Revealed. Ledger Insights (Apr. 16, 2020), https://www.ledgerinsights.com/china-digital-currencywallet-dcep-cbdc/.

③ Qian Yao. Central Bank Digital Currency: Optimization of the Currency System and its Issuance Design. *China Econ. J.*, Vol.12, 2019, p.1.

④ Markus K. Brunnermeier & Dirk Niepelt. On the Equivalence of Private and Public Money. *J. Monetary Econ.*, Vol.106, 2019, p.27; Alex Cukierman. Welfare and Political Economy Aspects of a Central Bank Digital Currency. https://cepr.org/active/publications/discussionpapers/dp.php?dpno=13728.

⑤ Young Sik Kim & Ohik Kwon. Central Bank Digital Currency and Financial Stability. https://papers.ssm.com/sol3/papers.cfm?abstractid=3330914.

⑥ Markus K. Brunnermeier & Dirk Niepelt. On the Equivalence of Private and Public Money. *J. Monetary Econ.*, Vol.106, 2019, p.27; Alex Cukierman. Welfare and Political Economy Aspects of a Central Bank Digital Currency. https://cepr.org/active/publications/discussionpapers/dp.php?dpno=13728.

⑦ Young Sik Kim & Ohik Kwon. Central Bank Digital Currency and Financial Stability. https://papers.ssm.com/sol3/papers.cfm?abstractid=3330914.

⑧ David Andolfatto. Assessing the Impact of Central Bank Digital Currency on Private Banks. https://doi.org/10.20955/wp.2018.026; Jonathan Chiu et al. Central Bank Digital Currency and Banking. https://ideas.repec.org/p/red/sed019/862.html.

可以设置为递减水平，包括超过某个阈值的负层。①

可以说，CBDC 的可用性有助于实施某些新颖的财政和货币政策。基于账户的 CBDC 设计提供了新的好处，例如直接货币政策，中央银行可以通过货币直升机撒钱的极端货币政策或进一步试验负利率以影响消费行为。② 财政政策可以整合到基于账户的 CBDC 中，因为 CBDC 可以以政府债务为基础发行。③ 鉴于在新冠疫情之后受到封锁政策打击的经济体的需求，CBDC 已被作为可能的财政刺激政策的一部分进行了讨论。④ 可以说，财政政策不在中央银行的职权范围之内。然而，美国最近在扩大美联储在应对新冠疫情期间不利经济影响方面的作用表明，中央银行被视为财政政策的重要伙伴机构。2020 年《新冠病毒援助、救济和经济保障法案》（《CARES Act》）⑤规定美联储不仅有权支持债务市场的流动性，而且支持对中小型企业放贷。美联储推出了主要街道借贷计划（MSLP），为受疫情影响的中小型非金融公司提供支持。⑥ MSLP 允许美联储设立特殊目的工具来购买银行商业贷款份额，从而支持私营金融部门向非金融企业提供贷款，只要它们在大流行之前财务状况良好。实际上，美联储和财政部被立法

① Ulrich Bindseil. Tiered CBDC and the Financial System（欧洲中央银行 2020 年第 2351 号文件），https://www.ecb.europa.eu/pub/pdf/scpwps/ecb.wp2351-c8c18bbd60.en.pdf.

② Hossein Nabilou. Testing the Waters of the Rubicon: The European Central Bank and Central Bank Digital Currencies. J. Banking Regulation (2019)，https://doi.org/10.1057/s41261-019-00112-1.

③ Michael Kumhof & Clare Noone. Central Bank Digital Currencies-Design Principles and Balance Sheet Implications. https://www.bankofengland.co.uk/working-paper/Working-papers.

④ Nikhilesh De. US Lawmakers Talk Digital Dollar, Fed Accounts in Thursday Hearing. Coindesk (June 10, 2020), https://www.coindesk.com/watch-uslawmakers-will-talk-digital-dollar-fedaccounts-in-thursday-hearing.

⑤ U.S. Coronavirus Aid, Relief and Economic Security Act (CARES Act), H.R. 748, 116th Cong., §3548 (2020).

⑥ Board of Governors of the Federal Reserve System. Main Street Lending Program (Sept. 8, 2020), https://www.federalreserve.gov/monetarypolicy/mainstreetlending.htm. 该计划提供以下设施：主要街道新贷款设施（MSNLF）、主要街道优先贷款设施（MSPLF）、主要街道扩展贷款设施（MSELF）、非营利组织新贷款设施（NONLF）和非营利组织扩展贷款设施（NOELF）。贷款将由银行提供，银行保留 5%的贷款，并将剩余的 95%出售给 3 个主要街道设施之一（新贷款设施、优先贷款设施和扩大贷款设施）。这些设施因贷款类型而异，例如贷款规模、借款人杠杆以及贷款是新的还是扩展现有贷款。所有主要街道贷款的期限均为 5 年，将利息支付推迟 1 年，本金支付 2 年，可以提前偿还而不会受到处罚，贷款利率为 LIBOR 加 3 个百分点。William B. English & J. Nellie Liang. Designing the Main Street Lending Program: Challenges and Options（哈钦斯财政和货币政策中心 2020 年第 64 号工作文件），https://www.brookings.edu/research/designing-themain-streetlending-program-challenges-andoptions.

授权充当担保人，而私营部门银行则负责承销和分配信贷。[①]

　　对于中央银行在基于账户设计的 CBDC 中的主导地位和扩大职权范围的担忧可能会引导我们考虑基于不记名或代币的发行设计。在基于不记名或代币的设计中，中央银行将选择私营部门机构为用户提供托管或转移服务。用户可以与商业提供的作为第一个停靠港的用户界面进行交互，尽管中央银行可能参与维护整体架构，例如扩大中央银行中介机构可能维护的账户范围。[②] 它的利益将呼吁行业进行创新并提供相关的托管和转移服务，同时可能会使竞争进入支付服务领域，尤其是来自不断发展的金融科技领域。此外，CBDC 的发行为中央银行提供了与私营部门供应商合作[③]以重新设计运营和架构方面的新机会，这有助于事前解决可能出现的低效率问题，并确保不同部门之间更好地协调合作。如果基于代币设计的 CBDC 促进中央银行、支付服务提供商、创新者、利益相关者和商业部门之间的新协调，则可能出现新形式的共同治理的机会，即公共和私营部门参与者都受到激励，并共同承担维护和管理支付网络和基础设施的责任。与自上而下或自下而上的设计相比，这种协调可以为用户带来更集约、有效的设计。[④]

　　尽管发行无论是基于账户的还是基于代币的 CBDC 都可以带来汇款和电子商务收益，投资和维护任何一种（对于中央银行而言，现有的和潜在的支付服务中介、商家，甚至可能是终端用户）涉及的运营和架构方面的利益是否超过了在现存系统中寻求更大的效率和协调是有疑问的。[⑤] 感兴趣的中央银行同意在现有私营部门的支持下，CBDC 在主流经济中的运作也涉

① Steve Cecchetti & Kim Schoenholtz. The Fed Goes to War: Part 3. Money & Banking (Apr. 12, 2020)，https://www.moneyandbanking.com/commentary/2020/4/l12/the-fed-goes-to-warpart-3.
② Alexander Kriwoluzky & Chi Hyun Kim. Public or Private? The Future of Money. https://www. europarl. europa. eu/cmsdata/207653/13.％20PE％20642. 3 56％20DIW％20fmal％20publication-original.pdf.
③ Christian Barontini & Henry Holden. Proceeding with Caution—A Survey on Central Bank Digital Currency. https://ssrn.com/abstract-3331590；Tanai Khiaonarong & David Humphrey；Cash Use Across Countries and the Demand for Central Bank Digital Currency. https://www. imf. org/en/ Publications/WP/Issues/2019/03/01/Cash-Use-Across-Countries-and-the-Demand-for-Central-Bank-Digital-Currency-46617(讨论 CBDC 的类型，例如基于代币的和基于账户的).
④ Markus K. Brunnermeier, Harold James & Jean-Pierre Landau. The Digitalization of Money (2019)，http://www.nber.org/papers/w26300.
⑤ Alexander Kriwoluzky & Chi Hyun Kim. Public or Private? The Future of Money. https://www. europarl. europa. eu/cmsdata/207653/13.％20PE％20642. 3 56％20DIW％20fmal％20publication-original.pdf.

及重大的架构转型的观点。首先，CBDC 在发行、接入商业支付系统以及清算和结算方面的"后端"需要考虑可能需要的新基础设施，特别是如果这些基础设施要被去中心化来利用区块链技术。[①] 其次，"前端"需要考虑用户界面、易用性和便利性、用户 CBDC 的稳健托管、数据丢失和网络黑客攻击的弹性，以及中央银行在此类用户关系中的角色。再次，需要考虑对现有电子货币、存款账户甚至信贷提供者的影响。[②]

热衷于将 CBDC 引入主流电子商务和零售经济的中央银行家仍然需要回答一个问题：现有消费者用户是否对这种货币形式有需求？欧元区等对 CBDC 的需求可能来自直接汇款需求，特别是当个人在非原籍成员国工作时，在欧洲行动自由规则所允许的情况下，定期将钱汇回欧元区的另一个成员国。此类汇款的中断可能会造成不便和困难，并且可能会激励个人从其私营部门经常账户提供者转移到 CBDC 账户进行此类转账，[③]然而，需求来自欧洲单一市场的电子商务地区的可能性较小。虽然 CBDC 的可用性可能会给商家带来成本，但不一定能满足用户端的需求，这是因为 CBDC 无法满足用户对信用支持的数字支付的需求，而当依赖私人信用提供者时用户体验可能会更好，例如已广泛应用于电子商务的信用卡。鉴于运营和架构大修的巨大成本，零售领域的需求模式应被仔细研究来考虑哪种政策最适合应对支付系统的低效率和故障。[④]

三、CBDC 与 dApp 经济的特殊相关性

CBDC 的主流引入持续带来诸多问题。[⑤] 鉴于上述围绕在主流中普遍

---

① European Central Bank. Report on a Digital Euro (Oct. 2020), https://www.ecb.europa.eu/euro/html/digitaleuro.en.html; Bank for Int'l Settlements, Central Bank Digital Currencies: Foundational Principles and Core Features (2020), https://www.bis.org/publ/othp33.htm.

② 在这方面，国际清算银行（2020 年）对于引入 CBDC 的基本原则是在促进现金和创新共存的同时不造成伤害，这可以扩展到维护与私营部门机构和基础设施有关的金融稳定，同时不缩小创新空间。

③ European Central Bank. Report on a Digital Euro (Oct. 2020), https://www.ecb.europa.eu/euro/html/digitaleuro.en.html.

④ Sheila Dow. Monetary Reform, Central Banks and Digital Currencies. *Int'l J. Pol. Econ.*, Vol.48, 2019, p.153.

⑤ European Central Bank. Report on a Digital Euro (Oct. 2020), https://www.ecb.europa.eu/euro/html/digitaleuro.en.html; BIS, Bank for Int'l Settlements, Central Bank Digital Currencies: Foundational Principles and Core Features (2020), https://www.bis.org/publ/othp33.htm.

提出的挑战，笔者提出的最佳方法可能是针对 dApp 经济的 CBDC 的限量发行。[①] 当面对关于 CBDC 如何改变零售支付格局的主要讨论时，将我们的注意力转向 dApp 经济似乎有些奇怪。然而，传统 CBDC 讨论中的这个被忽视的空间可以说是有限操作化的最佳空间，因为发行可能在技术上与 dApp 经济的架构更加兼容，并且在常规发行机制中更少涉及央行面临的运营挑战和困境。

　　此外，dApp 经济是一个仍在努力解决其货币秩序问题的经济空间，并且可能会受益于 CBDC 等支持机构。CBDC 的机构可以为主流参与 dApp 经济提供一个起点，并为将加密经济建设为受治理的经济秩序铺平道路，这一愿景基于监管资本主义概念的理论框架。dApp 经济的动员也可以被视为推进欧洲单一数字市场战略，[②]并可以得到政策和法律的支持。dApp 经济的发展对欧盟来说非常重要，因为许多初创企业和创新的商业理念都在这个领域涌现。[③] 将颠覆性技术纳入数字单一市场的倡议[④]的必要性已在资本市场联盟的新行动计划中得到更明确的阐述。[⑤] CBDC 可以被视为促进政策制定的一部分。

　　笔者建议在 dApp 经济中限量发行 CBDC，以促进对 dApp 开发的投资。这种限量的发行将发生在一个相对"有限"的经济空间中，因为该领域内的活动目前对于主流商业来说并没有太大的漏洞。限量发行计划可以被控制和试验，不会显著影响或扰乱经济的其他部分。此外，限量发行对加密经济尤其有利，对中央银行尤其有效，dApp 经济仍在努力开发具有足够货币质量的私人加密货币（之后会详细讨论）。CBDC 享有既定的货币质量。

---

① Andrew Romans. Masters of Blockchain and Initial Coin Offerings (2018).

② European Commission. Communication from the Commission to the European Parliament，the Council，the European Economic and Social Committee and the Committee of the Regions on the Mid-Term Review on the Implementation of the Digital Single Market Strategy：A Connected Digital Single Market for All. https://ec.europa.eu/transparency/regdoc/rep/1/2017/EN/COM-2017-228-F1-ENMAIN-PART-1.PDF.

③ chainEurope，https://www.chaineurope.org/blockchain-startups/（提供所有欧洲区块链初创企业的目录）.

④ McKinsey & Co. Shaping the Digital Transformation in Europe（欧盟委员会工作文件：经济潜力，2020 年）.

⑤ 欧盟委员会资本市场联盟 2020 年行动计划：个人和企业资本市场联盟（2020），https://ec.europa.eu/info/business-economy-euro/growth-and-investment/capitalmarkets-union/capital-markets-union-2020-action-plan-en（以下简称资本市场联盟行动计划）.

中央银行也将受益于与私营部门开发商就 CBDC 的可编程性和稳健性进行的讨论，这些经验教训可能与未来的进一步发行有关。CBDC 的限量发行可以在 dApp 经济中进行，以观察运营中的问题。

（一）dApp 经济的演变

比特币区块链由化名中本聪（Satoshi Nakamoto）①在 2007 年推出，以允许在个人之间安全有效地进行私人支付，而无需涉及银行和金融系统等现有中介。2007—2009 年②的全球银行业危机在此背景下显得尤为突出。事实上，这种发展不仅可以被视为技术创新，而且可以被视为对当时盛行的金融机构的不信任声明。③ 比特币声称是一种私人货币，最著名的描述是在交换环境中。想象一下，爱丽丝可以向鲍勃发送比特币以履行付款义务或将价值转移给鲍勃。实现这一点的方法是，爱丽丝使用她被授权的私钥（并且在数学上与公钥相关）发起她拥有的比特币的转移，通过一串对币唯一的数字数据（被称为币的公钥）来体现。由于交易本质上是私密的，因此只有在防止重复付款问题的情况下才能维持系统的完整性，即系统阻止爱丽丝再次将相同的币发送给其他人。交易仅由系统内的社区（单独称为节点）激活，其计算机连接并加入比特币网络。

从比特币的早期开始，任何人都可以成为一个节点，据称比特币区块链的成员关系是高度民主化的。节点负责验证比特币区块链上的交易，因为验证受到新比特币奖励的激励。验证是在区块链上进行的，区块链是一个网络累积数据库，记录了比特币中的所有交易，其中的每个节点都有一个相同的副本。因此，分布式账本是防止篡改和故障安全的，因为节点单方面更改所有相同副本的账本极具挑战性，而且账本没有单点故障。

进一步深入我们之前的说明，当爱丽丝和鲍勃完成他们的转账并且这

---

① Satoshi Nakamoto. Bitcoin：A Peer to Peer Electronic Cash System（2008），https：//bitcoin. org/bitcoin. pdf.

② Financial Services Authority. The Turner Review：A Regulatory Response to the Global Banking Crisis（2009），http：//news. bbc. co. uk/1/shared/bsp/hi/pdfs/18_03_09_turner_review. pdf.

③ Dan Bousfield. Crypto-coin Hierarchies：Social Contestation in Blockchain Networks. *Global Networks*，Vol. 19，2019，p. 291；Moritz Hutten & Matthias Thiemann. Moneys at the Margins：From Political Experiment to Cashless Societies，in *Bitcoin and Beyond：Cryptocurrencies，Blockchains and Global Governance*. Malcolm Campbell-Verduyn ed. 2018.

个交易被"提议"给节点时,这个交易被带有发送比特币的公钥和数字签名广播。虽然节点不知道爱丽丝的私钥,但需要验证数字签名在数学上是否与发送的比特币的公钥一致。节点可以以去中心化的方式进行验证。一般来说,一笔交易的多次确认会增加其有效的概率。交易的验证是通过挖掘"区块"来进行的,这些"区块"是交易数据的集群,它们被组合在一起以构成一个有效且不可变的、所有人都可以接受的分类账数据部分。矿工们竞争并收集在一个时间段内(例如 10 分钟)已确认的交易,并通过在比特币区块链的散列算法中运行"种子输入"来对交易进行验证,直到区块中的所有交易实现数学一致性。矿工验证交易的完整性,并根据之前验证的区块记录来确保没有双重支出。然后,新区块与包含区块的标识散列和前一个区块的散列的"块头"一起进行散列处理,并加上时间戳以便添加到前一个区块中。这种源自己建立的密码学方法的挖掘协议被称为"工作量证明"。节点必须在区块被授权添加到账本之前确认区块,成功的矿工会获得从每块 25 个比特币开始的挖矿奖励,并以算法预先确定的方式逐渐减少。虽然去中心化竞争为维护分布式账本提供了基于激励的机制,但是挖矿的竞争过程可能导致其他矿工"工作"的浪费以及竞争过程中的不正当激励,例如攻击其他矿工或劫持他人计算能力。[1]

与通过银行进行国际汇款相比,比特币区块链可以被视为一种有效的支付机制,在该机制中,矿工平均需要 10 分钟来验证一笔交易。它也可以被视为没有银行账户的人的替代支付或汇款系统。[2] 然而,以具有成本效益的方式向没有银行账户的人提供服务可能会掩盖与维护网络成本的分配有关的问题。在支付系统由中心化中介管理的情况下,它们通过向用户收取费用来承担网络维护成本,但用户也可以从有关错误和故障的制度保护中受益。[3] 理论上来说,在分布式支付网络中,维护网络的成本分布在所有节点上。但是,由于矿工有动力进行维护工作,用户可以免于承担成本。然

---

① Yue Wang et al. Pool Strategies Selection in Pool-Based Blockchain Networks: Game-Theoretic Analysis. *Ieee Access*, Vol.7, 2019, p.8427.

② Ignacio Mas & David Lee Kuo Chuen. Bitcoin-Like Protocols and Innovations. in *Handbook of Digital Currency: Bitcoin, Innovation, Financial Instruments and Big Data*. David Lee Kuo Chuen ed. 2015.

③ Iris H-Y Chiu. A New Era in Fintech Payment Innovations? A Perspective from the Institutions and Regulation of Payment Systems. *L. Innovation & Tech.*, Vol.9, 2017, p.190.

而，为了确保区块链保持在最佳水平，验证成本不会太低，矿工计算机需要花费大量能量①来解决数学散列难题以识别有效交易就证明了这一点。这种维护的碳足迹可以说是次优的，而且随着矿池或集群出现寡头垄断和变强，它还会破坏区块链的民主化。②

比特币还未被作为实体经济的替代支付系统而广泛采用。不仅自愿接受加密货币作为支付方式的零售商仍然是少数，而且可能集中在年轻且精通技术的消费者市场中。③ 然而，比特币区块链的发明为以太坊区块链的发展铺平了道路，以太坊区块链现在是一个由其原生加密货币以太币驱动的替代经济空间。事实上，对于将比特币作为主要加密货币的持有者来说，以太币已经成为加密商业替代空间中最重要的私人加密货币。因此，比特币—以太币交易的价值和数量呈指数增长。④

以太坊区块链于 2015 年 7 月上线。以太坊区块链的成就在于它不用作支付账本，这与原始比特币区块链的情况不同。相反，它是一个底层基础设施，提供账本和协议代币。这些代币以基本功能法则进行编码，然后可用于在应用程序代币中执行更具体的"智能合约"。

以太坊区块链提供了一个基础设施，该基础设施具有相对发达的无许可分类账⑤和协议代币，⑥它们以基本的功能性法则进行编码，这些代币被

---

① Jean Bacon et al. Blockchain Demystified：A Technical and Legal Introduction to Distributed and Centralized Ledgers. *Rich*. *J. L. & Tech*., Vol.25, 2018，p.1（记录了激活一次交易大概需要消耗 200 千瓦的能量）.

② Francesca Musiani, Alexandre Mallard & Cécile Méadel. Governing What Wasn't Meant to Be Governed：A Controversy—Based Approach to the Study of Bitcoin Governance，in *Bitcoin and Beyond：Cryptocurrencies，Blockchains and Global Governance*. Malcolm Campbell-Verduyn ed. 2018；Malcolm Campbell-Verduyn & Marcel Goguen, Blockchains. Trust And Action Nets：Extending the Pathologies of Financial Globalization. *Global Networks*，Vol.19，2019，p.308.

③ Nicole Jonker. What Drives the Adoption of Crypto-Payments by Online Retailers? *Electronic Commerce Research & Applications*，Vol.35，2019. 主流支付服务的采用，例如提供加密货币托管的 PayPal 和可能提供比特币奖励的信用卡，是否会刺激主流支付服务还有待观察。https://www.paypal.com/us/smarthelp/article/cryptocurrency-on-paypal-faqfaq4398；BlockFi's Credit Card that Promises Cryptocurrency Rewards. https://blockfi.com/bitcoin-card-crypto-rewards.

④ Bitcoin (BTC). Coingecko, https://www.coingecko.com/en/coins/bitcoin/eth（显示每日交易超过 5 亿美元）.

⑤ 这意味着网络参与对任何人都是开放的。

⑥ 这些提供了整个区块链基础设施的基本需求和功能，并与更特定于特定交易的应用程序令牌区分开来。Jonathan Rohr & Aaron Wright. Blockchain-based Token Sales，Initial Coin Offerings and the Democratization of Public Capital Markets. *Hastings L. J.*，Vol.70，2019，p.463.

dApp 开发人员用于构建更具体的"智能合约"①代码。以太坊基金会改进后的第一个协议令牌 ERC-20 是开源代码,任何 dApp 开发人员都可以使用它来构建存储、访问和交换信息、嵌入权利、执行交换等特定事务代码,并充当交易的货币。② dApp 开发人员将构建应用代币③并将其出售给希望加入 dApp 网络且从其点对点市场中受益的参与者。在这样的网络(市场)中,参与者可以在 dApp 代币的支持下自由地相互交易。交易有效性和记录保存基于以太坊区块链上的维护共识协议,这个过程是去中心化的。自比特币区块链时代以来,这种共识协议已经开始演变。④

　　以太币是以太坊区块链的原生代币,就像比特币是比特币区块链的原生代币一样。然而,比特币的功能是有限的,它的脚本只包含转账和记录功能。将比特币与具有更通用的功能品质的 ERC-20 代币相比,ERC-20 代币能够在允许范围内从指定位置转移、批准协议和允许访问数据。这些通用特性允许编码人员在令牌代码的基础上为特定的商业应用程序提供更具体的功能。⑤ 然后,这些应用程序或 dApp 可以为经济和商业活动提供新的

---

① 这些是指用于操作执行的自动协议。"智能合约"与法律意义上的约束性合同不同。Eliza Mik. Smart Contracts: Terminology, Technical Limitations and Real World Complexity. *L. Innovation & Tech.*, Vol.9, 2017, p.269.

② Lawrence J. Trautman. Bitcoin, Virtual Currencies, and the Struggle of Law and Regulation to Keep Peace. *Marq. L. Rev.*, Vol.102, 2018, p.447; Dragan Zelic & Nenad Baros. Cryptocurrency: General Challenges of Legal Regulation and the Swiss Model of Regulation, in *Conference Proceedings of 33RD International Scientific Conference on Economic and Social Development-"Managerial Issues in Modern Business"*. Heidelberg: Springer, 2018, p. 168; Sandra Diaz-Santiago, Lil Maria Rodriguez-Henriquez & Debrup Chakraborty. A Cryptographic Study of Tokenization Systems. *Int'l J. Info. Security*, Vol.15, 2016, p.413(主张多功能的代币是高效的).

③ 这些通常作为开发前代币出售。此类销售在许多司法管辖区引起了诸多争议。像美国这样的司法管辖区选择将这些视为证券要约,尽管这些销售具有不同的显著特征,而其他司法管辖区则根据具体情况将其视为受监管或其他方式。U.S. Securities & Exchange Commission. *Statement on Digital Asset Securities Issuance and Trading* (Nov. 16, 2018), https://www.sec.gov/news/public-statement/digital-asset-securites-issuuance-andtrading (hereinafter SEC Guidance 2018); Financial Conduct Authority, *Guidance on Cryptoassets: Feedback and Final Guidance to CP 19/3* (July 2019), https://www.fca.org.uk/publication/policy/ps19-22.pdf; Alex Collomb, Primavera de Fillippi & Kara Sok. Blockchain Technology and Financial Regulation: A Risk Based Approach to the Regulation of Icos. *Eur. J. Risk Regulation*, Vol.10, 2019, p.263.

④ Satoshi Nakamoto. Bitcoin: A Peer to Peer Electronic Cash System (2008), https://bitcoin.org/bitcoin.pdf.

⑤ 这些提供了整个区块链基础设施的基本需求和功能,并与更特定于特定交易的应用程序令牌区分开来。Jonathan Rohr & Aaron Wright. Blockchain-based Token Sales, Initial Coin Offerings, and the Democratization of Public Capital Markets. *Hastings L. J.*, Vol.70, 2019, p.463. (描述协议和应用代币之间的区别).

机会,例如通过互联网销售加密猫。① 自 2015 年以来,基于此框架的 dApp 经济中的商业创新已经呈爆炸式增长。以太坊区块链现在承载着 90% 的 dApp 经济。②

(二) dApp 经济的结构

在 dApp 经济中,经济主体可以充当消费者,③销售虚拟商品和服务,并根据自己的需要进行消费。经济关系不再被定义为企业(或商业、公司化实体)与消费者之间的关系。这些经济关系发生在以区块链为基础搭建的平台上,建立在支持精确自动化交易(以数字"代币"编码)的算法流程之上,并以分散的方式促进记录保存。④ 与拥有在线平台的共享经济不同,⑤基于区块链的平台通常以开源方式开发。⑥ 学者们已经认识到区块链提供的经济结构和通证化提供的交换模式为经济活动带来一种新形式的制度技术。⑦

值得注意的是,尽管在交易验证和分类账建设中分散协调存在潜在的不便和成本,并且需要依靠自下而上的流程来促进对加密经济的制度支持,但以太坊区块链已经促进了蓬勃发展的 dApp 经济。dApp 经济的全球价值估计为 140 亿美元。⑧ 此外,以太坊区块链上的交易确认平均在 15 秒—5 分钟,⑨并且账本的每个区块平均开采时间不到 20 秒。⑩ 其他创新已经出

---

① 加密猫是以太坊区块链上的一款游戏。CryptoKitties, https://www.cryptokitties.co/.
② Matthias Fromberger & Lars Haffke, *Ico Market Report 2018/2019—Performance Analysis of 2018's Initial Coin Offerings* (2020), https://ssm.com/abstract=3512125.
③ 例如,经济代理人可以在供需双方采取行动。
④ 下文讨论与采矿协议有关的内容。
⑤ The Law of Organisations and Governance: Responding to Disruptive Business Models and Digital Transformation. Iris H-Y Chiu & Roger M. Barker eds., 2020.
⑥ Primavera de Filippi. Translating Commons-Based Peer Production Values into Metrics: Toward Commons-Based Cryptocurrencies, in *Handbook of Digital Currency: Bitcoin, Innovation, Financial Instruments and Big Data*. David Lee Kuo Chuen ed. 2015.
⑦ Chris Berg, Sinclair Davidson & Jason Potts. Understanding The Blockchain Economy: an Introduction to Institutional Cryptoeconomics (2019).
⑧ Dirk Bullman, Jonas Klemm & Andrea Pinna. In Search for Stability in Crypto-assets: Are Stablecoins the Solution? https://papers.ssrn.com/sol3/papers.cfm?abstract-id=3444847.
⑨ Eth Gas Station Blog. How Long Does an Ethereum Transaction Really Take (June 5, 2019), https://ethgasstation.info/blog/Ethereum-transaction-how-long/.
⑩ Etherscan. Ethereum Average Block Time Chart. https://etherscan.io/chart/blocktime.

现与以太坊区块链竞争，以提供协议基础设施来促进 dApp 开发，其中包括区块链，例如原生货币为 Trx 的 Tron[①] 和原生货币为 Algo 的 Algorand。[②] 然而，实证研究发现，以太坊以外的区块链上的大部分流量都是来回转移，而不是真正地进行生产性经济活动。[③]

　　尽管许多 dApp 属于去中心化金融(DeFi)，[④]它试图允许金融中的点对点交易发生，以避免传统经济中金融中介机构的佣金提取，[⑤]大量 dApp 在本质上是商业化的，在同行中提供创新的虚拟商品和服务，例如，dApp 经济促进了新虚拟商品的商品化，加密猫[⑥]的销售或元宇宙平台 Decentraland 等游戏世界中的虚拟房地产。[⑦] 确实，虚拟艺术品的销售或参与在线游戏不是新现象，然而，基于区块链的基础设施以点对点的方式可以促进经济关系，支持新形式的"消费者主义"。经济关系可以变得更加多方面和复杂，因为用户可以在供应中同时扮演市场的供给方和需求方的角色。例如，虽然加密猫的市场可以容纳许多个人艺术家，但用户可以通过在点对点游戏平台上"繁殖"并出售他们的小猫来创造更多价值。

　　消费者主义在其他一些新颖的商业模式中更为明显。首先，我们转向 Iungo 基于区块链的全球无线设施。我们经常需要在旅行时保持互联网连接，然而，Wi-Fi 接入可能不完整，移动数据可能很昂贵，尤其是在海外时。Iungo[⑧] 的商业计划利用区块链系统连接私人用户的 Wi-Fi 网络，以便在全球范围内大规模构建由私人用户或同行贡献的全面 Wi-Fi 访问网络。Iungo 平台上的参与者可以将他们的 Wi-Fi 接入设施出租给在旅途中的临时用户。该系统的参与由代币 ING 代币化，允许访问全球的 Wi-Fi 网络并实现价值转移，其使用以太坊智能合约模板构建，并非直接构建在以太坊区

---

① Tron，https://tron.network.

② Algorand，https://www.algorand.com.

③ Daniel Perez, Jiahua Xu & Benjamin Livshits. Revisiting Transactional Statistics of High-scalability Blockchains，https://arxiv.org/abs/2003.02693.

④ Sid Coelho-Prabhu. A Beginner's Guide to Decentralized Finance (DeFi). Coinbase (Jan. 6, 2020)，https://blog.coinbase.com/a-beginners-guide-todecentralized-fmance-defi-574c68ff43c4.

⑤ Asia Blockchain Review. Decentralized Finance: Defying the Global Financial System，Asia Blockchain Rev.，https://www.asiablockchainreview.com/decentralized-fmance-defying-the-globalfinancial-system/.

⑥ CryptoKitties，https://www.cryptokitties.co/.

⑦ Decentraland，https://decentraland.org.

⑧ Iungo，https://iungo.network.

块链之上，这使得由代币持有者的供需驱动的"内部经济"不会受到以太币持有者造成的扭曲的影响。[①] Iungo 的点对点全球无线互联网接入平台新颖而实用，克服了移动手机运营商昂贵的移动数据漫游费用市场的区域寡头垄断情况。在大规模范围内，这样的模型有可能成为由点对点构建的全球效用。

其次，Golem[②] 是一个点对点服务市场，它汇集了拥有闲置计算能力的参与者和希望借用他人计算能力从事大量计算任务的用户。需要大量计算能力的用户可能包括需要渲染复杂图形的图形艺术家或小型动画工作室。此类任务通常可以使用昂贵的图形处理器来执行，或者通过借用连接在一起的大量计算机来提供用户所需的算力，Golem 为供需双方提供了这样一个点对点的全球网络。此外，参与这个经济体再次被代币化，以便 GNT 代币提供访问权，以及将任务与合适节点的计算系统相匹配。任务也受到自动"分片"的影响，即将任务分配给多个节点，以最大限度地提高任务所需的容量，并确保没有单点故障。通过这种方式，任务得到高效和有效地完成，价值创造被分配到多个节点中，创建了一个平等的系统。

有人可能会争辩说，Golem 的商业模式并不新鲜，因为可以将计算能力出租给其他人的商业服务器厂商。Golem 的新颖之处在于它通过代币化对其安排进行标准化和商品化，从而扩展到全球市场，而不必使用潜在的关系结构。

接下来，我们还观察到点对点云存储服务可能会在全球市场规模上飞速发展。该领域的主要参与者包括 Storj、[③]Maidsafe[④] 和 Filecoin。[⑤] 点对点云存储服务允许个人用户，即同行提供和出租备用硬盘容量以存储其他用户的文件，这满足了正在寻找文件异地存储的用户的云存储需求，目前这项服务主要由苹果、谷歌或亚马逊等技术巨头提供。点对点云存储服务不会使用技术公司巨头拥有的强大服务器，而是依赖于加入网络的个人贡献者提供的巨大联合空间的构建。这种商业模式可能会破坏该领域的寡头垄

---

① ING Tokens，Iungo，https://iungo.network/ing-tokens/（讨论 ING 代币）.

② Golem，https://golem.network.

③ Storj，https://storj.io.

④ Maidsafe，https://maidsafe.net.

⑤ Filecoin，https://filecoin.io.

断，提供选择和价格竞争，并且可以说是一种更安全和私人的存储方式。对等云存储系统支持"分片"文件的协议，以便跨节点分发和复制数据副本。通过这种方式，节点无法访问可能危及隐私的整条信息，并且任何一个节点的停机或故障都不太可能危及文件的发送和检索。[①] 此外，供应方的同行也需要为他们的经济动员开辟"共享经济"的服务付费。然而，加密通常是用户在将文件发送到相关网络上进行存储之前的责任。

上面的例子展示了一些新颖的想法，这些想法可能会扩展到全球服务市场，而这些服务可能被认为是由拥有强大服务器的公司化机构最有效地提供的。dApp 经济为新的经济动员提供了机会，[②]因为个人用户现在可以将他们的 Wi-Fi 设施、闲置的计算能力或存储空间商品化。新的经济参与者可以创造和获取新的价值链。[③] 这种全球市场是从 20 世纪 90 年代以来新的商品化和经济动员的"共享经济"现象的进一步发展。[④]

（三）dApp 经济的货币秩序问题

私人加密货币促进了 dApp 经济的发展。第一个私人加密货币——比特币作为记账单位、价值存储和交换媒介继续在它的坏名声、[⑤]波动性[⑥]和很多人表示它不是好货币的声明中幸存下来。[⑦] 虽然比特币因为其实现高

---

① Seline Jung. Filecoin v. Sia, Storj & MaidSafe: The Crowded Push for Decentralized Storage. Token Report (Aug. 3, 2017), https://medium.com/tokenreport/filecoin-v-sia-storj-maidsafe-the-crowded-push-for-decentralized-storage-7157eb5060c9.

② Daivi Rodima-Taylor & William W. Grimes. Cryptocurrencies and Digital Payment Rails in Networked Global Governance: Perspectives on Inclusion and Innovation, in *Bitcoin and Beyond: Cryptocurrencies, Blockchains and Global Governance*. Malcolm Campbell-Verduyn ed. 2018 (扩展了加密货币系统之外的见解).

③ Alain Yee Loong Chong et al. Business on Chain: A Comparative Case Study of Five Blockchain-Inspired Business Models. *J. Ass'n for Info. Sys*, Vol.20, 2019, p.1308.

④ Arun Sundarajan. The Sharing Economy: the End of Employment and the Rise of Crowd—Based Capitalism (2016).

⑤ Henrik Karlstrom. Do Libertarians Dream of Electric Coins? The Material Embeddedness of Bitcoin. *Scandinavian J. Soc. Theory*, Vol.15, 2014, pp.23, 24 – 36; Damodaran Appukuttan Nair. The Bitcoin Innovation, Crypto Currencies and the Leviathan. *Innovation & Dev.*, Vol.9, 2019, pp.85, 86 – 103.

⑥ Marc Gronwald. Is Bitcoin a Commodity? On Price Jumps, Demand Shocks and Certainty of Supply. *J. Int'l Money & Finance*, Vol.97, 2019, p.86.

⑦ Emilios Avgouleas & William Blair. The Concept of Money in the 4th Industrial Revolution—A Legal and Economic Analysis, https://papers.ssrn.com/sol3/papers.cfn?abstractid=3534701.

价格的潜力而变得更像是一种投机资产，[①]但 dApp 经济中最重要的私人加密货币是以太币。以太币没有受到与比特币相同水平的商品化通货膨胀的影响，但它也受到次优货币质量的影响，这可能最终影响它在 dApp 经济中作为货币的作用。有鉴于此，CBDC 可以解决 dApp 经济货币秩序的弱点，并满足其扩大规模的需求，吸引主流动员的可能性。

尽管存在不受监管的加密货币的货币秩序，dApp 经济仍在增长。然而，现有状态的延续可能会阻碍其可扩展性和广泛的可访问性。CBDC 如果可编程到 dApp 经济的区块链协议中的话，可以为刺激商业和投资铺平道路。dApp 业务可以更直接地吸引习惯于法定货币的主流消费者，并可能吸引更多的参与者。企业和消费者也可能更喜欢数字化法定货币的熟悉度和可预测性，因为它是一种价值存储、记账单位和交换媒介。dApp 开发人员在 CBDC 进行的筹款也可以更普遍地吸引主流散户和机构投资者。

私人加密货币不太可能满足 dApp 经济扩张中对规模、确定性和消费者保护的需求。这是因为：① 缺乏对加密货币公地的治理影响了它们作为交换媒介的关键作用；② 加密货币的商品化对其提供记账单位和价值存储的作用产生了不利影响，这反过来又会对它们作为交换媒介的作用产生不利影响。

因此，一些个人或团体正在开发基于市场的解决方案，例如稳定币。然而，正如笔者将要讨论的，稳定币存在大量的功能和监管风险。

1. 私人加密货币作为货币的弱点

私人加密货币的弱点在于它们的商品化以及支付功能的管理方式。如上所述，加密货币区块链由交易验证和账本构建协议支持。尽管这些协议被视为必不可少的"治理"结构，但许多区块链网络并没有提供更多的治理结构。例如，如果使用私有加密货币进行支付，其中交易有链上和链下，[②]链下出现的争议无法在基于区块链网络的内部治理结构中得到解决，用户

---

① Marc Gronwald. Is Bitcoin a Commodity? On Price Jumps, Demand Shocks and Certainty of Supply. *J. Int'l Money & Finance*, Vol.97, 2019, p.86.

② 这意味着交易的元素不能简单地执行和在链上完成，例如交易前的信息验证是必需的，或需要事后交付货物或履行服务的物理情况。

面临付款不可逆的问题。① 私法系统可以满足用户在基于区块链的加密货币交易中的补救需求，但在适用私法的不同司法管辖区②之间存在差异。至关重要的是，根据交易地点，可能会出现关于适用哪部私法的争议，交易地点可能包括许多链上和链下。

此外，在明确用户的参与和权利方面，关于区块链网络的治理仍在探索中。③ 区块链网络在代码开发人员④和矿工⑤之间培养可能会破坏无许可区块链的民主精神的权力集群。如果在区块链上存在辱骂或不良行为，例如面对串通好的"51％攻击"⑥对区块链夺权，默认的治理模式是选择性的用户集群可能会进行硬分叉，从而脱离链并创建一个单独的链（社区）。分叉会给参与者的交易和资产带来不确定性，它不一定是管理反社会行为的首选解决方案。区块链网络需要开发更复杂的治理机制和协议，依赖分叉可以被认为是相对"原始"的。治理不发达会影响围绕区块链网络核心支付功能的权利、义务和责任。

加密货币的商品化始于比特币。它的发明不是为了服务于平行的加密经济，而是为了与法定货币支付系统竞争。因此，世界各地出现了私人交易所⑦以提供比特币和法定货币之间的兑换。这种交换的价值

---

① Jared Arcari. Decoding Smart Contracts: Technology, Legitimacy & Legislative Uniformity. *Fordham J. Corp. & Financial L.*, Vol.24, 2019, pp.363, 365.

② Blockchains, Smart Contracts, Decentralised Autonomous Organisations and the Law（广泛讨论私法在不同司法管辖区, 如何适用于基于区块链的加密货币交易中用户的补救需求的差异）; The Law of Cryptocurrencies. David Fox & Sarah Green eds., 2019.

③ 这是一个新兴和碎片化的现象，因为不同的 dApp 社区可以采用不同的治理规则，甚至民主机构也可以容易受到多数人的控制。Phillip Hacker. Corporate Governanceor Complex Cryptocurrencies? A Framework for Stability and Decision Making in Blockchain-Based Organizations. in *Regulating Blockchain: Techno-Social and Legal Challenges*. Philipp Hacker et al. eds., 2019; Wessel Reijers et al. Now the Code Runs Itself On-Chain and Off-Chain Governance of Blockchain Technologies. TOPOI: 1–11 (2018).

④ Christian Catalini & Joshua S. Gans. Initial Coin Offerings and the Value of Crypto Tokens, https://papers.ssrn.com/sol3/papers.cfm?abstract-id=3137213.

⑤ Bronwyn E. Howell, Petrus H. Potgeiter & Bert M. Sadowski. Open Source or Open-Slather? Governing Blockchain Applications as Common-Pool Resources, https://ssrn. com/abstract = 3427166.

⑥ 51％攻击是指至少有 51％的节点在无需许可的区块链中串通来夺取权力。Muhammad Saad et al. Exploring the Attack Surface of Blockchain: A Systematic Overview, https://arxiv.org/pdf/1904.03487.pdf.

⑦ 例如, Coinbase, Bitfinex and Binance.

取决于社会和社区情绪①以及投机，②因为限制供应和限制采矿奖励等基本制度无法提供足够的信息或制度环境来有效调节价格，③比特币变得高度商品化。多位研究人员的研究结果显示它的波动性很大，模仿了石油等可耗尽商品的价格。④ 比特币的商品化总是影响其他加密货币，即使它们是为不同目的而开发的。即使是面向基本功能的较新的加密货币，例如以太币，也加入了与比特币、山寨币和法定货币互换的同一市场。

dApp 经济货币秩序的商品化可能会对加密货币作为记账单位和价值存储的角色产生不利影响，从而引发更多的投机交易和交易活动。加密货币的价格波动意味着 dApp 经济中虚拟商品或服务的"真实"价值不断波动，使得记账单位功能毫无意义。为了管理价值，生产者和消费者都将不断地交易他们的资产，从而催生出比维持商业所必需更多的金融化行为。这种环境可能会阻碍 dApp 经济的可扩展性，因为主流用户可能不愿意或无法为弥补加密货币的不良货币质量而付出努力，并选择不完全参与 dApp 经济的商业方面。可能会有人反驳说，用户也可以被货币秩序状态吸引，因为他们既可以体验加密货币商品和服务的商业交易，又可以管理他们持有代币的投资方向。然而，根据 F. A. Hayek 的假设，经济主体最终希望价格稳定，⑤以及世界各地的中央银行将其作为主要任务来保障这一事实，大多数用户不太可能享受其用于交易目的的代币的价格波动，⑥即使他们中的一些人也想通过价格波动进行投资套利。

---

① Nic Carter. Cryptoasset Valuation. in *Cryptoassets: Legal*, *Regulatory and Monetary Perspectives*. Chris Brummer ed. 2019; Udo Milkau & Jurgen Bott. Digital Currencies and the Concept of Money as a Social Agreement. *J. Payments Strategy & Sys.*, Vol.12, 2018, p.213(注意到社会基础并不赋予这些货币稳定性，波动性仍可能影响社区看待和使用货币，例如用于非法目的).

② Marc Gronwald. Is Bitcoin a Commodity? On Price Jumps, Demand Shocks, and Certainty of Supply. *J. Int'l Money & Finance*, Vol.97, 2019, p.86.

③ Hossein Nabilou. Testing the Waters of the Rubicon: The European Central Bank and Central Bank Digital Currencies. J. Banking Regulation (2019), https://doi.org/10.1057/s41261-019-00112-1.

④ Marc Gronwald. Is Bitcoin a Commodity? On Price Jumps, Demand Shocks and Certainty of Supply. *J. Int'l Money & Finance*, Vol.97, 2019, p.86.

⑤ F. A. Hayek. *Denationalisation of Money: An Analysis of the Theory and Practice of Concurrent Currencies*. London, 1976.

⑥ Emilios Avgouleas & William Blair. The Concept of Money in the 4th Industrial Revolution—A Legal and Economic Analysis, https://papers.ssrn.com/sol3/papers.cfn?abstractid=3534701.

2. 基于市场的稳定币反应

自下而上的解决方案已经被开发出来以满足这种不可能的巧合——加密商业的价格稳定和加密投资的价格波动。这些都以稳定币的形式存在。稳定币旨在将其市场价值保持在某些参数范围内，从而保证其价格稳定性。

ECB[①] 调查了两种关键的稳定币技术：① 保持与抵押品挂钩或基于抵押品的稳定价值，例如某些法定货币，甚至一篮子法定货币或加密货币；② 通过对代币的过度需求或供应做出反应的自动化协议来维持稳定性，从而执行类似中央银行的货币功能。当需要增加供应时，可以对协议进行编码以触发空头；如果需要减少供应，可以编写协议以激励用户"锁定"或出售代币来建立"储备"，并且可以使用"储备"在市场上购买代币来进行锁定或销毁，以减少货币供应。[②]

第一种技术将产生稳定币作为加密货币用户的对冲工具，但是，稳定币可能无法很好地作为可编程货币集成到区块链协议中。第二种技术需要对区块链的原生货币进行更复杂的编程。[③] 实证研究发现，第二种技术在实现价值稳定性方面不太成功。[④] 例如，Ampleforth 是一种算法管理的稳定币，其价值由不断更新的需求侧信息调整。虽然它声称可以自我调整并且与比特币和以太币的市场波动无关，但其自身价格的波动模式与波动性更大的加密货币类似。此外，Yam——一个试图为其硬币兑美元提供算法稳定性机制的"去中心化金融"实验最初在加密经济中极受欢迎。然而，在一轮成功的代币发行后不久，最终发现了一个严重的错误，并导致整个项目被注销。[⑤]

[①] Dirk Bullman, Jonas Klemm & Andrea Pinna. In Search for Stability in Crypto-assets: Are Stablecoins the Solution? https://papers.ssrn.com/sol3/papers.cfm? abstract-id=3444847.

[②] 这是稳定币 Basis 的模型，但 Basis 已于 2018 年 12 月关闭。Brady Dale. Basis Stablecoin Confirms Shutdown, Blaming Regulatory Constraints. Coindesk (Dec. 13, 2018), https://www.coindesk.com/basis-stablecoin-confirms-shutdown-blaming-regulatory-constraints.

[③] Ingolf Gunnar Anton Pernice et al. Monetary Stabilisation in Cryptocurrencies-Design Approaches and Open Questions. https://papers.ssrn.com/sol3/papers.cfm? abstract-id=3398372.

[④] 有证据表明，改进和创新正在增加。David Cerezo Sánchez. Truthful and Faithful Monetary Policy for a Stablecoin Conducted by a Decentralised, Encrypted Artificial Intelligence. https://arxiv.org/abs/1909.07445.

[⑤] Jamie Redman. Defi Implosion: YAM Token Market Cap Plummets to Near Zero Founder After Claims He "Failed". Bitcoin.com (Aug. 13, 2020), https://news.bitcoin.com/defi-yam-token-market-plummets-near-zero-founderfailed/.

　　虽然基于抵押的稳定币更受欢迎,但它们与法定货币和其他金融资产的关系意味着它们不会陷入监管空白。① 这种监管发展可以说是由 Libra 的拟议引入引发的——现在已经由 Facebook 领导的财团重新命名为 Diem。

　　Libra 将由位于瑞士日内瓦的 Libra 协会发行,Facebook 是该协会的创始成员。② 该协会的最初计划是开发一个全球支付区块链,以促进私人稳定币的支付。发行稳定币以换取由存款和政府证券等低风险资产支持的储备中持有的法定货币,以确保每枚 Libra 代币都得到充分支持且价值稳定。③ 储备将被受协会监督的资产管理人和托管人管理。Libra 中的交易将由作为区块链验证节点的创始成员进行验证。虽然这种设置是一个区块链,但它将由协会集中管理,该协会持续向用户收取租金。与其他私有加密货币区块链不同,这不会完全分布。对 dApp 经济的吸引力在于,Libra 可以成为可使用现有区块链协议进行编程的稳定币。虽然 Libra 是作为开源代码编写的,并且 dApp 开发人员乐于采用它,但是由于以太坊区块链的网络效应只会加强这些,他们很可能会集中在以太坊的编程语言上。Libra 也更有可能被认为受旧企业经济的束缚。

　　由于 Facebook 能够激励 20 亿用户参与 Libra,其潜在的可扩展性已引起监管机构的关注。金融稳定委员会主席 Randall Quarles 和英格兰银行行长 Mark Carney 警告说,使用 Libra 可能会产生系统性风险,④这一警告迄今尚未针对加密经济。⑤ 研究人员已经模拟了例如 Libra 之类的稳定币

---

① Financial Stability Board. Addressing the Regulatory, Supervisory and Oversight Challenges Raised by "Global Stablecoin" Arrangements (Apr. 14, 2020), https://www.fsb.org/wp-content/uploads/P140420-1.pdf.

② Libra 最近被重命名为 "Diem". The Diem Association. Announcing the name Diem. Executive Leadership in Place in Preparation for Launch. Diem (Dec. 1, 2020), https://www.diem.com/en-us/updates/diemassociation/; Nikhilesh De. Libra Rebrands to "Diem" in Anticipation of 2021 Launch. Coindesk (Dec. 1, 2020), https://www.coindesk.com/libra-diemrebrand. 本文交替使用 Libra 和 Diem 两个词。

③ The Diem Association. Economics and the Reserve. Diem, https://libra.org/en-US/about-currency-reserve/#the_reserve(注意最近的名字更改和 Libra 白皮书 2.0 的内容,该白皮书发布在 2020 年 4 月,可能会因监管批准或其他考虑因素而异,以及可能随时间推移而演变)。

④ Kiran Stacey & Caroline Binham. Global Regulators Deal Blow to Facebook's Libra Currency Plan. Financial Times (June 25, 2019), https://www.ft.com/content/0c1f3832-96b1-11e9-9573-ee5cbb98ed36.

⑤ Mark Carney. Letter as Chair of the Financial Stability Board to the G20 Finance Ministers and Central Bankers (Mar. 13, 2018), http://www.fsb.org/wpcontent/uploads/P180318.pdf.

对吸引大量零售资金流入的潜力，并警告如果稳定币的管理出现资产负债表受损或流动性短缺，银行将面临严重资金风险以及投资者保护和金融稳定风险。① 在巨大的监管压力下，Facebook 已经调整了 Libra 的商业模式。② 它现在提议将主要法定货币发行 Diem 代币用于全球许可支付系统。这可能意味着支付系统将更像一个国际汇款系统，与其他基于社交媒体的支付系统相媲美，例如中国的微信支付，这将使 Diem 系统远离于 dApp 经济的接口。③ 金融稳定委员会（FSB）④现在也明确鼓励世界各地的金融监管机构对稳定币进行监管，特别是那些无论是通过现有金融制度中分类还是引入法律改革都具有巨大的市场影响的稳定币。

　　欧盟委员会现已发布一项提案，⑤以规范"资产参考"稳定币，将其视为一种特殊类型的金融产品。它们的报价将得到授权和强制披露，发行人在如何管理、审计、披露储备以及如何定义和保护持有人的权利方面受到审慎要求和监管标准的约束。市场上的抵押稳定币需要为监管合规做准备，并且不确定其商业模式是否会受到根本影响，以及用户和发行人是否会发现获得抵押稳定币的成本太高。

　　欧盟委员会的提案旨在获取以法定货币、商品甚至加密资产为抵押的稳定币，Tether、dai 和 Diem 等流行的稳定币将受到影响。迄今为止，市值最大的稳定币⑥是 Tether 以美元和欧元储备以及人民币为抵押的。Tether Limited 为了向欧盟的购买者提供其稳定币，其发行人需要获得授权并根

① Mitsutoshi Adachi et al. A Regulatory and Financial Stability Perspective on Global Stablecoins. European Central Bank (May 5, 2020), https://www. ecb. europa. eu/pub/financial-stability/macroprudentialbulletin/html/ecb.mpbu202005_1~3e9ac10eb1.en.html＃toc1.

② Hannah Murphy & Izabella Kaminska. Facebook's Libra Overhauls Core Parts of its Digital Currency Vision. FINANCIAL TIMEs (Apr. 16, 2020), https://www. ft. com/content/23a33fcb-1342-4a18-be39-504e8507f752.

③ Nick Statt. Facebook is Shifting its Libra Cryptocurrency Plans after Intense Regulatory Pressure. Verge (Mar. 3, 2020), https://www. theverge. com/2020/3/3/21163658/facebook-libra-cryptocurrencytoken-ditching-plans-calibra-wallet-delay.

④ Financial Stability Board. Regulatory, Supervisory and Oversight Challenges Raised by "Global Stablecoin" Arrangements (Oct. 13, 2020), https://www.fsb.org/2020/10/regulation-supervision-and-oversight-of-globalstablecoin-arrangements/.

⑤ European Commission. Proposal for a Regulation of the European Parliament and of the Council on Markets in Crypto-Assets and Amending Directive (EU) 2019/1937 (Sept. 2020), https://ec.europa.eu/fmance/docs/law/200924-crypto-assets-proposalen.pdf.

⑥ Tether. Coinmarketcap, https://coinmarketcap.com/currencies/tether/（展示了 2020 年 9 月 27 日的数据）。

据若干条件获得批准。这些条件包括对企业治理的监管审查、管理人员和控制人的声誉、最低资本化至少为 200 万或 2% 的储备金相关的持续监管要求，以及持续的组织、业务连续性、持有人保护、审计和投诉处理条例。

　　Tether 的持有者主要将其视为一种对冲比特币的投资产品，他们可能会支持监管标准。但是，发行人是否可以收取"投资管理"成本，这是一种目前不存在的收入模式且受到质疑。此外，监管以资产为参考的稳定币将对其成为支付手段的潜力产生不利影响，因为电子货币代币的监管方式不同，而且受欧盟银行或电子货币发行人监管的约束。[①] 这种监管设计可以说是针对公司化发行人的，例如 Diem 协会，[②]并且过度依赖于对投资管理活动主导地位的假设。

　　欧盟委员会的提案将对 MakerDAO 发行的稳定币 Dai 构成挑战。用户可以通过在创建保险库的智能合约中锁定一定数量的以太币来创建 Dai。Dai 是一种针对以太币和其他基于以太坊的代币的抵押稳定币，与美元软挂钩。[③] 为了补偿以太币的波动性，用户需要根据以太币—美元的波动性调整其抵押品水平。以太币的波动意味着需要超额抵押以维持 Dai 的持有量，否则会触发自动协议来清算金库中的抵押品。据报道，抵押率可高达 300%。[④] 然而，MakerDAO 开发 dai 似乎不仅是将其作为针对以太坊波动的对冲工具，其商业模式似乎与 Tether 的成对交易和它的对冲功能不同。MakerDAO 鼓励 Dai 的用户不要为投机而买入或卖出 Dai，而是通过以储蓄率保存在应用程序中的方式来持有 Dai。此外，自动化协议通过激励节点来创造 Dai 的市场来稳定 Dai 的需求水平以防止投机。总体而言，这些方面推动了 Dai 成为一种建立信任和自我维持的私人加密货币的目的。虽然它的抵押和稳定协议现在对其可信度至关重要，但可以说，以抵押

---

① European Commission. Proposal for a Regulation of the European Parliament and of the Council on Markets in Crypto-Assets and Amending Directive（EU）2019/1937（Sept. 2020），https://ec. europa.eu/fmance/docs/law/200924-crypto-assets-proposalen.pdf.

② The Diem Association. Economics and the Reserve. Diem，https://libra.org/en-US/about-currency-reserve/#the_reserve(注意最近的名字更改和 Libra 白皮书 2.0 的内容，该白皮书发布在 2020 年 4 月，可能会因监管批准或其他考虑因素而异，以及可能随时间推移而演变)。

③ The Maker Protocol：MakerDAO's Multi-Collateral Dai（MCD）System. Maker Foundation，https://makerdao.com/en/whitepaper#use-of-the-mkr-tokenin-maker-governance.

④ Amani Moin，Emin Gun Sirer，& Kevin Sekniqi. A Classification Framework for Stablecoin Designs. https://arxiv.org/pdf/1910.10098.pdf.

为前提的 Dai 的稳定机制可能是一个过渡阶段。现在有必要将 Dai 从以太坊（以太坊区块链的生产性加密货币）转变。但是，如果有足够的 Dai 进入流通从而可以通过有关需求和流通的协议来维持 Dai 的价值，那么，抵押的价值可能变得没有实际意义。这类似于已建立的法定货币与黄金支持的脱钩。总之，Dai 的最终发展可能在于它被采用为以太坊区块链上可信赖的稳定私有加密货币。

在将 Dai 作为一种专注于储备和投资管理的金融资产进行狭隘的监管，并受制于投资者的估值和赎回权，监管机构可能会强制合规，这可能会破坏稳定币的多方面特征，例如支付和储蓄方面。欧盟的监管提案似乎将阻碍加密经济自下而上地发展其货币秩序的努力。此外，MakerDAO 在获得提案授权方面也将面临困难，因为它可能不是任何成员国认可的合法组织形式。去中心化自治组织（DAO）[1]声称其是分层扁平的，由自动协议管理，并且没有建立公司结构。在这种情况下，对 DAO 中的"负责人"施加"类似管理"的职责可能是不合适的。

稳定币的监管风险对加密经济货币秩序的无缝采用构成挑战，尽管善意投资者保护目标是其监管的基础。FSB 的公告和欧盟的监管提案表明，监管的注意力高度集中在作为一种金融产品的稳定币上，重点放在熟悉的金融风险上，这些风险来自销售、业务开展、风险管理和稳定币相关的治理问题。因此，没有根据稳定币在 dApp 经济中的功能来看待它。这种狭隘的稳定币方法不太可能解决 dApp 经济在货币秩序方面的需求。[2]

鉴于围绕私人稳定币的监管风险，有人可能认为，为 dApp 经济开发一种数字可编程的法定货币是首选的发展方式。在美国，两家注册货币服务公司 Circle 和 Coinbase（也是一家加密货币交易所）推出了"USD Coin"，即数字版本的基于区块链应用程序的可完全编程的美元。鉴于美元的储备货币地位，这可以说是美国市场甚至全球市场的终极稳定币。然而，这种数字

---

① Christopher Jentzsch. The History of the DAO and Lessons Learned. Slock. it Blog (Aug. 24, 2016), https://blog. slock. it/the-history-of-the-dao-andlessons-learned-d06740f8cfa5; Ori Oren. ICO's, DAO'S and the SEC: A Partnership Solution. *Colum. Bus. L. Rev.*, Vol.2018, 2018, pp.617,619.

② Iris H-Y Chiu. Pathways to European Policy and Regulation in the Crypto-economy. *Eur. J. Risk & Reg.*, Vol.10, 2019, p.738.

货币可能相当于欧盟的电子货币，[①]USD Coin 的稳健性取决于发行人的偿付能力，因为它是对发行人的债权。CBDC 在质量上将优于私人发行的电子法定货币。

算法管理的稳定币是否可能是 dApp 经济实施私人加密货币支付方式的前进方向仍然存在疑问。虽然这种方式不受监管，但是能够满足用户在货币质量方面的需求。在欧盟委员会的提案中，算法管理的稳定币不太可能属于资产参考稳定币的严格监管制度，但它们的报价可能需要遵守在白皮书中强制披露的报价规定。然而，这种监管不会像对资产参考稳定币发行人施加的那样，是一种持续的投资管理监管制度。笔者对算法管理的稳定币能否满足用户的"需求"存疑。为了满足用户对货币稳定的需求，即使相对稳定而不是绝对稳定，我们也可能会转向全球主要货币来寻找其相对稳定的基础。[②] 全球主要货币由中央银行管理，许多央行致力于维持价格稳定，即使它们的职责会不时受到政策需求的影响，[③]这主要是由于自由和公开交易的基础通常存在于大型、深度和流动性市场。虽然货币交易一直受到操纵丑闻、[④]迅速执行[⑤]以及广泛和流动性市场力量的困扰，但是交易为全球主要货币的价格形成提供了平衡。算法管理的加密货币价格形成的一个关键风险在于是否以及如何操纵稳定性管理的基础。例如，在 Ampleforth 的情况下，通过反映需求方信息来维持所谓的硬币相对稳定性。有人质疑需求方信息是否可以被操纵，尤其是大持有者，他们使用这些代币的动机，例如作为交换资产可能会影响他们的需求行为。即使在

---

① Electronic Money Directive, Directive（EU）2015/2366 of the European Parliament and of the Council of 25 November 2015 on payment services in the internal market，amending Directives 2002/65/EC, 2009/110/EC and 2013/36/EU and Regulation（EU）No.1093/2010，and repealing Directive 2007/64/EC.

② Mark Sobel，Major Foreign Exchange Pairs Hold Steady, Official Monetary & Financial Inst. Forum（Omfif）（May 29, 2020），https://www.omfif.org/2020/05/major-foreign-exchange-pairs-hold-steady/.

③ Jeffrey A. Frieden. Real Sources of European Currency Policy：Sectoral Interests and European Monetary Integration. *Int'l Organisation*，Vol.56, 2002, p.831.

④ Sebastian Chrispin. Forex Scandal：How to Rig the Market. Bbcnews（May 20, 2015），https://www.bbc.com/news/business-26526905.

⑤ Daniel Schafer, Caroline Binham & Kara Scannell. Regulators Slap $4.3 Bnfines on Six Banks in Global Forex Probe. Financial Times（Nov. 12, 2014），https://www.ft.com/content/aa812316-69be-11e4-9f65-00144feabdc0.

大型和深度证券市场,市场操纵也经常受到禁止性标准和监管执法的监管。① 如果算法管理的加密货币既不受大型流动性交易市场的支持,也不受市场操纵的监管,那么,它们的可信度可能无法扩展。然而,对于这种加密货币来说,这是一个先有鸡还是先有蛋的问题,因为它们的大型和流动性交易市场通常是在它们能够实现可扩展性和广泛采用之后开发的。

虽然欧盟监管资产参考加密资产的提案不适用于算法管理的稳定币,从而免除了类似于投资管理监管的繁重义务,但是欧盟提供的所有加密资产都将受到公开发售和强制披露监管,尤其强制披露是被技术协议提出的,它们的工作方式与制定用户的期望和权利有关。有人质疑算法管理的稳定币是否容易受到开发过程中需要调整的复杂编程的影响,并且不太容易受到全面披露(这会危及对加密资产要约法规的监管合规性)的影响,或者可能会吸引投资者的事后诉讼偏差,即使是出于作为代码开发的一部分的良好意图。欧盟将算法管理的稳定币纳入更多的满足实用型代币需求的通用加密资产定义,这对这些代币构成了监管风险。在这个时刻,笔者怀疑算法管理的稳定币能否提供最终的 dApp 经济货币秩序的私人驱动解决方案。

鉴于此,CBDC 可以从其在 dApp 经济中的赋能效应来考虑,它为 dApp 开发者和用户提供降低其财务风险并支持 dApp 经济发展的选择,这将以公共和私营部门(例如以太坊开发人员)在开发 CBDC 的可编程性方面的合作为前提。

然而,一些 dApp 开发人员可能认为 dApp 经济不应该与主流经济相结合,而应该是"主权抵抗"。② dApp 开发人员可能更喜欢"无政府资本主义精神",③这种精神允许他们开拓一个不受传统经济、法律、政治和社会制度

---

① Regulation (EU) No. 596/2014 of the European Parliament and of the Council of 16 April 2014 on market abuse (market abuse regulation) and repealing Directive 2003/6/EC of the European Parliament and of the Council and Commission Directives 2003/124/EC, 2003/125/EC and 2004/72/EC, art. 12 (专注于对异常交易行为造成的影响的严格责任)(以下为《2014 年欧盟市场滥用条例》); Winterflood Securities Ltd & Ors v. The Financial Services Authority [2010] EWCA Civ 423.

② Brady Dale. Libra Scales Back Global Currency Ambitions in Concession to Regulators. Coindesk (Apr. 16, 2020), https://www.coindesk.com/libra-scalesback-global-currency-ambitions-in-concession-to-regulators.

③ John Flood & Lachlan Robb. Trust, Anarcho-Capitalism, Blockchain and Initial Coin Offerings. http://ssrn.com/abstract=3074263.

束缚的经济空间。[1] 在这种情况下，为 dApp 经济发行可编程的 CBDC 可能不受欢迎，因为 dApp 经济可能被认为是 Schrepel 所描述的旨在为那些不希望受法律规则约束的人提供选择的空间。然而，这可能不是所有方面都持有的普遍观点。首先，在对 dApp 开发人员进行的代币产品调查中，它提到开发人员可以提供接受法定或加密货币的选择。[2] 这表明一些开发商希望更广泛地吸引投资者。其次，抵押稳定币兑法定货币的流行反映了 dApp 开发商减轻加密货币波动及其对他们的不利影响的潜在需求。对主要法定货币的依赖反映了对传统机构的简单抵抗所固有的不可持续性。在测试 dApp 开发商和热衷于实施 CBDC 对中央银行的双赢提案时，笔者建议限量发行以使 CBDC 支持对 dApp 经济的投资是适当的第一步。我们至少可以观察到以下进一步发展的影响：① CBDC 对 dApp 经济中支付竞争的影响；② dApp 经济中的主流投资和消费需求；③ 加密经济融入主流；④ dApp 企业的增长水平和类型。

dApp 经济的基于市场的治理不太可能为其货币秩序提供解决方案，从而广泛赢取社会信任。社会信任更有效地得到制度特性的支持，而不只是基于市场的治理。笔者认为，CBDC 调整了与 dApp 经济的制度联系，这是其进一步发展和动员所需的。随着越来越多的消费者热衷于加入该领域，dApp 经济中轨迹的增长、发展和动员是不可避免的。这样一来，这个空间成为边缘的和不受监管的、制度上无实体或不相容将越来越站不住脚。如果一个家庭尝试用烹饪技巧来接待它的私人成员和邻居，它可能是临时的和不受监管的，但是，如果它获得了知名度和规模，并且因其烹饪技巧被越来越多的人定期访问，那么，不考虑它是否应该被认可为一家餐馆是站不住脚的，因此需要按照制度预期的标准来衡量自己的安全和卫生。以类似的方式，dApp 经济的边缘和实验性质已经发展到显著增长和发展，并且通过与制度框架相协调可能会促进其成熟。笔者认为，为了投资 dApp 经济的特定目的而发行 CBDC 是一个关键的起点。通过将 CBDC 政策置于更

---

[1] Thibault Schrepel. Anarchy, State and Blockchain Utopia: Rule of Law versus Lex Cryptographia. in *General Principles and Digitalisation*, Hart Publishing, 2020, https://papers.ssm.com/sol3/papers.cfn?abstractid=3485436.

[2] Sabrina Howell, Marina Niesser & David Yermack. Initial Coin Offerings: Financing Growth With Cryptocurrency Token Sales. *Nat'l Bureau of Econ. Res.* (Sept. 2019), http://www.nber.org/papers/w24774.

广泛的监管资本主义理论框架内，它解释了任何运转良好的"资本主义秩序"都需要得到适当治理。

（四）CBDC 作为发展 dApp 经济的关键：监管资本主义的范式

关于 CBDC 的作用的更广泛的理论框架是"监管资本主义"，这解释了为什么自由市场或私营部门主导的活动与公共部门机构尤其是法律和监管机构密不可分，并受其规制和支撑。dApp 经济的扩大、动员和激励需要社会接受和渗透到主流。公共部门机构，例如 CBDC 的法定货币地位能够提供对社会信任至关重要的便利支持和监管基础。

在英美资本主义的历史上，促进自由和自由市场被认为是个人自由和成功的必要条件，但自由市场一直以"监管资本主义"为基础。"监管资本主义"被定义为国家和私营部门之间"分工"的共生分工，其中国家在经济政策中的作用是"掌舵"，而私营部门则负责"划船"。① 划船将私营部门开展的实际服务准备和技术创新工作描述为商业和商业活动；而指导是指制定政策以影响、管理或激励与划船有关的行为或产出。② 目标监管的主要目的是避免不受约束的市场引起的问题，例如市场失灵和提供集体商品。然而，这种干预支持市场，使它们能够以最佳方式运行。"监管资本主义"也可以说为欧洲单一市场的建设提供了理论基础。一些人认为这是一个新自由主义项目，但至关重要的是，嵌入了独特的秩序自由主义精神③将创新经济活动的繁荣置于社会秩序和福祉中。

通过这种方式，dApp 经济的政策和监管设计经济旨在将这种经济整合到制度结构中，这并不意味着在协调、解释或扩展现有法律规范以适应 dApp 经济时采用"连贯主义"方法。④ 无论多么不合适，这种方法会适得其反地建立这一经济领域并促进其有序发展。认识到需要政策来指导 dApp

---

① David Levi-Faur. The Global Diffusion of Regulatory Capitalism. *The Annals of the American Academy of Political and Social Science*, Vol. 598，2005，p. 12；John Braithwaite, Regulatory Capitalism (2008).

② John Braithwaite, Regulatory Capitalism (2008).

③ Ordoliberalism, Law and the Rule of Economics. Josef Hien & Christian Joerges eds.，2017 (discussing ordoliberal ethos).

④ Roger Brownsword, Law, Technology and Society 191 - 196 (2019) (指一种法律思维，即寻求首先将新现象纳入现有法律本体论的框架内).

经济的划船活动，这意味着我们可以将其需求作为建立适当法律制度架构的起点，但这个起点不能确保法律或监管结果是最终的而不是实验性的。正如 Michèle Finck 所说，[1]法律创新通常是重大技术创新和颠覆的必要条件。

　　然而，人们承认，监管机构通常会带着已应用于现有行业商业模式、流程或产品的"包袱"假设来处理创新。这可能是由于授予监管机构的任务或管辖范围不变，迫使监管机构将创新融入其本体，而不是确定是否已经发展出足够的新颖性来保证不同的分类法和方法。[2]"监管资本主义"的精神不受这种增量假设的束缚是有争议的。正如 Cristie Ford 所说，创新可以是"沉积的"或"地震的"，这指的是创新类型可以为经济和社会带来不同规模、变化的影响和结构效应。[3] 监管机构需要能够对其中任何一个都做出回应，并且在促进"监管资本主义"时不采用假定"连贯主义"方法。

　　有些学者认为，创新通常会给法律和监管带来"边界"挑战，因为不受监管的实体从事与受监管的活动相当的活动，或者受监管的实体从事新的不受监管的活动，从而对适当的制度应对提出了质疑。[4] 在 dApp 经济中，随着不受监管的实体开展新的不受监管的活动，边界也可能被打破，但仍引起人们对如何管理此类活动的担忧。[5] 因此，dApp 经济在监管资本主义中的理论定位并不意味着通过将陈旧的法律规范扩展到新现象来阻碍创新；相反，出现了一个将这个空间整合到社会和经济结构中的社会契约进行新的谈判机会。

　　接下来，笔者在 dApp 经济中引入 CBDC 的机制，使用中央银行数字欧元作为欧洲单一市场的拟议实验。

四、央行数字欧元作为 dApp 经济的单一欧洲市场中的限量发行的试验品

　　dApp 经济中最重要的经济活动是为 dApp 开发项目筹款，称为"首次

---

① Michèle Finck. Blockchains: Regulating the Unknown. *German L. J.*, Vol.19, 2018, p.665.

② Syren Johnstone. Taxonomies of Digital Assets: Recursive or Progressive. *Stan. J. Blockchain L. & Pol'y*, Vol.2, 2019, p.1.

③ Cristie Ford. Innovation and the State: Finance, Regulation and Justice. 2017, pp.166 - 236.

④ Charles A. E. Goodhart & Rosa M. Lastra. Border Problems. *J. Int'l Econ. L.*, Vol.13, 2010, p.705.

⑤ 公地与基于区块链的网络相关，因为除了与交易验证和分类账构建相关的协议之外，可能还有集体商品需要解决，例如争议解决。Sinclair Davidson, Primavera De Fillippi & Jason Potts. Blockchain and the Economic Institutions of Capitalism. *J. Institutional Econ.*, Vol.14, 2018, p.639; Elinor Ostrom. Governing the Commons: the Evolution of Institutions For Collective Action (1990).

代币发行"（ICO）。dApp业务项目的开发人员通常会提供代币，以换取支持者的加密货币。这些是设想在项目最终上线时在dApp上使用的应用程序令牌。代币发行本质上是"预注册"，这意味着它们在任何业务开展之前就已被持有。筹款的前提是商业理念和开发人员关于如何在技术上执行该理念的计划。对于企业融资来说，这是一个新的时间点，因为证券融资通常以公司的成熟度为前提，即使是为初创阶段提供资金的风险投资家通常面临的是一家已经成立的可能开始初始运营的公司。[①]

代币提供各种对价以换取支持者的资金。例如，实用型代币赋予预定用户未来享受某些服务的权利，[②]并且类似于对尚未存在的权利或服务的预售。但是，就它们是否基于用户或包含其他参与权而言，它们有不同的种类。[③]"有趣"代币可能会在无偿的情况下为整个社区或其他人带来利益；[④]投资代币赋予预定者参与某种形式的投资和被归类为违反现有金融市场或证券风险的权利。[⑤]

代币的预售几乎类似于企业筹款的既定做法，这受到许多司法管辖区

[①] Bob Zider. How Venture Capital Works. Harvard Bus. Rev. (1998), https://hbr.org/1998/11/how-venture-capital-works(注意到风险投资基金投资于初创企业和非常年轻的公司相对罕见)；Dirk Engel & Max Keilbach. Firm-level Implications of Early Stage Venture Capital Investment—An Empirical Investigation. *J. Empirical Finance*, Vol.14, 2007, p.150.

[②] Bob Zider. How Venture Capital Works. Harvard Bus. Rev. (1998), https://hbr.org/1998/11/how-venture-capital-works(注意到风险投资基金投资于初创企业和非常年轻的公司相对罕见)；Dirk Engel & Max Keilbach. Firm-level Implications of Early Stage Venture Capital Investment—An Empirical Investigation. *J. Empirical Finance*, Vol.14, 2007, p.150.

[③] Carol Goforth. Securities Treatment of Tokenized Offerings under U.S. Law. *Pepperdine L. Rev.*, Vol.46, 2019, p.405.

[④] Dirk Zetzsche et al. The ICO Gold Rush: It's a Scam, It's a Bubble, It's a Super Challenge for Regulators. http://ssrn.com/abstract=3072298.

[⑤] U.S. Securities & Exchange Commission. Report of Investigation Pursuant to Section 21(A) of the Securities Exchange Act of 1934: The DAO (July 25, 2017), https://www.sec.gov/litigation/investreport/34-81207.pdf；这些通常作为开发前代币出售。此类销售在许多司法管辖区引起了诸多争议。像美国这样的司法管辖区选择将这些视为证券要约，尽管这些销售具有不同的显著特征，而其他司法管辖区则根据具体情况将其视为受监管或其他方式。U.S. Securities & Exchange Commission. Statement on Digital Asset Securities Issuance and Trading (Nov. 16, 2018), https://www.sec.gov/news/public-statement/digital-asset-securites-issuuance-andtrading；Financial Conduct Authority. Guidance on Cryptoassets: Feedback and Final Guidance to CP 19/3 (July 2019), https://www.fca.org.uk/publication/policy/ps19-22.pdf；Alex Collomb, Primavera de Filippi & Kara Sok. Blockchain Technology and Financial Regulation: A Risk Based Approach to the Regulation of ICOs. *Eur. J. Risk Regulation*, Vol.10, 2019, p.263.

对证券监管制度的监管。然而，ICO 可以说是完全不同的野兽，[①]此类预售对于激发正在开发的项目的兴趣和支持是必要的，这将最终成为依赖于网络效应的分布式市场。[②] 此类预售还可能将用户拉入为基于区块链的业务共同开发实验软件的空间，以修复其错误并为最终发布进行完善。[③] 大多数开发人员坚持认为此类销售是以销售未来的商品或服务为特征的。[④] 毋庸置疑，这一现象中的投资者保护问题已引起证券监管机构对该领域的关注。[⑤]

美国证券交易监督委员会（SEC）特别采取了严格的方法，将大多数代币要约归类为证券要约。[⑥] 欧盟委员会还提议将加密资产要约视为金融资产，遵守强制披露和民事责任制度。[⑦] 该领域监管处理的出现使得思考不同的前进方式变得及时。监管方法可能被认为对适用于不同商业模式和产品的假设和方法过于路径依赖。可以说，在假设所有信息都清晰且可传达给潜在投资者的前提下，对代币销售的开发前性质以及强制性披露制度可

---

① Philipp Hacker & Chris Thomale. Crypto-Securities Regulation: ICOs, Token Sales and Cryptocurrencies under EU Financial Law. *European Co. & Financial L. Rev.*, 2018, p.645; Lewis Rinaudo Cohen. Ain't Misbehavin': An Examination of Broadway Tickets and Blockchain Tokens. *Wayne L. Rev*, Vol.65, 2019, p.81.

② Wulf A. Kaal. Crypto-Economics — The Top 100 Token Models Compared (2018), https://ssm.com/abstract-3249860.

③ Saman Adhami, Giancarlo Giudici & Stefano Martinazzi. Why Do Businesses Go Crypto? An Empirical Analysis of Initial Coin Offerings. *J. Econ. & Bus.*, Vol.100, 2018, p.64 (注意到这些类型的 ICO 最有可能成功)。

④ The SAFT Project, https://saftproject.com/ (《简单代币协议》已被开发为 ICO 产品的模板，澄清了销售的是供未来使用的代币); Jiri Chod & Evgeny Lyandres. A Theory of ICOs: Diversification, Agency and Information Asymmetry (2018), https://ssm.com/abstract=-3159528.

⑤ Iris H-Y Chiu. Decrypting the Trends of International Regulatory Competition in Crypto-finance. *Eur. J. Comp. L. & Governance*, Vol.7, 2020, p.297 (比较了在不同法域不同的证券监管当局对 token offerings 的不同回应)。

⑥ 这些通常作为开发前代币出售。此类销售在许多司法管辖区引起了诸多争议。像美国这样的司法管辖区选择将这些视为证券要约，尽管这些销售具有不同的显著特征，而其他司法管辖区则根据具体情况将其视为受监管或其他方式。U.S. Securities & Exchange Commission. Statement on Digital Asset Securities Issuance and Trading (Nov. 16, 2018), https://www.sec.gov/news/public-statement/digital-asset-securites-issuuance-andtrading (hereinafter SEC Guidance 2018); Financial Conduct Authority. Guidance on Cryptoassets: Feedback and Final Guidance to CP 19/3 (July 2019), https://www.fca.org.uk/publication/policy/ps19-22.pdf; Alex Collomb, Primavera de Filippi & Kara Sok. Blockchain Technology and Financial Regulation: A Risk Based Approach to the Regulation of ICOs. *Eur. J. Risk Regulation*, Vol.10, 2019, p.263.

⑦ European Commission. Proposal for a Regulation of the European Parliament and of the Council on Markets in Crypto-Assets and Amending Directive (EU) 2019/1937 (Sept. 2020), https://ec.europa.eu/fmance/docs/law/200924-crypto-assets-proposalen.pdf.

能不适合监管的考虑不足。此外，尽管欧盟委员会声称通过允许开发商在遵守法规的情况下在欧盟范围内营销报价来调动加密资产报价，但如果投资者需要访问私人加密货币，这种动员是否会起作用几乎没有被纳入考虑范围。因此，可以说缺少的是一个能够将投资者与 dApp 开发人员的需求联系起来的赋能机构的监管思维。借鉴"监管资本主义"的理论框架，我们不仅可以将 dApp 经济的监管方面视为一种新的经济秩序，还可以将法律和监管的赋能方面纳入其中。[1] 笔者提出，一个关键的支持机构是启动和限量发行 CBDC 作为代币以换取投资者的现金，用于将投资具体引导到为项目开发筹集资金的 dApp 开发商。

　　这个有限的提议服务于几个目标：一是它准备在整个欧元区创造与 dApp 经济相关的可能处于不平衡的水平的 CBDC 需求；二是它支持和动员对代币发行"证券监管"的政策思考，但这不是孤立的，因为相关监管机构和中央银行可以利用这种交叉点进行机构间对话和知识交流，最终支持新的机构响应或架构演变；三是由于 dApp 的开发旨在形成垂直业务，CBDC 对投资加密经济的促进作用带来了更广泛的商业和商业领域的法律规范的进一步交叉，以服务于更广泛的经济便利化目的和监管目的。换句话说，CBDC 的出发点是促进对预开发 dApp 经济的投资，这激发并调动了 dApp 经济的政策拼接。

　　笔者建议 CBDC 以基于代币的设计进行限量发行。CBDC 应作为数字代币发行，以针对个人为投资加密经济而提供的实物或数字现金。通过这种方式，公共部门提供了 CBDC 的促进机构，而私营部门为 dApp 经济投资和私营部门行业的兴起提供了机会，例如实施限量发行政策的代币托管服务。预计此类服务提供商将受到监管。

　　在限量发行提案中，CBDC 不应在基于账户的设计下发行。在基于账户的设计中，中央银行必须为投资者提供类似于经纪账户的全新服务，从而引发托管代理人和经纪职能相对于 dApp 发行人的客户保护角色的问题。此外，由于 CBDC 应该是 dApp 经济投资的赋能机制，因此最好由私营服务部门提供此类投资接口，以免投资大众对中央银行的角色产生混淆，并错误

---

① Barak Orbach. What is Regulation? *Yale J. Regulation Online*, Vol.30, 2012, p.1.

地将中央银行视为对此类投资质量的担保。通过这种方式，限量发行提案也支持了欧盟委员会建立泛欧数字市场的总体政策，特别是在资本形成方面。在为 dApp 经济发挥动员作用时，CBDC 的限量发行支持在委员会针对资本市场联盟的新行动计划中建立 dApp 经济。① 在这个新的行动计划中，数字金融一揽子计划②是帮助中小型企业在传统银行金融渠道之外获得融资的基石，同时促进单一市场的数字化转型。

在基于代币的设计中，投资者必须证明 CBDC 的交换是出于投资目的，托管代理将为其各自的账户持有人托管已发行的 CBDC，以便将资金用于受监管的 dApp 问题。这些托管服务可以为每个投资者的账户生成公钥和私钥，并接收中央银行贷记的 CBDC 作为投资者的投标现金，然后，它们为投资者促进投资交易。在这样的设置中，中央银行将免于直接提供服务并从一些繁重的牵扯中解放出来，但应该有整体的监管政策对托管服务进行监管和监督。③

通过这种方式，托管代理人也像经纪人一样行事，这使得这种角色变得独一无二且不同于传统的金融中介。这些服务提供商被认为具有保管、支付和经纪功能，但以新的方式捆绑在一起。他们还将负责与中央银行、投资者和相关的 dApp 发行人进行接触。私营部门的托管服务提供商需要开发必要的密码学专业知识和客户服务界面。专业知识可以从当前的加密货币钱包提供商那里获得。现有的支付服务机构也可能看到提供这些服务的市场机会，其中许多已经受到欧元区本国中央银行的监管。④ 监管和监管影

---

① 欧盟委员会资本市场联盟 2020 年行动计划：个人和企业资本市场联盟（2020），https://ec.europa.eu/info/business-economy-euro/growth-and-investment/capitalmarkets-union/capital-markets-union-2020-action-plan_en（以下简称资本市场联盟行动计划）.

② European Commission. Communication：Digital Finance Package（Sept. 24，2020），https://ec.europa.eu/info/publications/200924-digital-fmanceproposalsen（后称数字金融一揽子计划）。

③ Directive 2014/65/EU of the European Parliament and of the Council of 15 May 2014 on markets in financial instruments and amending Directive 2002/92/EC and Directive 2011/61/EU（recast），art.16（8）.

④ 欧洲银行管理局维持着根据《支付服务指令》授权和监督付费服务的国家中央银行的注册。各国中央银行在支付监管和监督方面的主要责任被描述为基于欧盟的政府间权力和责任精神，因此支付监督权没有集中在欧洲央行。Dermot Hodson. De Novo Bodies and the New Intergovernmentalism：The Case of the European Central Bank. in *The New Inter Governmentalism: States and Supranational Actors in the Postmaastricht Era*. Christopher J. Bickerton，Dermot Hodson & Uwe Puetter eds.，2015.

响将会出现，但伴随着新的商机和创新。

上述提案清楚地表明，在 CBDC 为投资 dApp 经济的扶持机制铺平道路的地方，其他监管政策问题也被涉及，例如让托管代理人接受监管监督和标准。因此，监管政策议程可以更全面地"构建"，整合加密经济的投资、商业和金融需求。这是 dApp 经济中"监管资本主义"的更优化愿景，而不是寻求对现有监管本体的破坏最小的渐进方法。

如此，人们可能会批判欧盟委员会监管加密资产产品和服务提供商的提案过于有限，并且过度借鉴了现有的监管框架，而未必能很好地满足加密经济的需求。加密资产发行将通过强制披露规定的白皮书进行监管，并因虚假或误导性披露而受到投资者提起的民事诉讼。加密资产被定义为价值或权利的数字表示，涉及通过分布式账本技术进行的电子存储和转移。委员会建立了 3 个加密资产监管制度，以及一个总体上"加密资产服务提供商"的制度。加密资产以稳定币或"资产参考"作为抵押，以电子方式参考法定货币或称为"电子货币"代币的加密资产的监管方式与其他加密资产不同。

"资产参考"或"电子货币"加密资产以外的加密资产可以在整个欧盟公开发售，通过在任何成员国注册法人实体和发布规定的白皮书进行监管，其中包含强制披露。但是，对于 12 个月内不超过 100 万欧元的要约，或向不超过 150 名的少数自然人投资者或仅向专业投资者提供的要约将获得豁免。如果加密资产是通过无偿分赠或通过"挖矿"获得的，或者具有独特性和不可替代性，则不受公开发行监管制度的约束。

由于许多 ICO 筹集的资金超过 100 万欧元，[①]低豁免门槛对许多 dApp 开发人员来说不太可能有用。尽管规定的白皮书没有如证券招股说明书披露的强制性披露制度那么烦琐，[②]但是所需的透明度的类别在意识形态上源自此类既定制度，即与开发商信息、法人实体信息或除其他有关持有人权

---

① Kate Rooney. A Blockchain Start-up Just Raised \$4 Billion Without a Live Product. CNBC (May 31, 2018)，https://www.cnbc.com/2018/05/31/a-blockchainstart-up-just-raised-4-billion-without-a-live-product.html.

② Regulation (EU) 2017/1129 of the European Parliament and of the Council of 14 June 2017 on the Prospectus to be Published when Securities are Offered to the Public or Admitted to Trading on a Regulated Market and Repealing Directive 2003/71/EC，art. 6 (hereinafter Prospectus Regulation).

利的信息。强制性披露制度随着因不准确或误导性披露而产生的民事责任方面的市场纪律。对于信息环境是暂定的预开发 dApp,这可能是一项繁重的使开发人员面临重大的法律风险的义务。

加密资产服务提供商将在一个总括类别下受到监管,受审慎要求、强制性保险支持、一般商业行为规则(例如公平对待客户和管理利益冲突)以及与相关的组织和关于业务连续性和网络安全的治理要求的约束。对于 dApp 经济中可能出现的服务提供者,尤其是新奇的服务提供者的方式缺乏思考,行为监管的全面扩展可能不合适,特别是如果这些服务提供者没有直接与用户打交道或可能被分散治理。

上述拟议监管方法表明,欧盟可能会以高度源自现有监管的和孤立的方式监管加密经济的金融和支付方面,而忽略加密经济的商业和经济背景。因此,笔者主张采用不同的监管政策方法,首先应侧重于促进经济发展,并辅之以适当的治理;笔者还表明,CBDC 可以发挥这种赋能功能,并为 dApp 经济参与者建立更广泛的治理框架铺平道路。

可能有人会质疑为什么需要 CBDC,因为私人电子货币提供商也可以发行可编程的数字法定货币用于 dApp 经济中的投资或支付,例如美国注册货币服务公司 Circle 发行的 USD Coin。USD Coin 在基于以太坊区块链的应用程序中是完全可编程的。[1] 然而,欧盟委员会的提案将此类发行视为受银行或电子货币发行机构监管的电子货币,[2]因此忽略了融入 dApp 经济的潜力,或者至少没有考虑到这种整合和监管影响。此外,CBDC 将由 ESCB 编程和"签署",而不是对私营部门发行人(这相当于私人发行的电子货币)的债权,其接受者面临破产风险。然而,有人可能会争辩说,由于电子货币发行人受到审慎监管,客户面临发行人失败的风险很小。然而,应当看到,虽然有审慎监管,但如果我们依靠私营部门创造的电子货币来进行限量发行的提议,电子货币提供商可能会出于投机而不是真正的投资目的而生

---

① Electronic Money Directive, Directive (EU) 2015/2366 of the European Parliament and of the Council of 25 November 2015 on Payment Services in the Internal Market, Amending Directives 2002/65/EC, 2009/110/EC and 2013/36/EU and Regulation (EU) No.1093/2010, and Repealing Directive 2007/64/EC.

② Mark Sobel, Major Foreign Exchange Pairs Hold Steady, Official Monetary & Financial Inst. Forum (Omfif) (May 29, 2020), https://www.omfif.org/2020/05/major-foreign-exchange-pairs-hold-steady/.

成杠杆，并可能助长代币价格的泡沫。

CBDC 投资的限量发行可以刺激 dApp 经济的发展，并使我们更接近 dApp 经济和主流经济之间的制度接口。然而，CBDC 的这种赋能作用必须随着与实质性监管和监管架构相关的更全面和复杂的思考。在笔者探讨这些问题之前，将简要阐述中央银行能够容纳 CBDC 的法律授权。笔者将提出 ECB 的法律授权能够适应欧元区的限量发行的提议，这适用于实验性推出，并且也存在关于欧元区 dApp 开发兴趣的经验证据。[①]

（一）欧元区发行 CBDC 的法律框架

ECB 拥有在欧元区发行作为法定货币的欧元纸币的独家权力。[②] 在现实中，本国中央银行（NCB）在获得 ECB 批准的情况下进行此类发行，因为 ECB 具有有限的纸币生产和发行设施。[③] 关于硬币，NCB 主要负责它们的发行。[④] 该系统虽然确保 ECB 对欧元区的货币职能拥有集中权力，但分散实施是基于现有的机构设施进行的，因为它是最实用和最有效的。

或许有人会质疑，数字欧元的发行应该被视为"纸币"还是"硬币"？有人还指出，dApp 开发人员在筹款中发行的代币也被称为"硬币"。《欧盟共同体条约》（TFEU）第 128 条中纸币和硬币之间的区别是涉及面额的区别。由于纸币和硬币的物理表现不同，这种面额差异是有意义的。目前实物形态根据面额进行区分，即 5 欧元及以上面额的钞票和 2 欧元及以下面额的硬币。[⑤]

① Matthias Fromberger & Lars Haffke. ICO Market Report 2018/2019—Performance Analysis of 2018's Initial Coin Offerings (2020), https://ssm.com/abstract=3512125.

② European Union. Consolidated Version of the Treaty for the Functioning of the European Union. Oct. 26, 2012, OJ L. 326/47-326/390 art. 128, https://www.refworld.org/docid/52303e8d4.html(后称《欧盟共同体条约》).

③ Christos v. Gortsos. European Central Banking Law: the Role of the Ecb and National Central Banks under European Law, 2020, pp.281–329; Martin Seidel. The Constitutional Design of the European Central Bank (CESifo DICE Report, 2012), https://www.econstor.eu/bitstream/10419/167064/1/ifo-dice-report-vi10-y2012-il-p14-20.pdf.

④ TFEU, European Union. Consolidated Version of the Treaty for the Functioning of the European Union. Oct. 26, 2012, OJ L. 326/47-326/390 art. 128(2), https://www.refworld.org/docid/52303e8d4.html(后称《欧盟共同体条约》).

⑤ Decision of the European Central Bank of 19 April 2013 on the denominations, specifications, reproduction, exchange and withdrawal of euro banknotes (recast) (ECB/2013/10) (2013/211/EU), https://eur-lex.europa.eu/legalcontent/EN/TXT/?uri=CELEX%3A32013D0010 (hereinafter European Central Bank Decision).

在数字货币方面，数字化形式跨越了区分面额和后续生产的需要。

虽然语言的使用反映了物理形态的假设，但在目的论的基础上，①欧元的数字版本仍将根据面额被解释为数字欧元纸币或硬币，这一点是有争议的。TFEU 第 128 条可以从目的论上解释为包括同一主题的物理和数字表示。② 但是，在 TFEU 的范围内，可以说不可能将中央银行发行的数字货币视为"钞票"或"硬币"之外的种类。

NCB 明确的铸币权限可能会限制对第 128 条的解释，这意味着 ECB 只能直接发行 5 欧元及以上面额的 CBDC。然而，由于纸币面额是 ECB 决定的一项政策，③ECB 可以重新考虑纸币形式的 5 欧元及以上面值的政策。ECB 还可以针对纸币和硬币的面额以及数字纸币和硬币发布单独的决定，④允许数字纸币的面额范围低于实物范围。数字纸币是否可以以低范围计价，从而完全淘汰硬币是值得质疑的。这在 TFEU 下是允许的，因为硬币发行对 NCB 来说似乎是自由裁量的。此外，由于第 128 条设想 ECB 和 NCB 都可以在 ECB 的授权下发行纸币，因此，为数字纸币定义较低的面额范围不会对 ECB 和 NCB 之间的能力产生不利影响。由于许多代币在二级市场上的交易价格仅为 1 美元，因此发行的低面值数字钞票欧元也将满足加密经济的需求。

尽管数字钞票可以定义在较低面额的范围内，并且同样可以由 ECB 直接发行或由 NCB 发行，但笔者支持分散系统，其中 NCB 可以是主要发行者，受 ECB 的与限量发行 CBDC 有关的更广泛的政策的全面监督和批准。

---

① Frank Elderson. Legal Interpretation within the ESCB: Is there Method in It? in Liber Amicorum & Paolo Zamboni Garavelli. *Legal Aspects of the European System of Central Banks*.European Central Bank，2005，pp.235 - 257.

② Hossein Nabilou. Testing the Waters of the Rubicon: The European Central Bank and Central Bank Digital Currencies. J. Banking Regulation (2019)，https://doi.org/10.1057/s41261-019-00112-1.

③ Decision of the European Central Bank of 19 April 2013 on the denominations, specifications, reproduction, exchange and withdrawal of euro banknotes (recast) (ECB/2013/10) (2013/211/EU)，https://eur-lex.europa.eu/legalcontent/EN/TXT/?uri=CELEX%3A32013D0010.

④ Cf. Advocate General Giovanni Pitruzzella's opinion in Advocate General's Opinion in Joined Cases C - 422/19 Press and Information Johannes Dietrich and C - 423/19 Norbert Haring v. Hessischer Rundfunk（支持为了 CBDC 和其作为法定货币地位的单独条款）；Press Release No.119/20，Court of Justice of the European Union，According to Advocate General Pitruzzella，欧盟法规定债权人有义务原则上接受用欧元偿还金钱债务的义务（Sept. 29，2020），https://curia.europa.eu/jcms/upload/docs/application/pdf/2020-09/cp200119en.pdf.

与目前发行实物纸币和硬币的 NCB 的主导作用相比，这在实践中也几乎没有改变。

可能有人会质疑，与电子货币相比，CBDC 是否因此不是"法定货币"。尽管《电子现金指令》规定了对电子货币的承认和监管，但没有具体规定法定货币，学者们认为，该指令的隐含假设是，它必须在指令中提出的稳定价值假设的基础上处理欧盟法律承认的货币以及发行人在电子货币的交换或赎回方面所承担的义务。[①] CBDC 在技术上是否法定货币不太可能影响其在实际层面上的良好认知。法定货币的优势是债权人有义务接受法定货币来清偿债务，这一优势在限量发行提案的背景下无法高度适用。在投资方面，投资者提出购买发行人接受的代币的要约，发行人可以自由设定接受条件，例如通过 CBDC 或其他加密货币付款。CBDC 的发行应旨在激励而不是强迫其采用。然而，如果做出使 CBDC 成为无可争议的法定货币的政策选择，鉴于 ECB 有兴趣更广泛地推广电子商务和零售支付，ECB 更有必要考虑发布关于电子纸币面额的决定，以便在较低的范围内满足 TFEU 下"法定货币"的定义。

（二）欧洲中央银行体系中发行 CBDC 的制度结构

尽管 ECB 拥有发行欧元"纸币"的专属权限，而且我们认为可以将数字纸币定义在较低面额的范围内，但在实践中，ECB 和 NCB 密切合作发行欧元纸币，而 NCB 承担了大部分事务。笔者认为，由 NCB 承担发行 CBDC 的主要责任在结构上是最优的。

在去中心化的层面上，由于欧洲对 dApp 经济的兴趣和参与程度参差不齐，故 NCB 可能面临对 CBDC 的不同需求水平。尽管 dApp 经济跨越全球边界，但开发人员通常从某个社会群体开始，特别是在特定的地理位置，例如美国的硅谷。在欧洲，瑞士、德国、立陶宛和英国是非常受欢迎的提供代币的司法管辖区，[②]法国和西班牙等其他欧元区国家也很受欢迎。如此，

---

① Anton N. Didenko & Ross P. Buckley. The Evolution of Currency: Cash to Cryptos to Sovereign Digital Currencies. *Fordham Int'l L. J.*, Vol.42, 2019, p.1041.

② Wulf A. Kaal. Initial Coin Offerings: The Top 25 Jurisdictions and their Comparative Regulatory Responses (as of May 2018). *Stanford J. Blockchain L. & Pol'y*, Vol.1, 2018, p.41.

由于整个欧元区的需求水平不同，NCB可以很好地发现本地产生的需求。此外，限量发行提案支持对dApp经济的投资，对此的监管监督由处理资本形成和投资监管的国家机构进行。没有泛欧投资市场监管机构，是因为欧洲证券和市场管理局（ESMA）是一个监督和协调处于监管任务前沿的国家监管机构的机构。NCB可以与国家证券监管机构合作，了解dApp经济的发展情况并制定监管政策。

这并不意味着CBDC发行应该以碎片化的方式进行。ESCB是维持ECB指导下的NCB行动的协调和连贯性的制度架构。ECB领导的必要性基于以下一些具体考虑。

首先，ECB必须决定应该出于什么目的对CBDC进行编程。CBDC是否应该针对替代协议基础设施进行编程，以便ESCB在dApp经济中承担提供竞争区块链基础设施的责任？该计划可能类似于中国支持的区块链协议计划，[1]其中提供官方基础设施和私人建设的基础设施。这种基础设施的好处可能是公共部门承保的维护和稳健性的隐含承诺，以及企业家的选择。其次，应考虑此类创新是否应开源并可供采用，或者是否应产生受ESCB许可的专有权利。技术提供开源可能会增加并鼓励采用，尽管使其专有并受许可可能允许构建监管渠道以选择和监督采用者和用户。或者，ESCB是否应该与私营部门合作，以便将CBDC编程为与以太坊区块链等基础设施协议兼容？这可以说是首选，因为以太坊区块链对dApp企业开发具有显著的网络效应。再次，与经验丰富的私营部门创新者一起开发CBDC的可编程性可能会为公共部门的技术学习和未来政策发展的公私协调提供有用的见解。这些决定需要在ECB的整体协调下在ESCB的层面上作出决定，ECB以统一的形式与私营部门接触将是有益的。

ECB层面的政策集中化也可以与CBDC的更广泛目标相匹配，根据《TFEU》第127条，该目标涉及ECB对欧盟总体经济政策的支持以促进实现其目标，[2]包括旨在促进跨境电子商务的数字单一市场和支持单一资本市场[3]的

---

① Blockchain-based Service Network，https://bsnbase.io/g/main/index.
② Treaty on the Functioning of the European Union，§127.
③ European Commission Proposal 2020.

数字金融一揽子计划。[①] 限量发行建议并未违反对机构独立性和地位的需求，[②]但是，为监管协调和架构的创新铺平了道路，因为 CBDC 的扶持机构为互补性政策发展指明了道路，以支持和管理 dApp 经济。下文为更广泛的政策和监管思维的关键方面勾勒蓝图，以将 dApp 经济作为受治理的资本主义秩序来动员。[③]

（三）在欧洲单一市场中支持和监管 dApp 经济的监管设计和架构的简要蓝图

CBDC 的赋能作用为监管重新思考对适当政策的范围和设计的影响铺平了道路，以解决 dApp 经济的需求，以及国家和欧盟的监管架构水平可能会相应调整。换句话说，CBDC 的促进作用为"监管资本主义"秩序的发展铺平了道路，该秩序与公共部门在提供监管治理方面的作用和私营部门在创新和增长方面的作用相结合。公共部门的作用还可能涉及现有监管机构的适用性、实体监管法的改革以及现有监管机构的职责等问题。这里，从 4 个方面讨论这种影响：① 促进 dApp 经济投资的新中介机构的兴起；② 需要对于 ICO 监管的补充制度，它不必与成熟的证券监管相同；③ 随着商业项目的落地和 dApp 经济中的经济活动的形成，需要更广泛地考虑 dApp 经济的商业政策；④ 需要考虑国家中央银行和相关监管机构如何互动和协调以满足 dApp 经济的政策需求，以及如何通过欧盟进一步推进这种互动和协调，主要涉及 ECB 和相关欧洲机构的机构层面，例如欧洲金融监管体系中的监管机构。[④]

1. 促进 dApp 经济投资的新中介机构的兴起

在 CBDC 的限量发行下，将出现的一个关键的新市场参与者，即基于代

---

① European Commission, Communication: Digital Finance Package (Sept, 24, 2020).

② Harold James. Making the European Monetary Union (2012); Werner Bonefield. Ordoliberalism and Political Theology: On the Government of Stateless Money. in Ordoliberalism, Law and the Rule of Economics, Josef Hien & Christian Joerges eds., 2017.

③ Iris H-Y. Chiu. *Regulating The Crypto-Economy*. Oxford: Hart, forthcoming 2022（制订规范 dApp 经济的详细建议）.

④ 这个体系包括 the European Banking Authority, the European Securities and Markets Authority, the European Insurance and Occupational Pensions Authority，以及一个三个部门组成的联合委员会负责跨部门之间的问题. See Regulation（EU）1093/2010（建立欧洲银行管理局）.

币的 CBDC 的托管代理。这些托管代理提供了类似银行的功能，但它们不是银行，因为它们没有被认为具有完整的中介和货币创造功能。[①] 它们将对为了 CBDC 与它们交换投资者现金的国家中央银行，对它们的客户而言在经纪类功能方面，以及对与反洗钱尽职调查和转移功能相关的代币发行人负有义务和责任。现有的加密货币钱包服务行业可能适合开发此类服务，许多钱包服务由加密货币交易所提供。[②] 对于政策制定者来说，与私营部门合作以了解当前的商业模式并就即将发生的监管发展发出信号，以及对该领域服务提供商的机会和合规需求都非常重要。第五项反洗钱指令已经规定了监管义务，[③]但监管政策应进一步针对这些服务的特定风险，即对中央银行、代币发行监管机构和投资者的多方面责任。笔者认为，欧盟委员会监管加密资产服务提供商的提议过于笼统，因为它在加密经济领域出现的许多新型服务之间没有做出有意义的区分。尽管如此，该提议仍有一些有用的方面，例如类似于经纪人的保管职责，[④]以及类似于支付服务指令下的客户尽职调查标准。[⑤]

此外，应考虑托管代理是否可以参与或多元化投资服务，例如有关代币报价质量的咨询服务，以及应如何监督这些服务。委员会针对服务提供商的拟议监管规定对集团中所有形式的服务提供商一视同仁，它们都应受到类似的审慎和商业行为监管。考虑如何进一步了解与不同活动有关的风险以进行监管处理是有必要的。

鉴于代币二级交易市场的兴起，[⑥]国际证监会组织（IOSCO）建议监管机构根据投资者保护问题，例如交易标准、市场滥用和市场透明度等来规范市场。[⑦]

① Peter Bofinger. Monetary Policy: Goals, Institutions, Strategies, and Instruments (2001)（讨论基于代币的 CBDC 的托管代理）.
② Sarah Jane Hughes & Stephen T. Middlebrook. Advancing a Framework for Regulating Cryptocurrency Payment Intermediaries. *Yale J. on Reg.*, Vol.32, 2015, p.295.
③ Directive (EU) 2018/843 of the European Parliament and of the Council of 30 May 2018 amending Directive (EU) 2015/849 on the prevention of the use of the financial system for the purposes of money laundering or terrorist financing and amending Directives 2009/138/EC and 2013/36/EU, § 2.
④ E.U. Markets in Financial Instruments Directive (MiFID 2014), § 16 (8).
⑤ E.U. Electronic Money Directive, § 97.
⑥ 例如，Poloniex.com, Tokenmarket.net and Idex.com.
⑦ Board of the International Organization of Securities Commissions, Issues, Risks and Regulatory Considerations Relating to Crypto-Asset Trading Platforms, https://www.iosco.org/library/pubdocs/pdf/IOSCOPD649.pdf.

欧盟委员会的提案反映了这些问题，但这些假设均是以交易所本质上是中心化为基础的。加密经济的创新和去中心化交易所的到来①可能对狭义的监管类别构成挑战。这一领域的"监管资本主义"可以通过与私营部门创新者和业务开发商的更紧密接触来反映，摆脱对传统金融服务提供商的本体论假设，从而可以动态地了解监管政策。此外，促进对 dApp 经济投资的新中介还包括目前不受监管的代币评级服务。② 在考虑是否需要监管标准时，应观察投资者对它们的依赖程度。中介机构在这一领域提供泛欧服务的运作也对国家机构之间的监管和监督或将此类监督提升到欧洲机构层面的交叉点产生了影响。③

2. ICO 监管补充制度的必要性

正如前文所提出的，ICO 的监管应与证券发行不同，因为它们在性质上是预开发的，并引发不同的信息不对称和投资者保护风险。尽管研究人员根据经验观察到，在大多数情况下，以白皮书形式在 ICO 中自愿披露的质量并不理想，但证券监管下的强制披露监管可能不适用于 ICO。

ICO 通常在没有相关记录供投资者观察的情况下进行，投资者的信息环境可能空前稀少。这不一定是信息不对称问题，即发行人掌握的信息比投资者掌握的信息多。这是一个信息贫乏的环境，因为发行人和投资者都在涉足需要发现大量信息的投机企业。因此，可能有理由减少对广泛的强制性披露监管的依赖，并辅以提供更多投资者控制的监管制度以监督项目的发展。

促进售后投资者监控的监管设计案例可能存在。售后监控很重要，因为 ICO 会导致前期预发行现象，即 dApp 发行人在所有事情开始之前就获得所有开发收益。④ 监管旨在降低开发商的代理风险，特别是与投资

① Uniswap, https://uniswap.org (facilitating liquidity pools).
② Jongsub Lee，Tao Li & Donghwa Shin. The Wisdom of Crowds and Information Cascades in Fintech：Evidence from Initial Coin Offerings (2018)，https://papers.ssm.com/sol3/papers.cfm?abstract_id=3226051 (描写了详细的用处和预判功能)；Thomas Bourveau et al.. Information Intermediaries in the Crypto-Tokens Market. 2019，https://papers.ssrn.com/sol3/papers.cfm? abstract_id = 3193392. 然而一些评论员认为，即使对于不需要使用区块链的加密企业，评级服务也提供了有缺陷的评级。Chen Feng et al. Initial Coin Offerings，Blockchain Technology and White Paper Disclosures. 2019，https://ssm.com/abstract=3256289.
③ 下文 Part III, Section C, subd. (4).
④ Xin Deng，Yen-Teik Lee & Zhengting Zhong. Decrypting Coin Winners：Disclosure Quality，Governance Mechanism and Team Networks，2019，https://papers.ssrn.com/sol3/papers.cfm? abstractid=3247741 (讨论了前期频发现象).

前期预发行相关的次优行为加剧了这种风险，同时也让投资者观察到企业生存能力和投资价值风险的结果。Usha Rodrigues 提议，监管设计可以包括分阶段融资和托管安排，类似于在初创公司的风险资本投资中进行的合同约定的投后监控。① 这样的监管设计将涉及不同的证券监管下的义务，以及可能在阶段性融资监控和资金保管保障方面承担新义务的新中介机构。

ICO 的监管思维以一种相当孤立的方式发展，以应对对监管套利的担忧。例如在美国，由于 SEC 的调查报告指出，DAO 进行的首次代币发行是未经注册的证券发行，其中"证券"的定义可以广泛应用于 ICO。SEC 的指南进一步发展以囊括具有交易和增值特征的代币，即使这些代币的功能或潜在功能特征同时存在（对于正在开发的项目）。与可交易性或提供的潜力来获取收益作为"金融化"项目相比，功能性越强的代币越有可能不是证券。SEC 建议了一些指标以确定代币是否更接近金融化频谱的末端或功能末端，例如是否存在集中努力来开发项目并安排代币交易，而不是区块链系统的部长级职能。代币是更广泛地提供（可能是为了吸引投资兴趣）还是更狭窄地提供给对功能感兴趣的目标市场，这也是相关的。

SEC 关于将代币表征为证券的功能性假设与金融化假设可能是错误的，因为代币可能同时具有这两种特征。金融化不需要削弱资产中存在的功能特征，因为我们认为住宅物业在许多发达经济体中既功能齐全，又可以被金融化。此外，阻止代币在功能和金融上取得成功似乎过于严格。鉴于 ICO 存在重大的监管不确定性，开发人员已转向新的法律机制，例如《简单代币协议》（SAFT），其为仅向美国合格投资者发行的代币报价提供了模板，因此开发商无需在 SEC 注册为公开证券要约。② SEC 的做法可能会使 ICO 获得与小额要约相关的"安全"豁免，例如针对合格投资者的 A 或 A＋条例或 D 条例，③这可能会严重限制零售参与。由于 dApp 业务本质上是点

① Usha R. Rodrigues. Financial Contracting with the Crowd, *Emory L. J.*, Vol.69, 2019, p.397.

② Regulation D Offerings, U. S. Securities & Exchange Commission, Investor. Gov, https://www. investor.gov/introductioninvesting/investing-basics/glossary/regulation-d-offerings.

③ Regulation A. U. S. Securities & Exchange Commission, Sec. Gov, https://www. sec. gov/smallbusiness/ exemptofferings/rega. Regulation A＋ is the SEC's implementation of Title IV of the Jobs Act. U. S. Securities & Exchange Commission. SEC Adopts Rules to Facilitate Smaller Companies' Access to Capital, Mar. 25, 2015, https://www.sec.gov/news/pressrelease/2015-49.html.

对点网络，它为任何人提供参与企业努力的机会以及金融化的前景，①以保护散户投资者的名义阻止散户参与会导致来自创新经济前沿的边缘化结果，这可能与 dApp 开发人员的精神和意图背道而驰。此外，如果开发商被迫在私人市场筹集资金，dApp 经济的人口结构可以通过金融家而不是来自不同领域的经济参与者的参与而从根本上改变。

在欧盟，像马耳他这样的先行者成员国对 ICO 采取了不同的方法，并将提供的代币视为独特的金融产品，这一点现在也反映在欧盟委员会的提案中。2018 年，马耳他通过了 2018 年《虚拟金融资产法案》，在马耳他提供了合法 ICO 渠道。虚拟资产涵盖的数字代币的范围不只用于消费、支付，或者是属于欧洲立法定义的金融工具。该法案要求虚拟资产的发行人必须是马耳他的法人，并且提交和发布包含强制披露项目的白皮书。为便于散户投资者理解，还应以通俗易懂的语言发布更具叙述性的摘要。这一做法效仿了《欧盟招股说明书条例》②中的证券监管制度，并构成欧盟委员会监管加密资产提案的相同基础。③ 该法案为发行人的行为规定了一些一般原则，例如利益冲突的管理，以诚信、应有的谨慎、技能和勤勉的方式开展业务并在适当的控制下，④这些原则已出现在欧洲委员会的提议中。这些原则是否在本质上持续或适用于向投资者营销和销售代币是不确定的。这些原则也是相对开放的，是否有任何监管执法支持这些原则也不确定。马耳他政府可能更依赖以投资限制来保护投资者。每位散户投资者对 ICO 的投资限制为 5 000英镑。投资限制可以说使监管机构减轻了监管风险，因为投资者的损失是有上限的。这接近于英国的股权众筹监管制度，该制度将散户投资者的支出限制在可投资净资产的 10%。⑤ 投资者限制可以被视为一种投资者保护措施，防止消费者受到损害，同时避免对发行人施加过多的监管标准，或者在股权众筹监管的情况下在平台上施加监管标准。投资者还可能对包含不真实、误导、

---

① Alyse Killeen. The Confluence of Bitcoin and the Global Sharing Economy, in David Lee Kuo Chuen ed. Handbook of Digital Currency: Bitcoin, Innovation, Financial Instruments and Big Data, 2015.

② Prospectus Regulation.

③ European Commission Proposal 2020.

④ Malta Virtual Financial Assets Act 2018 § 9, cap. 590, http://www.justiceservices.gov.mt/Download Document.aspx?app=lom&itemid=12872&1=1.

⑤ Financial Conduct Authority, FCA Handbook, COBS 4.7.10, https://www.handbook.fca.org.uk/handbook/COBS/4/7.html.

不一致和不准确陈述的白皮书追究民事责任。马耳他《虚拟金融资产法案》要求发行人指定一名虚拟金融代理人，负责根据与欧洲反洗钱立法一致的尽职调查标准来审查筹资的反洗钱合规方面。总体而言，马耳他政府（委员会的提议）似乎提供了欧盟证券监管"黄金标准"的简单版本。然而，马耳他的投资者限制制度并未在委员会的提案中复制。

　　与旨在通过限制投资来保护投资者的马耳他制度不同，欧盟委员会的做法是引入消费者保护的冷静权原则，允许投资者在 14 天的时间内强制撤回资金。与马耳他的披露和民事责任制度相比，委员会的提议可能规定得更多、更烦琐。尽管如此，在整个欧盟提出要约的通行证可能对投资者具有吸引力。

　　然而，马耳他及其委员会最近的模板（主要来自证券监管）是否符合基于区块链的社区的需求尚不确定。首先，如果要注册成立的"发行人"是开发商，开发商可能不希望被正式化为公司并受国家公司法规则的约束。这是因为在 Filecoin 和 Decentraland 等一些 dApp 项目中，开发人员设想在项目成熟后适时退出该项目，这样区块链就可以完全交由参与者社区来运营和维护。需要组成公司并保持持续遵守公司或证券规则可能会抑制这些开发人员的积极性。

　　接下来，如果要通过区块链平台提供代币，那么这样的平台是否会被视为需要根据欧盟的要求在任何欧盟成员国正式注册或合并成为"法人实体"？区块链平台在法律组织方面应该如何看待？区块链系统通常被视为点对点市场，而不是公司等法人。公司是等级法人，不反映区块链系统中的关系现实。如果在对待包含区块链系统的参与者的社区方面确实存在监管漏洞，那么，这些企业是否无法获得"法人实体"地位？也许除了马耳他之外，因为只有马耳他提供了量身定制的区块链平台的法律组织制度。[①] 如果将区块链平台强行纳入成员国的现有组织类别，代币持有者是否会明确系统治理及其权利？在点对点区块链系统中，没有确定现成的管理机构。矿工或核心开发人员是否会被视为承担该角色以及通常与管理相关的巨大责任？[②] 代币持有者

---

① Malta Innovative Technological Arrangements and Services Act 2018, cap. 592, https://legislation. mt/eli/cap/592/eng/pdf.

② Angela Walch. In Cod(ers) We Trust, in Philipp Hacker et al. eds. *Regulating Blockchain: Techno-Social and Legal Challenges*, 2019.

是否等同于注册公司的股东，以及公司法判例中确立的权利、义务和责任是否应适用？目前这些问题尚不清楚。委员会和成员国都没有回答这些问题。

监管代币发行的衍生监管方法可能会错过此类筹款的独特功能，并且无法满足其目的。将监管者的观点从监管重点转变为 dApp 经济提供支持和动员目标的观点，将导致监管政策的方法有所不同——更加全面并参与 dApp 经济中正在揭示的新经济结构。通过这种方式，可以认识 ICO 作为开发前资金的独特性，并且政策制定者可以考虑制定监管制度。

3. 为 dApp 经济考虑更广泛的商业政策的需要

随着 dApp 开发人员计划将基于区块链的网络开发为实时业务，这些新业务及其结构、商业运营可能会引发与监管套利和机构契合度相关的问题。在共享经济领域，广受关注的监管套利例子包括优步，它拒绝被归类为出租车服务，[①]也拒绝被认为可能是优步全职司机的雇主。[②] 基于区块链网络的消费者可能会像提供类似服务的商业实体一样避免受到监管，但也可能无法从消费者保护中受益。[③] 在允许消费者参与商业自由和创新的同时需要考虑这些监管漏洞，以确保标准和期望得到保障。此类商业监管政策可能跨越多个领域，特别是金融监管机构需要考虑如何在"DeFi"领域处理试图分散金融服务（例如创建掉期）或提供贷款的 dApp 业务。[④] 该领域正在以创新蓬勃发展，需要在减少监管套利[⑤]方面加以考虑，同时不鼓励颠覆性创新。[⑥]

4. 在国家和欧盟层面考虑监管交叉和协调的需要

dApp 经济更广泛的监管蓝图可能涉及国家层面以及国家和欧盟之间

---

① Michèle Finck. Distinguishing Internet Platforms from Transport Services: Elite Taxi v. Uber Spain, *Common Market L. Rev.*, Vol.55, 2018, p.1619.

② Brishen Rogers. Employment Rights in the Platform Economy: Getting Back to Basics, *Harvard L. & Pol'y Rev.*, Vol.10, 2016, p.480.

③ Florian Mslein. Conflicts of Laws and Codes: Defining the Boundaries of Digital Jurisdictions, in Philipp Hacker et al. eds. *Regulating Blockchain: Techno-Social and Legal Challenges*, 2019; U.K. Consumer Rights Act 2015, §§ 49, 57, https://www.legislation.gov.uk/ukpga/2015/15/notes.

④ Wulf A. Kaal. Digital Asset Markets Evolution. *Journal of Corporation Law*, 2020, https://ssrn.com/abstract=3606663.

⑤ Usha Rodrigues. Semi-Public Offerings? Pushing the Boundaries of Securities Law. U. Georgia School of L. Legal Stud. Res. Paper No.2018-30, 2018, https://ssrn.com/abstract=3242205.

⑥ Joseph Bower & Clayton Christensen. Disruptive Technologies: Catching the Wave. *Harvard Bus. Rev.*, 1995, pp.43-45.

的监管交叉和协调水平。

　　各国中央银行与证券监管机构等金融监管机构之间的交叉可能并不陌生，因为拥有单一监管机构[①]或中央银行主持下的单一监管机构[②]的欧元区成员国可以考虑构建协调渠道或在中央银行内部组织这样的联合容量。拥有不同监管机构[③]且拥有各自职权范围和需要维护的地盘的成员国可能在路径依赖方面面临更多挑战。它们可能更愿意将新的 dApp 经济问题纳入现有的监管类别，例如美国与其不同的监管机构如何采取"连贯性"的方法，[④]而不是对 dApp 经济引发的现象进行监管改革。[⑤] 也就是说，在考虑加密货币交易所交易基金的创新产品时，SEC 现在表示愿意与其他机构合作，即货币监理署和商品和期货交易委员会，以探索如何开发监管本体甚至改革来应对挑战现有监管界限的创新。[⑥]

　　欧洲一级的机构特别适合负责高层机构间的联系和协调。欧洲金融监管体系（ESFS），包括欧洲银行管理局（EBA）、欧洲证券与市场管理局（ESMA）、欧洲保险职业养老金管理局（EIOPA）、联合委员会机构和欧洲系统性风险委员会（ESRB）在 ECB 下成立，为机构间学习、对话和协调提供联系和机会，并克服每个机构职责明显彼此孤立的表象。[⑦] 虽然监管联系是为特定目的而构建的，但机构间协调在欧盟一级和国家一级从制度上来看并不陌生。也许从 ESFS 联合委员会扩展而来的新的机构间联络结构，可以作为涉及欧盟级别的机构和国家级机构的监管交叉和协调的模型。联合委员会目前在处理与 dApp 经济相关的共同目标，例如反洗钱和消费者

---

① 例如德国、丹麦、芬兰、奥地利、瑞典、拉脱维亚、波兰。

② 例如匈牙利、捷克、爱尔兰、立陶宛和斯洛伐克。

③ 例如银行、保险和投资（证券）监管之间的行业监管机构（意大利、法国、西班牙、比利时、塞浦路斯、希腊、荷兰、爱沙尼亚、卢森堡、马耳他、葡萄牙、罗马尼亚、保加利亚、克罗地亚和斯洛文尼亚）。

④ 讨论了"连贯性"（coherentism）作为一种监管意识，积极寻求适应已经存在的本体化的新发展，而不是考虑改革的需要。

⑤ M. Todd Henderson & Max Raskin. A Regulatory Classification of Digital Assets: Towards an Operational Howey Test for Cryptocurrencies. ICOs and Other Digital Assets, https://papers.ssm.com/sol3/papers.cfm?abstract_id=3265295.

⑥ Jackie Noblett. Cryptocurrency ETFs under active consideration. SEC Chair, https://www.ft.com/content/9f2c 1303-678e-486e-b3f1-d4f234f85f47.

⑦ Iris H-Y Chiu. Power and Accountability in the EU Financial Regulatory Architecture: Examining Inter-agency Relations, Agency Independence and Accountability, *European J. Legal Stud.*, Vol.8, 2015, p.68.

保护。

可能会有人质疑 ECB 和 NCB 是否应该参与这种新的政策和监管的交叉与协调，这些对 ESCB 的任务保持独立地位。然而，随着 ECB 在银行业联盟中的职权范围扩大，例如 Otamr Issing 认为，"欧盟更广泛的经济政策服务"为 ECB 的制度活力提供了基础，[1]尽管它是为 ECB 独立设立的，ECB 与单一市场数字化转型的更广泛的包含支持欧盟资本市场联盟的数字金融一揽子计划的制度环境相比，在本质上并不是孤立的。[2] 此外，银行业联盟在单一监管机制和 EBA 之间建立了协调渠道。[3] 与 ESFS 的进一步交叉将是解决 dApp 经济的支持和监管需求的最佳选择。ESCB 和 ESFS 可以被连接起来进行 dApp 经济动员和监管的政策审议，这也可能导致新的顾虑产生，例如是否可能需要新的监管机构，例如新的马耳他数字创新局。

数字单一市场战略[4]中采用的这种跨机构和多利益相关方方法也可以为组织监管交叉和协调有关 dApp 经济的政策思考提供一些启发。危险可以从"太多厨师"的低效率以及在长时间倾听每个声音的过程之后缺乏明确的结果来表达。[5] 然而，因为 dApp 经济的新需求带来的复杂性和新颖性，Finck 的"共同监管"的愿景可以说是必要的。从国家层面到欧洲层面，在协调或适当的权力下放如何引导政策举措方面，监管联系和能力需要被纳入考虑范围。这种协调的监管可以为激励其他具有多方面监管架构的司法管辖区铺平道路，例如美国可以考虑重组与重组架构的联系，以应对新的经

---

[1] Otmar Issing, The European Central Bank, in Rodney Edvinsson, Tor Jacobson & Daniel Waldenstr6m eds. *Sveriges Riksbank and the History of Central Banking*, 2018.

[2] Capital Markets Union Action Plan; European Commission Proposal 2020.

[3] Gianni Lo Schiavo ed. The European Banking Union and the Role of Law 2019. For critical discussions of the relationship between the SSM and EBA, Eilis Ferran & Valia Babis. The European Single Supervisory Mechanism (2013), https://papers. ssm. com/sol3/papers. cfm? abstractid = 2224538; Concetta Brescia Morra. From the Single Supervisory Mechanism to the Banking Union. The Role of the ECB and the EBA, 2014, https://papers.ssrn.com/sol3/papers.cfn?abstractid=2448913; Guido Ferranini & Luigi Chiarella. Common Banking Supervision in the Eurozone: Strengths and Weaknesses, ECGI Working Paper, 2013, https://papers. ssrn. com/sol3/papers. cfm? abstract_id = 2309897（正面的讨论）.

[4] European Commission. The "Principles for Better Self-and Co-Regulation," 2018, https://ec. europa.eu/digital-single-market/en/best-practiceprinciples-better-self-and-co-regulation.

[5] Staff. Europe's Digital Single Market: Incumbents Rule—The European Union's Online Reforms Help the Old More Than the New, Economist (Sept. 17, 2016), https://www. economist. com/ business/2016/09/17/incumbents-rule.

济活力。

五、结论

dApp 经济是一个创新且令人兴奋的商业空间，尽管迄今为止缺乏支持它的监管机构，但它正在创造经济价值。事实上，欧盟委员会提出的与欧盟稳定币和加密资产产品相关的监管建议可能过于路径依赖而无法满足 dApp 经济的创新需求。笔者提出，监管在调动这一经济空间、促进其扩大规模和与传统主流经济对接方面起到了促进作用。这种便利化的监管制度的出发点在于发行 CBDC，以解决 dApp 经济中货币秩序的弱点。基于欧盟高水平的 dApp 活动及其支持单一市场内跨境协调政策的能力，欧洲单一市场是发行中央银行数字欧元的合适区域。

在欧洲单一市场发行 CBDC 可以通过更能动的监管机构，包括更适当的筹资治理和其他针对服务提供商和新中介的补充政策，为构建 dApp 经济提供一个出发点。新的经济行为体、服务提供和社会信任，以及对 dApp 经济的发展的接受度需要具有促进性质和管理性质的监管机构来支持和动员。如果没有为 dApp 经济建立一个支持机构的整体整合，孤立的监管发展可能会适得其反。至关重要的是，笔者所主张的能动性的"起点"，即限量发行 CBDC 以投资于 dApp 经济将支持有关国家和欧盟层面监管架构的监管交叉和协调的实质性政策思考和考量，这与欧盟单一市场数字战略所追求的政策制定的共同监管和多方利益相关者的方法是一致的。欧盟的这项试验也可能为区域和国际协调提供经验教训，这对于 dApp 经济的全球性和无国界性质而言是非常重要的。

探讨非同质化代币的资产化和金融化：机会以及监管法规

艾里斯·H. Y. 邱　杰森·G. 艾伦*

陈星忆　译　郏遥瑶　沈伟　校

摘要： 本文探讨了在新的加密货币金融形式中出现的非同质化代币 (NFT)，笔者称之为"NFT 金融化"阶段，它从 NFT 早期的消费和商品化阶段发展而来。尽管出现了关于 NFT 所赋予的产权的争论，但对于 NFT 市场商品化和金融化的需要可能会形成对这种权利的划分和框架，以便用户利用 NFT 的资产潜力。笔者认为，制度上的回应对于 NFT 金融化是及时且有益的。金融监管治理可以为市场提供确定性和秩序，同时促进 NFT 基础财产框架的澄清和标准化。笔者探讨了支持 NFT 投资动员金融监管治理的各个方面，并认为金融监管治理为更广泛的加密货币金融监管议程提供了思路，包括新的筹资形式和去中心化金融 (DeFi)。这种金融监管治理涉及改革，本文对欧盟的《加密资产市场条例》与 NFT 金融化的关系进行了批判性的讨论，同时认为，NFT 金融化加强了金融监管机构应对加密货币金融所带来的挑战的必要性，重新考虑其与非传统产品和服务有关的范围和任务局限性。

关键词： 加密货币；非同质化代币；NFT 金融化；金融治理；去中心化金融

---

* 艾里斯·H. Y. 邱 (Iris H. Y. Chiu)，伦敦大学学院公司法和金融监管教授；杰森·G. 艾伦 (Jason G. Allen)，Stirling & Rose 数字法律事务所合伙人，新加坡管理大学 Yong Pung How 法学院副教授，剑桥大学替代性融资金融中心研究成员。

一、简介

在以区块链为基础的数字革命的世界里，最近的非同质化代币（NFT）市场增长显著，估计 2021 年的销售额为 250 亿美元①。NFT 通常是基于 ERC‐721 模板②创造的，这种模板允许独特标识和元数据编码，产生独特的、不可互换的数字代币。③ 这些代币有别于为区块链网络开发的用于支付的同质化代币，例如以太坊区块链中的以太币，以及在首次代币发行（ICO）④中为开发项目预售的资产型代币，这些同质化代币通常建立在 ERC‐20 模板的基础上。

NFT 已经被用来代表创意作品所有权，其中许多是数字形式的创意作品、游戏艺术品，甚至是现实世界资产的权利，例如房地产或高价值资产的部分权利。这种实体经济资产可能是大型或高价值的，而代币化允许对它们的权利进行"切片"和分割，以便由投资者团体共同出资和共同拥有。⑤一个 NFT 可以被创造并用于代表现实世界资产⑥的一种数字孪生体，可能

① Elizabeth Howcroft. NFT Sales Hit $25 Billion in 2021, but Growth Shows Signs of Slowing, www. reuters. com/markets/europe/nft-sales-hit-25-billion-2021-growth-shows-slowing-2022-01-10/#: text=NFT%20sa-les%20volume%20totalled%20%20 2424. 9, record%20who%20owns%20- the% 20NFT.

② Thomas N. Doty. Blockchain Will Reshape Representation of Creative Talent. *U.M.K.C. L. Rev.*, Vol.88, 2019, p.351.

③ EU Blockchain Observatory and Forum. NFT-Legal Token Classification (2021), https://papers. ssrn. com/sol3/papers. cfm?abstract_id=3891872.

④ S. Adhami et al. Why do Businesses Go Crypto? An Empirical Analysis of Initial Coin Offerings. *J. Econ. & Bus.*, Vol.100, 2018, p.64;关于 ICOs 及其预售代币性质的辩论可参见 Jonathan Rohr & Aaron Wright. Blockchain-based Token Sales, Initial Coin Offerings, and the Democratization of Public Capital Markets. *Hastings L. J.*, Vol.70, 2019, p. 463; T. L. Hazen. Tulips, Oranges, Worms, and Coins — Virtual, Digital, or Crypto Currency and the Securities Laws. *N. C. J. L. & Tech.*, Vol.20, 2019, p.493; Philipp Maume & Matthias Fromberger. Regulation of Initial Coin Offerings: Reconciling U.S. and E.U. Securities Laws. *Chicago J. Int'l L.*, Vol.19, 2019. p.548; Alex Collomb, Primavera de Fillippi & Klara Sok. Blockchain Technology and Financial Regulation: A Risk-Based Approach to the Regulation of ICOs. *Eur. J Risk Reg.*, Vol.10, 2019, p.263; Yuliya Guseva. A Conceptual Framework for Digital-Asset Securities: Tokens and Coins as Debt and Equity, *Md. L. Rev.*, Vol.80, 2020, p.166.

⑤ Jane Croft. Which Real-world Assets are being Tokenised? https://www. ft. com/content/ac33fb51-53a4-49a0-4c4-fb92dc6ee241; Tim Bradshaw. What are Non-fungible Tokens and How do They Work? https://www. ft. com/content/852b7961-51ee-43a3-8caf-f39bb479655c; Garratt Hasenstab. Asset Tokenization: The Most Significant Innovation in Real Estate in 100 Years. https://medium.com/@ ghhasenstab/asset-tokenization-the-most-significant-innova-tion-in-real-estate-in-100-years-64d229bdd890.

⑥ What are Digital Twin NFTs? https://blockbuild. africa/what-are-digital-twin-nfts/.

是为了纯粹的信息目的，或是为了在"现实世界"实现权利交易。[①] 人们描述这项技术的到来能够使新权利[②]商业化，从而创造一个新的资产类别，[③]或以新的方式使现有的权利商业化。本文重点讨论前者的发展。

NFT 中假定的"财产"可以说是目前 NFT 市场价值的基础。就数字艺术或游戏艺术品而言，NFT 被视为所有权的数字代表，为收藏家创造价值，并将公允价值转移给此类收藏品[④]的创造者。然而，市场参与者对所有权的理解往往是一般意义上的，而非法律技术意义[⑤]上的，质疑者怀疑 NFT 财产能否被收藏家利用或享有，还是相当于什么都没有。[⑥] 我们将在第二节讨论，哪些权利可以在 NFT 层面被阐明，这个问题的基础是与 NFT 不同用例有关的利益争夺。这种质疑并不令人意外，因为新型权利的商品化很可能会引起对其定性的法律辩论。

在涉及现实世界资产的代币化时，如何实现房地产上的权利分片，以及如何将所有权零碎化并使其得到法律承认同样令人关注。对一个住宅物业的共同所有权产生的是独家享有权还是独家享受一个房间的权利？此外，如何对共同特征进行治理？不确定因素不仅存在于 NFT 底层新的财产或者权利给予的法律定性中，而且存在于对 NFT 本身的法律定性中。

尽管与 NFT 及其参考对象有关权利的法律定性具有发展性，但 NFT 的市场价值已经加速上升。区块链金融正在探索 NFT，这种现象被称为去中心化金融或 DeFi，[⑦]用于支持 NFT 资产价值货币化或流动的不同方式。笔者认为，NFT 的用例正在从商品化阶段发展到金融化阶段。虽然在对不同类型的 NFT 可行使的权利进行定性时，对财产概念存在争议，但是仍存

---

① 这是一个略粗但从启发式的角度看是有用的，用于区分"现实世界"的对象，可能是有形的或无形的，例如银行账户的钱或法律义务、游戏中的"钱"或义务。许多"现实世界"的对象是数字。

② 参见第二节。

③ 参见第二节。

④ Tonya M. Evans. Cryptokitties, Cryptography and Copyright, *A.I.P.L.A.Q.J.*, Vol.47, 2019, p.219.

⑤ https://support. godsunchained. com/hc/en-us/articles/1500006242742-What-does-true-ownership-mean-Don-t-I-own-items-in-other-games-.

⑥ Kelvin Low. The Emperor's New Art: Cryptomania, Art & Property, 2021, https://papers. ssrn. com/sol3/papers. cfm? abstract _ id = 3978241; Molly Roberts. The Darker Side of Non-fungible Tokens, https://www. washingtonpost. com/opinions/2021/03/18/darker-side-non-fungi-ble-tokens/; Economist. What's Wrong with This Picture? 18 March 2021, The Economist, https://www. economist.com/finance-and-economics/2021/03/17/non-fungible-tokens-are-useful-innovative-and-frothy.

⑦ 参见第二、四节。

从 NFT 中产生资本价值的需求。本文所讨论的 NFT 的金融化最终涉及从 NFT 的主要"资本"中衍生出同质化的资产。通过这种方式,笔者认为金融监管治理在参与 NFT 金融化方面有一定的作用,这种治理的延伸将最终形成 NFT 法律定性的参数。

第二节提出了 NFT 的三个主要用例,① NFT 的消费;② NFT 所涉主题的商业化;③ 与获得资金有关的 NFT 的资产化(本文通常称为 NFT 的金融化)。前两个用例旨在引出关于 NFT 专有属性的争论,以便确定其价值基础。NFT 的"资本"或"资产"价值大概取决于这一基础,以促进 NFT 的金融化。

第三节将 NFT 的金融化置于标的物无限可能性的持续资产化的社会学趋势之中。"资本流动"是一种人类学趋势,反映了人类对经济流动和自由的内在需求,这在游戏中数字对象的商品化和如今的公链中得到体现。笔者认为公链及其产生的商品和资产是一种具有正潜力的发展,并主张对其支持和治理作出制度性回应是必要的。

笔者在第四节中主张,金融监管政策应解决 NFT 金融化问题,监管机构不应只将其视为边缘运动或超出自身边界的"非金融"主题。在笔者之前工作的基础上,[1]笔者呼吁将加密货币金融的广泛领域置于一个深思熟虑的综合监管政策框架之下。金融监管能够对新兴的发展作出制度上的回应,这种回应是建设性的,符合人类对经济流动和金融机会的渴望,同时能够作为一种基于社会信任的公共产品提供治理,[2]尤其是金融政策制定者对加密货币金融的态度,迄今为止仍是令人担忧的限制。[3] 第五节勾勒出

---

[1] Iris H-Y Chiu. *Regulating Crypto-finance in Regulating the Crypto-economy*. Hart Publishing, 2021. 早期版本在 "Regulating Crypto-finance：A Policy Blueprint", ECGI Working Paper, 2020, https://papers.ssrn.-com/sol3/papers.cfm? abstract_id=3805878.

[2] Neil Fligstein. Markets as Politics. A Political-cultural Approach to Market Institutions. *Am. Sociological Rev.*, Vol.61, 1996, p.656.

[3] 金融监管机构最关注的是参考主流金融资产的创新,例如将稳定币与主流货币或资产挂钩。Application of the Principles for Financial Market Infrastructures to Stablecoin Arrangements, https://www. iosco.org/library/pubdocs/pdf/IOS-COPD685.pdf; Financial Stability Board. Regulation, Supervision and Oversight of "Global Stablecoin" Arrangements, 13 October 2020, https://www.fsb.org/2020/ 10/regulation-supervision-and-oversight-of-global-stable-coin-arrangements/; H.M.Treasury. UK Regulatory Approach to Cryptoassets and Stablecoins：Consultation and Call for Evidence, January 2021, https://www.gov.uk/government/consultations/uk-regu-latory-approach-to-cryptoassets-and-stablecoins-consultation-and-call-for-evi-dence. 尽管如此,金融稳定委员会表示愿意更广（转下页）

监管架构的前进方向，并提出结论性的想法。

二、NFT 的使用范例

　　NFT 已经被塑造得与艺术品相关，例如 Beeple 创作的数字拼贴画"5 000 天"被佳士得拍卖行以 6 900 万美元的价格售出，①同时也被铸造得与可收集图像和数字创作有关。NFT 的市场范围包括主流机构，例如成熟的艺术品拍卖商，以及促进 NFT 的点对点交易的新的数字和游戏平台。② 人们可能会问，为什么本文要讨论 NFT 和金融监管者？NFT 据称是非同质化的，似乎与金融监管机构行使管辖权的同质化金融工具有着天壤之别。然而，代表房地产中部分产权的 NFT 被视为与"房地产投资信托基金"非常相似，而后者被金融监管者认为是可监管的。此外，将 NFT 与金融转型联系起来的新方式将迫使监管者作出回应。这样一来，即使金融监管者对住房市场或藏酒市场、汽车或古董市场没有管辖权，也可以对这类资产的有组织的金融中介活动进行监管。③

　　根据经验观察，NFT 与金融活动之间的联系是一个新兴现象。就现实世界的资产而言，已经能够在许可区块链上观察到 NFT 的流动和交易。④ 在主流经济中，非金融物品，例如实物艺术品长期以来被认为具有市场投资价值及其创造性成就和社会价值/遗产方面的内在价值。⑤ 现在，技术的进步使得以数字方式创造和呈现艺术及收藏品成为可能。此外，全球游戏产

（接上页）泛地考虑加密金融的风险，因为其规模和与主流金融的相互关联性已经增强，Financial Stability Board. Assessment of Risks to Financial Stability from Crypto-assets，16 February 2022，https://www.fsb.org/wp-content/uploads/P160222.pdf.

① Jacob Kastrenakes. Beeple Sold an NFT for ＄69 Million，https://www.theverge.com/2021/3/11/22325054/beeple-christies-nft-sale-cost-everydays-69-million.

② Nifty Gateway，https://niftygateway.com/ and OpenSea，https://open-sea.io/. 此外，加密货币和可替换类型的加密资产的市场平台也已经多样化，提供 NFT 市场平台，例如 Okex，https://www.okex.com/defi/nft/markets and Binance，https://www.binance.com/en/nft/home.

③ 英国《2000 年金融服务和市场法》第 235 条规定，广泛定义的"财产"集体投资计划应受到监管。参见 Asset Land Investment Plc. v. The Financial Conduct Authority，[2016] UKSC 17；Brown 7 Ors v. Innovator One Plc and Ors，[2012] EWHC 1321.

④ P. Laurent et al. The Tokenization of Assets is Disrupting the Financial Industry. Are You Ready? 2019，Deloitte & Touche，https://www2.deloitte.com/content/dam/Deloitte/lu/Documents/financial-services/lu-tokenization-of-assets-dis-rupting-financial-industry.pdf.

⑤ Michael Findlay. *Introduction in The Value of Art*. Munich：Prestel，2012.

业近年来显著增长，①带来了新的纯数字商品化形式，例如游戏中的创作和物品都在公链中进一步发展。由智能合约驱动的在线市场具有全球影响力，为买家和卖家提供了即时的商业机会，而区块链技术为点对点的交易打开了空间。这些发展能够极大地改变非金融项目货币化的机会，使这些项目易以数字化的方式呈现。在加密经济中，如果非金融项目货币化的渠道、界面和机会变得规模化，我们就能达到这种商品的"金融化"阶段。人们对 NFT 与DeFi 的联系很有兴趣。② DeFi 是一个统称，指不同类型的点对点金融创新，据称不涉及金融中介机构（或至少不涉及现有的中介机构）。③ 这一领域目前没有被归于正式或系统的监管分类或扩展。人们同样有兴趣将非正规金融公司与主流金融服务和活动联系起来。④

可以说，我们离"万物金融化"还很远，这种金融化可能是由 NFT 将各种形式的权利在每一个可能的对象中符号化所带来的。然而，在此发展阶段，重要的是要为 NFT 金融化的现象提供依据。为此，笔者首先转向一个关键的辩论——非同质化代币所创造的权利性质，尤其是能够被拥有并作为"资产"调动的"财产"的特征是什么？明确所有权可能是确定 NFT"资本"或"资产"价值的第一步。

（一）NFT 的争议性性质

从财产法的角度来看，并非所有的 NFT 都是相同的。对分别代表"链外"价值和不代表"链外"价值的加密资产（包括 NFT）进行大致区分，首先有助于结构化分析。在与 NFT 存在链外关系的情况下，技术中立的处理方法可以说是正确的，因为代币化或数字代表的权利的性质无需改变与链外对象有关权利的性质。度假地产的分时度假并不会因为它使用区块链技术

---

① Accenture. Global Gaming Industry Value Now Exceeds $300 Billion. New Accenture Report Finds, https://newsroom. accenture. com/news/global-gaming-industry-value-now-exceeds-300-billion-new-accenture-report-finds. htm.

② 例如 Niftex，https://landing. niftex. com/或 Nftfy，为投资目的促进 NFT 的部分转让，https://www. nftfy. org/，或 NFTfi，https://nftfi. com/，这是一个便利 NFT 抵押贷款的平台。

③ Stably. Collateralized NFT and Stablecoins: Solving Decentralized Finance，https://medium. com/stably-blog/collateralized-nfts-and-sta blecoins-solving-decentralized-finance-233f7e6964b8. See FSB 2022，Neil Fligstein，Markets as Politics. at 15 - 18.

④ Eleanor Wragg. NFT in Trade Finance: the Next Frontier or Bad Idea? https://www.gtreview.com/news/fintech/nfts-in-trade-finance-the-next-frontier-or-bad-idea/.

而不是其他数据结构进行同质化而有所不同。然而，代币化促进了将现实世界中的大量资产进行分割的可能性，这比以前想象得要多很多，例如古董的部分产权，并不是代币化的技术产生了"部分产权创造了什么权利"这一问题。无论是否应用代币化技术，部分产权的概念都是有可能的，并且被创造的权利的性质①往往由合同谈判决定。②

相比之下，其他 NFT 显然是独立的数字对象。③ 这类 NFT 的性质将我们拉入分类问题，④并最终拉入关于什么属性使纯数字对象符合产权对象的基本问题。⑤ 从根本上说，这类 NFT 引起了与其对照物——比特币这样的同质化代币类似的问题。笔者认为，尽管它们性质上是数字，也应该被承认为合适的产权对象，但它们如何融入英国（或任何其他）财产法图式的确切细节是一个持续的辩论。作为一个独立的数字对象，比特币现在已被一家英国法院承认为"财产"。⑥ 这种承认是基于法院接受比特币是无形财产，同时是"可定义的""永久存在的""能够被独家控制的"和"可转让的"。

并非所有的 NFT 独立数字对象都拥有相同的特征。例如，一只加密猫

---

① 例如，网上讨论了分时租赁购买所赋予的权利的细微差别：https://www.athlaw.co.uk/the-difference-between-timeshare-and-fractional-ownership/#：~：text = Timeshare% 20Ownerships, A% 20timeshare% 20gives&text =-Within% 20a% 20timeshare% 20agreement% 2C% 20the, is% 20through%20a%20-points%20system。

② 例如，对用于勘探的矿产资产池的部分权利，James E. Key. The Right to Royalty：Pooling and the Capture of Unburdened Interests. *Tex. Wesleyan L. Rev.*，Vol.17，2010，p.69.

③ In the evocative language of the Liechtenstein Token and Trusted Technology Service Provider Act (Gesetz uber Token und Vertrauenswurdige Technologie-Dienstleister) of 2020,代币是一个"容器"，其中可以装入一套开放的权利——或者根本就没有。

④ 例如，在英国法律中，任何特定的 NFT 是无形动产、有形动产，还是有待定义的第三类？ UK Jurisdiction Taskforce. Legal Statement on Cryptoassets and Smart Contracts（November 2019），para . 70 referenced in Colonial Bank *v*. Whinney（1886），11 App. Cas. 426.我们认为，目前的法律改革工作（特别是英格兰和威尔士的法律委员会项目：https://www.lawcom.gov.uk/project/digital-assets/）将导致第三类个人财产的出现；J. G. Allen. Cryptoassets in Private Law, in Iris Chiu & Gudula Deipenbrock, eds. *Routledge Handbook of Financial Technology and Law*. Abingdon：Routledge，2021；比较 Michael Bridge et al. *The Law of Personal Property*. UK：Sweet & Maxwell，2021.

⑤ 特别是像"竞争性""可排除性""可转让性"等属性。在我们看来，这些属性与区块链网络的加密经济设计和治理结构有关：① 将基于区块链的数字资产从相关人员的专断意志中移除；② 使其成为"实例化的数据对象"，除其他外，是具有竞争性和可排除性的。这一点在 Peter Hunn & J. G. Allen 即将发表的关于"实例化数据对象"的论文率先提及；David Michels. The New Things：Property Rights in Digital Files? *Cambridge L. J*，2022.

⑥ AA *v*. Persons Unknown and Bitfinex，（2019）EWHC 3556（Comm）；另外参见 Ruscoe *v*. Cryptopia Ltd.（in Liquidation），（2020）NZHC 728.

的 NFT 是一份使用游戏内的"DNA"组合的图像文件中的唯一数字哈希值，以数字方式产生一只"猫"。数字生物是独一无二的，而不仅仅是一个图像文件，图像文件只是它的渲染。可以说，它是可定义的，在游戏规则系统的背景下，当然也是可以分配的。每只小猫的独特数字散列（即每只小猫的 NFT）也可以在二级市场上出售，这使它们看起来更加像实物，因此也相当像财产。然而，小猫持有者的使用权受制于游戏中的许可条款，[①]小猫是否"永久存在"是有争议的。虽然存在维护交易记录的防篡改分布式账本的区块链，与每只小猫有关的交易通过该以太坊区块链得以验证，但是分布式账本记录并不提供任何特定小猫及其目前主人存在的证据。这些记录由提供加密猫游戏的公司 Dapper Labs 维护，它作为一个去中心化的应用程序驻留在以太坊区块链上。Dapper Labs 对其应用程序的控制为游戏中的用户创造了一层中心化的权力。综合分析所有这些特征，加密猫 NFT 持有者所持有的权利是一系列在游戏内的权利，以及有限的游戏外授权。在这些 NFT 中是否有足够的"财产"性质，可能会存在争议，然而，这种争议并不新鲜，它从根本上反映了关于知识产权的"财产"性质的讨论。[②] 这场辩论很重要，也是一项正在进行的工作，但超出了本文的范围。

实物或数字艺术的 NFT 引起了类似的问题，即 NFT 持有人拥有什么权利？它们是否相当于"财产权"？批评家们承认，这种 NFT 的编码方式赋予了独特的身份认证，排除了其他人主张相同的"所有权"。[③] 然而，正如 Low 所认为的，没有任何东西可以阻止艺术家为同一数字艺术图像创建第二个、第三个或更多的散列文件；虽然每个 NFT 是独一无二的，但是它赋予 NFT 持有人的权利是值得怀疑的。另外，对数字艺术作品的欣赏基本上是非排他性的，因为任何人都可以调出有关创意作品的数字图像。[④] 而且，访

---

① 例如，cryptokitties 的许可协议限制购买者对艺术品的商业开发权，每年不超过 10 万美元，参见 https://www.cryptokit-ties.co/terms-of-use.

② Julie E. Cohen. Property as Institutions for Resources: Lessons from and for IP. *Tex. L. Rev.*, Vol.94, 2015, p.1.

③ Joshua Fairfield. Tokenized: The Law of Non-Fungible Tokens and Unique Digital Property. *Ind. L. J*, 2021; Juliet M. Moringello & Christopher K. Odinet. The Property Law of Tokens. *Fla L. Rev.*, 2023, https://ssrn.com/abstract=3928901.

④ Joao Marinotti. Tangibility as Technology. *Ga St. U. L. Rev.*, Vol.37, 2021, p.671; Molly Roberts, The Darker Side of Non-fungible Tokens.

问（或显示）基本作品的能力不一定属于艺术家或 NFT 购买者，而是由在线应用程序、平台和服务提供的第三方服务器所控制。因此，人们有理由质疑，这种对基础艺术作品的呈现缺乏控制的情况是否影响了 NFT 持有人享有的权利实质。可以说，发行商①和创作者影响 NFT 持有人所持权利的能力是广泛的。NFT 的所有者在对基础作品进行商业利用的权利方面可能是受到限制的。创作者②平台或介入其权利的应用中介机构，实际上只为 NFT 的购买者提供了对基础作品的有限使用许可。总之，NFT 艺术品的购买者就像加密猫 NFT 持有人一样，被赋予了有限的权利，而这种权利的有限性会让人怀疑是什么"财产"支撑着 NFT 的可资产化和金融化。

也就是说，"权利的有限性"的地位可以说并不比购买者买一幅油画原作的实体限量印刷品差。油画的知识产权归创作者所有，他有权依原作制作 300 幅印刷品，每幅都有签名并分配一个编号 X/300。1/300 和 15/300 版画的持有者购买了基本相似的物品，他们可能会把这些物品挂在家里或其他地方。印刷品持有人很可能拥有极有限的商业化使印刷艺术品的权利。相对于其图像的实物或数字拷贝，对印刷品中的艺术的享受也是非竞争性的。尽管每个印刷品持有人拥有的权利非常有限，但毫无疑问，印刷品持有人对他们"财产"的估价与他们支付的对价相当。同样无可争议的是，在 eBay（或更专业的平台）上，每件印刷品都会有二级市场价值。在这种情况下，"数字代币化"是对已经存在的关于艺术及其复制品的权利的争论的逐步补充，再次反映了关于知识产权本身的财产概念的辩论。

虽然任一种类的 NFT 在法律上具有更大的确定性，将有利于赋予新资产类型价值，但比特币的案例本身表明，市场参与者在法律之前就已经赋予了资产价值。即使权利的性质尚未被完全澄清，标的物的商品化和金融化也在继续进行。物品的"资本价值"正在以创新的、技术驱动的方式实现经济动员和发展，甚至在这些物品的财产状态得到解决之前（正如第三节所讨论的）。

---

① 例如，艺术家通过平台和应用程序来创建 NFT，一些属性可能是标准化的，但艺术家可以酌情限制权利，例如锁定不会透露给其他人的内容，参见 https://support. opensea. io/hc/en-us/articles/360063498313-How-do-I-create-an-NFT-.

② Lauren van Haaften-Schick & Amy Whitaker. From the Artist's Contract to the Blockchain Ledger: New Forms of Artists' Funding using NFTs, Fractional Equity and Resale Royalties, https://papers.ssrn.com/sol3/papers.cfm?ab-stract_id=3842210.

　　此外，无论是从法律技术的角度还是从法律政策的角度，财产状态等问题的动态解决都有助于我们对法律本身的理解。对赋予 NFT 持有人的权利的划分和说明是在市场、社会和法律中进行的利益争夺，最终塑造了与理论相关的法律发展，即成为"资产"和"金融工具"的对象最终是由法律编码框定的。[1] 有鉴于此，笔者认为 NFT 的用例产生了利益争夺的辩证法。笔者提出了一个由 NFT 的 3 个用例组成的范式，表明市场主导的力量如何能够促进其法律特征的演变。人们可能会本能地认为，这些用例将由基于现有分类的 NFT 中的产权性质和表述决定。然而，笔者认为，法律定性在本质上是有机的，并将对市场主导的力量有所反应。

（二）NFT 的三种使用范式以及它们如何塑造 NFT 的性质

　　笔者认为，NFT 的 3 个典型使用案例是：① NFT 的消费；② NFT 主题的商业化；③ 与获得资金有关的 NFT 的资产化（在本文中通常称为 NFT 的金融化）。

　　首先，NFT 可以被"消费"。人们可能会问，消费 NFT 意味着什么？可以说，NFT（即唯一的哈希数字数据串）是消费的主体。然而，消费 NFT 并不意味着有权享受或利用基础作品。在消费用例中，如果 NFT 购买者满足于吹嘘自己拥有 NFT，那么他们有限的权利实际上并没有什么问题。尽管对这一用例的概念很狭隘，但实证研究表明，许多 NFT 的购买本身就是一种目的，因为二级市场的交易似乎并不盛行。[2] 其次，实证研究表明，公开的 NFT 市场通常是随着比特币和以太坊等主要加密货币价值的上升而有所活跃。这可能表明在公开市场上的 NFT 销售，通常使用加密货币，是加密货币升值的财富效应的结果，[3]因此支持了（显著的[4]）消费"作为目的本身"的现象。

---

[1] Katharina Pistor. *The Code of Capital*. Princeton University Press，2019，pp.13-15.

[2] Derong Kong & Tse-chun Lin. Alternative Investments in the Fintech Era: The Risk and Return of Non-fungible Token (NFT)，https://ssrn.com/abstract=3914085.

[3] Michael Dowling. Is Non-Fungible Token Pricing Driven by Cryptocurrencies? *Finance Research Letters*，Vol.44，2021，https://doi.org/10.1016/j.frl.2021.102097；Lennart Ante. The Non-Fungible Token (NFT) Market and its Relationship with Bitcoin and Ethereum. Blockchain Research Labs Working Paper，2021，https://ssrn.com/abstract=3861106.

[4] 这个词由 Thorste Veblen 指出，参见 Thorsten Veblen. *The Theory of the Leisure Class*. The Macmillan Company，1899.

消费用例范式可以说是一个不稳定的、变化中的范式，因为 NFT 的购买者可能不仅希望以上述有限的方式进行消费，而且考虑利用其权利获得收益。如果不那么"富有"的加密货币持有者开始消费 NFT，可能会发生从消费到商业化范式的转变。例如，游戏消费者可能会购买价值较低的 NFT，并考虑其商业化和金融化的机会，[1]特别是当这些 NFT 在一个在公链上容易获得的空间——DeFi 上越来越多地被调动起来。一个 NFT 收藏家也可能希望在基于区块链虚拟地建设世界游戏（Decentraland）建立的博物馆中展示作品的数字图像，[2]并对第三方的虚拟享受收费。[3] 在 Pistor 的理论范式中，将物品货币化的需求推动了法律编码，以促进此种目的。自下而上的社会和市场力量围绕着"可商品化"的对象塑造了法律关系的框架，例如财产法。[4]

在财产法的理论范畴和程序背后，是由技术程序促成的一套庞大、复杂和无形的社会关系。[5] 这些程序的产出构成了经济和金融交易的对象。[6] 然而，普通法的财产概念一般不关注描述人们可以拥有产权的对象。正如有本教科书所言："财产律师对财产权的客体（例如土地、船舶、机械、动物）不感兴趣，而是关注抽象的概念，例如土地的'简单费用'、信托基金、股票和股份、担保权益、所有权和所有权文件。"[7]这些工具就是 Pistor 理论范式中表达的"法律编码"，并可将相关对象与经济的其他部分联系起来，并使它们

---

① Binance. Crypto-gamification：How NFT Disrupt the Gaming Industry，April 2021，https：//www. binance. com/en/blog/nft/crypto-gamification-how-nfts-disrupt-the-gaming-industry-421499824684903037. However，NFTs that are minted for profit by gaming corporations may not gain traction with the gaming community，Tom Faber. Why Gamers are Turning Their Backs on NFTs，https：//www.ft. com/content/a0defed4-60d8-4221-8abc-4e70245c1726.

② https：//decentraland.org/.

③ J. Kastrenakes. Nyan Cat is being Sold as a One-of-a-kind Piece of Crypto art，https：//www. theverge.com/2021/2/18/22287956/nyan-cat-crypto-art-foundation-nft-sale-chris-torres.

④ Rosa M. Garcia-Teruel & Héctor Simón-Moreno. The Digital Tokenization of Property Rights. A Comparative Perspective，*Computer L. & Sec. Rev.*，Vol. 41，2021. Tokenized：The Law of Non-fungible Tokens and Unique Digital Property.

⑤ 例如，中世纪文件上的蜡封是一种隐私技术。R. W. Percival. The Great Seal. *Parliamentary Affairs*，Vol. 1. No. 4，1948，p.40.

⑥ Uskali Mäki. Economic Ontology：What? Why? How? in Uskali Ma ki，ed. *The Economic World View：Studies in the Ontology of Economics*. Cambridge University Press，2001；Alain Pottage. Introduction：the Fabrication of Persons and Things，in Alain Pottage & Martha Mundy. *Law，Anthropology and the Constitution of the Social*. Cambridge University Press，2009；Barry Smith. Searle and De Soto：The New Ontology of the Social World，in Barry Smith，D. M. Mark & Isaac Ehrlich，eds. *The Social Construction of Reality and the Mystery of Capital*. Open Court，2008.

⑦ F. H. Lawson & Bernard Rudden. *The Law of Property*. Oxford University Press，2002，p.5.

能够在物质存在的同时过着"看不见的平行生活"。① 从这个角度来看，NFT 是有趣的，因为它们在一个表达性的信息系统中为这种"平行生活"提供了数字标记。

这种对"物"的相对忽视，与民法体系中关注人们可以拥有财产权的对象的趋势形成了对比，典型的例子是将物作为普遍权利的对象概念。② 将数字对象作为物需要经历更细致的审查，而民法习语在这项工作中是有用的。③ 然而，虽然普通法起源于封建制度，但是它对文献所证明的"权利束"的关注，为财产法的性质及其向数字领域的延伸提供了基本的洞察力。例如，"非限定继承地产"是一个规范性的对象；它与物质世界的一个特征（地球表面的一部分）有关，④但遗产作为一个事物是法律的产物。在某种程度上，这比民法对"物的性质"的关注更能引起人们对"物"与"物的权利"的反身性和相互构成的关注。"物"只是那些现实的对象——物理的和社会的人们可以在其中拥有"权利"。

研究罗马法的英国学者大卫·内史密斯（David Nasmith）对"自然"和"人造"事物进行了区分——前者是自然存在的，后者则是社会构造的。同样，他正确地指出，法律主要关注的是后一类事物。

> 当发现或接触任何自然物时，法律的第一个行为是征服它，把它从自然物的范围内拿出来，把它放在法律的范围内，给它贴上标签或命名，

---

① F. H. Lawson & Bernard Rudden. *The Law of Property*. Oxford University Press, 2002, p.5.
② Lyria Bennett Moses. The Applicability of Property Law to New Contexts: From Cells to Cyberspace. *Sydney L. Rev.*, Vol.30, No.4, 2008, pp.639 - 640. 民法系制度试图有一个完整的清单（谁对什么东西有物权，以及谁对哪样东西有物权），Christian von Bar. *Things: The Foundations of Property Law*. translated by J. G. Allen, Oxford: Oxford University Press, para 58 - 64, 2022, pp.155 - 167, 325 - 326.
③ J. G. Allen. Translator's Introduction, in Lyria Bennett Moses. The Applicability of Property Law to New Contexts: From Cells to Cyberspace. *Sydney L. Rev.*, Vol. 30, No. 4, 2008, pp.639 - 640. Christian von Bar. *Things: The Foundations of Property Law*, translated by J. G. Allen. Oxford: Oxford University Press, para 58 - 64, 2022, pp.155 - 167, 325 - 326.
④ 关于土地单位作为"有物质基础的规范性物体"的性质，Lyria Bennett Moses. The Applicability of Property Law to New Contexts: From Cells to Cyberspace. *Sydney L. Rev.*, Vol.30, No.4, 2008, pp.639 - 640. Christian von Bar. *Things: The Foundations of Property Law*, translated by J.G. Allen, Oxford: Oxford University Press, para 58 - 64, 2022, pp.155 - 167, 325 - 326,第 179—180 段："土地单位是有物理基础的东西，但基本上是规范性的东西。它们就像计算机程序在地球表面描画网格图案时出现的几何图形。最后，财产法中的土地单位是想象力的产物。它们不是自然存在的，也就是说，它们的物理特性使它们彼此分离。它们的个性化是法律干预的结果。"

并给它分配法律属性。律师不把田地、马匹或传家宝视为美丽或快乐之物，而是视为财产的"对象"，其特征仅是附带的。他的注意力集中在获得其合法权益的手段上，集中在确定和界定这些权益是什么上，集中在确定它们以何种方式被转让或丧失上。就像商人只把产地和质量看作价值问题一样，律师也把它们看作权利、责任和义务的单纯要素。①

换句话说，将 NFT 框定为一系列权利的划定、保留和分享，是一种正常的市场主导的发展，而不是对财产定性的反对。新的权利法律框架将产生，并由市场多方的竞争和为这些权利赋予市场价值的力量来塑造，以达到商品化或资产化的目的（以引起金融化）。这样一来，"NFT 产生什么权利"的新描述方法并不妨碍 NFT 商业化或金融化的发展，因为这些发展有助于塑造市场所需的权利性质并相应定价。

有鉴于此，我们预测了由市场主导的发展。随着 NFT 消费或用益权的编码通过双边谈判进行更多的创新，这将反过来由此类 NFT 的市场估值决定。人们已经观察到，由成熟的游戏公司铸造的限制用户权利的 NFT 以及 NFT 的自由市场并不受欢迎。因此，需求方的市场力量可能迫使 NFT 创造者和发行者向购买者提供足够有吸引力的权利，例如允许在游戏系统之外的公链上有更大的互相操作性和可销售性，这可能使这些 NFT 具有更多的"财产"特征。这种市场力量以自下而上的方式，形成了与 NFT 有关的权利划定和框架。

二级市场的发展是更大的标准化，反映了市场的主导需求，可以说是朝着 NFT"较弱"的保留权利发展，由 NFT 被商品化和金融化的更大潜力来弥补。这种标准化可能会以一种更自上而下的方式发生，由行业代表组织，或者最终通过法律或监管，例如金融服务监管规章。金融工具的转变在很大程度上取决于交易的监管标准化的发展，或者用 Pistor 的话说是为了"可兑换"，例如，债务工具、股票、衍生品和碳排放配额，②都是通过监管法规和法律编码相对标准化的。许多金融工具可以说在基本权利方面具有内在的模糊性，例如股权证券方面的股东治理或股息预期。债务同样能够立即转

---

① David Nasmith. *The Institutes of English Private Law Volume II*. Butterworths, 1875, p.303.
② 批判性讨论，参见 Kelvin Low & Jolene S. W. Lin. Carbon Credits As EU Like It: Property, Immunity, tragicomedy. *Journal Envtl. L.*, 2015, p.1.

让,尽管执行权(这是它们作为诉讼物的性质的基础)只有在违约时才会产生,使所选之物在性质上具有偶然性,似乎与财产权所要求的确定性相反。如此,与基本权利有关的"固有的模糊性"并没有阻碍流行的金融工具的资产金融化能力。在这种情况下,通过监管,标准化随着时间的推移不仅使可转换性的性质更加清晰,而且使基本权利的性质也更加清晰。一个例子是股东的公司治理权利（基础股权证券）的发展,这些权利在英美司法管辖区随着时间的推移而发展。①

市场对 NFT 金融化的需求,可能会推动对 NFT 标准化的相应需求,以提高其流动性。关键经济特征或权利的标准化有助于在对资产建立多种法律关系时的确定性和信心。例如,NFT 可以作为抵押品来保证信贷;NFTfi Loans②平台提供了一个在点对点的基础上匹配贷款人和借款人的匹配服务的例子。通过破碎化的方式,一个 NFT 可以构成由 NFT 价值支持的同质化代币的发行基础,③以便 NFT 持有人在 NFT 的更多"投资者"中筹集资金。这种筹资为 NFT 创造者提供了实现报酬或"套现"的机会,并为交易、进一步抵押、"押注"④等目的调动了零碎代币的投资市场,尤其是在 DeFi 领域。投资资产化可能会扩大 NFT 购买者的市场,这一现象会受到创作者和发行者的欢迎。NFT 的投资资产化也为更多的 NFT 变得有吸引力提供了机会。

笔者认为,市场对 NFT 商品化的需求不断增加,并将其转化为投资资产,这可能会推动更多的标准化,这不会阻止主要涉及消费定制用例的第一种现象。第二种现象是在 NFT 代币标准的技术发展中观察到的,例如下文讨论的半同质化或可组合的以太坊代币标准的发展。第二种现象也得到了

---

① Jennifer Hill. Visions and Revisions of the Shareholder. *Am. J. Comp. L.*, Vol. 48, 2000, p. 39; Corporate Governance and Stewardship Codes 的发展在全球推动了股东对更好治理和公司监管的期望, Alvaro Cuervo-Cazurra & Ruth v. Aguilera. The Worldwide Diffusion of Codes of Good Governance, in Anna Grandori, ed. *Corporate Governance and Firm Organization*. Oxford University Press, 2014; Dionysia Katelouzou & Matthias Siems. The Global Diffusion of Stewardship Codes, 2020, https://papers.ssrn.com/sol3/papers.cfm?abstract_id=3616798.

② https://nftfi.com/.

③ 第四节讨论了破碎化问题。

④ Staking 是去中心化金融领域的一项活动。加密代币的持有者在贷款的基础上,在流动性池中提供他们的代币,以便为交易和交换做市。他们从协议中获得可替换的代币,以换取提供有偿、交易和赎回的权利。参见 Fabian Schär. Decentralized Finance: On Blockchain and Smart Contract-Based Financial Markets. *Federal Reserve Bank of St. Louis Rev.*, Vol. 103, No. 2, 2021, p. 153.

经济和社会学理论的支持，解释了商品化和资产化作为人类尝试的重要方面的阶段。

现在的技术发展提供了 NFT 编码的标准，以适应混合形式，包括用于交易或流通的同质化因素。① 以太坊 998 标准规定了内部的可组合性，因此同质化和非同质化的"资产"或"子代币"可以在一个代币中持有，就像一个投资组合。这就让人对将加密资产简单地分为"同质化"或"非同质化"的代币产生疑问，只有前者才会引起金融监管机构的兴趣。以太坊 1155 的标准允许同质化和非同质化的代币注册到同一个地址和智能合约上。因此，这更清楚地表明，"非金融"对象与其商品化（资产化或金融化）之间的界限正在模糊。

三、作为经济和社会发展的必然趋势的 NFT 资产化

物品交换的商品化是社会生活的一个固有特征。与此相关的不仅是交换被嵌入社会生活和关系中，②而且物品如何被商品化（这本质上是一种价值的构建）也是"反映和构成社会伙伴关系和争夺先机的斗争"。"争夺优势"是指与某些物品有关的价值制造过程，例如发展时尚性或"单一化"的过程。在这些过程中，一群人对某些种类的物品进行文化评估，并将其归类为具有一定的价值资格。商品化的社会学和人类学的历史表明，新形式的商品化并不被抵制，因为价值是在社会环境和市场中产生的。通常情况下，社会群体对价值的归属趋同已足够。商品化的社会进程为某些"标准化"术语的发展铺平了道路，以促进转让或贸易，从而使商品化的对象能够被货币化。笔者认为，法律扮演着支持价值的社会构建并使之制度化的角色，尽管这种价值的建构也嵌入了政治经济中的某些选择。在不同的时代和背景下，法律有时引领、有时跟随，但它总是与其他社会力量一起发挥着关键作用。在价值的社会构建导致金融变革的地方，监管治理可以说有助于进一步构建金融资产或工具及其动员。

---

① Shaan Ray. Non-fungible Token Standards：An Overview, https://hackernoon.com/non-fungible-token-nft-standards-an-over-view-w71y34y3; Devin Finzer, The Non-Fungible Token Bible：Everything You Need to Know about NFT, https://opensea.io/blog/guides/non-fungible-tokens/.

② Igor Kopytoff. The Cultural Biography of Things：Commoditisation as a Process, in Arjun Appadurai, ed. *The Social Lives of Things*. Cambridge University Press, 2014.

　　NFT 的商品化首先可以追溯到数字游戏世界中"社会生活"的发展，特别是多人游戏，参与者在一个想象的、新奇的宇宙中获得新的身份和角色，并在那里构建社会和经济关系。[①] 例如，在 Farmville 和 Animal Crossing 中，游戏中的数字物品可以被商品化，并在游戏环境和二级市场上买卖。点对点游戏随着区块链技术的发展而发展，因为想象力丰富的世界不仅由维护中央控制的策划人和根据世界规则参与的游戏者创造，而且现在也是由参与者共同创造的点对点世界。加密猫是一个建立在以太坊区块链上的去中心化市场，它向创造独特"小猫"代币的数字艺术卖家以及购买小猫 NFT 以收集它们或参与繁殖小猫游戏的购买者开放。[②] Decentraland 是另一个建立在以太坊区块链上的应用，为创建一个虚拟现实世界提供便利。[③] 在 Decentraland，参与者可以购买标准化的 33×33 英尺的虚拟地块，在上面随意建造和开发。参与者被激励开发有吸引力的场所，使他们创造的虚拟商品或服务商品化，以赚取用 MANA 表示的世界货币。游戏对象的 NFT，例如 Decentraland 的土地所有权可以在以太坊区块链上普遍实现商品化。[④]

　　NFT 延伸到了游戏宇宙之外，正如第二节所讨论的那样，代币化可以用来将任何财产数字化。以太坊等公链正在发展成为各领域点对点商业的经济空间，[⑤] 对新颖物品商品化的探索是市场建设的自然发展，[⑥] 无形数字对象的商品化与其资产化和金融化密不可分。商品作为"资本"的价值与货

① Karin Knorr Cetina & Barbara Grimpe. Global Financial Technologies, in Trevor Pitch Richard Swedberg eds. *A Material World: Economic Sociology Meets Science and Technology Studies*. Massachusetts: MIT Press, 2008（论述了技术如何在网络市场背景下界定范围并形成协调）。关于法理学的分析，也可参见 J. G. Allen. Law's Virtual Empires: Games Analogies and the Concept of Law, in Jorge Luis Fabra-Zamora & Gonzalo Villa Rosas eds. *Conceptual Jurisprudence: Methodological Issues, Classical Questions and New Approaches*. Switzerland: Springer, 2021.
② Jack Apollo George. Blockchain, Virtual Goods and £80,000 Cartoon Cats: The Strange World of CryptoKitties, https://www.new-statesman.com/science-tech/social-media/2018/08/blockchain-virtual-goods-and-80000-cartoon-cats-strange-world.
③ Steven Buchko. What Is Decentraland? 28 Oct 2018, https://coincentral.com/decentraland-mana-beginners-guide/.
④ Elizabeth Howcroft. Virtual Real Estate Plot Sells for Record $2.4 million, https://www.reuters.com/markets/currencies/virtual-real-estate-plot-sells-record-24-million-2021-11-23/.
⑤ Regulating Crypto-finance in Regulating the Crypto-economy; S. Davidson, P. De Fillippi & J. Potts. Blockchain and the Economic Institutions of Capitalism. *J. Institutional Econ.*, Vol.14, 2018, p. 639; C. Berg, S. Davidson & J. Potts. *Capitalismt after Satoshi in Understanding the Blockchain Economy*. Edward Elgar, 2019.
⑥ Bruce G. Carruthers & Sarah L. Babb. *Economy & Society*. Boston: Sage, 2013; Alex Preda. The Sociological Approach to Financial Markets, *J. Econ. Surveys*, Vol.21, 2007, p.506.

币化和流动性有关，这一点可以随着区块链网络放大市场效应而迅速转变。① 数字对象的"NFT 化"为能力提供了技术—社会框架，使其成为一种资产或资本。这种框架可以通过进一步的制度和法律支持得到加强。②

从经济学观点出发，资本应该被看作与物品分离；资本是抽象的，是由社会或法律框架创造的，是指一个物品最具有经济意义的品质。③ 第二节中概述的财产的法律概念就隐含了这一点。例如，房子的占有者在拥有法律制度承认的产权文件之前不拥有"资本"。一旦有了这样的文件，房子的所有权就可以独立处理了。这就允许在金融经济的背景下与房子进行新的交易——例如将房子作为抵押（通过在其"产权"上记录抵押），或者在保留所有权的同时授予他人对房子的使用权。例如，对经济学家 Soto 来说，资本是在社会法律框架下创造的，通过产权、质押、证券、合同等来说明资产的性质。Soto 认为，与看不见的平行生活的想法相呼应，当你把注意力集中在房屋所有者权利的质量而不是房屋本身的质量时，你就"从物质世界……步入了资本生活的宇宙"。④

法律在创造资本方面的技术作用与法律在监管资本方面的政治作用有着内在的联系。在笔者看来，对于非关税壁垒的"资本流通"和治理影响，需要一种制度上的回应。这样的制度回应是基于金融监管政策提供秩序和治理的公共产品的作用，其方式是促进和不阻碍经济自由化和财富创造的潜力。以太坊等开放式公链促进了新形式的经济自由化，以实现点对点的经济活动，并在以下方面创造财富的新形式：① 本地货币的投资升值，例如

---

① Markus K. Brunnermeier, Harold James & Jean-Pierre Landau. The Digitalization of Money, 2019, National Bureau of Economic Research，http://www.nber.org/papers/w26300,（关于数字化如何清晰地便利化贸易性和货币化）.

② 其中 Pistor 的观点是：资本的法典是法律。

③ Hernando de Soto. *The Mystery of Capital*. UK：Transworld, 2010, p.48；Barry Smith, David Mark, Isaac Ehrlich. The Mystery of Capital and the Construction of Social Reality. Open Court 2008, C.f. Timothy Mitchell. The Work of Economics：How A Discipline Makes Its World. *Eur. J. Soc.*, Vol.46, No.2, 2005, p.297, de Soto's 批评物权自由化政策但也不必然影响不清晰的经济本体论。

④ Hernando de Soto. *The Mystery of Capital*. UK：Transworld, 2010, p.48；Barry Smith, David Mark and Isaac Ehrlich. The Mystery of Capital and the Construction of Social Reality. Open Court 2008, C.f. Timothy Mitchell. The Work of Economics：How A Discipline Makes Its World. *Eur. J. Soc.*, Vol.46, No.2, 2005, p.297, de Soto's 批评物权自由化政策但也不必然影响不清晰的经济本体论；J. G. Allen. Property in Digital Coins. *Eur. Prop. L. J.*, Vol.8, No.1, 2019, pp.64–91.

比特币或以太币；② 基于区块链的数字对象的货币化和潜在资本流通，例如预售的开发应用程序和 NFT 的代币。在自由的意义上，这种替代经济领域的发展并非不受欢迎，可以看作对发达资本主义辖区内金融财富集中在少数人手中的不平等加剧的回应。①

借鉴经济社会学家 Fligstein 的工作，②法律和监管机构是建立新市场及其稳定性的基础。NFT 金融化将代表 NFT 从涉及双边"私法"交换的用例阶段演变到可以对 NFT 资产建立多种法律关系的阶段，因此需要更强的法律、监管和治理确定性的支持。此外，随着区块链现象普遍走向主流，很难避免在开放的公链上创建的金融资产与传统金融之间的对接，③例如与更成熟的信贷机构使用 NFT 抵押品。在对 NFT 抵押品应给予何种监管待遇的问题上，现有的监管框架是否应完全抵制 NFT 的投资资产化？④ 这不仅无法跟上创新的步伐，⑤而且无法防止 NFT 金融化在阴暗且不受监管的空间出现。

尽管 Fligstein 将国家法律和监管机构框定为"政治"，并声称决策者做出的选择会受到政治关系和动态的影响，但这种政治的必要性是毋庸置疑的，即使这些选择并不总是"正确的"，并且可能需要在适当的时候进一步调整。

四、NFT 金融化的监管治理

本节补充了 NFT 金融化的几种模式，并探讨了金融监管如何在这一过程中提供治理和秩序。笔者并不是简单地寻求将金融监管扩展到 NFT 的金融化，而是展示金融监管框架本身如何能够被改革。此外，笔者对 NFT 金融化的讨论涉及与加密资产有关的金融化更广泛的方面，并且加强了对

---

① Thomas Piketty. *Capital in the Twenty-first Century*，Harvard University Press，2014.

② Fligstein，Markets as Politics. A Political-cultural Approach to Market Institution.

③ 金融稳定委员会 2022 年越来越多地观察到，虽然加密货币和主流金融之间的这种联系是在全球稳定币和 DeFi 方面确定的，但金融稳定委员会的报告表明承认这些联系的规模和重要性。

④ 例如，银行持有的加密货币在微观审慎监管中吸引了惩罚性的"资本成本"水平，参见巴塞尔委员会，Prudential Treatment of Cryptoasset Exposures，June 2021，https://www.bis.org/bcbs/publ/d519.pdf.

⑤ Joshua Oliver and Philip Stafford. Finance Industry Warns against "Unnecessarily Restrictive" Crypto Capital Rules，21 Sep 2021，https://www.ft.com/content/05675352-3451-4b92-9ef9-b3e769bf30e3.

于发展中的加密金融领域进行全面监管的思考。[1]

　　如果 NFT 金融化在此规模上进一步增长并与主流金融产品对接,金融监管可以在社会参与 NFT 金融化的过程中提供标准化保护和划定预期的公共利益。在英国,尽管金融行为监管局(FCA)通过在营销沟通和行为方面引入了某些职责和限制来监管加密货币产品在零售市场的营销和执行,[2]但更全面的监管治理一直受到抵制,因为加密货币产品不在监管机构的职责范围内。就公众参与加密货币金融的意愿而言,这种立场可能越来越站不住脚。[3] 投资者有某些需求可能无法通过私人的价格谈判得到满足,[4]投资者保护涉及保护金融中介机构托管资产的法律责任。[5] 同样是监管条例规定了在中介机构破产的情况下设立客户的最低保护金。[6] 有限的监管范围的维持可能是人为的,因为这剥夺了客户在参与"替代资本"(即不是由监管机构合法化的传统金融业务)时获得同等水平的保护性公共产品,即使传统和新的资本形式之间存在功能上的相似。虽然加密货币金融大部分是分散的,传统的监管可能不适用,但即使是客户对接与传统金融相比更加分散,也可以观察到新的服务提供商和中介实体。[7] 此外,在 DeFi 背景下使用自动协议,意味着客户也可能在私人议价方面面临限制。这个在加密货币金融中进行完全自我监管的理由受到普遍怀疑。[8]

　　在本节中,笔者将重点讨论 NFT 的投资动员,这是一个令人兴奋的 NFT 金融化的新模式。首先,我们探讨了 NFT 金融化的筹资用例,用于开发前和开发后的项目,并展示了不同的金融监管宗旨,可以为建立这种投资市场提供最佳治理。其次,NFT 金融化必须得到二级市场的支持,市场运

[1] 参见 Wulf A. Kaal. Digital Asset Market Evolution. *J. Corp. L.*, Vol.46, 2021, p.909.
[2] Financial Conduct Authority. Strengthening our Financial Promotion Rules for High Risk Investments, Including Cryptoassets, 2022, https://www.fca.org.uk/publication/consultation/cp22-2.pdf.
[3] 另见 FSB. Assessment of Rislcs to Financial Stability from Crypto-assets. 2022.
[4] 金融公司可能没有动力去大力保护客户的资产,可以说这反映在不遵守赋予这种保护的法规上,正如一系列诉讼案 Re Lehman Brothers International (Europe), (2012) UKSC 6 所揭示的。
[5] E.g., EC. Markets in Financial Instruments Directive 2014/65/EU at art. 16(11) [MiFID].
[6] 例如英国的金融服务补偿计划。
[7] Linn-Anker Sørensen & Dirk Zetzsche. From Centralized to Decentralized Finance: The Issue of "Fake-DeFi" 2021, https://papers.ssrn.com/sol3/papers.cfm?abstract_id=3978815.
[8] SEC Commissioner Caroline Crenshaw. Statement on DeFi Risks, Regulations, and Opportunities, 9 Nov. 2021, https://www.sec.gov/news/statement/crenshaw-defi-20211109; FSB. Assessment of Rislcs to Financial Stability from Crypto-assets. 2022.

营商的监管治理需要与它们为网络互动提供平台的权力和责任相关。即使在一个分散的环境中，监管治理也需与确保某些有序性、公平性和预期的确定性的原则有关。① 此外，以其他方式支持 NFT 金融化的中介机构，在保管条款、权益质押和 DeFi 服务上可以被要求达到责任标准。尽管在高度分散或非中介化的情况下适用旨在附于法人的监管可能存在困难，但即使需要对监管设计进行改革，监管原则仍具有相关性。

（一）通过事前手段进行基于 NFT 的募资活动

NFT 金融化可以以基于 NFT 的募资形式进行，主要有两个途径：一是项目策划人可以在规划或开发过程中筹集资金，例如为一个艺术项目筹集资金，然后将其"NFT 化"；二是项目开发者可以通过将 NFT 零碎化来寻求完成项目的货币化。

在美国、英国和欧盟，非金融项目的众筹已经通过某些平台中介机构进行了。这些平台可能是受监管的，例如美国，②也可能是不受监管的基于捐赠的平台，例如欧盟和英国。后者只对中介贷款式众筹和非上市公司证券众筹的平台中介机构实施金融监管。③

在美国，项目策划者可以通过 Kickstarter，④一个受监管的门户网站进行资金低于 500 万美元的众筹，并向支持者提供奖励或不奖励的选择，同时有义务提供项目完成的最新情况。如果一个项目在完成后被表述为"NFTed"，那么，它很可能被视为一个非金融项目。在英国和欧盟，此类项目众筹主要沿着不受监管的路线进行，除非该项目被组织为一个私人公司向支持者提供未上市证券。

在适用众筹监管的地方，募资者不受要求发行人提交招股说明书的全部证券监管规定的约束。⑤ 在英国，众筹平台对低于 800 万英镑的募资进行

---

① Caroline Bradley. Disorderly Conduct：Day Traders and the Ideology of "Fair and Orderly Markets". *J. Corp. L.*，Vol.26，2000，p.63.
② 美国 SEC 的众筹法规来自 Titles II, III and IV（Regulation A+），JOBS Act 2012 amended in 2021，SEC. Regulation Crowdfunding, https://www.sec.gov/smallbusiness/exemptofferings/regcrowdfunding.
③ 英国 FCA 的众筹法规参见 FCA Handbook COBS ff. 4.7.7；10.2.9.
④ 参见 https://www.kickstarter.com/discover/categories/art.该平台提供每个项目的描述、奖励（如果有）、更新和状态，以及目标资金和支持者数量。
⑤ EC, Crowdfunding Regulation（EU）2020/1503.

监管，作为证券监管的豁免。欧盟的《众筹条例》(2020)也适用于贷款和可转让证券，募资限额为 500 万英镑。在所有 3 个众筹监管辖区内，平台中介机构承担了最主要的义务，因为它们既是促进和调解的中心，也是保护投资者的把关人。美国、英国和欧盟的制度旨在寻求金融创新和投资者保护之间的最佳平衡，[①]但欧盟可以说规定了最广泛的平台监管和把关，规定了信息披露和投资者资格要求，以确保落实投资者保护。[②]

如果"NFTable"项目的投资者被排除在众筹监管制度之外，则他们只能在英国或欧盟参与捐赠式众筹。艺术项目的捐赠式众筹可以通过平台 Art Happens 进行，[③]该平台将艺术项目的策划人和支持者聚集在一起。这类平台进行自我监管，平台规则可能包括只有在达到筹资目标时才为项目提供资金。支持者可能会得到奖励以及更新或其他东西，这由项目策划人决定。基于捐赠的众筹满足了艺术家的项目和报酬需求，支持者一般是出于利他主义或基于社会性的意图而参与，[④]因为奖励一般是为了消费，而不是为了经济利益。

非金融项目众筹的自律性或许会给艺术家这类募资人带来便利，但这种现象会被排除在投资市场之外，投资市场的准入可以扩大筹资吸引力。可以说，"NFTable"项目显然是一个旨在最终流通性的项目，这样的项目的支持者不应该被锁定在基于投资的权利之外。然而，由于监管制度对投资方式采取了狭隘的观点，即投资是以非上市公司的证券作为回报，因此，"NFTable"项目的事前募资陷入了监管空白。

此外，一个"NFTable"项目可以通过"首次代币发行"(ICO)形成开发前的众筹基础，ICO 在 2017 和 2018 年处于高峰期。项目策划者可以向项目的支持者发出代币的未来权利承诺。这种未来权利目前非常不规范，因为

---

① Eugenia Macchiavello. The European Crowdfunding Service Providers Regulation: The Future of Marketplace Lending and Investing in Europe and the "Crowdfunding Nature" Dilemma. *Eur. Bus. L. Rev.*, Vol.32, 2021, p.557.

② 例如，art. 21.

③ https://www.artfund.org/get-involved/art-happens/projects#live.

④ Kévin André, Sylvain Bureau, Arthur Gautier & Olivier Rubel. Beyond the Opposition Between Altruism and Self-interest: Reciprocal Giving in Reward-Based Crowdfund-ing. *J. Bus. Ethics*, Vol.146, 2017, p.313; Giancarlo Giudici, Massimiliano Guerini & Cristina Rossi-Lamastra. Reward-based Crowdfunding of Entrepreneurial Projects: The Effect of Local Altruism and Localized Social Capital on Proponents' Success. *Small Bus. Econ.*, Vol.50, 2018, p.307.

策划人可以赋予实用和享受未来权利的混合物，或者可以进一步调动用于交易或财务收益的某些权利。[①] 然而，这些同质化的开发前代币和最终的NFT之间需要有一些关系。ICO 有可能在拟议中的欧盟加密资产法规下受到监管，尽管目前还不清楚该法规（即将讨论）是否涉及与开发前 NFT 有关的创新。对 ICO 的监管在各司法管辖区之间仍然存在争议。[②]

（二）通过事后破碎化进行基于 NFT 的募资

项目策划人也可以为已完成的作品创建 NFT，以便通过破碎化 NFT来"流通"被锁定在 NFT 中的价值。例如，Fractional.art 为艺术家提供了一个平台，通过将 NFT 锁定为智能合约中的抵押品，并将其转换为艺术家钱包中的同质化代币，从而使他们的 NFT 破碎化。这种同质化代币可以赠送或交易，艺术家可以决定每个 NFT 的破碎化程度，从而保留 NFT 的大部分所有权。Nftfy 还为 NFT 提供破碎化服务。破碎化可以将 NFT 锁定在智能合约中的基础上进行，产生具有代币持有人治理权的同质化代币。持有者能够在二级市场上交易同质化的代币，或在 DeFi 中进一步部署这些代币。持有者还可以根据编码的治理协议行使治理权，包括决定如何"重新合并"NFT。届时，NFT 本身将被解锁，细分的同质化代币将被烧毁。[③] "重新合并"的过程通常在"撤出价格"的基础上进行编码，代币持有者可以对其治理权利的一部分进行投票。Niftex 也提供了类似的破碎协议。[④] 这种以市场为主导的发展方式能够将投资者和 NFT 创造者的偏好汇集在一起，在塑造创造者的保留权利和行使代币持有者的治理权和退出权的竞争中，使"权利"的发展最终形成关于产权的明确性，能够与 NFT 金融化的需求相一致。

无论是通过众筹还是通过 NFT 破碎化货币化的方式，非金融项目可以

① Dan Chirtoaca, Joshua Ellul & George Azzopardi. A Framework for Creating Deployable Smart Contracts for Non-Fungible Tokens on the Ethereum Blockchain, IEEE International Conference on Decentralized Applications and Infrastructures (DAPPS) 100, D.O.I. 10.1109/DAPPS49028.2020.00012.

② Chiu, *Regulating Crypto-finance in Regulating Crypto-economy*. Hant Publishing, 2021. at c. 1, 3.

③ Leonardo Carvalho. The Decentralised Fraction, 6 Nov. 2020, https://medium.com/nftfy/the-decentralized-securitization-48b62c12d114; Leo-nardo Carvalho. Nftfy User Guide, 9 Nov. 2020, https://medium.com/nftfy/nftfy-users-guide-83c72e1b5b21.

④ https://landing.niftex.com/.

与金融工具的生产纠缠在一起，扩大了对这些项目的广泛支持者的吸引力，特别是有金融动机的项目。

（三）欧盟加密资产市场条例的应用

可以说，"NFTable"项目构成了发行同质化的加密代币的基础，无论是在 ICO 中还是作为 NFT 破碎化的一部分，同质化的代币及其报价将受到未来的欧盟加密资产市场条例①（MiCA）的约束。

MiCA 定义了 3 种类型的代币：加密资产（目前不在证券的框架内，②证券化、③存款、④电子货币⑤和投资⑥监管框架内）；资产参考加密资产；电子货币加密资产，尤其是由于监管的注意力集中在"全球稳定币"，例如 Facebook 现在被搁置的项目 Diem，⑦该项目曾被预期为全球支付系统的舞台。上述第一种加密资产的范围很广，既可以包括零碎的 NFT 代币，也包括用于开发前非金融项目融资的 ICO，其中代币的未来权利可以包括实用和投资方面。该制度提供了一个相对轻巧的监管框架，要求发行人在一个成员国注册，并根据规定的白皮书向投资者披露。

针对加密资产过度包含的框架可能是一个起点，但已经面临着可能挑战其应用的发展，因为特殊的创新出现了特殊的投资者保护问题，而这些问题可能不会被涵盖。MiCA 为所有加密资产的发售提供了一份"一刀切"的白皮书，依靠强制披露作为关键的投资者保护工具。这些规定足够普遍，发行人不会被归入不合适的披露义务。然而，对投资者的保护依赖于发行人对于"NFTable"项目披露具体问题的意愿。一个"NFTable"项目最终的 NFT 的整体价值可能超过其各部分之和。开发前的代币持有者是否能够

---

① EC，Proposal for a Regulation of the European Parliament and of the Council on Markets in Crypto-assets and amending Directive （EU） 2019/1937，https://eur-lex. europa. eu/legal-content/EN/TXT/?uri＝CELEX％3A52020PC0593.

② 例如 EC，EU Prospectus Regulation，2017/1129.

③ EC，Regulation，2017/2402.

④ 信贷机构的制度，EC，Directive 2013/36/EU.

⑤ EC，Directive 2009/110/EC.

⑥ EC，Directive 2014/65/EU.

⑦ https://www. diem. com/en-us/. James Fontanella-Khan，Hannah Murphy and Miles Kruppa. Facebook gives up on digital payments ambitions with Diem，27 Jan 2020，https://www. ft. com/content/e237df96-7cc1-44e5-a92f-96170d34a9bb.

从 NFT 的流通或其他方面享受投资收益？披露制度并不能支配投资者权利的性质和他们的投资预期。此外，在 12 个月内低于 100 万英镑的要约，或如果只向少数法人或合格投资者进行要约，则存在该制度的豁免，这些规定主要来自证券监管及其豁免，有人质疑这些门槛是否适合可能进行的不同类型的加密资产要约，包括基于"NFTable"项目的要约。

（四）对开发前代币的发售与零碎化 NFT 代币的发售进行不同的监管

笔者认为，如果为即将"NFT 化"的非金融项目进行筹资，无论是作为 ICO 还是作为不受监管的项目众筹，都需要考虑一个适当的监管框架，以消除监管套利，并解决投资者对最终 NFT 的期望。有必要不允许以"NFTable"为代表的项目在捐赠众筹平台上进行筹资，因为项目的潜在流通会使其"非金融"的特征变得不真实。笔者认为，为"NFTable"项目筹集资金而发行的预开发代币应属于 MiCA 的范围，但 MiCA 应避免在此类代币中过度衍生出证券监管。

证券发行的主要监管框架是强制性披露，但随着时间的推移，这种监管框架的应用是以几个假设为前提的：① 筹资者可观察和可审计的记录，特别是财务业绩；② 强制性披露的全面性和法律后果的准确性。这些假设以某种方式框定了对投资者的保护：保护在于投资者在全面的高质量信息基础上做出事前决策。对于开发前的项目，这些假设值得怀疑，因为信息可能是一项正在进行的工作，在一开始就不全面，而且不太可能进行审计。

在早期的工作中，有人提出了一个定制制度，用于监管开发前项目的代币化报价，这也是大多数 ICO 的主题。首先，监管可以强制要求代币标准化，即不仅是同质化的，而且是赋予相同的效用和（或）投资权利的混合物，这是一个基本原则，确保出资者以相同的代价获得相同的交易。在为"NFTable"项目发行预开发代币的情况下，如果预开发代币与 NFT 存在任何方式的相关，例如基于 NFT 市场或投资价值的权利可能涉及 NFT 的交易，发行人应提供明确的信息。[①] 其次，建议承认强制性披露的局限性，因为它不可能是完整的。投资者应受到对项目进展的持续监测和问责权利的

---

① 现在提出这个建议还为时过早，但监管机构也应注意投资者对最终的 NFT 的权利是否太远或可信，以防止"柠檬市场"的出现。

最佳保护，智能合约协议可以在未能发行的情况下提供退款权利。这一制度同样适用于为其他开发前项目提供资金的代币化提议。

　　笔者提出了一个不同的 NFT 破碎化的监管框架。NFT 破碎化可以比作对主流金融资产①进行的证券化，或者与非金融财产有关的"集体投资"的策划。② 这两种技术在本质上都是"基于资产"的，并吸引投资者购买分片权利。这些分片权利与某些未来收入或增值预期有关。与此类金融转型相关的金融监管原则是基于资产的披露，以及管理任何投资性质的业务的人的法律责任。

　　首先，监管应支持 NFT 的破碎化，产生标准化的代币，以便所有代币的购买者获得具有相同权利赋予的同质化代币。其次，NFT 破碎化是基于基础项目的投资价值，包括内在价值和市场价值。因此，在管理分化的协议、协议中编码的权利以及性质和内容方面，或许会强制要求全面披露 NFT 及其基础项目③资产化的前景。有必要充分考虑 NFT 如何规定与开发基础项目有关的权利，以便了解 NFT 将产生的潜在价值。管理 NFT 破碎化，可以使金融监管发挥作用，最终协助和规范 NFT 中法律权利的发展和标准化，使之与投资者的期望相称。可能有人会说，金融监管不应该监管产品的性质，因为产品监管不属于规范。然而，我们已经观察到金融监管中有限形式的产品监管发展，例如为 UCITs 引入了投资基金的构成监管，④以确保其流通性，或者可持续标签的投资基金必须证明在财务成果之外还实现了可持续成果。⑤ 通过这种方式，破碎 NFT 代币作为特殊的基于资产的金融产品，应该提供与代币"联系"产生投资价值的资产性质有关的信誉。最后，由于 NFT 破碎化涉及 NFT 的锁定，以换取同质化的破碎化代币，因此创造了一个"共同所有者"的"社区"，他们有相似的投资期望，社区的权利应该受到针对 NFT 创造者和任何控制 NFT 破碎化和重新合并的治理协议的实体的明确治理。监管框架可以规定治理的最低标准和元级原则。可以说，如

---

① Samual Haig. SEC's "Crypto Mom" Warns Selling Fractionalized NFTs Could Break the Law，26 March 2021，https://cointelegraph.com/news/sec-s-crypto-mom-warns-selling-fractionalized-nfts-could-break-the-law.

② Financial Services and Markets Act 2000 (UK)，§ 235.

③ EC, Securitisation Regulation (EU)，2017/2402，§ 7.

④ EC，UCITs Directive，2009/65/EU，§ 50.

⑤ Arts 8 - 11，EC，Sustainability Disclosure Regulation，2019/2088，§ 8 - 11.

果 NFT 的破碎化和治理采用去中心化自治组织（DAO）①模式，那么，监管标准可能难以适用于高度去中介化的模式，因为在这种模式下，没有明显负责的法人来承担义务。像 DAO 这样的高度自动化会给监管设计带来挑战，但对监管提供某些行为标准没有理论上的阻力。因此，监管机构必须越来越多地考虑 Suptech 的可能性，②即通过包括代码审查的授权制度，例如马耳他创新技术安排法，以事先的方式将监管标准嵌入代码中。③

（五）NFT 平台中介机构的监管

接下来，笔者转向支持 NFT 金融化的各种服务或应用，并认为对这些服务或应用程序考虑适当的监管治理非常重要。平台或应用提供商可以将作为商品的 NFT 市场转化为金融中介的商业模式。他们为 NFT 的创建、分化和二级市场交易提供一站式服务。提供可破碎化的同质化代币的二级交易的市场，类似于履行"列出"同质化资产进行销售的功能，可被视为具有金融或投资价值。这些市场平台在会员资格、交易流程和结算方面提供自己的规则。此外，私人应用程序或平台提供了破碎化模板，它们决定了与 NFT 所有者和 NFT"份额"中被分割的所有者相关的权利和治理条款，这类似于集体投资。例如，Fractional.art 目前是一个破碎 NFT 代币的自我监管市场，由广泛的平台免责声明管辖，旨在加强购买者（投资者）的谨慎态度。④

维持某些控制和规则的市场运营商可被视为"集中式"市场运营商。他们可以对一系列用户的权利进行控制，包括资产保管、市场的使用以及交易的执行和结算。加拿大证券监管机构已将证券市场监管扩展到发生延迟交付的加密资产市场，例如此类市场控制着资产托管。⑤ 欧盟的 MiCA 也提

---

① Elisabetta Lazzaro & Douglas Noonan. A Comparative Analysis of US and EU Regulatory Frameworks of Crowdfunding for the Cultural and Creative Industries, *Int'l J. Cult. Pol'y*, Vol.27, 2021, p.590.

② S. Zeranski & I. E. Sancak. Digitalisation of Financial Supervision with SupTech, *J. Int'l Banking L. & Reg.*, Vol.35, 2020, p.309.

③ https://legislation.mt/eli/cap/592/eng/pdf.

④ https://fractional.art/disclaimer.

⑤ CSA. CSA Staff Notice 21-327 Guidance on the Application of Securities Legislation to Entities Facilitating the Trading of Crypto Assets, 16 Jan. 2020, https://www.bcsc.bc.ca/Securities_Law/Policies/Policy2/PDF/21-327__CSA_Staff_-Notice__-_January_16__2020/.

议对市场平台中介机构进行监管，而不是仅就有关资产托管问题。MiCA
规定了对加密资产交易所的监管，涉及资产上市、所有用户的参与标准、
交易秩序政策、加密资产暂停以及结算的确定性和效率。这些规定可能
来自传统证券市场，虽然并非全部适用，但一些监管原则适合于管理市场
运营商在 NFT 二级交易和零散 NFT 方面的权力和责任，以保护用户的
公平预期。

笔者建议，监管治理可以扩展到市场发挥影响投资价值、权利和期望的
领域，例如，与交易准入有关的领域，在利益冲突的披露和管理方面维护市
场的完整性，在交割与支付方面的交易和结算的确定性，对市场滥用的监
测，以及对用户的共同利益提供把关责任。此外，对用户的保护还在于一些
确定性，例如市场对洗盘等滥用行为的抵制、业务的连续性、对与过失和网
络黑客有关的损失的保护等。至于控制、把关责任和报告义务方面也可以
从众筹平台的监管中得到启发。①

然而，区块链世界中的许多市场是由自动协议构成的，看起来是去中心
化的。Clements② 批判性地讨论了去中心化协议是否容易受到监管。这类
协议的用户面临着用户保护问题，尽管对系统稳定性的担忧可能是有限的。
参与去中心化协议的用户谨慎地信任这些协议，并且只与他们的交易相对
人交易。这类协议的开发者似乎并不完全在其中。协议开发者或提供者在
多大程度上行使某种形式的责任，例如协议的维护和问题的解决仍然是值
得怀疑的。这个问题与下面讨论的 DeFi 尤其相关，特别是谁对协议中的缺
陷和黑客行为承担责任尚不明确。③

平台在处理抵押品锁定和充值、钱包与钱包之间的互动等的自动协议
上运行，有争议的是将法律嵌入代码的监管技术的应用。④ 这种监管技术

---

① Lazzaro & Noonan，A Comparative Analysis of US and EU Regulation Frameworks of
Crowadfunding for Cultural and Creation Industries.
② Ryan Clements. Emerging Canadian Crypto Asset Jurisdictional Uncertainties and Regulatory Gaps，
B.F.L.R，Vol.37，2021，p.25.
③ 据统计，发生了 169 起与 DeFi 协议有关的黑客事件，损失约 70 亿美元。Cointelegraph Consulting.
Recounting 2021's Biggest DeFi Hacking Incidents. 3 Nov. 2021，https://cointelegraph.com/news/
cointelegraph-consulting-recounting-2021-s-biggest-defi-hacking-incidents.
④ Roger Brownsword. *Law，Technology and Society*. Routledge，2019，p.197.讨论了监管转型的技术
方法，将监管内嵌于技术。

将要求通过设计建立自动化协议以整合监管问题，例如保护用户权利、交易的确定性、交易条件的逆转和反洗钱核查。[①] 自动协议的设计和生效是用户权利形成和受到影响的时间点。因此，有必要对监管采取事先而不是持续的方法。监管机构需要能够进行代码审核和审查，因此对监管专业知识提出了新的要求。无论如何，这是一个不可避免的发展。

（六）监管托管服务提供者

对 NFT 金融化尤为重要的一项服务是托管服务。这项服务对 NFT 投资者至关重要，因为数字所有权的权利往往与数字资产的访问权密不可分。在自律性托管服务的背景下，加密代币持有人在访问中断（不连续）或在发生黑客攻击或盗窃的情况下可能得不到保护。[②] 此外，在保管服务提供者破产的情况下，代币持有人可能会成为无担保的债权人。[③]

欧盟 MiCA 建议对提供托管服务的加密资产服务提供商进行监管。这些服务商被定义为对加密资产的访问拥有控制权的服务商，并在以下方面受到管理：① 有明确的条款向确定的客户显示提供服务的性质，包括适用的合同法；② 强制性地记录和报告托管资产的义务；③ 维护安全政策和适当的内部治理程序的强制性义务，对因网络黑客或盗窃造成的资产损失承担绝对责任；④ 对客户资产进行强制性隔离；⑤ 为客户访问其资产提供便利。托管服务提供商包括集中交易的交易所和运营商，以及那些参与加密资产交易的"经纪业务"，[④]并提供有关加密资产的建议。这些都类似于对保管客户资金和资产的传统金融中介机构规定的现有义务。[⑤]

关于 NFT 和破碎化 NFT 的服务提供商，有必要考虑扩大金融监管范

① Raphael Auer. Embedded Supervision: How to Build Regulation Into Blockchain Finance. BIS Working Paper 2019，https://www.bis.org/publ/work811.htm.
② Hannah Murphy. How Secure are Digital Assets? 30 Nov. 2021，https://www.ft.com/content/6cea9227-aaa2-4850-ac7a-b2ca18cccbe3.
③ Adrianne Jeffries. Inside the Bizarre Upside-Down Bankruptcy of Mt. Gox, 22 March 2018, https://www.theverge.com/2018/3/22/17151430/bankrupt-cy-mt-gox-liabilities-bitcoin.
④ Dennis Chu 在 Broker-Dealers for Virtual Currency 中也提出了经纪人监管模板，参见 Dennis Chu. Broker-Dealers for Virtual Currency: Regulating Cryptocurrency Wallets and Exchanges. Colum. L. Rev., Vol.118，2018.
⑤ EC，Markets Financial Instruments Directive 2014/65 EV. at art. 16(11).

围，以保护受益于托管服务的用户。[①] NFT 托管服务提供商可能被视为处于金融监管范围之外，例如 MiCA。然而，由于供应商提供相同的钱包可用于支付加密货币并作为交换接收 NFT，可以说，在 NFT 的托管服务和同质化加密代币的托管服务之间划出一条明确的界限是一种狡辩。

许多钱包应用程序是高度分散的，其并不打算保持对用户的加密资产的控制和访问。许多钱包应用程序可以被下载到智能手机上，它们为用户提供了恢复种子短语，以便在失去访问权的情况下安全地保存信息。通过这种方式，用户可以控制他们的钱包、发送接收代币的指令，并进行传出交易。这种应用的供应商在多大程度上完全脱离了用户的活动，并承担起用户的保护责任，这一点仍然存疑。钱包供应商经常与其他服务合并，例如集中式加密货币交易所或 DeFi 服务，以便为用户提供进入这些平台的便利途径。在这方面，去中心化钱包的附属平台运营商如果对这些用户行使职能影响，是否应该以类似于上文讨论的中心化运营商的方式对用户保护的相关方面负责？此外，如果软件更新和协议维护由钱包应用提供，是否真的可以说是对钱包服务没有中心化的管理形式？ MiCA 在对资产访问的控制方面对托管服务供应商的定义可能过于狭隘，重要的是考虑在集中控制和维护的范围内对一系列钱包应用供应商提供适当的监管标准。如上所述，高度分散的服务可能会受到涉及嵌入式合规代码的监管设计。

（七）NFT 金融化和去中心化金融的愿景

NFT 金融化和破碎化得到了 DeFi 的创新支持，DeFi 为 NFT 和 NFT 破碎代币的货币化和流通开辟了各种渠道。

DeFi 活动涉及基于对自动协议信任的点对点金融业务，[②]促进了允许用户直接从金融中介中获取收益的活动，绕过了在传统金融中从交易价值

---

① Anastasia Solitopoulou & Stephanie Ligot. Legal Challenges of Cryptocurrencies: Isn't it Time to Regulate the Intermediaries? *Eur. Company & Fin. L. Rev.*, Vol. 5, 2019, p. 652; Sarah Jane Hughes & Stephen T. Advancing a Framework for Regulating Cryptocurrency Payment Intermediaries. *Yale J. on Reg.*, Vol. 32, 2015, p. 295.

② S. M. Werner et al. SoK: Decentralized Finance (DeFi), https://arxiv.org/pdf/2101.08778.pdf.

中抽取的集中式中介。例如，破碎化 NFT 的持有者可以为了产生收益而在流动性池中"入股"。[1] 权益质押是一种活动，金融资产持有人可以为"费用"提供流动性，同时也保留了对交换资产进行投机的自由，这与传统金融中机构做市的功能等同。同质化的加密货币和加密资产的流动性池平台正开始为零散的 NFT 开发金融中介服务。这些流动性池据称是去中心化的，由根据治理协议投票的代币持有者管理，为流动性池的运营提供自动化协议。例如，Sushiswap 和 Unicly 联合开发了拍卖市场用于零碎化 NFT 的二级交易。[2] 破碎化的 NFT 作为同质化的代币，可以在适当的时候参与这种同质化代币的流动性池。去中心化的流动性供应可能会使任何加密代币持有者的做市变得民主化，任何加密代币都有可能在财务上转化为资产。然而，在这些资金池中没有任何中央参与的情况下，去中心化和自动化协议的出现可能会产生误导。

加密资产质押和流动性转化的平台具有商业性质，并在金融创新方面提供引导。因此，说 DeFi 没有中介机构、DeFi 网络完全去中介化、用户以点对点的方式访问可能不一定准确。一些评论家对 DeFi 完全去中心化的印象提出质疑，认为它是"假的"，他们指出了平台开发商或某些治理令牌持有人可行使的不同程度的控制或权力。像 KIRA 这样的平台策划了 NFT 篮子，不那么高价值的 NFT 可以存放在那里，以便将它们换成同质化代币，可以进一步用于交易或抵押。这种金融创新涉及一种投资管理形式。协议用于策划篮子和参考市场价值，例如 oracles 负有协议维护、oracle 检查和故障排除的责任。金融创新的策划可以追溯到负责任的商业实体或个人促进 DeFi 活动。此外，对自动化协议的控制权可能掌握在治理令牌持有人手中，而治理令牌持有人可能是一个特定的群体。[3] 以这种方式，开发者实体和治理令牌持有人可能存在"责任人"，他们可以被识别并承担治理自动协

---

① Such as offered by Cargo, Sean. NFT Staking Launching on the Ethereum Blockchain, https://medium. com/the-cargo-times/nft-staking-launching-on-the-ethereum-blockchain-46ebb39335fd; NFTX. https://docs.nftx.io/tutorials/staking; Unicly, https://www.unic.ly/.

② Princess, Unicly and SushiSwap form an Alliance to Level Up Fractionalized NFT, https://nftevening.com/unicly-and-sushiswap-form-an-alliance-to-level-up-fractionalized-nft/.

③ 例如，提取稳定币 Dai 的链上自动协议的参与者不一定是治理代币 MKR 的持有人。MKR 持有者参与 MakerDAO 的治理决策，而 MakerDAO 实现了 Dai 提款和赎回协议。

议和保护用户的责任。① DeFi 市场并非如想象中的那样平坦，也非想象中的那样无法控制，现实中用户并非都能平等地获得治理协议的授权。在这种情况下，设计监管框架在传统意义上可能是可行的，即确定实体的责任和义务适用。然而，在监管中混合使用各种方法，包括由监管者对代码进行事先审查，以达到防止误导和提高效率的目的可能是不可避免的。

可以说，DeFi 应该抵制监管，原因在于监管会破坏点对点金融交易的效率。然而，在（目前的）以太坊区块链上扩展 DeFi 交易既费钱又费时，因此主张效率的争论值得讨论。② 此外，如果为交易验证和效率探索链下解决方案，这将产生链下治理和维护责任的各个方面，这些方面将在没有监管治理形式的情况下进行自我监管。③

仅因为 DeFi④ 代表了点对点金融参与而似乎不涉及公共或社会保护目标，监管机构就应该避开 DeFi，这是非常值得怀疑的。由于传统资产的低回报，⑤如果更多的主流投资者开始认为加密金融的多元化是可行的，那么，不断增长的数量和规模将迫使监管机构采取积极的立场。监管机构可以采取的立场是，将 DeFi 限制在有能力为自己议价的富裕或成熟的投资者

---

① 至少协议的负责实体是治理机构，它可能是一个 DAO，例如 MakerDAO，https://makerdao.com/en/.如果治理机构没有"正式化"为 DAO，而是一个社区，则责任人可以包括所有治理令牌持有者，例如 Compound 社区，https://compound.finance/governance.人们可能会质疑，如何将责任赋予这样一个不同的治理代币持有人的机构，但也可以说，为了达到合规目的，监管要求将反过来塑造治理结构和这些结构中的责任阐述。

② Adam Greenfield, Non-fungible Tokens aren't a Harmless Digital Fad: They're a Disaster for Our Planet, https://www. theguar-dian. com/commentisfree/2021/may/29/non-fungible-tokens-digital-fad-planet-nfts-ar-tists-fossil-fuels; Qin Wang et al. Non-Fungible Token（NFT）: Overview, Evaluation, Opportunities and Challenges, https://arxiv. org/abs/2105. 07447; Matthew Leising, Ethereum Closes In on Long-Sought Fix to Cut Energy Use Over 99%, https://www. bloomberg. com/news/articles/2021-05-23/ethereum-closes-in-on-long-sought-fix-to-cut-energy-use-over-99.

③ Pool of Stake. Revisiting the On-chain Governance vs. Off-chain Governance Discussion, https://medium. com/@poolofstake/revisiting-the-on-chain-governance-vs-off-chain-governance-discussion-f68d8c5c606.

④ David Z. Morris, DeFi Is Like Nothing Regulators Have Seen Before. How Should They Tackle It? https://www. coindesk. com/policy/2021/10/19/defi-is-like-nothing-regulators-have-seen-before-how-should-they-tackle-it/; Dave Michaels & Paul Kiernan. Crypto's "DeFi" Projects Aren't Immune to Regulation, SEC's Gensler Says, https://www. wsj. com/articles/cryptos-defi-projects-arent-immune-to-regulation-secs-gensler-says-11629365401.

⑤ Lawrence Wintermeyer. Institutional Money Is Pouring Into The Crypto Market And Its Only Going To Grow, https://www.forbes.com/sites/lawrencewintermeyer/2021/08/12/institutional-money-is-pouring-into-the-cryp-to-market-and-its-only-going-to-grow/?sh=3b41d8a01459.

身上。然而,这种做法必然是排他性的是基于对能力的粗略推测。^① NFT
金融化及其对 DeFi 的潜在影响应该吸引而不是阻止金融监管机构对 DeFi
的关注。DeFi 显示了为金融化而增加数字代表的资产化的可能性,为新形
式的金融化资产扩大了一系列的市场空间。通过这种方式,任何人都可以
很容易地将商品转化为金融转型的同质化资产,从而为民主化参与提供了
DeFi 机会。因此,DeFi 是一个加速或"超"金融化的新领域。调动点对点的
金融参与可能会有一定的效率,特别是对流动性差的"资产"而言,但在目前
不受机构管理的市场环境中会有风险和危害。DeFi 活动提出的问题是在
最近的 NFT 金融化创新之前提出的。然而,非金融化强化了金融监管机构
应对新的金融转型和治理需求的必要性,超越了它们熟悉的参数。

可以说,如上所述,NFT 金融化过于未来主义,目前的趋势似乎并不支
持基于 NFT 的高水平金融创新。例如,Doge meme"NFT"是一只柴犬形
象的代币化代表,以 1 696.9 以太币的价格卖给了一个艺术团体作为
DAO,^②这是一个基于区块链的代币持有者社区,具有一些共同的目标和治
理权。^③ 拥有 NFT 的 Pleasr.dao 后来将 NFT 破碎化为 170 亿个同质化的
代币,以促进标志性数字艺术的公共所有权。^④ 尽管 Pleasr.dao 在其愿景中
表示,破碎化代币将在适当的时候成为 DeFi 生态的一部分,但尚未阐明这
下一步的具体应用。^⑤

---

① Ang v. Reliantco,(2019) EWHC 879 似乎表明,在加密货币方面,有经验的金融专业人士仍然可以
被视为消费者。

② Kalhan Rosenblatt. Iconic "Doge" Meme NFT Breaks Record, Selling for $4 Million, https://www.
nbcnews. com/pop-culture/pop-culture-news/iconic-doge-meme-nft-breaks-records-selling-roughly-4-
million-n1270161.

③ 去中心化自治组织,或称 DAO 是一种基于区块链的组织形式,可以区别于传统的商业形式。第一个
DAO 是由 Slockit. com 开创的,参见 Christoph Jentzsch, The History of the DAO and Lessons
Learnt, https://blog. slock. it/the-history-of-the-dao-and-lessons-learned-d06740f8cfa5? gi =
45fc4b2b1f80.DAO 是一种不断发展的组织形式,由基于区块链的社区的不同部分进行试验,Wulf A.
Kaal. Decentralised Autonomous Organisations via Blockchain Technology, Annals Corp. Governance,
https://papers.ssrn.com/sol3/papers.cfm?abstract_id=3652481&fbclid=IwAR3FUN-zIPD4Z7tus_
OamvKenGrTWCq4Xi1SpAeKQnREFviVjVGz5vTJHUJY。一些评论家将此比作合伙形式;ICO's.
DAO'S and the SEC: A Partnership Solution *Colum. Bus. L. Rev.*, 2018, p.617,但是美国的一些州
和欧洲的马耳他为 DAO 提供了一些制定的组织立法,参见 Malta Innovative Technological
Arrangements and Services Act, 2019; Vermont's Blockchain-Based limited liability company form,
https://legislature.vermont.gov/statutes/chapter/11/025.

④ https://pleasr.org/#.

⑤ https://pleasr.org/#.

至少，反洗钱治理应扩展到 DeFi 市场，①或许是通过综合代码协议与把关责任的混合。传闻认为，加密货币经济中存在一定程度的来自非法活动和利润的财富。②

此外，由 DeFi 实现的资产化和金融化活动的无限加速可以帮助洗钱者进行分层处理。转化为加密货币持有量的非法财富可以通过在 DeFi 权益质押平台上的代币交换，以及购买 NFT，然后将其分化以实现收益来进行洗钱。③ 监管机构需要将 DeFi 的监管议程提上议程，特别是在一个数字转型为动员金融活动的同质化代币的可能性越来越大的时代。

五、数字商品金融监管机构和结论思考

NFT 金融化提供了一个例子，说明任何商品的数字化——无论是有形的还是无形的——如何通过编码允许数字代币被货币化、流通化和资产化的属性而引起其金融化。在点对点平台的数字环境中，数字对象从商品到资产的资本转化被加速了。换句话说，NFT 的金融化接近于对加密经济中任何事物的金融化，模糊了金融监管机构的监管参数。

这一挑战并不是全新的。商品以期货和衍生品合同的形式引起的金融转型，最终在美国被认为是一种需要监管的现象。④ 商品和期货交易委员会(CFTC)是对任何商品衍生合同有广泛权限的监管机构，尽管它没有参与系统的 以"产品"为基础的监管。然而，它对某些比特币合约（非现货交割）的监督主张，使 CFTC 能够扩大其职权范围，尽管是以一种临时的方式，以打击加密货币经济中的骗局。⑤ 然而，维持期货和现货合同之间的区别

---

① Financial Action Task Forces 中的设想，Updated Guidance for a Risk-Based Approach to Virtual Assets and Virtual Asset Service Providers, https://www. fatf-gafi. org/media/fatf/documents/recommendations/ Updated-Guidance-VA-VASP. pdf. 该指南对虚拟资产进行了广泛的定义，不限于同质化代币。指导意见的范围包括虚拟资产服务提供商，其广义是指促进虚拟资产的交换、转移、保管等。鼓励管辖当局研究 DeFi 服务和活动的责任实质，尽管该指导意见仍然不能适用于纯粹的点对点交易。

② Hannah Murphy, The Rise of Crypto Laundries: How Criminals Cash out of Bitcoin, https://www. ft. com/content/4169ea4b-d6d7- 4a2e-bc91-480550c2f539.

③ Lennart Ante. Non-Fungible Token （NFT） Markets on the Ethereum Blockhain: Temporal Development, Cointegration and Interrelations, https://ssrn. com/abstract=3904683.

④ Commodity Exchange Act, 7 USC § 1.

⑤ CFTC v. MyBigCoin Pay Inc. （D. Mass. 2018）, https://www. cftc. gov/sites/default/files/2018-10/ enfmybigcoinpayincmemorandum092618_0. pdf; Allen Kogan. Not All Virtual Currencies Are Created Equal: Regulatory Guidance in the Aftermath of CFTC v. McDonnell, *Am. U. Bus. L. Rev.*, Vol.8, 2019, p.199.

可能会限制 CFTC 的管辖权。[①]

笔者不只是呼吁 CFTC 将监督范围扩大到所有可能基于非金融标的（财产）的数字代币。美国各部门监管机构之间的监督和责任划分是一个需要单独处理的话题，[②]但是面对加密经济带来的快速而新颖的金融化，建立一个金融监管机构来监督非金融标的（财产）的金融转化的想法是应该被接受的。这样的监管机构既可以是整个金融监管机构的一部分，也可以是独立的，同时与辖区内的证券（或商业行为）监管机构保持密切的机构合作。设立这样一个监管机构，在广泛和灵活的监管范围方面开辟了许多可能性，促进和管理新资本转型的社会预期。例如，这样的监管机构可以考虑基于产品的监管是否有利于从非金融对象（财产转型）的资产市场的参与者。此外，一个监管机构对于抓住一个范围内的中介机构（例如市场运营商和服务提供商）进行治理，甚至为分散的结构制定标准是非常重要的。

新型财产的商品化和金融化与人类发展资本和金融资产市场的创新历史是一致的。对新型财产法律权利的澄清应与金融监管原则一起发展，为资本转型的动员和自由化提供一个框架。本文支持并提供了一个监管改革的蓝图，以支持在投资流动领域的 NFT 金融化。更广泛地说，NFT 金融化是一个视角，通过这个视角可以理解加密货币金融中的边界挑战问题。更广泛地说，一个更优的制度上的回应是社会以开放和建设性的方式参与这种创新。

---

① Giovanni Patti. The Regulation of Financial Product Innovation Typified by Bitcoin-Based Derivative Contracts. *Rev. Banking & Fin. L.*, 2020.

② Elizabeth F. Brown. E. Pluribus Unum：Out of Many, One：Why the United States Needs a Single Financial Services Agency. *U. Miami Bus. L. Rev.*, Vol.14, 2005, p.1.

让代币与交易脱钩：超越对 ICO 的投资监管政策

艾里斯·H. Y. 邱[*]

傅子洛　译　赵伊　苏可桢　校

摘要：首次代币发行(ICO)作为技术企业向公众筹集资金资助技术创新项目发展的一种方式，已经成为一个不断增长的市场。本文主要讨论对 ICO 的监管，检讨美国证券监管委员会的监管模式。本文建议授予非金融代币的 ICO"避风港"，以消费者保护原则约束发行人和代币初始合同。该制度保护了那些真心希望实现其使用权利，或使用开发者的货币代币来购买未来产品或服务的代币持有人。

关键词：集合投资计划；金融监管；首次代币发行(ICO)；投资者保护；虚拟货币

一、引言

首次代币发行(ICO)作为技术企业向公众筹集资金以资助技术创新项目发展的一种方式，已经成为一个不断增长的市场。在 2018 年年初的前两个月，约有 50 个 ICO 项目筹集了超过 10 亿美元的资金，其中排名前十的 ICO 项目各筹集了相当于 3 600 万美元—1 亿美元的资金。[①] 在缺乏可以接受的金融市场监管机制的情况下，没有监管的 ICO 市场的吸引力与增长令人震惊。

＊ 艾里斯·H. Y. 邱(Iris H. Y. Chiu)，伦敦大学学院企业法与金融监管学教授。
① https://www.coinschedule.com/stats.html.

　　ICO所发行的"代币"或"币"这一创新产物无法与既有的融资监管制度相匹配，这类项目的国际或无国界的属性也对国内执法带来挑战。[1] 不过，美国证券交易委员会(SEC)在2017年年中发布了一份报告，将某些代币归类为证券，要求此类代币的发行需遵守证券监管或者证券豁免法规。[2] 尽管欧盟和英国还没有明确发布其监管方案，但欧洲证券和市场管理局与英国金融市场行为监管局警告，既有的监管制度可能会根据ICO项目的结构形式而适用，投资者们应意识到这种投资是高风险且不受监管的。[3]

　　对监管套利的担忧是可以理解的——ICO是否只是一种利用技术创新模糊投资发行之实质以规避合规的手段？这种规避监管的做法无需遵守证券和金融监管规定下的投资者保护标准，进而可能损害投资者的利益。同时，ICO可能难以受到分类监管的约束，因为它们在资产类别和融资过程的重新定义方面可能具有真正的创新性。笔者认为，与其试图将ICO归入到和它们最相似的金融工具(例如证券或基金，这两种工具都吸引了监管批准和监管要求的遵守)的当前定义中，政策制定者应更广泛地考虑如何构思其监管政策：① 联系金融创新中资产类型的发展；② 考虑如何在投资者保护和资金筹集之间取得平衡。

　　本文第一部分从一级市场(直接认购来自ICO发行者的ICO代币)和二级市场(代币在市场参与者之间交易和转售)两个方面讨论了ICO市场的发展情况及其特点。第二部分讨论了对ICO应用分类监管的可能性，将美国证券交易委员会相关方法与欧盟和英国在证券和集合投资计划监管方面可能采用的方法进行了比较。笔者认为，ICO具有真正独特的性质，因此一味坚持"一致性"的监管方式会适得其反。笔者建议，一级市场应依照符合消费者保护一般标准的买方适当保护规则进行管理，无需与投资者保护标准处于同一水平。第三部分指出，投资者保护问题实际上仅发生在二级市场中。在二级市场中，代币像衍生金融工具合约一样进行交易，可以考虑

---

[1] 尽管美国证券交易委员会(SEC)的域外管辖权历来十分强大。参见 affirmation in SEC v. Traffic Monsoon, LLC (D. Utah) (28 March 2017).

[2] SEC. Report of Investigation Pursuant to Section 21(a) of the Securities Exchange Act of 1934: The DAO, https://www.sec.gov/litigation/investreport/34-81207.pdf.

[3] ESMA Highlights ICO Risks for Investors and Firms, https://www.esma.europa.eu/press-news/esma-news/esma-highlights-ico-risks-investors-and-firms; FCA. Consumer warning about the risks of Initial Coin Offerings (ICOs), https://www.fca.org.uk/news/statements/initial-con-offerings.

建立监管架构来实现对市场参与者的保护。笔者的建议为政策制定者提供了一套相称的改革方案，既满足了关键的市场保护需求，又为资产创新和资金融通铺平道路。第四部分进行总结。

二、ICO 市场

ICO 通常在区块链平台上为技术创新提供资金，[①]以提供一些服务或产品。这些服务和产品包括：全球无线互联网（lungo）、加密资产的银行和财富管理等金融服务（Crypterium、European Crypto Bank、Swissborg）、能源共享（Envion、Cryptoslate）、增强计算能力等技术服务（Golem）以及在金融、医疗保健、数据分析、旅游、游戏和能源（公用服务）等行业的其他产品和服务。[②] ICO 为颠覆性产品和服务的前沿技术创新提供资金。这一融资方式本身具有创新性，因为其不再需要传统的中介、市场与技术。从 ICO 代币的营销到认购，再到二级交易，参与其中的新技术、系统和参与者都绕过了传统的金融基础设施和监管制度。

（一）一级市场

ICO 的一级市场是指购买者直接认购 ICO 发行者通过其区块链平台发行的代币。实证研究表明，ICO 通常首先由开发团队以白皮书的形式自愿披露，但其内容可能变化。其通常会提供项目信息，例如关于所使用的代码[③]或开发项目的团队，[④]但这些信息的内容和质量是可变的。与证券发行的披露标准相比，ICO 的披露仍是相对不完全和有选择性的。这种弱点在团队信息和财务信息方面尤其明显。例如，目前尚不清楚 ICO 是否由公司发行，且在许多情况下 ICO 发行者是在境外注册成立的，[⑤]但这种与"身份"

① S. Adhami et al. Why do Businesses Go Crypto? An Empirical Analysis of Initial Coin Offerings. http://ssrn.com/abstract=3046209.

② S. Adhami et al. Why do Businesses Go Crypto? An Empirical Analysis of Initial Coin Offerings. http://ssrn.com/abstract=3046209.

③ S. Adhami et al. Why do Businesses Go Crypto? An Empirical Analysis of Initial Coin Offerings. http://ssrn.com/abstract=3046209.

④ D. Zetzsche et al. The ICO Gold Rush: It's a Scam, it's a Bubble, it's a Super Challenge for Regulators, http://ssrn.com/abstract=3072298.

⑤ 例如巴拿马文件中提到的位于马绍尔群岛的 Trust Company Complex。

有关的基本信息的模糊性并没有影响 ICO 购买者。此外，由于项目可能处于早期甚至投机阶段，ICO 白皮书通常缺乏在证券发行中作为主要披露要求的财务信息。

ICO"发行者"通过区块链平台发行"代币"以回报对加密货币（例如以太币或比特币）的投资。[①] 代币可以是实用型代币以授予订购者（在未来）使用或享受某些服务的权利，[②]可以是"乐趣"代币，例如为整个区块链社区带来利益，[③]还可以是加密资产代币以授予认购者发行人的"通货"（例如 Clearcoin, Reddcoin by Reddit.com）来取得他们的服务，[④]也可以是投资代币以授予认购者提交投资决策的权利。2016 年发展于以太坊区块链的去中心化自治组织（DAO）便是一个投资代币的例子：认购者们将投票提交给 DAO，使其执行智能合约，将加密货币分配给多数人批准的投资；如果分配条件失败，则通过智能合约协议将加密货币返还认购者。然而，DAO 已被美国证券交易委员会归类为证券发行。与证券或集合投资计划等传统金融投资相比，ICO 似乎为投资提供了更广泛的对价，例如服务和社区效益。这些对价形式是创新的，并且有可能改变我们对于投资资产类别的认识。笔者认为 ICO 可能不适用于既有的在金融基础上的投资工具监管制度。不过迄今为止，发行的大多数 ICO 提供的加密货币被用于购买项目所开发的或者如资产一样在二级市场上被交易的未来服务和产品。[⑤] 因此，购买者最关心的可能仍然是 ICO 最终创造的金融价值。

ICO 的营销一般通过在有关加密讨论的论坛、博客和网络杂志（例如

---

① W. A Kaal and M. Dell'Erba. Initial Coin Offerings, Emerging Practices, Risk Factors and Red Flags, in F. Moslein and S. Omlor (eds). *Fintech Handbook*, CH Beck, 2018.

② P. Hacker and C. Thomale, Crypto-Securities Regulation: ICOs, Token Sales and Cryptocurrencies under EU Financial Law, http://ssrn.com/abstract=3075820; Zetzsche et al. The ICO Gold Rush. It's a Scam, it's a Bubble, it's a Super Challenge for Regulators, http://ssrn.com/abstract=3072298; J. Rohr and A. Wright, Blockchain-Based Token Sales, Initial Coin Offerings, and the Democratization of Public Capital Markets, http://ssrn.com/abstract=3048104.

③ D. Zetzsche et al. The ICO Gold Rush: It's a Scam, it's a Bubble, it's a Super Challenge for Regulators, http://ssrn.com/abstract=3072298.

④ I. M. Barsan. Legal Challenges of Initial Coin Offerings (ICO). *RTDF*, Vol.3, 2017, p.54; Y. Chen. Blockchain Tokens and the Potential Democratization of Entrepreneurship and Innovation, http://ssrn.com/abstract=3059150.

⑤ D. Zetzsche et al. The ICO Gold Rush: It's a Scam, it's a Bubble, it's a Super Challenge for Regulators, http://ssrn.com/abstract=3072298.

Reddit、coindesk.com）上发布公告，以及跟进即将发行的 ICO 项目的服务（例如 Smith 和 Crown）来进行。"审查"或"评估"即将发行的 ICO 的服务已经出现，以在一级市场中发挥信息中介作用。ICO Bench 为 ICO 简介、团队、愿景和产品提供评级（以五分制）。其他竞争对手（包括 ICOrating.com 和 ICOmarks.com）也各自提供其评级标准和有关定义。一些平台已经成了 ICO 一级市场的组织者，并以它们的声誉背书支持 ICO 以减少信息不对称（例如 CoinList，ICO Engine，BlockEx），甚至像 Indiegogo 和 Republic 这样的在线众筹平台也参与了 ICO 一级市场。值得注意的是，许多组织一级市场和评级服务的平台都是新业务，有时它们本身也在进行 ICO！信息中介市场相对年轻和分散，许多主体不一定有丰富的业绩支持，还可能存在大量"内部"的或者选择性的信息在某些群体之间或在预售阶段共享（一些 ICO 向选定的购买者进行预售）。这样的信息环境不大可能保证购买者之间的平等。

笔者对 ICO 一级市场的研究表明，某些关键条件与传统金融市场类似，例如筹资项目的信息透明度，以及信息中介服务的存在。克服信息不对称的自发尝试在一定程度上完全是由市场力量提供的。然而，令人惊讶的是 ICO 购买者似乎并不十分重视一级市场的投资者保护。

在 ICO 市场中，信息重要性的降低可能归因于对新奇事物的追逐、炒作和乐观偏差（一种在 ICO 市场之前的加密货币交易市场中已经出现的"统一"的参与形式）。[1] 这种"不知情"但积极的情绪解释了为什么 ICO 购买者在碎片化的信息环境中仍然涌向已经在公开销售前与选定的投资者进行了预售的 ICO，即使人们可以料想到预售购买者具有信息优势。[2] 这些缺乏充分知情的参与活动似乎还对坏消息也有高承受度，虽然这一现象是否会继续仍然高度不确定。例如，ICO 骗局（Chohan 文载明，[3]ICO 骗局约占 ICO 的 10%）、加密货币存在缺陷的可能性（由 Walch 提出[4]）、项目

---

[1] C. Fink and T. Johann. Bitcoin Markets, http://ssrn.com/abstract=2408396.
[2] S. Adhami et al. Why do Businesses Go Crypto? An Empirical Analysis of Initial Coin Offerings, http://ssrn.com/abstract=3046209.
[3] U. W. Chohan. Initial Coin Offerings (ICOs)：Risks, Regulation, and Accountability, http://ssrn.com/abstract=3080098.
[4] A. Walch. The Bitcoin Blockchain as Financial Market Infrastructure：A Consideration of Operational Risk. *Legislation and Public Policy*, Vol.18, 2015, p.837.

的高失败率（2017 年底被载明为 46%①）或者市场失灵（例如 2014 年的 Mt
Gox 事件和 2018 年的 Coincheck 盗窃事件）等似乎并没有吓倒购买者。

笔者认为，这是因为 ICO 购买者将二级市场的退出权作为管理风险的关
键手段，因此降低了真正了解项目承诺与前景的重要性。通过这种方式，ICO
购买者并不需要"投资"于项目创造的价值。这种现象既有优点，也有缺点。
有人可能会说，ICO 购买者与项目的脱离可能对项目开发者和 ICO 购买者都
是"相互隔离"且互利的。项目可以在市场噪声中"免受打扰"，因此项目开发
人员不必担心市场压力。这种"隔离"的缺点是削减了开发团队对 ICO 购买
者的责任。此外，正如将要讨论的那样，即使项目失败，与代币相关的二级交
易似乎也不会受到影响，因为代币本身可以作为一种由相对其他加密货币或
国家支持的货币的交换能力决定其价值的资产而继续独立存在。②

尽管代币通常不会像证券那样赋予相应的治理权，但可以想象，ICO 购
买者可能会受到稀释等问题的影响。ICO 发行者有权在第一轮融资用完后
阐明（或以其他方式）未来发行代币的计划，但许多 ICO 不提供这样的说
明，新一轮的代币发行可能会降低初始购买者持有的代币的价值。③ ICO
购买者通常在这方面没有受到任何保护，而这种风险进一步强化了投资者
保护的主要手段，例如二级市场的退出权。

鲜有证据表明，在一级市场中与项目或团队信息披露有关投诉的私人
争议解决或仲裁等执行机制有所发展，这是一种奇怪的缺失。因为评论家
们普遍支持在私人证券诉讼中对投资者进行强有力的保护，并认为这对证
券市场的成功至关重要。④ 事实上，即使 ICO 购买者可以援引有关虚假陈
述和不当销售的法律等一般性规则，也会受到适用哪些法律和由哪个司法
管辖区负责执行等的困扰。ICO 购买者很可能因为此类争端的跨境性质或
在正式诉讼中判定这些先决问题（其代价昂贵）的不确定性而放弃，但投资

① 《财富》报道称，2017 年约 46% 的 ICO 项目已经失败，即停止、沉默或停止开发，参见 Nearly Half of
2017's Cryptocurrency "ICO" Projects Have Already Died, http://fortune. com/2018/02/25/
cryptocurrency ico-collapse/.

② ICO Bankruptcy: What Happens with Tokens of Failed Projects, https://bitnewstoday. com/
market/ico/ico-bankruptcy-what-happens-with-tokens-of-failed-projects/.

③ W. K. Kaal and M. Dell'Erba. *Initial Coin Offerings*, *Emerging Practices*, *Risk Factors and Red
Flags*. Fintech Handbook，2018.

④ R. La Porta et al. Law and Finance. *Journal of Political Economy*，Vol.106, 1998, p.1113.

者保护方面的不利环境，无论是在事前的信息环境方面，还是在事后的执法环境方面，似乎都没有影响人们对 ICO 一级市场的高涨情绪和炒作。笔者认为这是因为许多 ICO 购买者脱离了最基础的项目，并将代币视为二级市场交易对象或资产本身。

（二）二级市场

ICO 的二级市场是其成功的关键条件。无论 ICO 是否授予有关公共服务的未来权利，或发行人自己的"币"等加密货币，作为回报授予的代币本身都被视为可以立即交易的"资产"。二级市场的存在使得 ICO 购买者可以自由决定他们是否持有代币以期未来项目实现，或在适当时候进行清算以获取交易收益。

ICO 代币有许多二级交易市场。这种自下而上的基础设施的存在可以归因于交易所的兴起，这些交易所最早从 2011 年开始促进比特币和以太币等加密货币的交易。这些交易所促进了不同加密货币之间以及加密货币与国家支持的货币（例如美元）之间的交换。它们设在世界各地，例如 Kraken 位于美国、加拿大、欧洲和日本；Bitstamp 在斯洛文尼亚；Coinbase 在美国旧金山；BTC 在中国和保加利亚。Coinbase（成立于 2012 年）等已经建立的加密货币交易所以及新出现的交易所（Poloniex，BlockEx，Digital Asset Exchange）目前促进了代币交易。ICO 购买者能够将代币交易为更成熟的加密货币或国家支持的货币，例如美元或欧元。

加密货币和代币的交易市场都使用了区块链支持的清算和结算，不需要依赖传统金融市场的既有基础设施。这些市场可能被视为对传统金融市场的破坏，因为它们脱离了经纪商和交易商等主流金融中介机构。用户可以直接使用它们，而不需要受制于传统金融中介机构有据可查的委托代理问题，例如捆绑收费、[1]中介机构的利益冲突[2]和中介机构在托管职能和开

---

① CESR. Inducements: Good and Poor Practices (2010) 载明了金融中介机构在征收费用和费用方面对客户的非最佳待遇，这最终为 MiFID Commission Directive 2017/593 中关于向客户收取与交易有关的研究费用的新限制规则做了铺垫。

② I. H-Y. Chiu. Is there Scope for Reforming the Emaciated Concept of Fiduciary Law in Finance? Critically Discussing the Potential Achievements of Reform in Special Issue: Liber Amicorum-Mads Andenas, *European Business Law Review*, Vol.27, 2017, p.937.

展业务方面的不良做法。① 然而，这些具有新技术的市场对用户造成了一种不同形式的不透明和权利不平等，并使用户面临与新技术（金融中介机构）行为有关的新委托代理问题。

市场基础设施完全由交易所自身的技术和政策控制，例如 Ripple 的交易、清算和结算系统，或 BlockEx 的管理数字资产的"全生命周期"系统。交易所提供不同的交易费用结构、中心化或去中心化的交易，加密货币和资产的托管政策也因此产生。在中心化的交易系统中，加密资产或货币可能存储在交易所维护的数字钱包中，不同的交易所采取不同的保护措施以避免网络安全风险。② 然而，如果因网络黑客等发生损失，市场参与者只能依靠交易所的自发努力——虽然 Coincheck 的用户已得到偿还，但是许多人在 Mt Gox 倒闭后仍处于困境。有观点认为交易所之间的竞争可能为客户保护提供解决方案，交易所可以在成本、便捷度和声誉等多方面进行竞争，③ 而用户可以排除不能充分满足其需求的市场。但是，信息不对称在二级市场中很普遍，因为许多主体都是缺乏经验的年轻企业。④ 失败交易所的迅速倒闭⑤也表明即使交易所间的竞争发挥着作用，情况对用户来说仍是非常短暂且不可预测的。

尽管二级市场的情况是碎片化的、不可预测的、完全自律监管的，⑥与 Lee⑦ 所探讨的支撑传统金融市场治理、设施和运行的监管制度不同，但市场参与者似乎并没有为此而担忧，这是因为流动性仍然具有吸引力。大型

---

① 例如，客户资金和资产保管不善的问题被披露于 Lehman Brothers International（Europe）（in administration）v. CRC Credit Fund Ltd and others［2010］EWCA Civ 917；Re matter of Lehman Brothers International（Europe）（In Administration）and Re Insolvency Act 1986，UKSC，29 February 2012.

② 可通过互联网访问的"热"钱包风险更大，导致 Coincheck 遭到黑客攻击，造成相当于 5 亿美元的数字代币损失。储存在未联网电脑上的"冷"钱包被认为更能抵御网络安全风险。

③ T. Dimpfl. Bitcoin Market Microstructure, https://papers. ssrn. com/sol3/papers. cfm? abstractid = 2949807.

④ 据报道，交易所不得不由于需求激增而限制用户数量，新的交易所继而出现以填补未满足的需求的缺口，参见 Latest Digital Asset Exchange BITPACTION Slotted To Get Rolled Out Soon, https://finance.yahoo.com/news/latest-digital-asset-exchange-bitpaction-040500860.html? guccounter=/.

⑤ 36 Bitcoin Exchanges that Are No Longer with Us, https://bravenewcoin. com/news/36-bitcoin-exchanges-that-are-no-longer-wth-us/; Melotic Shuts Down Digital Asset Exchange, https://www. coindesk.com/meltic-shuts-down-digital-asset-exchange/.

⑥ 然而，如果投资代币（即证券）被交易，这些市场可能需要向 SEC 注册。

⑦ R. Lee. Running the World's Markets. Princeton University Press, 2011.

交易所似乎是协整的，并主导价格的形成，①而且大多数交易所具有流动性，尽管不同市场的市场深度不同。②

　　媒体行业和学界的评论人士都观察到，加密货币和代币的价格是高度波动的，可能在一天内发生重大变化。③尽管加密货币和代币的结构和用途是"货币"或交换手段，④但它们已变得更像"资产"而非货币，⑤因为缺乏基础因素（例如承诺维持国家支持的货币价值的中央银行角色）来为货币价值和使用提供稳定性。市场将加密货币和代币视为用以价值套利的可交易资产。价格的波动反映了在被吹捧的技术创新潜力的巨大不确定性下，一个完全由投机和短线交易情绪所操纵的市场。⑥ICO 购买者可能会迅速在即时的二级市场处理他们的代币，以收获初期的交易收益，然后去做别的事情。在某种程度上，这种波动性也可以归因于二级市场中没有发挥类似做市功能以平滑流动性的机构。

　　不过，评论人士发现市场上有一些加密货币和代币的大规模持有者，这些人似乎是"有经验的长期持有者和可能的早期接受者们"中的关键群体。⑦虽然他们的交易可以引起价格的重大波动，⑧但他们更可能采取私下交易的方式。⑨同样令人惊讶的是，加密资产市场上的操纵行为很少，⑩尽

---

① C. Fink and T. Johann. Bitcoin Markets，http：//ssrn.com/abstract=2408396.

② T. Dimpfl. Bitcoin Market Microstructure，https：//papers.ssrn.com/sol3/papers.cfm?abstract_id=2949807.

③ C. Fink and T. Johann. Bitcoin Markets，http：//ssrn.com/abstract=2408396；O. Scailliet et al. HighFrequency Jump Analysis of the Bitcoin Market，https：//ssrn.com/abstract=2982298.

④ 一些零售商，例如 overstock.com 和 Dell 接受这些行业交换方式，例如，支付或者在黑市上被广泛使用。还有，用来购买毒品的网上市场。M. Tsukerman. The Block Is Hot：A Survey of the State of Bitcoin Regulation and Suggestions for the Future. *Berkeley Technology Law Journal*，Vol. 30，2015，p.385.

⑤ O. Nica et al. Cryptocurrencies：Economic Benefits and Risks，http：//ssrn.com/abstract=3059856.

⑥ C. Perez. *Technological Revolutions and Financial Capital：The Dynamics of Bubbles and Golden Ages*. Cheltenham：Edward Elgar，2002；The Advance of Technology and Major Bubble Collapses：Historical Regularities and Lessons for Today，http：//www. carlotaperez. org/Downloads/media/PEREZTechnologyandbubblesforEngelsbergseminar.pdf.

⑦ Y. Chen, Blockchain Tokens and the Potential Democratization of Entrepreneurship and Innovation，http：//ssrn.com/abstract=3059150.

⑧ M. Bianchetti et al. Are Cryptocurrencies Real Financial Bubbles？Evidence from Quantitative Analyses，http：//ssrn.com/abstract=3092427.

⑨ C. Fink and T. Johann. Bitcoin Markets，http：//ssrn.comlabstract=2408396.

⑩ T. Dimpfl. Bitcoin Market Microstructure，https：//papers.ssrn.com/sol3/papers.cfm?abstract_id=2949807.

管没有监管制度维护市场行为的标准；[1]尽管观察到价格波动，Wang 和 Vergne[2]认为加密资产的价值从根本上符合市场对技术成就的看法。

ICO 二级市场向我们展示了如何吸引市场为项目筹资，以及市场如何基于临界规模的人群维持自身（即使这些人群是投机的、短视的和脱离基础项目的）。这提醒我们 Kay 的故事，他召集人们去猜测一头牛的重量，以及这是如何导致估值市场的发展（而不必然与牛本身联系起来）。[3] 然而，尽管缺乏投资者保护机制，但 ICO 一级市场的成功在很大程度上归因于 ICO 购买者认为他们有能力为自己创造私人财富，并通过在具有流动性的二级市场上的退出权来保护自己。

在 ICO 市场中，为企业家和支持者创造"私人财富"不一定是相互依赖或相互关联的，因为企业家的筹资不一定需要与支持者持续密切接触或对其持续负责，而 ICO 购买者的私人财富在很大程度上取决于交易收益。基于市场的金融成功取决于可交易资产的创造，[4]而其可交易性似乎是由市场而非资产本身维持的。这种以市场为基础的金融促进了私人财富创造中的原子化和不干涉主义，但也得到了满足流动性基本条件的二级市场的关键支持。如果后者无法维持或持续，一级市场可能会受到损害。

在没有正式监管机构的情况下，二级市场深为市场参与者所信任的流动性环境是否能继续存在下去？尽管这样的环境好比凯恩斯将股市比作赌场的说法，但只要能够达到临界规模的参与，二级市场的自我维持性质就可以保持。更具竞争力的交易所或许能更成功地维持这种临界规模，它们可能在用户友好度、价格，以及在治理、基础设施、安全和政策的用户信赖等方面展开竞争。然而，用户面临着新的技术（金融中介机构）在保管职责和客户待遇等方面的委托代理问题。当用户思考 2014 年 Mt Gox 的倒闭事件和 2018 年 Coincheck 的盗窃事件时，我们想知道当用户可能要求监管时，何时会达到不满的临界点。也许只要不扩大规模，不受管制的市场状态会

---

① 这在一定程度上是因为基础设施的技术支持是开放的，可以由公众调查。

② S. Wang and J. P. Vergne. Buzz Factor or Innovation Potential: What Explains Cryptocurrencies' Returns? *PLosOne*，Vol.12，2017，p.1.

③ J. Kay. The Parable of the Ox, https://www.ft.com/content/bfb7e6b8-d57b-11e1-af40-00144feabdc0.

④ K. Ho. Corporate Nostalgia? Managerial Capitalism from a Contemporary Perspective, in Greg Urban. *Corporations and Citizenship*. University of Pennsylvania Press，2014.

一直持续。① 就具有更广泛足迹的市场或者提高其可扩展性来说，仍可能需要监管制度以更广的覆盖范围的支撑。

ICO 市场到目前为止的成功向我们揭示了在剥离监管制度的支持时以市场为基础的金融成功的必要条件。以市场为基础的金融是可以成功的，但它需要一个庞大的参与者群体，②这一群体本质上是易变的、短暂的和投机的，即使最终获得资金的可能是一个对社会有益的长期项目。对流动性的偏好可以说是一种合理的风险管理形式，但可以说这是以市场为基础的金融的固有性质且容易产生泡沫和不稳定。笔者对 ICO 市场的深入研究表明，对 ICO 而言，对市场监管而非资产监管进行研究可能更为重要，因为即使政策制定者认为这些市场目前不构成系统性风险，市场失灵、不稳定或危机也可能造成广泛影响。③ 笔者认为，过度关注资产监管，将 ICO 分类以适应现有金融工具从而应用现有制度，是没那么有成效的。这是因为其与现有制度确实存在"契合"矛盾，而应用这些制度可能会过度抑制创新。此外，在一级市场上，ICO 购买者在多大程度上依赖这些制度是不确定的，因为认购方希望通过交易而非项目披露来保护自己。在资产基础上进行一级市场的广泛监管可能是 ICO 购买者的"大白象"，而对 ICO 开发商来说则成本高昂。下文，笔者将论证对 ICO"资产"性质的过度监管也许并不合适，然后将在第三部分提出市场监管方面的建议。

三、针对 ICO"资产"性质的监管对策

现有的监管制度根据金融工具的"资产"性质为投资者提供保护，因为他们的资产性质基本上是基于"信任"品，即经过一段时间后才能确定其投资业绩的经济物品。因此，投资者保护的目的是在投资者认购某些信任品之前，尽可能使投资者有所准备。

目前在投资者保护方面受到监管的"资产"，针对它们的监管方式略有不同，主要有两大类：一是由单一主体创造的"资产"，例如公司或主权国家

---

① J. Flood and L. Robb. Trust, Anarcho-Capitalism, Blockchain and Initial Coin Offerings, http://ssrn.com/abstract=3074263.

② L. E. Talbot. Why Shareholders Shouldn't Vote: A Marxist-Progressive Critique of Shareholder Empowerment. *Modern Law Review*, Vol.76, 2013, p.791.

③ Bitcoin is A Speculative Asset but not yet a Systemic Risk. *The Economist*, 16 December 2017.

发行的证券，或由特殊目的载体发行的结构性资产；二是由多元主体创造的资产（无论这种多元化是否广泛），即集合投资基金。就前者而言，证券监管的发展为投资者提供了保护，而后者则受集合投资计划监管的约束。这里将讨论证券监管和集合投资计划监管的原理，以及ICO是否以及如何"符合"这些类型。笔者认为，ICO的创新特征并不完全符合以上两种类型，也不应该将它们一概视为追求监管套利。可以说，更有成效的做法是不再拘泥于"一致性"方法，而是在真正紧要的投资者保护问题上为新政策留出思考的空间。

（一）证券监管和 ICO 的原理

证券的定义是指在资本市场上"可转让的"和"可兑现的"，在支付工具之外能够参照市场价格提供购买权或出售权的产品。欧盟和英国承认公司或其他相当组织形式的股份、债券和证券化债务为"证券"。[①] 其基本特征似乎是市场可交易性，尽管 Hacker 等人认为，证券也应被视为赋予股东治理权的工具。[②] 就债券和证券化债务而言，这类"证券"是否产生了金融权利也是值得商榷的，无论是以偿还权的形式还是附属于金融权利保护的契约权利的形式。在美国，认定"证券"的 Howey 标准是判断金融工具是否属于："一种合同、交易或计划，根据该合同、交易或计划，一个人将其金钱投资于一个特定事业以期仅从发起人或第三方的努力中获得利润。"

这与欧盟（英国）的表述略有不同，因为在 Howey 标准中，对财务收益的预期是关键。在欧盟（英国），Howey 标准更接近集合投资计划的定义。

由于欧盟（英国）将可转让性作为证券的关键特征，ICO 乍看可能属于该定义范围内，因为代币是可交易的。ICO 需要通过以下方式寻求《招股说明书条例》的豁免：小额发行（即一年发行金额低于 800 万欧元或发行对象不超过 150 人）；私募发行（即仅向通过一定的净资产或经验门槛的"合格"投资者发行）。[③] 在美国，为了避免受到证券监管，在一年内发行的金额需

---

① Markets in Financial Instruments Directive 2014/65/EU art.4, and Prospectus Regulation 2017 art.4.
② P. Hacker and C. Thomale. Crypto-Securities Regulation: ICO, Token Sales and Cryptocurrencies under EU Financial Law, http://ssrn.com/abstract=3075820.
③ Prospectus Regulation 2017 arts 2 and 3.

低于 500 万美元（《监管规定 A》），或者仅向经认证的投资者（《监管规定 D》）、外国投资者发行（《监管规定 S》）、将结构设置为受到投资限制的在线股权众筹，以减轻投资者的潜在损失（《促进创业法案》）。

由于"可转让性"是欧盟（英国）对"证券"定义的关键特征，故证券监管原则即旨在保护投资者利益的可转让性。由于证券投资是信任品，投资者保护是由监管制度通过促进一级和二级市场的有效价格形成来实现的，进而保护投资者为证券支付"匹配"的价格。通过这种方式，监管制度专注于优化证券可交易性的发生环境。实现这一目标的主要监管制度如下。

首先，要求发行人对自身信息及其证券性质和权益信息进行强制披露。[①] 这种披露在一级市场是标准化的、最理想的，[②]使公众能够有信心掌握足够的资讯来评估市场所提供的东西。此外，他们有权就事后发现的错误披露对发行人提起民事诉讼，以寻求对错误投资决策的赔偿。[③] 即使是信用评级机构等信息中介主体目前也受到监管，以确保它们有助于克服市场中的信息不对称问题。[④] 强制披露制度以理性投资者需要处理所有相关信息以做出最优投资选择为前提。[⑤] 尽管投资者是有限理性的，可能不会以最佳方式利用信息，[⑥]但高标准且受到严格监管的透明度仍然是培养信任的重要监管机制。[⑦]

其次，为了实现证券的"可转让"性质，投资者受到随时退出权的保护。证券投资的退出权由在理想情况下具有流动性的二级市场支持，即在不同

---

① Prospectus Regulation 2017 art.5.

② J. C. Coffee, Market Failure and the Economic Case for a Mandatory Disclosure System. *Virginia Law Review*, Vol.70, 1984, p.717.

③ R. La Porta et al. What Works in Securities Laws? *Journal of Finance*, Vol.61, 2006, p.1. Also supported in the EU Prospectus Regulation 2017 and its predecessor legislation, and Financial Services and Markets Act 2000 s.90.

④ Dodd-Frank Act 2010 s.15E 要求加强对全国认可的统计上重要的评级组织的监管；EU Credit Rating Agencies Regulation 1060/2009, amended in 2010, 2013. J. Forster, The Optimal Regulation of Credit Rating Agencies, Munich Discussion Paper No. 2008 - 14, http://epub.ub.uni-muenchen.de/5169/; A. Kruck. *Private Ratings*, *Public Regulations: Credit Rating Agencies and Global Financial Governance*. Basingstoke: Palgrave Macmillan, 2011.

⑤ N. Moloney, *How to Protect Investors*. Cambridge: Cambridge University Press, 2010.

⑥ A. Fung et al. *Full Disclosure: The Perils and Promise of Transparency*. Cambridge: Cambridge University Press, 2007.

⑦ 为此，英国金融市场行为监管局（Financial Conduct Authority）正采取措施，以确保所有投资者之间的信息传播平等（即使发行者与机构投资者签订了证券报价协议）。

水平的价格和交易量下存在足够的交易。

监管在提高二级市场的流动性（便于以普遍较低的交易成本进行不同量级的交易）方面发挥了重要作用。二级市场的证券监管的主要原理如下。

第一，为了支持二级市场的价格形成，发行人必须在二级市场进行定期和持续的信息披露。美国和欧盟要求发行人定期披露信息（在美国，根据《1934年证券交易法》规定每年披露一次；[①]在欧盟，半年一次，但以年度报告为主）。[②] 证券交易所可能要求季度披露等更频繁的信息披露活动。欧盟和美国证券交易委员会还要求发行人遵守持续披露义务，即在股价敏感信息出现时立即向证券市场提供信息，[③]这使二级市场的信息环境丰富且不断变化。

这种强制披露是基于"有效资本市场假说"，即信息在证券市场价格中得到合理反映。因此，监管通过整合与价格形成有关的信息类型和制定使价格形成过程"客观化"的标准帮助有效价格形成。[④] "价格"成为使投资者决策集中的一个全方位信号。[⑤] 监管透明度旨在促进便捷和公平的市场。尽管经济学家一致认为，完全有效的价格是不可能实现的，因为人类认知的局限性，信息永远是不完整的，也可能无法均匀地传播或以同样的方式被投资者理解、吸收，但经济学家们对于价格在多大程度上可以趋向于信息有效的观点各不相同。[⑥] 即使完全的价格有效性仍然是理想的，[⑦]监管框架可以

---

① 其第S-K条规定了SEC表格10-Q项下的财务报告和SEC表格10-K项下的非财务报告的财务申报义务。

② EU Transparency Directive 2004/109/EC arts 4，5.

③ EU Market Abuse Regulation 2015 art.17；SEC's Form 8-K，其要求发行人必须在4天内披露已知的股价敏感信息；D. C. Rowe. Periodic Reporting in a Continuous World：The Correlating Evolution of Technology and Financial Reporting. *Duke Law and Technology Review*，Vol.13，2015，p.248.

④ I. H-Y. Chiu. Examining the Justifications for Mandatory Ongoing Disclosure in Securities Regulation. *Company Lawyer*，Vol.26，No.3，2005，p.67.

⑤ K. Amaeshi. Different Markets for Different Folks：Exploring the Challenges of Mainstreaming Responsible Investment Practices. *Journal of Business Ethics*，Vol.92，2010，p.41.

⑥ E. Fama. Efficient Capital Markets：A Review of Theory and Empirical Work. *Journal of Finance*，Vol.25，1970，p.383，in A. Durnev et al. Law，Share Price Accuracy，and Economic Performance：The New Evidence. *Michigan Law Review*，Vol.102，2003，p.331；R. J. Shiller，*Irrational Exuberance*. NJ：Princeton University Press，2000；Asset Prices *American Economic Review*，Vol.104，2014，p.1486.

⑦ Shiller. *Irrational Exuberance*. NJ：Princeton University Press，2000.

说是提供了一个鼓励交易的环境。当市场参与者有机会解释信息内容和含义时，他们可能会做出不同的反应，从而产生交易。换句话说，交易活动的产生正是因为虽然有效价格不存在绝对确定性，但支持价格有效性的监管机制提供了一个可信的环境。

第二，监管制度通过一系列不同的措施来维持证券市场的流动性。一方面，是确保市场得到适当的管理，并能够促进可接受的和公平的行为。这样，市场参与者将被吸引到市场而不是退出[①]；另一方面，是监管制度对合法做市行为的保护。

Lee 指出，对市场的维护类似公共产品，许多法域在监管机制方面采取了大致类似的措施，以保护有效、有序市场的公共产品属性。这些监管机制包括：① 在管理、作用和责任方面为市场经营者制定标准；② 确保证券监管机构和市场经营者在监督和执行发行者和市场行为的标准方面有适当的责任分配；③ 减轻市场方面的任何垄断倾向，因为市场往往由于其网络效应而产生自然垄断；④ 确保对内幕交易或市场操纵等市场舞弊行为实施强有力的监管执法。虽然这类监管机制设定了多项义务，可能被视为"控制性的"，但它们的最终目的是促进、确保市场运转良好和让参与者信任市场。

做市，即金融工具的交易者对买卖价格的报价，确保了市场交易条件的畅通。做市商对市场流动性至关重要，[②]许多监管机制都确保他们的合法活动受到保护。在美国和欧盟，支持证券首次公开发行的做市商不被视为参与内幕交易或操纵市场。[③] 此外，欧盟要求使用算法交易程序的交易员保证他们不会对市场环境作出不利影响，而那些从事"纳秒"或超过特定阈值的高频交易的交易员将被视为做市商。[④] 他们有义务为市场提供流动性，并保持顺畅的交易行为，而不是突然撤回流动性而对市场环境造成不利影响。

这些监管机制的重点是吸引和鼓励市场参与，以便保持流动性环境。它们促进市场参与者行使自由意志，而不谋求干预交易自由或交易智慧，然

---

① R. Lee. *Running the World's Markets*. NJ：Princeton University Press，2011.

② D. E. Taranto et al. The Adaptive Nature of Liquidity Taking in Limit Order Books，https://papers.ssrn.com/so/3/papers. cfm?abstract_id=2404405.

③ Rules 100104 Made Under Securities Act 1933 on Actions Taken by Underwriters and Market-Makers for Price Stabilisation of Securities；Market Abuse Regulation 2014 art.5.

④ Markets in Financial Instruments Directive 2014/65/EU art.17.

而这也意味着，美国或欧盟市场的监管机构不会力图纠正非因不当行为或监管违规造成的资产价格泡沫或市场波动。行为金融学的经济学家对非基于信息的理性内在化，而由行为启发式的，[①]由其他人的交易行为[②]或群体势头[③]等信号驱动的交易行为提供了洞见。资产价格泡沫可能因为交易者的过度乐观或"羊群行为"[④]而产生；反之，也可能因为反向的情绪与集体行动产生价格的螺旋式下降。[⑤] 在自由的金融市场上，资产价格波动是被广泛接受的，[⑥]而这正是"繁荣与萧条"的特征，监管只在一定程度上解决了这一问题。维持市场的"有效性"和"流动性"不一定与维护整体金融稳定等更广泛的公共利益相一致。[⑦] 2008 年全球金融危机之后的监管改革推出了一些维护稳定的措施，以监管被证明对社会有害的金融市场过度行为，例如赋予证券监管机构在必要的时候干预并禁止对某些证券的卖空行为的权力，[⑧]采取为市场"降温"并抑制顺周期行为的宏观审慎措施，[⑨]以及可以阻止证券价格上涨或下跌到异常水平的证券交易所熔断机制，这种干涉措施不是常态。监管机构更倾向于在可能的情况下保持金融市场监管的便利性质，例如提高金融衍生品市场、[⑩]短期货币市场[⑪]和证券化资产市场[⑫]的透明度，

---

① R. J. Shiller. Asset Prices. *American Economic Review*，Vol.104，2014，p.1486.

② J.-P.Bouchaud et al. Fluctuations and Response in Financial Markets：The Subtle Nature of"Random" Price Changes，https://papers. ssm. com/sol3/papers. cfm? abstract _ id = 507322；M. Montero. Predator-Prey Model for Stock Market Fluctuations，https://papers. ssrn. com/sol3/papers. cfm? abstract_id=1290728.

③ S. Stavroyiannis and V. Babalos. On the Time Varying Nature of Herding Behavior：Evidence from Major European Indices，https://papers.ssm.com/sol3/papers.ctm?abstract_id=2281097.

④ O. J. Blanchard and M. W. Watson. Bubbles，Rational Expectations and Financial Markets. *NBER Working Paper*，1982，p.945.

⑤ R. Cont and L. Wagalath，Running for the Exit：Distressed Selling and Endogenous Correlation in Financial Markets，https://papers. ssm. com/sol3/papers. cfm? abstract _ id = 1722508；R. Hockett. Recursive Collective Action Problems：The Structure of Procyclicality in Financial and Monetary Markets，Macroeconomies And Formally Similar Contexts. *Journal of Financial Perspectives*，Vol.3，2015，p.1.

⑥ R. E. A. Farmer et al. The Inefficient Markets Hypothesis：Why Financial Markets Do Not Work Well in the Real World. NBER Working Paper 2012，http://www.nber.org/papers/w18647.

⑦ K. Iwai. The Second End of Laissez-Faire：The Bootstrapping Nature of Money and the Inherent Instability of Capitalism，in H. Granssmann ed. *New Approaches to Monetary Theory：Interdisciplinary Perspectives*. London：Routledge，2011.

⑧ EU Short-selling Regulation 236/2012.

⑨ 例如欧洲系统性风险委员会的工作，https:/www.esrb. europa. eu/mppa/htmllindex. en. html，以及英国金融政策委员会的权力，例如限制房屋出租市场的贷款以防止过度的房价泡沫。

⑩ Markets in Financial Instruments Regulation 600/2014.

⑪ Securities Financing Transactions Regulation 2015/2365.

⑫ Securities Financing Transactions Regulation 2015/2365.

最终允许投资者行使选择权。

虽然"证券"的定义集中在可转让性上,但附属于股票的治理权利在本质上一直被认为是准所有权,因为它来自投资者的财务利益。[①] 证券持有人的治理权利被视为投资者保护的一种方式,见证了过去 20 多年的公司丑闻之后,政策制定者更多地助力治理权利[②]成为证券监管中投资者基于财务权利的一部分。[③] 这是因为治理权可被视为投资者采取行动"捍卫"他们在投资中的经济利益的关键,[④]如果不是为了"最大化"他们的经济利益。[⑤]在提高投资者权利和股东参与的合法性方面,监管机构还希望投资者在监督公司方面发挥建设性作用,[⑥]在一定程度上减轻他们退出的意愿。然而,鼓励行使"话语权"的治理权往往与典型的"退出权"相冲突,其行使需要研究成本和交易成本支撑。尽管机构投资者对公司股权的参与程度有所提高,但据观察,[⑦]治理权利被工具性地用于增进投资者自身的经济利益,投资者是否对其投资变得更加"忠诚"尚不确定。

总之,证券是一种投资资产,其价格形成取决于预期的经济价值创造或资产产生的收入流。因此,监管机制围绕着这种经济价值创造的保护,通过公司治理权利和义务、根据强制性标准报告有关经济价值创造的义务,以及持续的透明度义务,以确保市场促进这种经济价值创造反映到价格上,并为交易秩序和信心提供环境。而 ICO 在多大程度上与其相似,证券监管方面

① Her Majesty's Commissioners of Inland Revenue *v.* Laird Group plc [2002] EWCA Civ 576.
② 例如 20 世纪 90 年代的 BCCl 和 Polly Peck 丑闻,导致英国的吉百利公司治理准则加强对股东的问责,增加股东对薪酬的权利,从 2002 年董事薪酬的强制性报告到对薪酬的有约束力投票(UK Companies Act 2006 s.439A)。这与美国 Dodd-Frank Act 规定的 3 年一次股东薪酬投票一致,以及英国和欧盟对股东参与公司作为最佳实践的认可(the UK Stewardship Code 2010); EU Shareholder Rights Directive 2017 art.3g.
③ R. M. Barker and I. H-Y. Chiu. Protecting Minority Shareholders in Blockholder-Controlled Companies-Evaluating the UK's Enhanced Listing Regime in Comparison with Investor Protection Regimes in New York and Hong Kong. *Capital Markets Law Journal*, Vol.10, 2015, p.98.
④ 自 20 世纪 90 年代以来,美国加州公务员退休基金一直倡导"防御性"的股东参与或激进主义。I. H-Y.Chiu, *The Foundations and Anatomy of Shareholder Activism*. Oxford: Hart, 2010.
⑤ 现代形式的"进攻性"股东激进主义,是指机构投资者有意入股表现不佳或估值偏低的公司,以便与它们合作改善业绩,从而使这种激进主义获得更高的投资回报。对冲基金的激进主义在很大程度上就是这种风格, Chiu. The Foundationsand Anatomy of Shareholder Activism (2010), ch.3; R. M. Barker and I.H-Y. Chiu. Corporate Governance and Investment Management. Cheltenham: Edward Elgar,2017.
⑥ EU Shareholders Rights Directive 2017 art. 3g.
⑦ R. M. Barker and I. H-Y.Chiu. *Corporate Governance and Investment Management*. Cheltenham: Edward Elgar, 2017, ch 3.

又是否相关？

（二）ICO 并非证券

可以认为，由于 ICO 发行的代币的可转让性是其基本特征，支持最优和有效价格形成的监管机制在逻辑上应该扩展到 ICO 市场，除非市场能提供通过安全港条款认可的等效自我监管机制。即使到那时，这些机制或许也必须接受监管者的持续评估，以确保它们符合目的。然而，ICO 在欧盟（英国）的定义中可以说并不容易成为证券，因为 ICO 可以作为与证券这种投资资产完全不同的资产类型转让。证券是根据在市场上定价的资产投资价值（例如正在创造生产力和财富的企业之部分）转让的。笔者认为 ICO 可以在不同的基础上转让。

ICO 中提供的代币通常与单一项目的整体财务业绩没有明确关系。赋予使用未来服务权利的实用型代币与项目的经济价值创造无关，"乐趣"代币也如此。用于购买项目开发的未来服务或产品的货币代币可能与项目的财务价值创造有关，因为代币的购买力可能与项目的财务成功有关。然而，由于此类代币仅限于购买由提供 ICO 的技术企业家开发的未来产品或服务，因此它们可以被视为与产品或服务相关的"购买权"或期权，而不是参与未来经济价值创造或收入流的期权。当然，如果一个代币被设计为投资代币，例如项目的未来权利或股权期权，那么可以被视为更类似于证券。

此外，对证券相关治理权的日益关注也支持将代币与证券区分开来的观点，因为代币通常不授予此类权利。事实上，ICO 发行方可能有意不将此类权利作为代币的一部分，以免早期开发项目受到市场压力的影响。

有观点认为，即使代币赋予了与证券不同类型的权利，它们的可转让性也与项目的未来价值有关，这使它们与证券没有区别。然而，正如前文所讨论的，ICO 二级市场显示代币交易不一定是基于对项目未来价值创造的参考。一些实证证据表明，项目的预期未来价值会影响交易价格，[①]但也有重要证据表明，交易价格在很大程度上是基于交换价值，而交换价值在二级市场上可

---

① S. Wang and J-P. Vergne. Buzz Factor or Innovation Potential: What Explains Cryptocurrencies' Returns? *PLos One*, Vol.12, 2017, p.1.

能会波动，与项目本身几乎没有关联，这尤其体现在已经失败项目的持续代币交易中。[1] 笔者认为，ICO 促进了一级市场（即购买体现未来权利的代币）与二级市场的脱钩，使代币可以像衍生品合同一样被交易。[2]

如果代币不属于证券的范围，这并不意味着笔者主张或支持其具有不受监管的属性。从本质上讲，笔者认为，如果现有的资产监管没有关注到资产创新的本质特征，强行适用可能会适得其反，因为试图扭转创新潮流的监管是徒劳的，[3]而不合适的监管可能会损害真正有益的创新。更有效益的监管应该考虑如何应对创新，以及在 ICO 的特殊情况下，如何取得促进创新和买方保护之间的利益平衡。

由于大多数代币要么授予"实用性"，即未来使用产品或服务的权利，例如云计算空间；要么授予购买产品或服务的"货币"，例如专门用于在互联网上购买或出售媒体版权的 Clearcoin，代币更多地与产品或服务的最终用途相关。[4] 笔者建议，对购买者的保护应该与他们最终购买的东西有关，即管理代币及其发行者的制度应该与代币所赋予的权利有关，而非代币的二级市场交易。

笔者建议为代币持有者提供一个与授予非金融权利的代币相关的消费者保护制度。然而，二级市场交易促进了代币与加密货币或法定货币的交换，从而实现了代币的商品化。关于这种商品化，笔者建议应对二级市场提供者（即交易所）就其为商品化提供和管理的环境进行治理。这种方法分别并以不同的方式处理发行人和交易所，也可以视为一种区分一级市场和二级市场的方法，然而，笔者认为即使从二级市场购买代币，持有者也应该与发行者拥有相同的非金融权利，因此一级市场和二级市场之间的划分严格来说并不准确。总而言之，笔者建议对授予非金融权利的代币发行者实行

---

① M. Bianchetti et al. Are Cryptocurrencies Real Financial Bubbles? Evidence from Quantitative Analyses, http://ssm.com/abstract=3092427；Nica et al. Cryptocurrencies: Economic Benefits and Risks, http://ssrn.com/abstract=3059856.

② 其经济价值与一级市场的基础合约关系不大，Lomas & Ors [Lehman Brothers International (Europe)] v. JFB Firth Rixson Inc & Ors (2012) EWCA Civ 419，以及在 Simon Firth. *Firth on Derivatives Law and Practice*. Sweet & Maxwell, 2003, para. 1-004 中"衍生品"的定义。

③ A. Lo, Moore's Law v. Murphy's Law in the Financial System: Who's Winning? BIS Working Papers，http://ssm.com/abstract=2789737.

④ S. Adhami et al. Why do Businesses Go Crypto? An Empirical Analysis of Initial Coin Offerings, http://ssrn.com/abstract=3046209.

非金融监管制度,但对促进商品化和交易的中介平台实行金融市场监管制度。赋予类似证券权利的代币,例如获得项目股权期权或未来权利或参与项目整体财务价值创造的权利,将不包括在以上拟议的制度中,因为对此拓展适用证券监管及其豁免可能更适当。

(三) 集合资产监管和 ICO 的原理

在英国,集合投资计划被定义为对任何类型财产的一种安排,使参与安排的参与者能够从财产的整体管理中获得利润或收入,这种对获得利润或收入的预期与参与者的出资有关。[①] 这与 Howey 标准类似,后者基于参与者的经济预期但不一定是集中管理的安排或计划,因为 Howey 标准适用于作为单一资产的证券。一般说来,集合投资计划的多样化有两种方式:一是多元化可以体现于"供给面"的角度,即有关的"安排"可汇集参与人的出资,投资一个由不同资产组成的投资组合,为投资者预期的利润或收入创造经济价值。在集合投资计划中,投资组合多样化被认为是管理经济价值创造中的风险的最佳实践。二是多样化也可以体现于需求端,安排的参与者购买集体投资计划中一个或多个"单位"的权益,纳入他们自己的投资组合中,这些投资组合由此变得分散且可投资其他资产或安排。

由于集合投资计划涉及以代表参与者群体的经济价值创造为目标进行管理的中介机构,故集合投资计划监管的重点是中介机构对投资者应尽的义务,以解决委托代理问题。在英国,所有的集合投资计划也需要得到监管者的授权,这种对商业自由的限制通过征收和管理汇集的投资者出资以保护易受骗者们不被误导或欺骗。

多年来,各种可能被视为"边缘"的安排都被归入集合投资计划的范围,因此需要授权和监管,包括个人基于将有集中管理的流程以确保对地块的规划和开发许可的谅解购买不动产权益;[②]购买外国房地产的转租权益以获得土地在农业或碳信用方面产生的收入;[③]代表投注者进行赛马投

---

① UK Financial Services and Markets Act 2000 s. 235.
② In re Sky Land Consultants Plc [2010] EWHC 399 (Ch); FSA *v*. Asset Ll Inc [2014] EWCA Civ 435, affirmed in the Supreme Court, Asset Land Investment Plc and another (Appellants) v. The Financial Conduct Authority (Respondent) [2016] UKSC 17.
③ FCA v. Capital Alternatives Ltd. and Ors [2014] EWHC 144 (Ch); [2015] EWCA Civ 284.

注的服务；①电影企业的集合融资；②为获得专利权而进行的集合融资。③ 换句话说，大多数形式的集合融资或在某种程度上集中管理的融资都属于集体投资计划的定义范围。英国金融市场行为监管局打击未经授权的特殊安排的权力不可避免地影响了合法产品的市场。

在集合投资计划管理的关键监管职责方面，以欧盟 UCITs 集合投资产品所设定的"黄金标准"④为主要范例。该指令对集合投资管理行为设定的标准相较于对 UCITs 的得到了更广泛的采用，例如英国的非 UCITs 的集合投资计划。其主要监管职责包括中介机构的信息披露、对中介机构采取适当行为以保护投资者，以及保护投资者以市场为基础的选择权和退出权。投资者有权预售和持续披露集合投资计划的经济价值创造；⑤履行投资管理人的职责，⑥无论投资管理人是否与集合投资计划的参与者有直接关系。它们关系公平对待参与者，追求作为参与者最终目标的经济价值创造过程中的勤勉义务，包括在被投资企业中行使公司治理权利；注意义务（例如通过适当的资产和资金保管安排来保护参与人的资产中的经济权利），以及对利益冲突的最佳执行和管理义务。⑦

最后，集合投资计划监管的一个重要原则是保护参与者的退出权。参与者在集合投资计划中被授予公平和独立地评估其经济利益的权利，⑧以及每月至少两次定期可退出的权利。⑨ 许多集合投资计划提供比这更频繁的赎回条款，而场内交易基金⑩（参与者可以在挂牌市场上当天买入或卖出

---

① Financial Services Authority v. Fradley [2005] EWCA Civ 1183 CA.

② Raymond Bieber v. Teathers Ltd (in liquidation) [2012] EWHC 190 (Ch).

③ Brown 7 Ors v. Innovator One Plc and Ors [2012] EWHC 1321.

④ EU Directive 2009/65/EU.

⑤ 例如，在管理欧盟大多数泛欧集合投资产品的 2009 年欧盟 UCITs 指令中，第 68 和 71 条涉及强制披露。

⑥ 投资管理人通常由组织形式为公司或信托的集合投资基金实体委托，可以说他们对基金参与者们不负有责任，只对基金的法人负有合同责任。J. Morley. The Separation of Funds and Managers: A Theory of Investment FundStructure and Regulation. *Yale Law Journal*, Vol.123, 2013, p.1228.

⑦ Commission Directive 2010/43/EU arts 20 – 24.

⑧ Commission Directive 2010/43/EU art.22; UCITs Directive 2009/65/EU art.85.

⑨ UCITs Directive 2009/65/EU art.76, art.84（允许投资者提出赎回要求）.

⑩ What's the Difference? Mutual Funds and Exchange-traded Funds Explained, http://www.forbes.com/sites/feeonlyplanner/2013/07/18/whats-the-difference-mutual-funds-and-exchange-traded-funds-explained/; G.L.Gastineau. *The Exchange-Traded Funds Manual*. Chichester: John Wiley & Sons, 2010.

基金)的兴起表明,投资者退出权是如何同时被监管和市场发展保障的。

（四）关于ICO是否属于集合投资计划的讨论

关于ICO是否符合"集合投资计划"的定义,其有几个特征不符合"集合投资计划"的定义。有人可能会说ICO项目是对参与者出资的"安排",而项目是其开发者为了参与者的利益而"作为一个整体管理"的"财产"。然而,笔者怀疑项目开发人员是否应该被认为是为了参与者的利益而"管理"整个项目,这意味着在项目参与者之间有共同的利益,例如通过集合投资计划创造经济价值,笔者非常怀疑能否找到这种"共同利益";同时,ICO购买者可能获得的任何经济价值并不都来自项目管理。

许多ICO提供实用型代币和货币代币以购买未来的产品和服务,因此参与者可能拥有的"共同利益"是看到这些产品（服务）的实现,而不是项目的经济价值创造,这仍然只保留给开发人员。此外,每个实用型代币或货币代币的ICO持有者将对某些产品（服务）拥有权利,并以个人身份享受其效用。他们的权利和效用不是来自作为一个更大安排的部分。类似地,如果一个零售商店提供了一个小部件,该小部件可以通过广告预订,那么所有的客户都对作为中枢点的商店采购小部件有共同利益,但是每个客户都有权使用他们自己的小部件并从中获得效用。因此,参与者可以说不具有集合投资计划中所指的"共同利益",并且在任何情况下,参与者的利益都不具有像Howey标准中那样的经济回报预期的性质。ICO购买者的利润预期,如果有的话,完全来自二级交易。

笔者认为大多数代币,即实用型代币和货币代币既不属于"集合投资计划"的定义和范围,也不属于以经济回报预期为中心的投资品种的定义。然而,如前所述,试图将ICO与传统投资工具区分开来,并不等同于仅因为它们不在监管范围之内便认为它们应该不受监管。虽然监管的范围不应无差别地扩大,但监管政策应考虑适当处理当下商业活动所产生的问题。

虽然大多数ICO代币是实用型代币和货币代币,而不是证券或集合投资计划,但笔者认为这将有助于使ICO发行人、市场参与者和ICO生态系统取得监管的明确性,即赋予非金融权利的代币不是证券或集合投资计划,如果它们是根据明确显示没有授予金融权利的标准化条款构建的,并且将自身定位为实用型代币、货币代币或"乐趣"代币。随着评论家们①开始提炼不同类型代币的关键特征，笔者建议可以按照建立一套实用代币、货币代币或"乐趣"代币皆可适用的标准化术语的思路来构建 ICO 的安全港。

（五）ICO 代币中非金融合约的适当监管制度

笔者认为实用型代币、货币代币和"乐趣"代币在很大程度上是与未来产品或服务有关的非金融合同。实用型代币类似于预订，因为它赋予持有者未来对产品和服务的权利；货币代币更像是未来购买此类产品或服务的一种期权。虽然 Hacker 等人②将货币代币比作支付工具，但考虑到这种描述所带来的支付法规的影响，我们对这种描述是否正确表示怀疑。货币代币仅限于购买开发者的特定产品或服务，因此它的功能更像是不可协商的商店积分。

笔者认为，由于实用型代币、货币代币和"乐趣"代币本质上是非金融的，因此消费者保护与此类合同相较于投资者保护更相关。尽管代币的认购者可能不会坚持到开发完成，但实证调查结果表明，相当一部分代币持有者愿意长期持有，以享受新兴产品（服务）。因此，监管政策应就发行人和此类持有人确保一定程度的消费者保护。

首先，我们认为实用代币、货币代币和"乐趣"代币的非金融性质应该被明确，即赋予 ICO 购买者的对价在本质上显然是非金融性质的，无论它是否涉及未来的产品、服务或未来的购买权利。任何涉及项目整体经济价值创造或项目治理权的元素都将使此类代币超出非金融代币的安全港。我们认为，这样的安全港是有用的，因为其提供了明确性，且可能激励发行人遵守非金融代币的消费者保护制度，以规避繁重的证券监管。通过这种方式，代币消费者保护制度（包括标准条款和消费者权利）为非金融代币提供了一个有效的现成框架，使代币发行人实现了交易成本效率，并为 ICO 购买者提供了合理保护。

---

① J. Rohr and A. Wright. Blockchain-Based Token Sales, Initial Coin Offerings and the Democratization of Public Capital Markets, http://ssrn.com/abstract=3048104; Zetzsche et al. The ICO Gold Rush: It's a Scam, it's a Bubble, it's a Super Challenge for Regulators, http://ssrn.com/abstract=3072298.

② P. Hacker and C. Thomale, Crypto-Securities Regulation: ICOs, Token Sales and Cryptocurrencies under EU Financial Law, http://ssrn.com/abstract=3075820.

　　其次，我们认为消费者保护的某些标准规则应该适用于界定代币持有者与发行者的关系。我们建议保护消费者免受产品或服务中错误描述的影响，以防对价失效（即如果项目失败，最终没有产品或服务交付），以及数字产品的条款标准失效（根据 2015 年《英国消费者权益法案》），并为消费者提供认购后合理的冷静期。以下全面概述了我们认为与此相关的消费者保护相关规则。

　　大多数法域都坚持一种惩罚交易错误描述的制度，即使没有标准化的制度规定必须披露的内容。[①] 政策制定者应该准备好扩大这一领域的现有监管，例如英国公平交易办公室的职权范围，以保护消费者免受 ICO 销售错误描述的影响。在白皮书、其他宣传资料和广告中都可以找到错误描述。在执行机制方面，我们相信 ICO 区块链可以有效整合监管和权利主张，我们即将在讨论如何利用我们面前的新技术实现执行方面的政策创新时回到这一点。

　　第一，如果未来的产品或服务没有实现，购买者应该有权以"对价失效"为基础获得退款权。根据英国普通法，如果根据合同进行了利益转移，但随后该转移失败，则可以有理由向利益接受者提出返还要求。[②] 普通法上主张返还的法理基础仍有争议，即退款是基于合同主要基础的失败（这本身可能是一个有争议的点），还是一方本可以避免另一方的风险或损失而不公正地保留利益。[③] 普通法主张也没有完全确定何种程度的合同基础失败可到达退款标准。[④] 笔者不建议纳入普通法主张，而是根据现有法律智慧设计政策，以确定向 ICO 购买者退款的适当基础和金额标准。

　　笔者认为将购买者的出资用于技术开发费用是合理的，不主张全额退款权，否则可能会对开发者构成惩罚而抑制激励。退款权可以被认为是"损失分摊"，根据依项目失败的程度、产品或服务的取消或无法实现的程度，例

---

① 例如 *The UK Trade Descriptions Act* 1968. 缺乏披露和协调的义务在欧盟被讨论于 H. W. Micklitz, J.Stuyck and E.Terryn. *Cases，Materials and Text in Consumer Law.* Oxford：Hart，2010.

② 基于缺乏对价，这一原则在英国合同法中已经发展多年，但仍存在争议和不明确的领域。

③ A. Burrows. *The Law of Restitution.* Oxford：OUP，2011；G. Virgo. *Principles of the Law of Restitution.* Oxford：OUP，2006；D. Sheehan. Mistake, Failure of Consideration and the Planning Theory of Intention. *Canadian Journal of Law and Jurisprudence*，Vol.28，2015，pp.155－181.

④ A.Burrows. *The Law of Restitution* (2011)；G.Virgo. *Principles of the Law of Restitution* (2006).

如百分比层级予以提供和确定。退款权在激励开发者带着合理可信的项目进入市场和保持开发勤勉方面发挥了有益的约束作用。

第二，消费者保护的确切性质可能会根据 ICO 中提供的未来产品（服务）而有所不同。然而，这可能只在开发者的产品（服务）准备就绪且可用代币交换或购买时才有意义。总而言之，产生的产品或服务应受同等产品或服务的、同等现有消费者保护制度的约束，例如产品审批、质量标准或产品责任等相关制度。根据 2015 年《英国消费者权益法案》①"数字内容"的规定（提供作为数字内容"商品"的数据），消费者保护应适用于管理数字内容的质量，即如所述的应符合目的并具有令人满意的质量。

第三，笔者建议为 ICO 购买者提供与消费者的远程销售指令②一致的冷静权。在首次认购后，应给予消费者一段合理的冷静期，以保护他们免受沽售的压力。

随着 ICO 发行方开发区块链平台，并使用智能合约执行代币认购和代币分配，其通过技术为 ICO 购买者提供了一个中介接口。除了上述建议的消费者保护标准外，缓解委托代理问题的监管标准也许是必要的，例如与公平交易有关的标准、对影响购买者权利的技术能力的适当披露、与技术或网络安全风险有关的正当消费者保护。

笔者建议将作为非金融合同的代币的标准条款及其治理机制中的消费者权利作为法律规定的内容写入代码中。③ 在代码中嵌入条款和权利，对交易的执行和法律的框架的建立都具有变革性的影响，正如 Lessig 首先提出的那样。④ 由于 ICO 是在区块链平台上进行的，智能合约影响代币的认购和授予，因此，可以要求代币中的代码嵌入上述有关非金融性质的标准条款和消费者权利。此外，还应包括选择争议解决和法律适用条款、索赔机制以及相关产品或服务接受监管的条款。这确保了以同样的效率机制来支配商业

---

① ss. 34 - 47.

② The Distance-Selling Directive 7/97/EC，see provisions in The Consumer Protection（Distance Selling）Regulations 2000 ss.10 - 14.

③ R. Robinson. The New Digital Wild West：Regulating the Explosion of Initial Coin Offerings，http://ssm.com/abstract=3087541. 法律与代码的互译以及代码运作以达到法律效果被探讨于 W. Li et al. Law is Code：A Software Engineering Approach to Analyzing the United States Code，https://papers.ssm.com/so/papers.cfm?abstract_id=2511947.

④ L. Lessig. *Code and Other Laws of Cyberspace*. NY：Basic Books，1999.

方面和法律方面，并且法律方面不会在交易框架中"搁浅"。[①] 为了确保消费者的退款或索赔权能够实现，还应该要求 ICO 区块链平台提供托管功能，以保存某些订购金额，以方便支付索赔或退款。[②] 我们期望智能合约可以用于索赔或争议解决流程的一系列步骤，并有助于赔偿和退款。[③] 监管机构需要跟上技术发展，以便有效监督和执行将法律规定作为代码的嵌入。[④] 这些不太可能通过自发的监管来实现，因为消费者保护的历史表明，监管政策对实现消费者保护是多么重要。[⑤]

四、以与 ICO 有关的"市场方面"为监管焦点

关于在哪些方面考虑拓展对 ICO 的金融监管，笔者认为在管理代币二级交易方面这样做是最合适的。代币的二级交易可以被视为金融活动，即使该代币的基础合同不具有金融特征。这并不罕见，因为代币的商品化类似于金融衍生品合约。[⑥] 后者可以基于商品销售等非金融基础合同，但其本身是金融交易，因为涉及风险和价值套利。笔者建议将金融市场监管扩大到那些促进代币商品化的实体。

与证券监管相反，笔者不建议实施监管以促进基于资产状况的价格形

---

① 关于智能合约及其如何应用的新思考，例如削减了民事程序的需求。M. Raskin. The Law and Legality of Smart Contracts. *Georgetown Law Technology Review*，Vol.1, 2017, p.304；M. Fries, Law and Autonomous Systems Series；Smart Consumer Contracts — The End of Civil Procedure? https://www. Jaw. ox. ac. uklbusiness-law-blog/blog/2018/03/smart-consumer-contracts-end-civil-procedure；A. Hacke. Law and Autonomous Systems Series；Micro-Justice and New Law? "Swarm Arbitration" as a Means of Dispute Resolution in Blockchain-Based Smart Contracts，https://www. law. ox. ac. uk/business-law-blog/blog/2018/03/micro-justice-and-new-law-swarm-arbitration-means-dispute-resolution. 然而，也要注意到关于这类智能合约可能无法应对不完全契约或不确定性的批评，J. Sklaroff. Smart Contracts and the Cost of Inflexibility. *University of Pennsylvania Law Review*，Vol.166, 2017, p.263.

② 类似于阿里巴巴为保护其网站上的电子商务消费者而使用的托管系统。

③ G. Patrick and A. Bana，Rule of Law Versus Rule of Code：A Blockchain-Driven Legal World，IBA Legal Research Paper，https://www.ibanet.org/Document/Default.aspx?DocumentUid=73B6073F-520D-45FA-A29B-EF019A7D7FC9.

④ 尽管从概念上讲，合同法的基本原理与规则不会被取代，而是嵌入到智能合约中，K. D. Werbach and N. Cornell. Contracts Ex Machina. *Duke Law Journal*. Vol.67, 2017.

⑤ J. T. D. Wood. Consumer Protection：A Case of Successful Regulation, in P. Drahos ed. *Regulatory Theory*. Canberra：ANU Press，2017.

⑥ Lomas & Ors [joint administrators of Lehman Brothers International (Europe)] v. JFB Firth Rixson Inc & Ors [2012] EWCA Civ 419, 以及"衍生品"的定义体现于 Simon Firth. *Firth on Derivatives Law and Practice*. Sweet & Maxwell, 2003.

成机制。如前所述，ICO 展现了代币的原始(非金融)合同与二级交易活动的脱钩，并将基础项目与市场压力隔离开来。此外，与"资产状况"相关的证券透明度在很大程度上促进了摆脱发行人的交易活动。[①]

在证券市场上，企业就像短期商品[②]一样被交易，尽管 Stout 将它们视为社会创造长期财富的"时间机器"。[③] 这是因为，机构等投资者持有少量股份并分散他们的投资组合，且随时准备退出以管理投资风险。这类投资者希望通过利用市场低效性来获得交易收益以取得短期利润，[④]而不太关心公司的未来表现。[⑤] 他们不能容忍公司业绩的短期受阻，这也导致他们对发行人的战略方向施加短期压力，[⑥]但扩大 ICO 项目开发市场透明度的要求可以说对 ICO 项目产生了反效果，这正是 ICO 开发者希望避免的风险。

笔者提案的重点是将代币作为"商品"的二级交易环境。首先，市场监管应该处理中介平台，因为市场参与者可能容易受到中介的不当行为或倒闭以及其他委托代理问题的影响。我们的建议是适用于代币交换和交易平台等二级市场，也适用于加密资产的集体投资，例如 Winklevoss 兄弟提出但被 SEC 否决的加密资产交易所交易基金。其次，市场监管应联系与交易环境相关的集体财产规则，例如公平、有序和连贯的环境。

(一)基于中介责任的监管政策

虽然区块链平台的发展表明金融交易中出现了去中介化现象，用户重新掌握了资源配置的权利，但实际上出现了新的中介机构，并在用户和他们

[①] K. K. Cetina and U. Bruegger. Global Microstructures：The Virtual Societies of Financial Markets. *American Journal of Sociology*，Vol.107，2002，p.905.

[②] K. Ho. Corporate Nostalgia? Managerial Capitalism from a Contemporary Perspective, in G. Urban ed. *Corporations and Citizenship*. University of Pennsylvania Press，2014.

[③] L. Stout. The Corporation as Time Machine：IntergenerationalEquity，Intergenerational Efficiency and the Corporate Form，http://papers.ssm.com/sol3/papers.cfm?abstract_id=2556883.

[④] M. Caporin and M. McAleer. The Ten Commandments for Managing Investments，http://ssrn.com/abstract=1342265 中的 Commandment 10.

[⑤] S. Pollilo. From Industrial Money to Generalized Capitalization, in N. Bandelj, F. F. Wherry, V. A. Zelizer eds. *Money Talks：Explaining How Money Really Works*. NJ：Princeton University Press，2017.

[⑥] C. Helms et al. Corporate Short-Termism：Causes and Remedies. *International and Comparative Company Law Review*，Vol.23，2012，p.45；E. Duruigbo. Tackling Shareholder Short-Termism and Managerial Myopia. *Kentucky Law Journal*，Vol.100，2011，p.531. 相反观点参见 D. Marginson and L. McAulay. Exploring the Debate on Short-Termism：A Theoretical and Empirical Analysis. *Strategic Management*，Vol.29，2008，p.273.

之间产生了新的委托代理问题。

二级市场提供者应被视为相对于用户的新技术中介或金融中介。用户必须服从这些平台用代码编写的规则，并忍受信息不对称和议价能力不平等问题。Walch[①] 提出了对区块链开发者和关键矿工施加对所有用户的信托责任的可能性。在公平交易、处理利益冲突、注意义务和诚信方面，或许可以通过代码对此类交易平台[②]施加监管职责，这可以说是有道理的。

在注意义务方面，应有与客户订单的妥善处理、客户之间的非优惠待遇、有序行为的维持（例如监督操纵市场行为）和强有力的保管义务有关的等效义务。[③] 这是一个值得关注的领域，因为交易所的政策和保护客户加密资产安全的实践出现了差异，我们已经看到了"热钱包"的使用，例如因黑客攻击而失败的 Coincheck。由于交易所本身是营利性组织，可以通过实施 ICO 筹集资金，因此需要承担减轻利益冲突和公平、诚信对待用户的特殊责任。

鉴于此，笔者还认为交易所必须与用户保持健全的争端解决机制，并且这种机制的政策必须透明和公平。如果这些政策不符合"公平对待客户"的一般标准，就可能受到监管干预。[④]

（二）有关贸易环境中集合财产的监管政策

目前，监管者似乎对引入监管政策以解决金融稳定问题持尝试性态度，因为各国央行怀疑加密货币的交易规模是否足以引发货币混乱。实证观察还表明，加密资产像资产一样被对待和交易，[⑤]用户基本上根据国家支持的货币来衡量并确定它们的价值。因此，这些加密资产可能还需要一段时间才能真正获得"货币"形象。然而，有必要关注市场的发展深度，并考虑是否

---

① The Fiduciaries of Public Blockchains, http://blockchain.cs.ucl.ac.uk/wp-content/uploads/2016/11/paper_20.pdf.

② R. Robinson. The New Digital Wild West: Regulating the Explosion of Initial Coin Offerings, http://ssrn.com/abstract=3087541.

③ 我们认识到我们从 the Markets in Financial Instruments Directive 2014/65/EU 获得很多信息，是关于投资企业和市场部分的中介行为的主要标准。参考 D. Busch and G. Ferranini eds. *Regulation of Financial Markets: MiFID II and MiFIR*. Oxford: OUP, 2017.

④ FCA Handbook PRIN2.

⑤ Nica et al. Cryptocurrencies: Economic Benefits and Risks, http://ssrn.com/abstract=3059856; Lee. *Running the World's Markets*. NJ: Princeton University Press, 2011.

有必要要求二级市场保持有序的环境，并在应激或业务连续性的情况下保护用户。

笔者建议要求交易平台承担以公平、有序和具有连续性的方式管理其交易环境的义务。这些可被视为用户利益的集合财产，[1]这与前文所讨论的可能更具有规定性的金融市场监管并不矛盾。交易所应维护市场秩序的集体财产，例如一定程度的订单和交易后信息的透明度，并维护一个对抗市场操纵和反社会行为的环境。[2] 交易所应该注意交易创新以及一些人试图从其他用户那里获取优势的情形，并实施公平对待所有用户的政策。交易所还应针对可能导致重大价格波动的大额交易制定适当政策，并支持有益和负责的做市行为。

对交易所实施与市场稳定有关的干预措施可能不合适，例如在全球金融危机后为金融市场引入的干预措施，但对交易所来说，拥有对于严重波动或不稳定事件的管理权或许不错。笔者并不建议对价格波动进行干预，因为这种波动是由供需力量造成的，但或许交易所应该缓和异常和高度波动的情况，例如流动性过剩或高频交易的撤出，并制定适当的政策来缓和此类交易行为。

交易所应实施与业务连续性有关的政策，以保护用户免受交易所突然资不抵债的影响。Mt Gox 这家遭受网络黑客攻击并将其作为用户托管的加密货币掏空而导致其破产的交易所是最常被引用的例子。然而，交易所破产也可能由于经营失败而发生，因为交易所未能在用户中获得成为可行市场所需的网络效应。[3]

监管者有几个可供考虑的选择。首先，在事前风险管理方面，交易所可考虑设立资本充足率制度。资本充足率与风险约束的关系大于危机后管理。如果交易所必须根据其资本水平维持风险水平，资本充足率要求可能会迫使交易所限制它们上市交易的代币数量和交易量。这样的措施可以防

---

① Lee. *Running the World's Markets*. NJ：Princeton University Press，2011.

② C. Bradley. Disorderly Conduct：Day Traders and the Ideology of "Fair and Orderly Markets". *J. Corp. L.*，Vol.26，2000，pp.63.83 – 88.

③ 36 Bitcoin Exchanges that Are No Longer with Us，https：//bravenewcoin.com/news/36-bitcoin-exchanges-that-are-no-longer-with-us/；Melotic Shutsts Down Digital Asset Exchange，https：//www.coindesk.com/melotic-shuts-down-digital-asset-exchange/.

止交易所"大到不能倒"，但可能会限制它们可以享受的网络效应。[①]

其次，交易所应保持业务连续性政策，以便在交易所陷入危机时确保客户服务的有序过渡。虽然它们可能不那么复杂，但其精神与重要金融机构被要求具备的"生前遗嘱"是相同的。[②] 这些计划可以规定交易所如何保护其他供应商向用户提供服务、履行其责任并从应激情形中恢复的承诺，从而确保业务连续性。正如"生前遗嘱"需要得到监管者的考虑和批准一样，有人提议交易所在业务连续性规划方面需要进行监管对话和批准。

然而，必须做好交易所可能破产的准备，并提供尽可能好的事后管理系统，使之井然有序。笔者提出了一些可供考虑的政策选择：一是交易所可以提交一个量身定制的"准备金"制度。在准备金要求方面，可以要求交易所将其托管的加密资产的一定比例以等值法定货币形式储存，以便在交易所发生应激事件时能够偿付债务。该比例可根据交易所面对和管理的网络安全风险水平、其对总体操作风险的管理以及市场参与者的水平和持有的资产来规定。此类准备金可以存放在经批准的、不属于该交易所集团的金融机构中。然而，由于加密资产的价格高度波动，准备金要求每天都会波动，可能需要每天计算。此外，交易所可以提供赔偿基金，所有用户都可以预先缴纳，在无法全部偿还债务的情况下，该基金可用于按比例补偿用户。二是交易所可以提供损失共担，即在所有参与者之间分散损失的机制，以限制每个参与者的损失。这被许多交易所和中央对手清算通常在衍生品合同中被采用。[③]

最后，为了将上述的监管建议扩展到代币交易所，监管者需要能够对其行使监督和执法权。因此，笔者建议代币交易所需要得到监管者的批准，并

---

① 资本充足率是否会限制风险取决于资本充足率设定的水平。在 2008 年全球金融危机之前为银行设定的水平被认为太低，其对银行采取了一种二分的方法。首先，具有系统重要性的金融机构需要坚持更高水平的资本充足率，这也将被用于吸收应激时期的损失，而金融行业的其他部门则坚持高于危机前水平的资本充足率。I. H-Y. Chiu and J. Wilson. *Banking Law and Regulation*. Oxford: OUP, 2018;巴塞尔协定Ⅱ和Ⅲ关于资本充足率的国际标准，可见 S. Gleeson. *International Regulation of Banking*. Oxford: OUP, 2012.

② Bank Recovery and Resolution Directive 2014/59/EU s.2.

③ 损失分摊的重要性被讨论于 A. J. Levitin. Prioritization and Mutualization: Clearinghouses and the Redundancy of the Bankruptcy Safe Harbors. *Brooklyn Journal of Corporate，Financial and Commercial Law*，Vol.10，2015，p.155.

应受制于其检查、监督和执行的权力，以及在适当情况下的定期问责义务；[1]还应考虑将交易所责任，包括监管方面和民事方面的责任，扩大到对交易所行为负有连带责任的所有自然人，作为激励在市场环境适当行为的手段。[2]

五、结论

面对挑战资产类型边界和投资资产监管方式的 ICO 创新，美国证交会（SEC）等监管机构可能倾向于扩展现有的监管机制，以解决监管套利问题。然而，笔者认为 ICO 并不完全符合证券或集合投资资产的投资属性，尽管它们都旨在为未来实现项目筹集资金。证券监管或投资监管的拓展可能会抑制 ICO 一级市场的筹资水平和二级市场的交易量，但监管政策的目标不应仅是限制这些活动，而应考虑如何适当地管理这些活动。

笔者认为，针对 ICO 的监管政策应该从一系列规章制度（从消费者保护到金融监管）中提取出来。由于与证券一级和二级市场之间的紧密结合不同，ICO 的结构出于合理的原因将代币的一级合同与二级交易活动分离开来，因此，证券监管既不适合 ICO 一级市场，也不适合 ICO 二级市场。相反，笔者主张明确授予非金融代币的 ICO"避风港"，并建议以消费者保护原则约束发行人和代币初始合同。该制度保护了那些真正希望实现其使用权利，或使用开发者的货币代币来购买未来产品或服务的代币持有人。

对于大多数仅希望在二级市场交易的代币持有人，笔者建议扩展对金融市场基础设施的监管和行为监管，以便用户可以免受在缺乏监管的交易环境中仍未解决的委托代理问题和集体财产缺位问题的影响。笔者认为，二级市场使代币商品化，并为（它们应该承担责任的）金融合同创造了环境，故建议代币交易所应接受监管者的审批，并由监管者进行适当的监督和执

---

① 这与 2014 年 MiFID 标准要求市场运营商必须得到监管机构的批准并无不同。

② 交易所通常被认为是兼具商业和监管功能的市场，因为监管功能是提供用户所需的集合财产所必需的。尽管传统金融市场中的大多数交易所不是自我监管的，监管者提供了交易所要遵守的标准以及监督和执法活动，但交易所的半公共利益性质可以通过交易所与监管机构的合作来最好地保持，并且可以激励交易所管理朝着这一目标发展。英国为金融业的大部分部门引入的个人责任制，可以为设计这样的管理责任制度提供智慧。I. H-Y. Chiu. Regulatory Duties for Directors in the Financial Services Sector and Directors' Duties in Company Law: Bifurcation and Interfaces. *Journal of Business Law*, 2016, p.465.

法，以保护用户免受已经出现的问题的影响，例如交易所丢失代币、交易所的倒闭和破产等问题。

在建议将金融监管适当和相称地扩展到 ICO 时，笔者摒弃了一种缺乏想象力的、限制性的"一致性"方法，这种方法致力于将新事物无差别地纳入既有机制；相反，创新应为新的政策考虑和法律的跨学科发展做铺垫，以实现有意义的目标。

数字金融平台：走向新的监管范式

德克·A. 泽切　威廉·A. 伯德希尔　道格拉斯·W. 阿纳　罗斯·P. 巴克利*

黄诗轩　译　张嘉欣　沈伟　校

摘要：大型金融技术平台是金融领域最重要却未经审查的发展之一。在此类分析中,我们仔细分析了全球 89 万亿美元的投资和资产管理行业以探索这些系统的功能,考虑它们可能存在的风险,并为其监管制定分类。这种分析是必不可少的,因为这些系统现在在资产管理中发挥了关键作用,使现有的监管变得毫无价值。尽管新冠疫情对经济活动造成了严重破坏,但它加速了金融控制的数字化和集中化进程。此类平台的主要例子有黑石的阿拉丁,一种用于管理与全球 10% 投资资产相关风险的系统,机构投资者和美国政府都承认没有该系统就无法运作。当大型科技公司和金融机构联合起来时,金融权力可能会更加集中。阿里巴巴旗下的蚂蚁集团控制着超过 12 亿客户(占全球的 21% 的成年人)的金融生态圈,涵盖了所有金融服务,包括支付、保险、资产管理。包括 Facebook、苹果和谷歌在内的大型美国金融和科技公司正在努力效仿蚂蚁的规模和范围,促使其集中于占主导地位的数字金融平台。尽管金融技术通常与小型创新公司有关,我们认为这些巨型数字金融平台已经对社会产生了更大的影响。我们确定了这些金融巨头迅速崛起的经济原因,并提出了一个法律框架,以减轻它们对国家安

---

* 德克·A. 泽切(Dirk A. Zetzsche),卢森堡大学法律、经济和金融学院金融法(普惠金融)教授,法学教授,海因里希·海涅大学商业与公司法中心主任;威廉·A. 伯德希尔(William A. Birdthistle),芝加哥大学法学院法律讲师,芝加哥肯特法学院法学教授;道格拉斯·W. 阿纳(Douglas W. Arner),嘉里控股(Kerry Holdings)法律教授、亚洲国际金融法研究所所长、香港大学研究资助委员会高级研究员;罗斯·P. 巴克利(Ross P. Buckley),新南威尔士大学毕马威法律与金杜律师事务所颠覆式创新教席、Scientia 教授,法律、市场和监管中心成员。

全、金融稳定、消费者保护、反垄断和网络安全的威胁。

关键词： 大型金融技术平台；金融生态圈；消费者保护；反垄断；网络安全

一、引言

新冠疫情的肆虐极大地暴露了世界公共卫生系统的脆弱性，为全球金融体系的弱点敲响了警钟。2020年2月和3月，管理着数十亿美元退休资产的数千家投资基金和大约5000万美国家庭退出了投资市场，①其产生的影响是历史上最大的金融市场调整。② 可以想象一下，如果支撑国际金融市场的技术已被证明像我们的公共卫生系统一样脆弱；如果全球金融体系在那段严重的经济压力时期出现了故障，例如主要支付或证券交易系统的故障，其后果对世界市场来说将是灾难性的。

此类系统可能出现故障的无数潜在方式令人生畏，并暴露了我们对大规模、看不见且很大程度上不受监管的金融技术平台的完全依赖：在付款后无法交付证券可能会破坏买方的投资，以及在下跌的市场中未能履行止损订单可能会给客户带来巨大损失，而主要证券交易或支付系统的故障会引起恐慌并可能引发广泛的金融混乱和崩溃。过去几分钟甚至几秒钟的服务中断都导致了严重的市场反应。③

一旦参与者对金融市场基础设施失去信任，他们将自然地通过撤资来保值：客户要求付款可能变成银行或货币市场挤兑，破坏财务健全的机构；货币市场基金可能会"跌破面值"（break the buck），削弱数百万美国人的核心理财工具之一，并破坏美国经济的关键融资机制；通过401（k）账户进行的退休投资可能会被冻结，使公民脱离他们的财务生命线。简言之，金融中介——金融供应满足其需求的过程可能会停止，在最重要的时刻切断资金

---

① Matt Phillips Peter Eavis & David Enrich. Economy Faces "Tornado-Like Headwind" as Financial Markets Spiral, https://www.nytimes.com/2020/03/09/business/stock-market-oil-coronavirus.html.

② Int'l Monetary Fund. Global Financial Stability Report: Markets in the Time of COVID-19 1-6, https://www.imf.org/en/Publications/GFSR/Issues/2020/0414/global-financial-stability-report-april-2020.

③ Patrick Gillespie, Matt Egan & Heather Long. Trading Resumes on NYSE After Nearly 4-hour Outage, https://money.cnn.com/2015/07/08/investing/nyse-suspends-trading/（报道称，软件更新导致纽交所暂停交易4小时，导致道琼斯指数单日下跌1.5%）。

流动。在健康时期，这种连锁反应可能引发一场与 2008 年一样严重的金融和经济危机。在疫情之下，当经济增长依赖于金融中介时，迫切需要的经济复苏可能会停滞不前，[①]从而引发第二次 1929 年规模的大萧条。

技术的好处是毋庸置疑的：速度、规模和效率等，但随着金融科技（FinTech）和市场基础设施的规模、范围和影响力不断扩大，它们失败的后果也相应增加。因此，人们越来越担心这些技术漏洞的潜在影响。积极的一面是，面对新冠疫情压力测试，证券市场和支付基础设施迄今为止一直保持弹性。[②] 然而，资产管理行业出现了一系列新的风险和脆弱性，并受到美国证券交易委员会和其他机构的监控。[③] 令人担忧的是，最大的金融和科技公司在新冠疫情期间只增加了他们的权力集中度：仅在 2020 年，杰夫·贝佐斯（Jeff Bezos）的个人财富就增加了近 600 亿美元，而美国主要的银行已经变得更大。[④] 据报道，全球最大的资产管理公司和全球最大风险的风险管理平台——"阿拉丁"（Aladdin）[⑤]的运营商黑石（BlackRock）已"成为风潮"，因为它再次被分配在协调美联储的金融和经济干预计划中发挥核心作用。[⑥]

本文分析了支撑金融体系并产生风险和脆弱性的技术平台。迄今为止，这些平台很大程度上被学者和监管当局所忽视。事实上，所有领先的美

[①] Joseph A. Schumpeter. *The Theory of Economic Development—An inquiry Into Profits*, *Capital*, *Credit*, *Interest and the Business Cycle*. Harvard Univ. Press ed. 1934(讨论金融中介对经济繁荣的重要性)；Robert G. King & Ross Levine. Finance and Growth: Schumpeter Might Be Right, *Q. J. Econ.*, Vol.108, 1993, p.717(讨论当代评估).

[②] Jacob Manoukian. 3 Reasons Why the Stock Market Has Shrugged off the COVID Surge, J. P. Morgan, https://www.jpmorgan.com/securities/insights/3-reasons-why-stock-market-shrugged-off-covid-surge.

[③] Meeting Notice. SEC Asset Management Advisory Committee, *Fed. Reg.*, Vol.85, 2020, p.37705(通知就资管行业"数据与科技"等事项召开公开讨论会).关于全球市场基础设施的讨论,可见 Bank for Iin'l Settlements & Int'l Org. of Sec. Comm'ns, Principals of Financial Market Infrastructures, https://www.iosco.org/library/pubdocs/pdf/IOSCOPD350.pdf.

[④] Zack Budryk. Jeff Bezos's Wealth Hits Record High $171B, The Hill, https:/thehill.com/policy/finance/505543jeff-bezoss-wealth-hits-record-high-171-billion (据彭博社报道,彭博亿万富翁指数此前预测,2018 年 9 月贝佐斯的净资产为 1 677 亿美元,但据估计,仅 2020 年一年,贝佐斯就至少累积了 567 亿美元)；David Benoit, Coronavirus Made America's Biggest Banks Even Bigger, Wall St. J., https://www.wsj.com/articles/coronavirus-made-america-s-biggest-banks-even-bigger-11587639602 (公司和消费者解释说,"第一季度 1 万亿美元的存款淹没了美国银行,当时市场失控,美国陷入黑暗以阻止新冠疫情的传播",其中一半以上"流向了美国四大银行").

[⑤] 关于阿拉丁作为后端金融操作系统原型的全面讨论,参见下文第一部分第二节.

[⑥] Kate Aronoff, Is BlackRock the New Vampire Squid? The New Republic, https://newrepublic.com/article/158263/blackrock-climate-change-fossil-fuel-investm ents.

国金融机构①以及许多大型科技公司，包括阿里巴巴、亚马逊、苹果、Facebook、②谷歌和腾讯③，正投资数十亿美元打造金融领域中占主导地位的信息技术系统、平台和生态系统。如今金融平台 Visa 和 MasterCard 已成为全球市值最大的金融机构。首先，在资产管理方面，笔者认为黑石的阿拉丁、先锋、富达、高盛和摩根大通的平台是规模和主导地位不断增长的显著例子。这些美国模式很大程度上是想模仿另一家由科技巨头转型的金融巨头，后者运营着典型的金融生态系统——蚂蚁集团。阿里巴巴的附属公司，原名蚂蚁金服，拥有超过 12 亿客户，其市值为 2 800 亿美元，是高盛的 3 倍多，就在它计划于 2020 年 11 月进行的首次公开募股（IPO）之前，被叫停。④ 这些平台是否以及如何受到监管（这是本文的核心关注点）？ 这是一个高度优先的问题，因为新冠疫情带来的强劲增长使这一问题更加突出。

　　在许多方面，数字金融平台的崛起反映了大型老牌金融机构对金融科技初创企业颠覆该行业的努力做出的有力回应。事实上，金融服务业不能在不考虑金融科技的情况下进行有意义的分析；⑤任何这样的分

---

① 已经推出数字金融平台的金融机构包括摩根大通和高盛银行；黑石、富达和先锋等资产管理巨头，以及查尔斯·嘉信理财（Charles Schwab）等经纪人。在系统集成和客户基础方面，中国阿里巴巴集团在国际上处于领先地位，其支付应用程序包括支付宝和投资子公司蚂蚁金服。见下文第二部分（二）—（五）。

② Dirk Zetzsche, Ross Buckley & Douglas Amer. Regulating Libra. *Oxford J. Legal Stud.*, Vol.40, 2020; Daniel Keyes. Whats App Pay is on the Verge of Launching in India, Bus. INSIDER (July 2, 2019), https://www.businessinsider.com/whatsapp-pay-ready-for-india-launch-2019-7?IR=T（讨论在印度引入 Facebook 的 WhatsApp Pay，该聊天软件的用户群估计有 3.5 亿—4 亿）。

③ Bank of Int'l Settlement. Annual Economic Report 55 – 79 (2019), https://www.bis.org/publ/arpdf/ar2019e.pdf（详细介绍苹果、亚马逊、阿里巴巴、谷歌和 Facebook 等大型科技公司的金融服务相关活动，并讨论科技巨头在金融领域的机遇和风险）。

④ AntGroup's Stalled IPO Seen Slashing its Value by $140 Billion, https://www.bloomberg.com/news/articles/2020-11-09/ant-group-s-stalled-iposeen-slashing-its-value-by-140-billion? srefr-lP8hg7Cm; Jack Ma's Ant Group Raises IPO Valuation Target to $280 Billion, Bloomberg News (Oct. 16, 2020), https://www.bloomberg.com/news/articles/2020-10-16/jack-ma-s-ant-group-raisesipo-valuation-target-to-280-billion. 根据福布斯，高盛的市值为 805.7 亿美元，Goldman Sachs Group (GS), Forbes, https://www.forbes.com/companies/goldman-sachs-group/#2e9741f32773.

⑤ Chris Brummer. Disruptive Technology and Securities Regulation. *Fordham L. Rev.*, Vol.84, 2015, p.977（主张证券监管必须适应金融科技）；Chris Brummer & Yesha Yadav. Fin Tech and the Innovation Trilemma, *Geo. L.J.*, Vol.107, 2019, pp.235, 248 – 249（将金融科技监管描述为监管机构必须同时确保创新、简单规则和市场完整性的三重困境）；Kathryn Judge. Investor-Driven Financial Innovation, *Harv. Bus. L. Rev.*, Vol.8, 2018, pp.291, 343 – 348（认为金融科技应该被用来避免次优监管引发的过度需求）；Dirk Zetzsche, Ross Buckley, Douglas Amer & Janos Barberis. From FinTech to TechFin: The Regulatory Challenges of Data-Driven Finance. *N.Y.U. J. L. & Bus.*, Vol.14, 2018, pp.393, 435 – 443（主张对金融法规进行数据特定的调整）。

析都需要底层技术的理解：大数据①和人工智能、②分布式账本技术和区块链、③智能合约④和云服务。但是现下学者的注意力往往过度集中在金融服务的消费者端，例如移动支付的新模式、⑤机器人顾问、⑥初始货币发行（ICO）⑦

---

① 可以参考 Solon Barocas & Andrew D. Selbst. Big Data's Disparate Impact，*Calif. L. Rev.*，Vol. 104，2016，pp.671，677（强调数据依赖性和算法强化现有偏见的风险）；Julie E. Cohen. What Privacy Is For，*Harv. L. Rev.*，Vol.126，2013，pp.1904，1918（认为大数据进一步监视个人并要求加强隐私）；Stacy-Ann Elvy. Paying for Privacy and the Personal Data Economy，*Colum. L. Rev.*，Vol.117，2017，pp.1369，1400 – 1428（强调商业数据市场与消费者隐私之间的紧张关系）。

② 可以参考 Anthony J. Casey & Anthony Niblett. Self-Driving Contracts. *J. Corp. L.* Vol.43，2017，pp.13 – 26（认为技术将导致特定主题的、自我完成的合同法）；Anthony J. Casey & Anthony Niblett. A Framework for the New Personalization of Law，*U. Cm. L. Rev.*，Vol.86，2019，p.333（为基于人工智能的法律重构开发先决条件）；Mark Lemley & Bryan Casey. Remedies for Robots，*U. Cm. L. Rev.*，Vol.86，2019，p.1311（概念化人工智能的补偿和制裁系统）；Bryan Casey & Mark Lemley. You Might Be a Robot，*Cornell L. Rev.*，Vol.105，2020，p.287（分析 AI 的定义，以便于监管）；Harry Surden. Machine Learning and Law，*Wash. L. Rev.*，Vol.89，2014，pp.87，102 – 110（讨论 AI 如何影响法律实践）。

③ 可以参考 Primaver de Filippi & Aaron Wright. *Blockchain and the Law: The Rule of Code.* Harvard Univ. Press，2018.（承认区块链技术的机遇，并认为法律需要迎头赶上，因为区块链可能会削弱政府当局监管商业活动和政府提供的重要服务的能力）；Usha Rodrigues. Law and the Blockchain. *Iowa L. Rev.*，Vol.104，2019，pp.679，708 – 727（分析公司法、合伙法和合同法中的违约规则，以填补智能合同中的空白）；Dirk Zetzsche, Ross Buckley & Douglas Arner. The Distributed Liability of Distributed Ledgers：Legal Risks of Blockchain. *U. Ill. L. Rev.*，2018，pp.1361，1382 – 1402（认为现有的合同法、公司法和合伙法理论适用于分布式账本，可以确定参与者的责任）。

④ 可以参考 Jeremy M. Sklaroff. Smart Contracts and the Cost of Inflexibility. *U. Pa. L. Rev.*，Vol.166，2017，p.263（检查智能合约的缺点和可能超过好处的成本）；Kevin Werbach & Nicolas Cornell. Contracts Ex Machina，*Duke L. J.*，Vol.67，2017，p.313（分析智能合同的潜力和局限性及其与合同法的关系）。

⑤ 可以参考 Adam J. Levitin. Pandora's Digital Box：The Promise and Perils of Digital Wallets. *U. Pa. L. Rev.*，Vol.166，2017，p.305（分析数字钱包给消费者和商家带来的风险和收益）。

⑥ 可以参考 Tom Baker & Benedict G. C. Dellaert. Regulating Robo Advice Across the Financial Services Industry. *Iowa L. Rev.*，Vol.103，2018，p.713（确定机器人顾问的核心组成部分，监管机构需要能够回答的关键问题，以及监管机构为了回答这些问题而需要发展的能力）；Megan Ji. Are Robots Good Fiduciaries? Regulating Robo—Advisors Under the Investment Advisers Act of 1940. *Colum. L. Rev.*，Vol.117，2017，p.1543（认为机器人顾问在结构上并非没有能力行使谨慎，并呼吁转移监管重点以解决机器人顾问的利益冲突）。可以参考 Int'l Org. of Sec. Comm'ns, Research Report on Financial Technologies (Fintech) 24 – 26，29 – 36 (2017)，https：//www.iosco.org/library/pu bdocs/pdf/IOSCOPD554. pdf（讨论了与机器人投股有关的监管挑战）；U.S. Treasury. a Financial System That Creates Economic Opportunities：Nonbank Financials. Fintech and Innovation 159 – 164 (2018)，https：//home.treasury. gov/sites/default/files/2018-07/A-Financial-System-that-Creat es-Economic-Opportunities—Nonbank-Financi. pdf（提议简化许可程序，以便在美国所有州允许财务规划师基于平台的财务建议）。

⑦ 参见 Shaanan Cohney. David A. Hoffmnan，Jeremy Sklaroff & David Wishnick，Coin-Operated Capitalism. *Colum. L. Rev.*，Vol. 119，2019，p. 591（描述 ICO 技术及其局限性）；Randolph Robinson. The New Digital Wild West：Regulating the Explosion of Initial Coin Offerings. *Tenn. L. Rev.*，Vol.85，2018，p.897（讨论区块链的去中心化性质的影响以及区块链与传统证券法框架的兼容性）；Dirk Zetzsche, Ross Buckley, Douglas Amer & Linus. The ICO Gold Rush. *Harv. Int'l L. J.*，Vol.60，2018，p.267（审查各种形式的 ICO 和监管挑战，并建议监管机构采取措施）。

和众筹。[①]

虽然世界各地的评论员和学者的关注焦点集中于创新和颠覆性的金融科技初创企业的崛起，但现有企业和大科技公司一直在做它们最擅长的事——悄悄地建立必要的基础设施和规模，以对抗初创企业的竞争，并依托自身在资金资源和大规模的客户访问方面的优势。正如本文所展示的，这些努力已经产生了数字金融巨头，现在支配着金融体系中最富有的部分：89 万亿美元的资产管理行业。[②]

笔者专注于资产管理行业，因为这个庞大行业的金融科技研究特别不发达。到目前为止，学者在很大程度上忽略了金融、监管和技术的交叉正在迅速改变全球投资基金行业、美国金融体系，乃至更广泛的社会。这种忽视令人惊讶，原因有二。

首先，如今的投资基金所持有的资产超过了银行业持有的资产，而且增长速度更快：2008—2019 年，美国共同基金市场从 9.6 万亿美元增长到 21.3 万亿美元。[③] 同期，美国银行资产仅增长了 62%，从大约 11 万亿美元增长到 17.8 万亿美元。[④] 因此，尽管美国银行资产在 2008 年超过了投资基金，2019 年时情况正好相反。到 2019 年年底，估计有 5 970 万家庭（占美国所有家庭的 46.4%）中的 1.039 亿名美国人拥有共同基金。[⑤] 这些投资基金是人们为退休、教育、购房，以及紧急情况管理他们一生的储蓄的主要工具。尽管银行仍然是重要的贷款来源，但许多银行的贷款实际上是由投资基金

[①] 参见 C. Steven Bradford. Crowdfunding and the Federal Securities Laws. *Colum. Bus. L. Rev.*, Vol. 1, 2012, p.1（分析众筹的成本和收益，并提出免除众筹注册要求的豁免）；Joseph M. Green & John F. Coyle, Crowdfunding and the Not-So-Safe. Safe. *Va. L. Rev.*, Vol.102, 2016, p.168（批评融资门户网站提供的 SAFE 条款，并为已发现的问题提供解决方案）；Darian M. Ibrahim. Equity Crowdfunding：A Marketfor Lemons? *Minn. L. Rev.*, Vol.100, 2015, p.561（定义众筹及其与 JOBS 法案的互动）；Jason W. Parsont. Crowdfunding：The Real and the Illusory Exemption. *Harv. Bus. L. Rev.*, Vol.4, 2014, p.281（讨论认可众筹对零售众筹的影响）。

[②] Boston Consulting Group. Global Asset Management 2020：Protect, Adapt and Innovate 3, https://image-src.bcg.com/Images/BCG-Global-AssetManagement-2020-May-2020-rtcm9-247209.pdf.

[③] Jennifer Rudden, Total Net Assets of US-Registered Mutual Funds Worldwide from 1998 to 2019, https://www.statista.com/statistics/255518/mutualfund-assets-held-by-investment-companies-in-the-united-states/; Inv. Co. Inst. Investment Company Factbook (60th ed. 2020), https://www.ici.org/pdf/2020_factbook.pdf.

[④] Total Assets. All Commercial Banks. Fed. Reserve Bank of St. Louis, https://fred.stlouisfed.org/series/TLAACBWO27SBOG.

[⑤] Inv. Co. Investment Company Factbook at ii.

提供资金的，特别是货币市场基金和债券基金。投资行业也是支付的主要提供者，直接与银行和其他支付服务竞争。①

其次，技术的影响尤其明显。虽然监管和金融理论经常关注投资于单个股票的个人角色，但今天的现实是由个人通过主要由少数投资服务公司控制的被动型基金进行投资。② 被动型基金将其资金分配到预先设定的一篮子证券（称为指数）进行投资。它们的买卖完全是由技术驱动的，由数据、算法和计算机系统提供动力。根据这种自动化，它们为公司治理和投资研究中一个最大的问题提供了答案：为什么我们会看到被动型投资基金的快速增长？正如人们通常认为的那样，由低费用和多样化驱动的投资者兴趣③只提供了答案的一部分。另一部分，笔者认为是技术。

如果没有数字化以及与之相关的范围经济、规模和网络效应，触发投资者胃口的低费用在经济上是不可行的。技术平台是当今投资基金实际上是所有金融行业最重要的增长驱动因素。因此，笔者有迫切的理由来研究这些系统的政策影响。通过关注金融体系和资产管理行业的技术核心，由此填补了文献中两个空白。

除引言外，在第二部分中，我们对数字金融平台进行了概念化，并描述最为突出例子的规模。投资基金的基本功能越来越多地由数字金融平台聚合和执行，这是我们区别于金融领域其他形式技术进化的地方。为此，笔者引入了3种在金融服务领域中扮演着越来越重要角色的原型：① 连接全球

---

① 一些美国货币市场基金通过 ATM、支票或账单支付方式提供对投资者资金的访问，这与更传统的支付系统非常相似，Money Market Fund Reform, 74 Fed. Reg. 32, 688（普遍提供的功能，例如支票代写特权、兑换特权和近乎即时的流动性，促成了货币市场基金的流行）；William A. Birdthistle. Breaking Bucks in Money Market Funds. *Wis. L. Rev.*, 2010, pp.1155, 1161（指出"货币市场基金看起来和感觉更像银行储蓄账户，而不是共同基金"）。

② 有 6 篇文章投票入选《公司实践评论员》2019 年十大公司和证券文章，涉及被动基金或指数投资。The Top 10 Corporate and Securities Articles of 2019, Corporate Practice Commentator, http://www. professorthompson. com/uploads/2/1/4/7/21478240/best＿articleslist＿2019＿final＿.pdf；Lucian Bebchuk & Scott Hirst. The Specter of the Giant Three. *B. U. L. Rev.*, Vol.99, 2019, p.721（认为三大指数基金管理公司：黑石、先锋和道富环球投资管理公司，将继续增长）；John C. Coates, The Future of Corporate Governance Part I: The Problem of Twelve 2（Harvard Pub. Law, Working Paper No.19－07, 2018）, https://papers.ssrn.com/s ol3/papers.cfln?abstractid=3247337［https://perma.cc/H4TX-994N］（认为大多数上市公司的控制权很快将集中在极少数人手中，即大型管理公司）。

③ Coates, The Future of Corporate Govenance Part I, at 13［指出对于大多数指数化基金投资者来说，很少有活跃的基金经理能够令人信服地证明他们可以做得比市场更好（扣除费用）］。

最大资产管理公司的后台基础设施（典型例子为阿拉丁平台）；② 在面向消费者的前端捆绑客户流动性的投资平台（例如嘉信理财、富达、摩根大通、高盛等），将公共投资基金与全球金融市场上越来越多的投资挂钩；③ 全面的金融生态系统，将资产管理行业的前端和后端整合为单一平台，通过技术连接大量个人与金融（中国的蚂蚁金服是领头羊，许多美国的平台也在效仿）。

在第三部分，笔者将分析这些金融技术系统归类为平台产业例子的后果（展示了网络效应、范围和规模经济），并预测少数数字金融平台，或者只有一个可能会在任何给定的行业中占据主导地位，随着它们的发展，整合越来越多金融中介功能；展示技术和平台集中度如何挑战资产管理和投资基金的传统监管范式，强调了对新方法的需求，以解决资产管理向平台行业的转型。

在第四部分，阐述了数字金融平台目前逃避了有意义的监管，从而触发重大风险。因为传统范式的设计不是为了解决世界背景下产生越来越占主导地位平台的问题。笔者发现传统的证券监管重点是信息披露、中介和分销等方面，其监管不具备应对由日益集中和主导的操作系统、平台和生态系统所带来的新现实。

在第五部分，评估可能的替代监管方法，从采取观望的方法（有或没有监管沙盒和特别章程等创新工具）到采取强有力的干预措施，将这些平台视为公用事业（甚至可能因此引发国有化）。介于这两个极端之间的监管措施是通过针对授权安排的间接监管和使公共机构部分或完全拥有每个平台，可以加强竞争和适度干预。笔者认为，最优的方法将取决于平台的进化阶段：平台在任何特定金融服务市场中的地位越强，干预主义的理由就越强。

第六部分，总结。

二、数字金融平台的兴起

本文的出发点是资产管理技术的理论概念化，着眼于金融操作系统及其向平台的演变，将这些系统与现有系统进行对比，以及对比金融科技和金融市场基础设施。这种方法为我们在更广泛的资产管理行业中对数字金融平台的演变进行分类提供了基础：后端系统（专注于大部分看不见的操作）；前端平台（专注于客户互动）；完整的金融生态系统（试图两者都做）。

（一）概念化数字金融平台

数字金融平台的理论概念化始于制定数字金融平台的工作定义，然后关注它们与"传统"金融科技和金融市场公用事业处理之间的关键区别。

1. 数字金融平台

数字金融平台是多边的 IT 系统，连接了参与机构的网络，并连接到每个系统的运营商以进行金融交易。乍一看，它们类似于数字电子商务平台，但两者有明显的区别，其中最主要的是数字金融平台不成为在其上执行的金融交易方；相反，由于多个应用程序连接并在其上运行，每个数字金融平台都可以促进或执行第三方（例如付款人、投资者、经纪商等）或与平台提供商相关的单独实体做出的金融交易决策。

数字金融平台可以采取各种法律和组织形式，[①]示例包括：银行或非银行服务实体（所有关联的中介机构都是服务实体的签约伙伴）；[②]共同协会，通常为金融机构。[③] 数字金融平台可由一个私人实体拥有和运营，例如单独实体、[④]分散实体[⑤]或共同实体，以用户为会员；[⑥]在公共实体（例如中央银行）[⑦]运行中具有系统重要性的数字金融平台［例如，实时支付结算（RTGS）支付系统］。

[①] Bank For Int'l Settlements & Int'l Org. of Sec. Comm'ns, Principals of Financial Market Infrastructures, at 7（详述金融市场基础设施的种类）。

[②] Visa 结构为银行，而 SWIFT 不是参见 Bank For Int'l Settlements, Payment and Settlement Systems in Selected Countries 455–57 (2003), https://www.bis.org/cpmi/publ/d53.pdf（描述 SWIFT 的结构）。

[③] 直到最近几十年才成立的证券交易所就是典型的例子。Electronic Stock Exchange, Econ. Times, https://economictimes.indiatimes.com/e/electronic-stock-exchange/articleshow/51194360.cms?from=mdr.

[④] 例如，今天的纽约证券交易所，贸易集团洲际交易所是唯一的所有者。NYSE. Intercontinental Exchange, https://www.nyse.com/index.

[⑤] 例如 Nasdaq, Inc. Euronext S. A. Investor Relations, Nasdaq, http://ir.nasdaq.com/; Corporate Governance. Euronext, https://www.euronext.com/en/investor-relations/corporate-governance.

[⑥] 例如，用户拥有的存管信托清算公司（DTCC）位于纽约市，是世界上最大的金融价值处理机构。DTCC's Businesses. Subsidiaries and Joint Ventures, DTCC, https://www.dtcc.com/about/businesses-and-subsidiaries.

[⑦] 例如，美国联邦储备委员会目前担任国家结算服务（NSS）、联邦电汇资金服务（Fedwire Funds Service）以及与电子支付网络（EPN）一起使用的自动清算所（ACH）系统的运营商，存款机构通过该系统相互发送电子贷记和借记转账。美联储承诺开发和运营 FedNow 服务，一项于 2023 年开始运营的实时支付和结算服务。Press Release, Bd. of Governors of the Fed. Rsrv. Sys. Federal Reserve Announces Plan to Develop a New Round-the-Clock RealTime Payment and Settlement Service to Support Faster Payments (Aug. 5, 2019), https://www.federalreserve.gov/newsevents/pressreleases/other 20190805a.htm；其他例子包括欧洲央行的支付与交付系统、Target-2-Securities 和英格兰银行的 CHAPS 系统。What is TARGET2-Securities (T2S)? European Central Bank, https://www.ecb.europa.eu/paym/target/t2s/html/index.en.html; Chaps. Bank of England, https://www.bankofengland.co.uk/payment-and-settlement/chaps.

2. 数字金融平台与金融市场公用事业

国际清算银行定义的金融市场公用事业（FMU）在美国证券和银行监管的各个部分中进行编码，[1]是参与机构（包括系统的运营商）之间的多边体系，用于记录、清算或结算付款、证券、衍生品或其他金融交易。[2] 美国的FMU系统包括由美联储（国家结算服务）[3]和 Visa 运行的支付系统，将执行支付交易的银行从付款人连接到收款人，并连接到中央银行以确保流动性。[4] 同样，美国全国证券交易商协会自动报价系统（NASDAQ）将经纪公司与交易证券及其中央结算所联系起来；电子信息交换和消息传递系统 SWIFT 连接了全球 11 000 多家金融机构。[5] 存款信托和清算公司（DTCC）确保在本地和全球托管人和中央证券存管人之间转让证券和衍生品。

虽然数字金融平台可能是 FMU 的一种形式，但 FMU 与我们的重点不同：不仅现有的 FMU 太窄、太机械，而且范围太有限，无法作为成熟的服务平台，尤其是 FMU 的重点是通过瞄准金融系统内的痛点——信任和交易成本来提高市场和流程的效率和安全性，同时通常避免与零售客户直接接触。FMU 是中介服务，使中介能够以更低的成本提供更好的产品，因此，盈利能力不是 FMU 的主要关注点。

相比之下，数字金融平台旨在为客户和受监管的中介机构之间提供完整生态系统以及多种服务，无论是直接的（其中客户是数字金融平台客户）还是间接的，目的都是谋取利润。[6]

3. 数字金融平台与金融科技

数字金融平台与传统金融科技（通常定义为专注于将技术应用于金融

---

① 见下文（二）传统的资产管理监管范式。

② Bank for Int'l Settlements & Int'l Org. of Sec. Comm'ns, Principals of Financial Market Infrastructures, at 7.

③ National Settlement Service, Bd. of Governors of the Fed. Rsrv. Sys. https://www.federalreserve. gov/paymentsystems/natl_about.htm（提供有关国家结算服务的信息，这是一项由联邦储备银行提供的多边结算服务）。

④ Bank for Int'l Settlements, Payment, Clearing and Settlement Systems in the United States（2012）https://www.bis.org/cpmi/publ/d105_us.pdf; The Council of Inspectors General of Financial Oversight, Audit of the Financial Stability Oversight Council's Designation of Financial Market Utilities（July 2013）, https://www.fdicoig.gov/sites/default/files/publications/Cigfoaudit_71713.pdf.

⑤ About Us, SwIFT, https://www.swift.com/about-us.

⑥ Derryl D'Silva, Zuzana Filkova, Frank Packer & Siddharth Tiwari. The Design of Digital Financial Infrastructure: Lessons from India, Bank for Int'l Settlements Papers 6, https://www.bis.org/publ/bppdf/bispapl06.pdf.

服务的某些方面)有3个关键区别：一是典型的金融科技专注于颠覆，挑战现有企业，而数字金融平台押注于与现有企业的紧密合作。[①] 二是大多数金融科技应用将零售和中小型企业与金融科技公司联系起来。[②] 相比之下，数字金融平台将多个金融中介联系起来共同打造一个完整的金融生态系统。三是在去中介化的努力中，最受瞩目的金融科技企业采取市场的形式，代理各种服务和商品，并从中收取佣金。[③] 相比之下，数字金融平台的作用是创新平台，包括"一种技术、产品或服务，作为其他公司(松散地组织成创新生态系统)开发互补的技术、产品或服务的基础"。数字金融平台的核心类似于苹果、微软、SAP、Oracle和英特尔，它们都提供核心创新平台，各种应用程序可以在这些平台上运行。因此，数字金融平台"建立了一个工具和标准的核心，作为第三方软件或内容的基础"，[④]其中内容可以包括所有类型的数据和数据分析工具，以及合同，执行和结算系统。

(二) 阿拉丁：范式后端平台

目前，黑石的阿拉丁是迄今为止对资产管理影响最大的平台。

1. 阿拉丁的活动

阿拉丁是"资产、负债、债务和衍生品投资网络"的简称，其核心是一种技术工具，允许资产管理人"有效沟通、快速解决问题，在投资过程的每一步做出明智的决策"。[⑤] 黑石于1993年开始开发被称为"最早的金融科技之一"的阿拉丁，[⑥]用于自己的产品组合和风险管理、投资流程和交易执行。

① Douglas W. Arner. János Barberis & Ross P. Buckley. FinTech, RegTech and the Reconceptualization of Financial Regulation. *Nw. J. Int'l l & Bus.*, Vol.37, 2017, pp.371, 381.

② 见上文有关数字全能平台的内容。

③ Peter C. Evans & Annabelle Gawer. The Rise of the Platform Enterprise：A Global Survey, https://www.thecge.net/app/uploads/2016/01/PDF-WEBPlatform-Survey_01_12.pdf(指出在2015年全球调查的176家平台公司中，160家平台是交易平台)。

④ Daniel Haberly et al. Asset Management as a Digital Platform Industry：A Global Financial Network Perspective. *Geoforum*, Vol.106, 2019, pp.167, 168.

⑤ Enterprise Overview, Blackrock, https://www.BlackRock.com/aladdin/offerings/aladdin-overview; The Monolith and the Markets. BlackRock, The Economist (Dec. 7, 2013), https://link.gale.com/apps/doc/A351771715/Aone?u=upenn_main&sid=AONE&xid=16bd353d(描述资产管理公司黑石及其交易平台阿拉丁)。

⑥ 参见 Will Dunn, Meet Aladdin. the Computer "More Powerful than Traditional Politics," New Statesman (Apr. 6, 2018), https://www.newstatesman.com/spotlight/2018/04/meet-aladdin-computer-more-powerful-traditional-politics[引用黑石董事总经理兼阿拉丁产品集团(黑石的一个部门)负责人 Jody Kochansky 的话]。

从那时起，阿拉丁进入了自动持仓、记录保存和风险敞口控制领域。[①] 1994年，黑石参与通用电气复杂债券投资组合的定价和管理，并在阿拉丁中集成一个经纪商系统，从而在20世纪90年代中期实现投资组合自动再平衡。[②]在2008年全球金融危机期间，当各国政府都在努力评估风险时，阿拉丁的能力在全球资产管理界之外开始为人所知。由于其明显的冲突，通过排除投资银行本身，并使用阿拉丁的数据和分析工具，黑石能够执行数十亿美元的再融资交易，以防止美国金融体系免于崩溃，[③]"将黑石变成华盛顿救助华尔街的主要经理"。[④]

该平台已扩展到风险分析和投资流程的其他部分，并演变为端到端的投资平台。根据黑石的说法："在单一平台上将复杂的风险分析与全面的投资组织者、交易和运营工具相结合，以支持决策、有效风险、高效的交易和运营规模。"[⑤]今天，服务从私人到机构基金的客户，阿拉丁是投资经理的一个操作系统，寻求连接实时管理资金所需要的人员和技术信息。

2. 阿拉丁的能力和影响力

阿拉丁是一种托管服务：技术基础设施、系统管理，以及与数据提供者和行业公用事业的接口是由黑石600多名IT和技术人员运营，他们专注于为客户创建数据和分析。

不可否认，阿拉丁的规模令人印象深刻，给人以像"金融的安卓"[⑥]或

[①] 参见 Will Dunn, Meet Aladdin. the Computer "More Powerful than Traditional Politics," New Statesman (Apr. 6, 2018), https://www.newstatesman.com/spotlight/2018/04/meet-aladdin-computer-more-powerful-traditional-politics [引用黑石董事总经理兼阿拉丁产品集团（黑石的一个部门）负责人 Jody Kochansky 的话]。

[②] 参见 Will Dunn, Meet Aladdin. the Computer "More Powerful than Traditional Politics," New Statesman (Apr. 6, 2018), https://www.newstatesman.com/spotlight/2018/04/meet-aladdin-computer-more-powerful-traditional-politics [引用黑石董事总经理兼阿拉丁产品集团（黑石的一个部门）负责人 Jody Kochansky 的话]。

[③] 参见 Will Dunn, Meet Aladdin. the Computer "More Powerful than Traditional Politics," New Statesman (Apr. 6, 2018), https://www.newstatesman.com/spotlight/2018/04/meet-aladdin-computer-more-powerful-traditional-politics [引用黑石董事总经理兼阿拉丁产品集团（黑石的一个部门）负责人 Jody Kochansky 的话]。

[④] Suzanna Andrews. Larry Fink's $12 Trillion Shadow, Vantrry Fair (Mar. 2, 2010), https://www.vanityfair.com/news/2010/04/fink-201004.

[⑤] https://www.blackrock.com/institutions/en-us/solutions/aladdin.

[⑥] Erik Schatzker. Larry Fink Q&A: "I don't identify as powerful", Bloomberg (Apr. 18, 2017), https://www.bloomberg.com/features/2017-blackrock-larry-fink-interview/.

"华尔街的亚马逊"①这样的印象。超过 20 万亿美元的资产(约占全球金融资产的 10％)依赖于阿拉丁的服务,这个数字等于世界上所有的现金价值的 4 倍,相当于美国的年 GDP,或整个美国股票市值。② 全球约有55 000 名投资专业人士依赖阿拉丁和阿拉丁财富(Aladdin Wealth),1 000多名内部和外部开发人员不断致力于增强其服务。总体而言,阿拉丁托管着全球 210 家机构的投资组合,包括一些最大的资产所有者[例如,加利福尼亚州教师退休系统(CAISTRS)]和包括施罗德和先锋在内等竞争对手。③

阿拉丁源于风险管理,在那个领域,它仍然特别有效。它通过早期引入蒙特卡罗模拟,成为一个强大的工具。通过使用随机数而不是反映过去事件的数据,以确定性的数学顺序复制了现实世界的不可预测性。与其他系统相比,这些模拟生成了更全面、更精细的风险报告。目前,在风险管理能力方面,阿拉丁每天监控超过 2 000 个"从利率到货币的风险因素,每周执行 5 000 次投资组合压力测试和 1.8 亿次期权调整计算"。④

3. 阿拉丁的优势：数据控制

阿拉丁最大的竞争优势是对金融数据的控制。来自其他网络和数据经济的洞察表明,数据所有权产生规模经济：阿拉丁可以收集和分析数据越多,阿拉丁为黑石及其客户的投资组合提供的服务就越好。这种数据驱动的规模体现在软件中的网络效应和规模经济,所有设计、开发和编码的成本均由第一个版本承担,而所有后续版本的生产成本几乎为零。⑤ 数据驱动的规模也是其演变为数字金融平台的基础。

---

① Antoine Gara. BlackRock's Edge：Why Technology Is Creating the Amazon of Wall Street，Forbes (Dec. 26，2017)，https://www.forbes.com/sites/antoinegara/2017/12/19/blackr ocks-edge-why-technology-is-creating-a-6-trillion-amazon-of-wall-street/＃58212ce0561b.
② Haberly，et al. Asset Management as a Digital Platform Industry：A Global Financial Network Perspectives，p.172.
③ Amy Whyte Can Anyone Bury Aladdin. Inst.，Investor (Oct. 1，2018)，https://www.institutionalinvestor.com/article/blb672fxttfplI/Can-Anyone-Bury-BlackRock.
④ Benefits for Risk Managers. Blackrock，https://www.BlackRock.com/aladdin/benefits/risk-managers.
⑤ Michael L. Katz & Carl Shapiro. Antitrust in Software Markets，in Jeffrey A. Eisenbach & Thomas M. Lenard eds. *Competition*，*Innovation and the Microsoft Monopoly：Antitrust in the Digital Marketplace* 1999，pp.34 - 35；Richard A. Posner. Antitrust in the New Economy. *John M. Olin Program in Law and Economics Working Paper*，Vol.3，No.106，2000.

4. 阿拉丁的竞争对手

阿拉丁并不缺少竞争对手，尽管大多数都不为数百万依赖其服务的散户投资者所知。例如，哥本哈根的 SimCorp 建立的 Dimension 平台，声称 Dimension 作为挑战者将在全球范围内与阿拉丁竞争。其他风险数据建模供应商包括 MSCI Barra、Bloomberg 和 Refmtiv。[①] 当 Refmtiv 最近被伦敦证券交易（LSE）收购时，伦敦证交所首席执行官强调：数据能力将定义金融市场基础设施业务的成功（这与笔者的分析一致），从而证明了交易所这笔 270 亿美元的收购是合理的，[②]且其目标很明确：将伦敦证券交易所这一金融市场基础设施发展为数字金融平台。摩根大通现在也将其交易和投资分析平台 Athena 授权给第三方。[③] 笔者认为，此举旨在利用摩根大通价值 25 万亿美元的托管业务客户创造的交易和投资数据，同时保护它们的客户免受数据竞争对手的侵害。[④]

（三）前端投资平台

如果阿拉丁从根本上是为了提高效率和表现而主动整合资产管理人、数据、分析和市场基础设施，那么，投资平台从根本上讲是建立一个底层操作系统，将个人投资者与信息和产品联系起来。这些产品通常是投资基金（越来越被动的投资基金），例如不断扩大的交易所交易基金（ETF）在美国和国际市场上持有 6.1 万亿美元。[⑤]

1. 现有企业

笔者观察到基金行业中某些前端平台在规模和大小上增长尤为显著，

---

① 引用阿拉丁的 Jody Kochansky 的话：MSCI Barra 和彭博社作为风险模型提供商，可能比阿拉丁"影响力更大"；Model Risk Management. RefimTjv, https://www. refinitiv. com/en/products/connected-risk-management/model-risk-management#.

② Philip Stafford. LSE needs to Beat Bloomberg at its Own Game, Fin. (Aug. 19, 2019), https://www.ft.com/content/bcd57f62-bdal-11e9-b350-db00d509634e.

③ Hugh Son. J. P. Morgan is Letting Clients Access Its Trading Software in a Glimpse of Wall Street's Tech Future, CNBC (Nov. 5, 2018), https://www. cnbc. com/2018/11/05/jpmorgan-selling-trading-software-in-glimpse-of-wall-streets-future. html.

④ J. P. Morgan Sells Trading Software to Custody and Fund Services Clients, J. P. Morgan (Nov. 6, 2018), https://www.jpmorgan.com/country/AU/en/detail/1320570868855.

⑤ M. Szmigiera. Worldwide ETF Assets Under Management 2003 - 2019, https://www.statista.com/statistics/224579/worldwide-etf-assets-undermanagement-since-1997/#:～:text = The%20statistic%20presents%20the%20development, approximately/u206.18%20trillion%20U.S.%20dollars.

主要基金分销平台已经扩大。[①] 例如,基金管理巨头富达为其客户提供了一个投资平台,通过该平台可以引导他们的投资流,分析他们的投资组合,并访问富达提供的咨询服务,包括获得"60 秒退休评分"。[②] 另一家基金管理巨头先锋提供了一个系统用于访问先锋的被动资金领域,为专业投资者提供的服务包括客户投资组合的创建和评估产品、与先锋和非先锋的产品比较,以及提供投资组合模型。简言之,即机器人咨询服务,[③]包括嘉信理财在内的经纪商正在开发类似的前端系统,其平台提供嘉信理财和其他人的金融产品、咨询服务和分析工具的访问权限。嘉信理财的平台针对成本敏感的客户强调它对在线股票、ETF 和期权交易收取"0 美元佣金"的事实,并拥有"2 000 种免佣金 ETF 和 4 000 多种无负载、无交易费用的共同基金"。[④] 通过与 TD Ameritrade 的合并,[⑤]Schwab-TD 联合平台承诺扩大其对零售用户和资产的覆盖范围。

摩根大通收购诸多创新投资公司,[⑥]将它们与自己的业务相结合,形成新平台,您投资平台(You Invest)[⑦]服务包括金融产品、建议和分析。作为一家银行,摩根大通可以将其系统扩展为全方位服务数字金融平台,涵盖存款、借贷、支付、投资、贸易和保险;它还提供访问摩根大通的贷款和资产管理业务,以支持公司的商业客户。[⑧]

另一家在创建前端平台方面特别活跃的美国公司是高盛。高盛使用在线存款平台、银行牌照、客户,以及 2016 年收购通用电气资本银行(GE

[①] 关于基金发行平台的新兴趋势参见 Int'l Org. of Sec. Comm'ns. Research Report on Financial Technologies (Fintech) 2017, pp.22, 25, 68, https://www.iosco.org/library/pubdocs/pdf/IOSCOPD55 4.pdf(讨论资金分配平台).

[②] Fidelity, https://www.fidelity.com/.

[③] Vanguard, https://advisors.vanguard.com/advisors-home.

[④] Why Schwab: How We Compare, https://www.schwab.com/public/schwab/investing/whychoose_schwab/compareus.

[⑤] Maggie Fitzgerald. Shares of Charles Schwab jump after sources say DOJ approves dealfor TD Ameritrade, https://www.cnbc.com/2020/06/04/shares-of-charles-schwab-jump-after-sources-say-doj-approves-deal-for-td-ameritrade.html.

[⑥] 在 You Invest 组建之前,摩根大通在支付领域进行了一系列初创企业收购,这些收购有助于加强摩根大通的技术核心,包括 InstMed,该公司是一家医疗保健相关支付解决方案提供商,2019 年 6 月收购金额超过 5 亿美元;为了改善其 400 万小企业客户的服务,收购了 PayPal 和 Stripe 的竞争对手 WePay,2017 年收购价约为 2.2 亿美元。

[⑦] Overview:You Invest by J. P. Morgan, https://www.chase.com/personal/investments/you-invest.

[⑧] You Invest Overview, https://www.chase.com/personal/investments/youinvest.

Capital Bank)的 160 亿美元存款，创建其数字平台 Marcus，[①]并通过"acqui-hire"的方式，在 2017 年添加了一个来自德邦街市场的小型企业借贷 P2P 团队；2018 年 1 月加入来自信用卡初创公司 Final 的消费者金融科技团队；2018 年 4 月，Clarity Money 将其个人理财工具作为移动店面，以 1 亿美元的价格吸引了 100 万名客户。[②]

此外，高盛以 7.5 亿美元收购财富平台 United Capital，奠定了数字平台的基石。[③] 虽然 United Capital 的收购似乎与高盛的 Marcus 无关，但是高盛 2019 年的新闻稿揭示了建立数字金融平台的意图：通过一个由顾问领导的、技术支持的、具有相当规模和地理足迹的平台，增强高盛利用财务规划解决方案，覆盖 Ayco 不断增长的企业客户群中广泛客户的能力。这些努力将补充高盛为 Marcus 个人提供的数字授权消费者平台，最终提供全方位的服务。[④]

富达和先锋的核心是投资顾问（即共同基金经理），嘉信理财最初是一名经济商，摩根大通是一家银行，而高盛（直到 2008 年）是一家投资银行。尽管有这些完全不同的核心业务，但在进化轨迹和监管制度方面，这 5 家公司的数字金融平台看起来非常相似。下文将详细讨论这一重要的趋同现象。[⑤]

2. 投资平台规模与增长

嘉信理财、富达和先锋的庞大规模和增长令人印象深刻，特别是相对于

---

① Marcus, https://www.marcus.com/us/en; Marcus by Goldman Sachs Leverages Technology and Legacy of Financial Expertise in Dynamic Consumer Finance Platform, Goldman Sachs, https://www.goldmansachs.com/our-firm/history/moments/2016-marcus.html; Press Release, Goldman Sachs, Goldman Sachs Bank USA Completes Acquisition of Online Deposit Platform from GE Capital Bank (Apr. 18, 2016), https://www.goldmansachs.com/media-relations/press-releases/archived/2016/announcement-gs-bank.html.

② Peter Rudegeair & Liz Hoffman. Goldman Nabs FinTech Group in Push to Boost Online Lending, https://www.wsj.com/articles/goldman-nabs-fintech-group-in-push-to-boost-online-lending-1505337060; Ainsley Harris, Goldman Sachs Acquires Team behind Credit Card Startup Final, https://www.fastcompany.com/40523758/goldman-sachsbuys-credit-card-startup-final; Luisa Beltran, Goldman Closes Buy of Clarity Money, https://www.pehub.com/2018/04/goldman-closes-buy-clarity-money/.

③ Goldman Sachs to Buy Wealth Manager United Capital for $750 Million, https://www.reuters.com/article/us-unitedcapitalfinancial-m-a-goldmansac/goldman-sachs-to-buy-wealth-manager-united-capital-for-750-million-iduskcn1smilh.

④ Press Release. Goldman Sachs, Goldman Sachs Announces Acquisition of United Capital, https://www.goldmansachs.com/media-relations/press-releases/archived/2019/announcement-16-may-2019.html.

⑤ 见下文第三部分。

经济的其他部分：先锋管理的资产从 2013 年 12 月 31 日的 1.6 万亿美元到目前的 6.2 万亿美元（增长了 288％），①其中 3 万亿美元的增长来自流入被动指数基金。② 2013 年 12 月 31 日—2020 年 6 月 30 日，富达出现了 638％的增长（从 1.3 万亿美元到 8.3 万亿美元）。③ 尽管规模较小，但是嘉信理财在 6 年内管理的资产增加了 78％（从 2.3 万亿美元到 4.1 万亿美元），④令人瞩目。嘉信理财最近收购的 TD Ameritrade 又为其增加了 1 200 万名客户和 120 万美元，总资产达到 5.3 万亿美元（与 6 年前相比总增长率为130％）。⑤ Schwab/TD Ameritrade 加在一起共服务超过 2 600 万名客户，而先锋超过 3 000 万名客户，富达则超过 3 200 万名客户。

这些庞大的数字引发了人们对股权集中在少数机构⑥的投资者手中以及行业集中度提高的担忧。⑦ 这些顾虑反映了投资者的成本敏感性是造成这种异常集中的主要原因，但未能分析为什么先锋和其他公司能够以极具竞争力的条件提供此类资金。笔者认为，这些实体的成功在很大程度上是

---

① Jonathan Williams. AUMGrowth at 10 Largest Fund Managers Outstrips Sector‐Top‐400，https：//www. ipe. com/top‐400/aum‐growth‐at‐10‐largest‐fund‐managers‐outstrips‐sector‐top‐4 00/5 32 19. article；Fast Facts About Vanguard，https：//about. vanguard. com/who‐we‐are/fast‐facts/.

② Landon Thomas Jr.，Vanguard is Growing Faster Than Everybody Else Combined，CNBC，https：//www. cnbc. com/2017/04/16/vanguard‐is‐growingfaster‐than‐everybody‐else‐combined. html.

③ Williams，AUMGrowth at 10 Largest Fund Managers Outstrips‐Top400. https：//www. fidelity. com/about‐fidelity/our‐company＃ourcompanybynumberstitleNCL.

④ See Press Release，Charles Schwab. Schwab Reports Fourth Quarter Net Income Up 51％ Year‐Over‐Year（Jan. 16，2014），https：//pressroom. aboutschwab. com/press‐releases/pre ss‐release/2014/Schwab‐Reports‐Fourth‐Quarter‐Net‐Income‐Up‐51‐Year‐Over‐Year/default. aspx；Press Release，Charles Schwab. Schwab Reports Second Quarter Earnings Per Share of ＄.48，Including ＄.06 Per Share of Acquisition‐Related Expenses（July 16，2020），https：//content. schwab. com/web/retail/public/about‐schwab/schw_q2 2020_earnings_release. PDF.

⑤ TD Ameritrade to Announce Fiscal Third Quarter Earnings，https：//www. amtd. com/news‐and‐stories/press‐releases/press‐release‐details/2020/TD‐Ameritrade‐to‐Announce‐Fiscal‐Third‐Quarter‐Earnings/default. aspx；Charles Schwab Corporation to Acquire TD Ameritrade，https：//www. amtd. com/news‐and‐stories/press‐releases/press‐release‐details/2019/The‐Charles‐Schwab‐Corporation‐to‐Acquire‐TD‐Ameritrade/default. aspx.

⑥ Top 10 Corporate and Securities Articles of 2019（提供公司治理的视角）；Int'l Monetary Fund. Global Financial Stability Report：Navigating Monetary Policy Challenges and Managing Risks（Apr. 2015），https：//www. imf. org/en/Publications/GFSR/Issues/2016/12/31/Navigating‐Monetary‐Policy‐Challenges‐and‐Managing‐Risks（提供市场稳定视角）；Sophie Steins Bisschop，Martijn Boermans ＆ Jon Frost. European bond markets：Do illiquidity and concentration aggravate price shocks？ *Econ. Letters*，Vol.141，2016，pp.141，143.（分析市场流动性和所有权结构对欧洲债券市场的影响）。

⑦ Kenechukwu Anadu et al. The Shift from Active to Passive Investing：Risks to Financial Stability？pp.16‐20，https：//www. bostonfed. org/publications/risk‐and‐policy‐analysis/2018/the‐shift‐from‐activeto‐passive‐investing. aspx.

因为其数字金融平台的效用。

3. 投资平台优势：流动性控制

尽管出于垄断关键数据的欲望，投资平台的主要优势源于流动性的聚合。也就是说，它们基本上控制了客户的资金流动。客户是被低廉交易和咨询费用的前景所吸引，并愿意将其资产流的控制权交给平台提供商控制其流动性，以便与托管人、其他顾问、经纪商和证券交易所谈判有利的合同条款。投资平台为了确保自己和客户的最佳条件而采取的主要威胁不一定是迎合不同服务供应商；如果平台有足够的客户，平台供应商本身可以提供托管、咨询、经纪商，甚至交换服务。因此，真正的价值是它们客户的捆绑消费能力，这种消费力可以用来从交易对手那里获得更好的条款或在交易对手不屈服于投资平台的压力时承担交易对手的职能。通过这个方式，投资平台从投资链后端挤出利润率，通过整合越来越多的前端机构，对抗像阿拉丁这样的后端平台，逐渐接近客户而受到挤压和自动化的威胁。这个策略要取得成功，前端的客户数量和资产流至关重要，这解释了客户数量和资产规模的普遍竞争。

（四）金融生态系统

虽然阿拉丁的强项在于数据控制和投资平台聚合数据、投资和流动性控制，一些数字金融平台（笔者称为金融生态系统），通过提供全面的从前到后的数据和流动性金融服务受益。也就是说，它们涵盖了资产的整个价值链管理，从客户的支付和保管账户到经纪商、咨询和交易服务。虽然许多现有企业例如黑石和高盛正在寻求实施这一战略，大型平台技术公司（BigTechs）正在引领方式，尤其是蚂蚁集团。

1. 蚂蚁生态系统

蚂蚁生态系统虽然在美国并不为人所知，但是最广泛的金融生态系统由蚂蚁集团创建，蚂蚁集团是中国大型科技公司阿里巴巴的金融部门。[①]

---

① Fin. Stability BD. Bigtech in Finance: Market Developments and Potential Financial Stability Implications，https://www.fsb.org/wp-content/uploads/P091219-1.pdf（讨论蚂蚁在金融领域的作用）；Jon Frost, Leonardo Gambacorta, Yi Huang, Hyun Song Shin & Pablo Zbinden. BigTech and The Changing Structure of Financial Intermediation. *BIS Working Paper* No.779, 2019, pp.7–10, https://www.bis.org/publ/work779.pdf（详细说明蚂蚁对中国信贷市场的影响）。

最初开发是作为支持新兴环境下的电子商务（支付宝），蚂蚁（至 2020 年 7 月，名为蚂蚁金服）包括支付系统、客户托管功能、机器人咨询和资产管理服务，以及自己与其他公司的信贷、投资和保险产品。蚂蚁生态系统中特别有趣的服务是货币市场共同基金余额宝，其最大规模达到来自 6 亿客户的 2 500 亿美元资产，使其成为迄今世界上最大的货币市场基金，在当时以 1 000 亿美元的利润超过同类第二大基金。① 最近，蚂蚁集团与先锋结合成立了一家合资企业，将先锋的投资平台和被动投资基金生态系统与蚂蚁（阿里巴巴）生态系统相结合。② 蚂蚁也成为中国最大的消费者和中小企业贷款提供商之一。③

蚂蚁的目标是提供一个全面的生态系统，允许客户通过支付宝在世界各地的实体和虚拟商家购买他们想要的任何东西，其拥有超过 7 亿中国活跃用户。④ 这些个人和公司可以反过来将支付宝系统中的资金用于其他支付或投资，通过货币市场基金、越来越多的 ETF 和包括保险在内的其他投资产品获得可观的回报。

蚂蚁通过手续费、⑤数据销售、⑥以及在中国银行间债券市场、中国电子债券和货币市场借贷等方式为自己筹集资金，然后向个人贷款，帮助他们通过阿里巴巴与其他提供商购买产品，同时也向企业提供信贷，使他们扩大业务、收入和利润。蚂蚁证券化这些贷款，是中国最大的资产支持证券发行人之一，然后在银行间债券市场出售给投资者。⑦

① World's No.1 Money Market Fund Shrinks By $120 Billion. https://www.bloomberg.com/news/articles/2019-09-05/world-s-no-i-money-market-fund-shrinks-by-120-billion-in-china.
② Reuters Staff. China's Ant Financial，Vanguard Form Shanghai-Based Venture：Government Records. https://www.reuters.com/article/us-vanguard-china/chinas-ant-fmancial-vanguard-form-shanghai-based-venture-government-records-idUSKCN1TB178.
③ Stella Yifan Xie. A $7 Credit Limit：Jack Ma's Ant Lures Hundreds of Millions of Borrowers，https://www.wsj.com/articles/a-7-credit-limit-jack-mas-ant-lures-hundreds-of-millions-of-borrowers-11575811989（声明称，蚂蚁集团"通过提供高达 7 美元的小额贷款，其庞大的小额贷款业务已经膨胀，使蚂蚁集团成为中国最大的个人信贷额度提供商之一"）。
④ China's Alipay Now Has Over 900m Users Worldwide. http://www.chinadaily.com.cn/a/201811/30/WS5c00ald3a310eff30328c073.ht ml.
⑤ Ryan McMorrow，Nian Liu & Sherry Fei Ju. The Transformation of Ant Financial，https://www.ft.com/content/c636a22e-dd3f-403e-a72d-c3ffb375 459c.
⑥ Gabriel Wildau and Yizhen Jia. China Fintech Lending Boom Fuels Risks of Data heft，FIN. https://www.ft.com/content/2d2f6012-d4dc-11e7-8c9ad9c0a5c8d5c9.
⑦ Daniel Ren. Ant Financial to Issue China's First Security Backed by Loans to Online Retailers. https://www.scmp.com/business/companies/article/2137594/ant-financial-issue-chinas-first-security-backed-loans-online; Orient Capital Research. Ant Financial's Aggressive Strategy. http://www.orientcapitalresearch.com/wp-content/uploads/2020/09/Ants-Aggressive-Strategy-I.pdf.

　　蚂蚁现在还销售保险，其中包括一个新的互助平台，一年获得1亿客户。① 当然，以溢价支付的资金是通过其平台进行投资以产生投资回报支持支付。蚂蚁生态因此涵盖了金融的方方面面，蚂蚁将其称为"数字生活"，通过其金融生态系统从数亿人和公司直接与第三方公司提供者整合，并直接或通过资本市场资助商业借款人。②

　　2. 蚂蚁的规模和范围

　　蚂蚁绝不只是金融蚂蚁，它还是世界范围内价值最高的金融公司之一。2020年11月，在其计划在中国香港地区和上海进行首次公开募股之前，它估值2 800亿美元。如果IPO发生，则将是全球最大的IPO（筹资350亿美元）。③ 相比之下，这一规模将使蚂蚁的市值与PayPal大致相同，约为摩根大通的2/3、Facebook的1/3或谷歌的1/5。尽管蚂蚁和阿里巴巴的合并不会落后于这些美国公司，然而，亚马逊和微软使其他公司相形见绌。2018年，蚂蚁筹集了140亿美元的风险资本融资，占当年全球风险投资资金的35%，超过所有美国金融科技公司的总和。④ 截至2019年6月30日，其支付服务支付宝在全球拥有超过12亿活跃用户，在中国支付市场的份额为54.2%，执行超过16万亿美元的交易。⑤

　　蚂蚁的范围超出了支付范围。它"还拥有并经营一个开放的保险市场，该平台拥有80多家保险公司，用户超过4亿。中国所有116家共同基金管

---

① Georgina Lee Ant Financial's Mutual-Aid Platform Xiang Hu Bao Attracts 100 Million Users, Boosts Insurers' Sales by 60 per cent in First Year, South China Morning Post, https://www.scmp.com/business/companies/article/3039554/ant-financials-mutual-aid-platform-xiang-hu-bao-attracts-100.

② Digital Daily Life, https://www.antgroup.com/en/digital-life.

③ 参考 Anais Concepcion, How Ant Financial Became the Largest FinTech in the World, https://www.applicoinc.com/blog/ant-financial-services-platform-largest-FinTech-in-world/; Nisha Gopalan, Ant Will Have an Elephant-Sized Coming Out Party, Bloomberg, https://www.bloomberg.com/opinion/articles/2020-07-21/ant-will-have-an-elephant-sized-coming-out-party? smd ＝ premium-asia&sref'lP8hg7Cm; Jack Ma's Ant Group Raises IPO Valuation Target to $280 Billion, Bloomberg News, https://www. bloomberg. com/news/articles/2020-10-16/jack-ma-s-ant-group-raises-ipo-valuation-target-to-280-billion; Lulu Yilun Chen. Jack Ma's Ant Set to Raise $35 Billion in Biggest-Ever IPO, https://fmance.yahoo.com/new/jack-ma-ant-raises-34-113651223.html.

④ Anna Irrera. FinTech Companies Raised a Record $39.6 billion in 2018, https://www.reuters.com/article/us-fintech-funding/fintech-companies-raised-a-record-396-billion-in-2018-research-iduskcn1pnoel.

⑤ Raymond Zhong. Ant Group, the Alibaba Payment Affiliate, Files to Go Public, https://www.nytimes.com/2020/08/25/technology/ant-alibaba-ipo-fili ng.html.

理公司都在这个拥有 1.8 亿用户的平台上"。[①]

若蚂蚁平台的失败或黑客攻击则造成的经济和金融破坏的潜在范围是巨大的，而这些担忧促使中国政府决定对其进行更严格的监管，导致 2020 年 11 月的 IPO 被无限期暂停。[②]

3. 流动性和数据控制

与后端和前端系统相比，蚂蚁引人注目的优势在于它对客户的流动性和数据进行控制。利用其数据能力，蚂蚁可以根据客户和交易数据，在有利可图的情况下随时为任何客户提供任何金融服务。利用流动性能力，蚂蚁可以向保险公司或资产管理公司施压，索要回扣、折扣和佣金。这种流动性意味着没有一家针对中国市场的金融服务公司可以承受从蚂蚁平台上移除的后果。

蚂蚁可以利用流动性和数据控制，即使它放弃提供金融服务（通常伴随的有资本要求和严格监管）。这种灵活性解释了为什么蚂蚁目前的重点是提供一个其他人可以在上面提供他们的服务的平台。

4. 蚂蚁克隆：生态系统商业模式

毫不奇怪，鉴于投资者赋予像蚂蚁这样的大型金融生态系统的高度重视，一系列公司正在寻求模仿蚂蚁的商业模式。例如，阿拉丁的竞争对手 Charles River 与 State Street 合作，提供"有史以来第一个全球性的、从前到后、来自单一提供商的客户服务平台"。这种说法显然毫无根据。考虑到它对蚂蚁生态系统迟来的模仿，更不用说腾讯[③]和百度在中国提供的相互竞争的金融生态系统，尽管比蚂蚁小得多，却在用户数量上是巨头。全球最大的保险公司平安，正在为其 5.7 亿多互联网用户构建一个类似的集成生态系统，汇集金融、保险、医疗、地产，遵循格言："一个客户，多种产品，一站式服务。"[④]

---

① Concepcion，How Ant Financial Became the Largest FinTech in the World?

② David Scanlon. Everything You Need to Know About Ant's Pulled IPO, https://www.bloomberg. com/news/articles/2020-11-04/here-s-everything-you-need-to-know-about-ant-s-pulled-ipo? sref-lP8hg7Cm（总结关键要素和报告）。

③ 腾讯目前正在讨论与黑石在中国资产管理市场的合作。Annie Mass. BlackRock in Talks With Tencent to Explore China Expansion，https://www. bloomberg. com/news/articles/2019-10-02/ blackrock-in-talks-with-tencent-to-explore-expansion-in-china.

④ Ping An，https://www.pingan.com/us-en.shtml.

各种形式的美国金融机构都在试图效仿蚂蚁建立和扩大金融生态系统。最值得注意的是，全球最大资产管理公司黑石在 2015 年收购机器人咨询公司 Future Advisor 之后引入前端系统，[①]与美国科技公司正在追求类似的生态系统模式：苹果是寻求建立以 Apple Pay 面向零售消费者为关键接入点的金融生态系统；向其他金融服务的扩张始于 2019 年 8 月发布的 Apple Card。[②] Facebook 计划推出的 Libra 也构成了类似战略的基础，而亚马逊似乎专注于建立一个类似于蚂蚁当前方向的金融服务市场。[③]

（五）新投资平台

就规模和数量而言，我们提供的例子是最明显和最庞大的，但绝不是目前唯一运行的例子。由金融企业家创建类似于富达、嘉信、先锋和摩根大通的投资平台最近出现在"机器人顾问"的标签下。包括 Robinhood[④] 在内的一些机器人顾问已经收集了数百万客户，主要是受低廉甚至零资产管理费用所吸引。[⑤] 笔者观察到 Coinbase 的类似趋势，这是一家声称拥有超过 3 000 万客户的加密经纪商。[⑥] 这些公司经常寻求建立大型数字金融平台。然而就规模而言，与黑石、富达、嘉信理财、先锋、高盛和摩根大通等现有公司相比，它们管理的资产规模上处于明显劣势。因此，许多金融科技初创公司正在被收购，或者与希望建立专有系统的现有企业合作，通过将金融科技

① Samantha Sharf. BlackRock To Buy FutureAdvisor, Signaling Robo-Advice Is Here To Stay, https://www. forbes. com/sites/samanthasharf/2015/08/26/blackrock-to-buy-futureadvisor-signaling-robo-advice-is-here-to-stay/#7df91bc63023（讨论黑石收购 Robo Advisor）。

② Ben Gilbert. The Apple Card is a Brilliant Move by Apple to Keep People Shackled to The iPhone, https://www. businessinsider. com/apple-card-only-works-with-iphone-2019-8? r = DE&IR = T（探索 Apple Card 推出的影响）。

③ Dirk Zetzsche, Ross Buckley & Douglas Arner. Regulating Libra (in relation to Libra); Ron Shevlin, Amazon and Goldman Sachs: A Small Business Lending Wake-Up Call for Banks, https://www. forbes. com/sites/ronshevlin/2020/06/15/amazon-and-goldman-sachs-a-small-business-lending-wake-up-call-for-banks/#754664b17891（与亚马逊有关）。

④ Tyler Clifford. Reaching 10 million users is a "testament" to our mission to democratize investing, Robinhood co-CEO says, https://www. cnbc. com/2019/12/04/robinhood-co-ceo-l0-million-users-are-a-testament-to-our-mission.html（声明 Robin Hood 拥有超过 1 000 万个客户账户）。

⑤ William A. Birdthistle, Free Funds: Retirement Savings as Public Infrastructure, in William A. Birdthistle & John Morley eds. Research Handbook on the Regulation of Mutual Funds 2018, p.267; William A. Birdthistle & Daniel J. Hemel, Next Stop for Mutual-Fund Fees: Zero, https://www. wsj. com/articles/next-stop-for-mutual-fund-fees-zero-1528652532.

⑥ Coinbase, https://www.coinbase.com.

的技术与客户规模、资产规模和现有老牌品牌相结合，与其他主要参与者竞争。例如，Robinhood 与城堡证券（Citadel Securities）的后端合作平台，目前占美国零售股票交易量的 40％以上和交易量的 15％。①

正如下文更详细讨论的那样，规模是网络和数据效果的核心，其趋势已经非常趋于集中，其中的关键问题是这个过程能走多远。

三、数字金融、资产管理和平台经济

笔者认为，数字金融平台具有有时与其他技术"平台行业"相关的技术和经济特征。为了展示它们的独特属性，这里展示了它们是如何在资产管理领域中运作的，这通常依赖于投资基金的基础。笔者认为，技术推动了资产管理行业规模和集中度的演变，近来最明显的表现是被动投资基金的崛起。与其他平台一样，数字金融平台受益于客户和交易对手的日益集中，即使这种发展对客户和社会都不是最佳的。我们提出了分三个阶段的论点，以论证少数数字金融平台有可能不仅在资产管理领域，甚至更广泛地在整个金融体系中占据主导地位。这种寡头垄断倾向将对金融体系、经济和更广泛的社会产生重要影响，并要求对我们的监管体系进行改革。

（一）传统理论：作为合同网络的投资基金

投资基金是大多数投资者与金融系统联系的主要方式。由于技术与规模经济和网络效应相结合，投资基金提供的功能越来越多地由数字金融平台主导。在某种程度上这些平台很脆弱，其管理的数万亿美元面临风险。

尽管这些基金如此受欢迎和无处不在，它们仍然是令人好奇，且理由是充分的：投资基金在结构上和运营上，不像股票和债券、普通企业或银行消费者比较熟悉的账户。为了了解基金，我们必须了解专业经济行为者的阵容，他们密切关注合作，形成一个复杂的合同网络，我们统称为"基金"，是传统商业模式和监管的基础。② 在此过程中，强调技术如何改变这些模型和

---

① Richard Henderson. Zero-Fee Trading Helps Citadel Securities Cash in on Retail Boom，https://www.ft.com/content/4a439398-88ab-442a-9927e743a3ff609b.

② Research Handbook on the Regulation of Mutual Funds; John Morley. The Separation of Funds and Managers: A Theory of Investment Fund Structure and Regulation. *Yale L. J.*, Vol.123, 2014, pp. 1118，1243 – 1267(讨论投资基金)。

假设,导致不断增加的集中度。

1. 投资公司、投资顾问和托管人

投资公司、投资顾问和托管人组成基金结构的核心。如果一个人投资购买福特或埃克森美孚的股份(股票),人们期望这些公司使用这笔钱制造更多的汽车或钻探更多的石油。因此,股东将受益于公司的表现,或者更准确地说,它的感知性能有所提高。共同基金不以这种方式提供商品或服务客户,而是作为投资公司,它们向用户提供投资其他证券的手段。

在共同基金中,投资顾问负责代表基金作出投资决定,但他们做得更多的是投资顾问经营共同基金。美国证券交易委员会指出"'投资顾问'一词对某些人来说是用词不当",因为顾问"不仅是顾问",而且"几乎始终控制着基金"。作为回报,这些顾问对他们自己的股东和他们管理的基金负有信托责任。

"投资顾问"一词通常不指个人,而是一个员工众多的专业投资机构。许多投资顾问都是家喻户晓的名字,例如管理富达基金的富达管理和研究;管理先锋基金的先锋集团;太平洋投资管理公司管理的 PIMCO 基金;富兰克林顾问管理富兰克林邓普顿基金,以及普徕仕(T. Rowe Price Associates)、黑石顾问、摩根大通资产管理等。

那么,基金投资者投资谁或投资什么? 正如人们所预料的那样,鉴于基金的名称似乎与此相反。① 共同基金投资者是新的股东,投资顾问创建的独立投资公司。顾问和基金通过投资咨询协议联系起来,根据合同,顾问运营基金以换取基金资产的百分比。基金的投资者一般不是投资顾问的股东,相反,它们只在合同安排上与顾问有关。投资者持有的股票是投资公司合法拥有的独立资产池,但由投资顾问管理。基金股东出资的款项进入资金池,然后顾问使用该资金池进行买卖股票、债券和房地产等其他投资,这些投资称为证券组合。

因此,基金股东拥有共同基金的股份(例如先锋整体股票市场指数基

---

① 由投资顾问管理的基金几乎总是带有顾问的名字。反过来,人们可能会合理地认为,将 1 000 美元交给富达,即使不是银行般的承诺,也是对富达本身的某种投资,毕竟,富达是投资的名称。富达管理的基金包括数百个名为富达的其他基金。杰纳斯(Janus)管理的基金包括 Janus Fund、Janus Enterprise Fund、Janus Venture Fund 以及大约 30 个名称中带有 Janus 名称的其他基金。

金，Vanguard Total Stock Market Index Fund），而共同基金拥有投资组合证券（例如福特或 IBM）。每一位基金股东都希望基金的投资组合证券会增值，以提高扣除费用后其基金份额的相应价值。①

共同基金在法律上有义务保留托管人的服务。② 该托管人通常是一家大型金融机构，负责合法保管基金资产，以在基金存续期内代表基金及其投资者努力持有和保护这些资产。③ 通常，此角色由大型商业银行担任，这不一定是因为银行坚不可摧的，而是因为银行受到联邦银行法严格监管。④ 作为基金现金和投资组合的合法持有人，托管人必须分开基金的资产与顾问的资产。为了在基金的投资组合中进行任何交易，托管人必须接受基金投资顾问的合法指示。

在这种安排中，顾问必须将命令传递给托管人，指示托管人动用某些基金资产为基金的投资组合购买特定证券，该安排旨在阻止基金中的欺诈或盗窃。托管人也受到严格监管，并且通常财务稳定，是顾问和基金之间的第三方，这确保在法律程序中，托管人作为被告的大额资产负债表可能比投资顾问的小额资产负债表更有吸引力。如果资产丢失或被盗，托管人可能是最可能被起诉的目标。

这些单独的角色演变为专业的经济角色，为投资者提供了额外的安全性和信心。这些角色中的每一个都是得到许可的活动，在大多数情况下受美国证券交易监督委员会（SEC）和（或）商品期货交易委员会（CFTC）监管。独立职能、风险隔离和法规的结合旨在帮助减少投资顾问只是将投资者的钱装进自己的口袋，然后逃到加勒比海的某个不为人知的岛屿。伯尼麦道夫（Bernie Madoff）的庞氏骗局在不需要托管人监管或实际上不受监管的私人投资基金中运作。⑤ 我们无法知道麦道夫的反常野心是否会挫败一个勤

---

① 注：本部分考虑的托管人代表投资者（基金持有）投资组合证券。
② 15 U.S.C. § 80a - 17(f).
③ Comptroller of the Currency Adm'R of Nat'l Banks, Custody Services 2002, p.1, https://www.occ. gov/publications-and-resources/publications/comptrollers-handbook/files/custody-services/pub-ch-custody-services.pdf.
④ The Clearing House. The Custody Services of Banks, 2016, p.10, https://www.da vispolk.com/ files/20160728_tch_whitepaperthecustodyservices_of_banks.pdf.
⑤ Madoff New Victims. Old Scam, The Week, https://theweek.com/ar ticles/509260/madoff-new-victims-old-scam.

奋的托管人，但任何托管人的存在都可能使其阴谋更难实施或更容易追踪。的确，在共同基金遭受的问题中，很少与腐败的托管人有关。

2. 分销商、管理人和转让代理人

许多其他服务提供商为作为基金的合同网络执行重要功能。分销商通过分配基金份额协助募集资金上市。这些分配股份的各方是希望成为共同基金股东的投资者，即分销商说服投资者在基金中投入资金。投资顾问经常选择外包一些后台任务给管理人。该实体将负责准备并向美国证券交易委员会等监管机构、税务机关（例如国税局），以及向其他任何政府机构提交材料，例如转让代理人必须管理日常事务要求、为基金中的所有股东管理潜在的数百万客户账户、定期提供其持股报表和零星的股东通知、访问有关资金披露信息的网站，以及投资公众的免费电话号码。该基金还需要经纪商为其投资组合交易证券，会计师对流入和流出基金的所有资金进行定期审计，并公开基金财务状况。最后但同样重要的是，需要法律顾问确保遵守复杂的投资基金法规网络，并在某些具有挑战性的时期处理诉讼。

3. 供应商合作：技术与平台演进

每个服务供应商都有一个特殊的功能，其中每一个功能取决于数据访问、连接性和算法支持。投资顾问需要选择投资，指导经纪商，并衡量与控制所承担的风险。这个过程越快越好，因为现在所有过程都以数字化方式执行，并且通常以毫秒为单位。当托管人控制顾问是否遵守投资限制、会计师审查估值、转让代理人基于基金账户的流入管理投资者的存款时他们则以数字化的方式进行管理，并与其他提供商进行实时交换。这种高水平协作是基金的独特特征，这使得其结构特别容易数据化，即将人类代理排除在外，提高了速度并降低了与人力相关的代理成本，包括工资、错误、自利和偏见。这也是数字金融平台在投资基金行业引起如此重大的担忧原因。

（二）资产管理作为平台行业

数字化和数据化过程与技术演进结合，正在将资产管理行业转变为一个平台行业。一般来说平台是"交流想法和信息的地方或机会"。① 在数字

---

① Platform，Merriam-Webster，https://www.merriam-webster.com/thesaurus/platform.

金融环境中，"平台"一词是指一种系统架构，其中多个应用程序通过一个技术基础架构连接在一起。因此，用户可以使用一个主要的集成软件系统来运行该系统编写的所有应用程序。①

1. 资产管理领域的赢家通吃

数字金融平台作为"网中蜘蛛"（spider in the web）收集用户及其活动的数据，进而获得最佳信息，进一步开发平台应用程序和服务用户，使平台的规模和范围逐步扩大。反之，与所提供的社会经济价值相比，其提供服务的间接费用逐渐下降。笔者观察到"技术驱动的效率提升和组织套利的某种混合"，平台供应商在提高其效率的同时获得对市场的控制，从而实现了这种混合。②

例如，利用深度数据池的风险管理系统可以获得越来越大的预测能力；平台供应商可以通过将这种数据能力运用到相关的新业务类型（在没有法律限制的情况下）来产生额外的回报。如果阿拉丁的风险管理数据反映了世界上最大的资产管理公司所管理的投资组合的风险敞口（尽管是以匿名的方式进行的，而且信息壁垒阻止了内部信息的转移），那么，这些数据就构成了"集体智慧"（collective intelligence）的基础。也就是说，它们正是其他客户寻求获得阿拉丁服务许可的原因。③

数字金融平台的增长正在成为资产管理领域的赢家通吃的竞赛，导致技术引发的集中化掌握在平台提供商手中，④从而违背了金融科技去中介化和去中心化的趋势。⑤ 这是一个非常重要的问题。

2. 数字平台经济

关于信息市场是否独特以及它们的法律秩序是否必须特殊争论，可以

---

① Marc H. Meyer & Alivin P. Lehnerd. The Power of Product Platforms, 1997, p.7（将平台定义为"一组通用组件、模块或部件，从中可以有效地创建和推出衍生产品流"）。

② See Haberly et al. Asset Management as a Digital Platform Industry, p.168（讨论在传统上不以信息和通信技术为中心的市场中，由破坏性平台带来的成本降低和效率提高）。

③ 当然，这些数据可以用于这些管理者的战略，因此解决数据保密、使用和保护的规则是关键。

④ More Knock-On than Network. The Economist, June 30, 2018, at S5（解释大型科技公司中的权力集中）。

⑤ Max Kanaskar. The Five D's of Fintech: Disintermediation, Max Kanaskar's Blog (Jan. 9, 2018), https://maxkanaskar.wordpress.com/2018/01/09/the-five-ds-of-fintech-disintermediation/（讨论金融科技的去中介化）。当然，云计算和开源软件都有助于降低金融科技面临的进入壁垒。然而，与此相反的是数字金融平台提供难以置信的范围和规模经济。不要忘记权力下放为有效监管和监督带来的挑战。See Dirk A. Zetzsche, Douglas W. Amer & Ross P. Buckley. Decentralized Finance, *J. Fin. Regul.*, Vol.6, 2020, p.172（分析权力下放如何削弱传统金融监管和执法的有效性）。

追溯到弗兰克·H. 伊斯特布鲁克(Frank H. Easterbrook)法官与劳伦斯·莱西格(Lawrence Lessig)教授关于"马法"(The Law of the Horse)的辩论。①

当代学者似乎站在莱西格教授这边。随着亚马逊、微软、谷歌和Facebook等大型技术平台公司的发展,技术平台的特点越来越突出地成为法学研究的关注点。② 在考虑平台的演变时,学者首先研究了平台公司为何放弃对核心技术的访问权的原因,③其得出的结论是"开源"(open source)可以实现快速创新,同时通过限制对有用创新者的访问来保留一些利润。

电子商务平台提供独特的好处——集中购物和通过货物交付分散访问;它们还需要电子支付,因此连接到数字金融。同时,平台经济作为涉及社会各个方面问题的催化剂,涉及隐私、④产品责任、⑤公共住房、⑥歧

---

① Compare Frank H. Easterbrook. Cyberspace and the Law of the Horse, *U. Chi. Legal F.* 1996, p. 207(认为讨论计算机系统的规律会导致"多学科的业余爱好",因为"律师们对计算机的掌握以及他们对新技术的预测很可能是错误的",并认为"网络空间的规律"和"马法"一样多); Lawrence Lessig. Commentary, The Law of The Horse：What Cyberlaw Might Teach, *Harv L. Rev.*, Vol.113, 1999, pp.501, 502(回应并辩称,思考法律和网络空间如何联系将有助于阐明整个法律,正如伊斯特布鲁克法官所要求的)。

② 平台经济有时也称为零工经济或共享经济 Shu-Yi Oei. The Trouble with Gig Talk：Choice of Narrative and the Worker Classification Fights, *L. & Contemp. Probs.*, Vol. 81, 2018, p. 81; Vassilis Hatzopoulos & Sofia Roma. Caringfor Sharing? The Collaborative Economy under EU Law, *Common Mkt L. REV.*, Vol.54, 2017, p.81(将平台经济委婉地称为协作经济)。然而,可互换地使用不同的术语可能会产生实际后果, See Shu-Yi Oei. The Trouble with Gig Talk：Choice of Narrative and the Worker Classification Fights, *L. & Contemp. Probs.*, Vol.81, 2018, pp.107, 118(认为共享经济等委婉术语会影响法律分类问题的结果); Abbey Stemler. The Myth of the Sharing Economy and its Implications for Regulating Innovation, *Emory L.J.*, Vol.67, 2017, p.197(认为该术语支持这样一种说法,即平台是独特的,应该受到新的和不同的监管,或者根本没有监管)。我们更喜欢平台经济这一术语,因为它具有技术性、非政治性,并且在以商业为中心的学术界得到广泛接受, See Davis S. Evans & Richard L. Schmalensee, Matchmakers：The New Economics of Multisided Platforms (2016).

③ Jonathan M. Barnett. The Host's Dilemma：Strategic Forfeiture in Platform Markets for Informational Goods. *Harv. L. Rev.*, Vol.124, 2011, pp.1861, 1874.

④ 参见 Mary Madden et al. Privacy, Poverty and Big Data：A Matrix of Vulnerabilities for the Poor. *Wash. L. Rev.*, Vol.95, 2017, p.53(检查数据、隐私和经济不平等之间的关系); Anita L. Allen. Commentary, Protecting One's Own Privacy in a Big Data Economy. *Harv. L. Rev. F.*, Vol.130, 2016, p.71(讨论保护个人隐私的道德义务和大数据带来的挑战)。

⑤ 参见 David Berke. Products Liability in the Sharing Economy, *Yale J. on Reg.*, Vol.33, 2016, p.603(共享经济中的产品责任问题分析)。

⑥ Nestor M. Davidson & John Infranca. The Sharing Economy as an Urban Phenomenon. *Yale L. & Pol'y Rev.*, Vol.34, 2016, p.215(描述城市条件与共享经济的关系)。

视、①劳动就业法②以及税法。③ 平台也是关于"假新闻"和选举操纵④以及操纵消费价格、⑤搜索结果⑥以及评分能力⑦的讨论核心。

虽然这些集中带来了好处，但也引起了许多担忧。

（三）促进集中效应

尽管学术界对该主题感兴趣，"平台形成了互联网经济的支柱，平台经济涉及现有法律的方式相对未被理论化"，⑧但是在过去的 2—3 年里，这种情况在金融领域之外发生了迅速变化。在金融和资产管理的背景下，没有

① Sandra G. Mayson. Bias In, Bias Out. *Yale L.J.*, Vol.128, 2019，p.2122(讨论预测中的不平等和种族差异)；Nancy Leong & Aaron Belzer. The New Public Accommodations: Race Discrimination in the Platform Economy. *Geo. L.J.*, Vol.105, 2017, p.1271(讨论种族歧视)；Arianne Renan Barzilay & Anat Ben-David. Platform Inequality: Gender in the Gig-Economy. *Seton Hall L. REv.*, Vol.4, 2017, p.393(讨论共享经济中的性别歧视)。

② Brishen Rogers. Employment Rights in the Platform Economy: Getting Back to Basics. *Harv. L. & Pol'y Rev.*, Vol.10, 2016, p.479(平台经济劳动者就业状况调查)；Matthew T. Bodie. Lessons from the Dramatists Guild for the Platform Economy. *U. Ch. Legal F.* 2017, p.17 (探索平台经济中的工人分类问题)。

③ 从学术角度来看 Kathleen DeLaney Thomas. Taxing the Gig Economy. *U. Pa. L. Rev.*, Vol.166, 2018, pp.1415, 1428, 1454(讨论当前对网络工人作为"企业主"的征税，并提出一种更接近工薪阶层的征税模式，基于"标准商业扣除额"，而不考虑工作的法律形式)；Shu-Yi Oei & Diane Ring. Can Sharing be Taxed? *Wash. U. L. REv.*, Vol.93, 2016, pp.989, 1028-1029(通过监管套利、法律空白和歧义分析在线公司的先发优势和寻租)；Shu-Yi Oei & Diane Ring. The Tax Lives of Uber Drivers: Evidence from Internet Discussion Forums. *Colum. J. Tax L.*, Vol.8, 2017, pp.56, 60(分析了网络讨论论坛上拼车司机的一系列帖子，认为论坛参与者难以理解基本的商业税收概念，例如费用和扣除额)。

④ Kate Klonick. The New Governors: The People, Rules, and Processes Governing Online Speech, *Harv. L. Rev.*, Vol.131, 2018, p.1598; Jack M. Balkin. Free Speech in an Algorithmic Society: Big Data, Private Governance, and New School Speech Regulation. *U.C. Davis L. Rev.*, Vol.51, 2018, p.1149; Nabiha Syed. Real Talk About Fake News: Towards a Better Theory for Platform Governance. *Yale L.J.F.*, Vol.127, 2017, p.337.

⑤ Oren Bar-Gill, Algorithmic Price Discrimination When Demand is a Function of Both Preferences and (Mis)Perceptions. *U. Chi. L. Rev.*, Vol.86, 2019, p.217.

⑥ Frank Pasquale, The Black Box Society 59-100 (2015).

⑦ Ryan Cale. Digital Market Manipulation. *Geo. Wash. L. Rev.*, Vol.82, 2014, p.995; Ryan Cale. Response, Consumer Subject Review Boards: A Thought Experiment. *Stan. L. Rev. onl.*, Vol.66, 2013, p.97; Danielle K. Citron & Frank A. Pasquale. The Scored Society: Due Process for Automated Predictions. *Wash. L. Rev.*, Vol.89, 2014, p.1. Andrew D. Selbst. Disparate Impact in Big Data Policing. *Ga. L. Rev.*, Vol.52, 2018, p.109; Frank A. Pasquale & Oren Bracha. Federal Search Commission? Access, Fairness and Accountability in the Law of Search. *Corn. L. Rev.*, Vol. 93, 2008, p.1149.

⑧ Lina M. Khan. Amazon's Antitrust Paradox. *Yale L. J.*, Vol.126, 2017, pp.710, 789; David Singh Grewal. Before Peer Production: Infrastructure Gaps and the Architecture of Openness in Synthetic Biology. *Stan. Tech. L. Rev.*, Vol.20, 2017, pp.143, 196(认为平台"理论化程度相对较低")。

从法律角度对数字金融平台进行充分审查。[①]

3个因素共同导致了市场中的摩擦，阻碍了私人订购带来社会最优结果，在这个意义上市场机制确保了数字资产管理供应商之间的竞争：传统规模经济、数据驱动的规模经济、网络效应。[②]

1. 传统规模经济

传统规模经济是指单位生产成本因生产单位数量增加而降低。[③] 数字金融平台展示了传统规模经济，即向无限数量的用户提供服务的主要固定成本。平台基于在高频服务器上运行的应用程序和接口，一旦定义了接口、编写了应用程序并设置了服务器，连接所有额外客户的边际成本就非常低。额外的用户意味着能源和数据仓库的额外边际成本，每个用户的额外成本被这些用户创建的额外数据所抵消，从而允许平台供应商或多或少地选择平台向客户收取哪些服务费用，以及哪些服务是免费提供的。

这种做法在资产管理行业特别是投资基金行业以及被动投资的背景下，大型实体可以自己投资软件编程和开发，而小型资产管理公司通常是价格接受者（除非它们有内部软件编程技能），它们必须按其业务规模的比例支付较高的软件许可和数据仓库费用。技术对行业越重要，需要的软件工具就越多，这些成本与其他费用的比例越高，签约现有平台的动机也越大，从而减轻了管理公司的负担。

鉴于技术的重要性正在迅速上升，规模较小的资产管理公司别无选择，要么与某个平台签约，要么接受IT限制和成本抑制其增长的命运，这构成了使用黑石阿拉丁的210家资产管理公司的经济原理。反之，阿拉丁不仅为黑石自己的基金提供储蓄，而且从竞争对手的资产管理公司那里获得授权费。

2. 数据驱动的规模经济

数据驱动的规模经济来自应用程序收集和使用的数据。简单来说："更

[①] 从地理角度分析了数字金融的平台视角，see Haberly, et al. Asset Management as a Digital Platform Industry, p.169.

[②] Haberly, et al. Asset Management as a Digital Platform Industry, p.169.

[③] 这些规模经济在软件市场中尤为明显，其中原始应用程序（"第一个副本"）的成本非常巨大，而第二个到N个副本的成本最低，接近于零。虽然许可模式和现代反盗版设备限制了软件用户使用这些特性，但是，如果竞争对手要求降低价格，则软件生产商和许可方不受这些限制的约束。

多信息让公司开发更好的服务，吸引更多用户，进而产生更多数据。"①在风险管理依赖数据的情况下，如果数字金融平台可以收集更多更好的结构化数据，则我们可以期待更好的预测。为了确保这个顺序，阿拉丁在加利福尼亚的 AI 实验室旨在通过创建新的、基于 AI 的服务，为阿拉丁的 AI 未来做好准备。②

3. 网络效应

数字平台也表现出网络效应。用户越多，收益越大。③ 例如，电话除非可以用来向别人打电话，否则无用。打进、打出电话的人越多，电话越有价值。应用于基金环境，软件程序越能与基金管理中的其他参与者交流，平台创建的虚拟网络就变得越有价值。有了资金，软件通常侧重于基金管理、资产管理或保管职能，并与保管人、证券交易所和替代市场进行沟通。

网络效应在资产管理领域中尤为突出。首先，基于软件的"网络"价值与基金公司安装的副本数量成比例增长；软件的外观和感觉嵌入人工过程中。用户知道点击哪里，使用哪个快捷方式，以及如何上传数据或连接到互联网。基金管理人和资产管理人越使用软件，使用者就越希望在工作环境中使用该软件及其功能。

其次，任何其他用户都会将数据添加到现有池中。当风险管理可以从更多公司获取更多数据时，平台算法的预测能力就会得到改进。再举一个黑石的阿拉丁例子：与低频率风险事件相关的公司特定数据池存在数据短缺，其中内部欺诈、业务中断和 IT 故障可能具有"高严重性"。也就是说，这些操作风险可能威胁金融机构的生存。④ 当阿拉丁可以使用其所有资产管理客户的数据，而不只是那些由黑石自身生成的数据时，它的预测能力不会因这种数据短缺而受损。在这种情况下，所有网络参与者都可以从汇集风

---

① A New School in Chicago, The Economist, June 28, 2018, https://www.economist.c om/special-report/2018/06/28/how-regulators-can-prevent-excessive-concentration-online.

② History, Blackrock, https://www.blackrock.com/corporate/about-us/blackrock-history.

③ Amrit Tiwana. Platform Ecosystems：Aligning Architecture, Governance and Strategy 2014, pp.33 - 48(分析总用户数增加对用户的好处)。

④ Basel Committee on Banking Supervision ("BCBS"), Sound Practices for the Management and Supervision of Operational Risk, at 18 (2001)(声明"银行可能没有太多关于某些低频操作风险损失类型的内部数据"); BCBS. Operational Risk-Supervisory Guidelines for the Advanced Measurement Approaches 2011, pp.49 - 50(指出"许多银行限制了严重程度较高的内部损失事件，以告知其资本费用模型的分布情况")。

险数据中受益。

黑石非常清楚地强调了阿拉丁的这些网络效应：不只是技术，阿拉丁还通过提供工具来帮助用户的组织有效沟通、更快解决问题，以及在投资过程的每一步作出决定，从而增强公司的集体智慧。阿拉丁的集体智慧随着每一位新用户和每一项加入平台的新资产而变得更好。[①]

由此可见，资产管理行业日益呈现出其他平台行业的集中特征，合并趋势和少数主要参与者的出现已经明显发生。

四、监管数字金融平台的必要性

虽然传统规模经济、数据驱动的规模经济和网络效应解释了数字平台的崛起和规模，但它们的成功引发了一系列问题，即如何在市场集中度不断增长的市场条件下确保投资者保护、市场效率、国家安全和系统性金融稳定。

这里，首先概述它们的积极影响，然后，阐述传统的资产管理监管方法无法解决不断变化的行业现实，之后考虑各种可用的监管方法，以控制解决由其引发的越来越多的风险。

（一）优化科技型基金服务

从最终用户客户端的角度来看，数字金融平台可以通过捆绑所有平台客户的购买力、技术驱动的定制来提高性能、减少手动工作和数据短缺导致的效率低下，以及减少搜索和交易成本来降低成本。同时，这样的平台可以通过向所有其他平台用户提供由一个参与者开发的创新，此类平台可以促成全新的市场，并迅速增强创新。[②]

这些好处是客户只需进行很少的操作，因为该平台充当集成技术或"超级应用程序"。数字金融平台可能是未来市场所需要的稳定之手，像阿拉丁

---

① Aladdin-Powering Collective Intelligence, Blackrock, https://www. BlackRock. com/aladdin/benefits/organizations.

② See Jean-Charles Rochet & Jean Tirole. Platform Competition in Two-Sided Markets. *J. Eur. Econ.*, Vol.1, 2003, p.990；Davis S. Evans & Richard L. Schmalensee；Annabelle Gawer. Platforms, Markets and Innovation（2009）；Amrit Tiwana, Platform Ecosystems：Aligning Architecture, Governance, and Strategy 61-69（2014）.

这样强大的稳定技术可能成为新自由主义试图实现的"'大稳健'(Great Moderation)的源泉"。

可能包含这种创新的领域有：专家策略的机器人建议、自动基金形成和非流动资产的估值，特别是专注于投资价值链非核心部分的小型专业公司，如果能够将其服务有效地整合到客户现有的商业模式中，就可以通过平台获得更多客户所创造的规模经济。后端平台还可以实现前端和后端业务的分离，例如 Robinhood 和 Citadel，其生态系统平台支持尽可能广泛地访问客户和产品。

尽管从零售业的角度来看，机器人建议是传统资产管理的颠覆者，但讨论得最为突出，例如，金融平台支持批发和机构资产管理策略的优化。这种发展并不令人意外，如今，大多数关于流动金融资产的投资决策依赖于技术支持。算法根据预先确定的偏好值选择潜在资产，例如同业相关性估值、交易所的流动性、每股利润等。① 风险管理系统中也存在相同级别的技术支持，例如警告风险经理风险预算已耗尽，需要通过对冲或平仓来降低风险。如果没有技术支持，人类决策者会因为人类的弱点而速度较慢且更容易出错，并且在算法交易盛行的市场中，注定会输给以技术为动力的竞争对手。② 资产管理巨头先锋、黑石、嘉信理财和富达对机器人顾问的收购可以从这个角度来理解，就像少数专注于技术的量化公司，特别是 Citadel 在美国贸易中的主导地位一样。

对于转让代理人来说，同样的数字化趋势值得注意，例如，Delaware 已采取措施，确保使用区块链技术实时进行股东识别，通过该技术，所有投资者数据都在网络传播。③如果经纪商、交易商和投资者持有其存款账户的银行立即通过区块链向基金经理提交买卖基金单位的数据，基金投资者的登记将更加完整和最新。注册功能将被连接到区块链的数据馈送所取代，除非法律允许区块链成为注册本身。④

---

① 监管机构区分全自动机器人顾问平台和人工辅助机器人顾问平台。

② Jon Beckett. New Fund Order—A Digital Death for Fund Selection? 32 et seq. (2016).

③ Federico Panisi, Ross P. Buckley & Douglas Armer. Blockchain and Public Companies: A Revolution in Share Ownership Transparency, Proxy Voting and Corporate Governance? *Stan. J. Blockchain L. & Pol'y*, Vol.2, 2019, pp.189, 206.

④ George S. Geis. Traceable Shares and Corporate Law. *Nw. U. L. Rev.*, Vol.113, 2018，p.227(分析区块链技术对公司法的深远影响)。

（二）传统的资产管理监管范式

传统的资产管理监管方式是基于信息披露（以支持适当的投资者选择）、一系列"看门人"（会计师、审计师、律师、交易所等）的外部审查、监管许可和监督（以解决市场参与者的适合性）、信息和行为规则的私人和公共执行、结构性要求（特别是资产分离）、私人秩序和自我监管的结合。这种方法虽然足以支持世界上最深的资本市场和最大的资产管理行业的发展，但它是在对资产管理行业的传统理解的背景下发展而来的，并没有完全解决集中化带来的问题。

举个例子，世界各地的监管机构一直在努力确定非银行系统重要性金融机构（SIFIs）。[①] 然而，监管系统性风险的联邦监管机构——金融稳定监管委员会（FSOC）尚未确定世界上最大的资产管理公司是否属于非银行系统重要性金融机构（而且，目前还没有其他机构被指定为非银行系统重要性金融机构）。此外，没有一个美国数字金融平台被确定为具有系统重要性的金融市场效用，因此受制于《多德-弗兰克法案》（*Dodd-Frank Act*）第8章关于对重要市场基础设施加强的审慎、风险管理和监管规定。[②] 但是，这些决定是基于传统的分析，观察机构的性质、范围、大小、规模、集中程度和相互联系。换言之，它的资产负债表规模、持有的资产以及对交易对手的风险敞口。[③] 然而，笔者强调的一点是，平台的功能是作为流动性捆绑器、数据仓库和金融基础设施。

因此，资产管理中的新兴数字金融平台摆脱了适合其性质的监管。这样的结果与分析平台环境的学术研究相一致，该研究发现传统监管因规避

[①] Authority to Require Supervision and Regulation of Certain Nonbank Financial Companies. *Fed. Reg.*, Vol.84, 2019, p.9028 (to be codified at 12 C.F.R. pt. 1310)（授权某些指定的非银行金融公司由美联储监管）。

[②] 据报道，蚂蚁集团在2018年年末被中国人民银行指定为系统重要性金融机构（SIFI），反映了其规模和范围。Gabriel Wildau. China to Designate More Financial Groups as Too Big To Fail, https://www.ft.com/content/22279e54-f22d-11e8-ae55-df4bf40f9d0d. 对其可能影响金融稳定的担忧是中国监管机构对蚂蚁和其他数字金融平台日益关注的核心，这迫使蚂蚁计划于2020年11月暂停上市。Being Says It Halted $37bn Ant IPO to Protect Market Stability, https://www.ft.com/content/eb0746fl-51fe-438d-886b-18bb7cc9456f.

[③] Designations, U. S. Dep't of the Treasury, https://home.treasury.gov/policy-issues/financial-markets-financial-institutions-and-fiscal-service/fsoc/designations.

和监管套利而失败。① 金融监管失败的主要原因是 3 个不同的来源促成了该平台作为"网中蜘蛛"的作用：应用程序、数据和服务器。这 3 者共同创建了网络效应，但数据收集、软件（app）开发和服务器处理都不符合许可活动资格，因此捆绑 3 个功能同样不会触发任何特殊金融监管许可的需要。

尽管有些人认为将以实体为中心的监管转变为基于活动的监管将解决这些问题，但对于数字金融平台而言并非如此。在典型的数字金融平台中，机构客户执行受监管的活动，而平台主要提供 IT 骨干。即使运营数字金融平台被定义为受监管的活动（例如支付或证券结算系统的运作），根据其受监管的活动监管一个平台提供商也很少足以反映所有用户的风险和依赖性。对于跨境平台而言，这将更加复杂，因为一个完全发达的金融生态系统需要从多个司法管辖区的监管机构获得多个牌照。在这种多牌照拼凑的情况下，没有一个监管机构可能对所有金融活动进行全面监管。

（三）监管数字金融平台

支持在资产管理以及其他金融领域监管数字金融平台的论据来自金融法的四个主要基本原理：市场效率、金融稳定、国家安全、客户和投资者保护。

1. 市场效率

在市场效率范式中许多服务集中在一个平台中。在金融生态系统中，客户从出生到死亡都将得到一个平台的服务，这个平台不仅提供金融服务，而且提供从运输到食品供应的许多其他服务。同时，如果前面讨论的生长因子表现出它们的真正的力量，只有非常有限数量的平台能够生存下来以提供这些服务，并且可能只有 3—5 个。"赢家通吃"的推论是"其他人都输"。

---

① Orly Lobel. The Law of the Platform. *Mnn. L. Rev.*, Vol.87, 2016, p.101（分析平台环境中监管的有效性，认为平台经济违背了传统的监管理论，并认为平台经济的法律破坏应被视为一种特征，而不是监管限制的缺陷）；Julie E. Cohen. Law for the Platform Economy. *U.C. Davis L. Rev.*, Vol.51, 2017, p.133（认为平台是信息经济的核心组织形式，以及"法律机构，包括权利和监管机构，系统地促进了平台经济的出现"，并分析了基于平台的信息中介对监管机构带来的挑战）；Jordan Barry & Elizabeth Pollman. Regulatory Entrepreneurship. *S. Cal. L. Rev.*, Vol.90, 2017, pp.383, 385（将平台企业称为"监管企业家"，寻求为他们制定有利于他们的法规）；Paul Ohm & Blake E. Reid. Regulating Software When Everything Has Software. *Geo. Wash. L. Rev.*, Vol.84, 2016, p.1672（分析在软件和代码激增的情况下，监管机构和代码编写者面临的挑战）。

这种预测并非数字金融平台独有，而是所有平台行业的一个广为人知的特征。[①] 对于通用应用程序例如搜索引擎、社交媒体等，消费者 20 年前可以在许多不同的平台之间进行选择，例如雅虎等。今天，对于大规模应用程序只有一个或两个主导平台被大多数用户使用：Google 是主要的搜索引擎，Facebook 是主要的社交媒体平台，MS Office 是占主导地位的办公平台，亚马逊是占主导地位的电子商务平台，等等。作为一个历史问题，随着时间的推移，所有美国信息市场已经变成垄断或寡头，[②]这似乎越来越能描述云服务市场的演变。[③]

同样，一两个金融平台很可能会在赢家通吃的竞争中成为赢家。这将是那些可以最好地利用上面讨论的 3 个生长因子的公司：范围、规模、网络效应的传统和数据驱动经济。

金融法几乎没有阻碍市场集中度，恰恰相反，当法律要求提供新的报告和流程时，一些（尤其是较大的）公司将进行技术化并遵守，以扩大平台的服务范围，其他特别是无法自行满足报告要求的中小型实体，将依赖平台来满足要求以换取部分利润。这种动态将依赖的供应商变成更大的平台生态系统的一部分，不是在名义上而是在功能上的合并。一个更大的实体将部分地消耗通过其活动变得可消费的机会。越来越少拥有更大规模经济的实体将利用建造成本更高、价值更高的技术。这一轨迹的初步证据已经存在于包括黑石、先锋和富达在内的十大资产管理公司，其增长速度已经超越了行业的其他公司。[④] 2009—2019 年，提供被动基金的前五大管理公司的市场份额比例从 27% 增长到 47%。[⑤] 这个预测轨迹很可能发生在没有法律障碍

---

① Khan. Amazon's Antitrust Paradox 第 785 页（考察在线平台的赢家通吃性质）。

② Tim Wu. The Master Switch: The Rise and Fall of Information Empires 280 - 299 (2010)（认为美国信息产业倾向于垄断）；Ariel Ezrachi & Maurice E. Stucke. Virtual Competition: The Promise and Perils of the Algorithm-Driven Economy (2006)（讨论技术驱动竞争的前景和风险）。

③ Fin. Stability Bd. Third-Party Dependencies In Cloud Services: Considerations on Financial Stability Implications (Dec. 2019)（云服务高度集中对金融稳定的风险分析）。

④ Pooneh Baghai, Onur Erzan & Ju-Hon Kwek. North American Asset Management in 2018: The New Great Game. https://www.mckinsey.com/~/media/McKinsey/Industries/Financial%2Services/Our%2Insights/The%20new%20Great%20Game%20in%20North%20American%20asset%20management/North-American-asset-management-2018-vfashx（指出该行业最大的公司在增长中所占份额不成比例，一系列万亿美元创造了超过 80% 的积极有机增长，其中一些公司甚至在被动产品之外的份额也大幅增加）。

⑤ Anadu et al. The Shift from Active to Passive Investing, p.18.

（例如禁止捆绑某些功能）或降低平台的实用性的破坏性技术创新的情况下。

迄今为止，大多数学术研究都转向反垄断法以解决此类担忧。例如，虽然政府机构经常对平台的产品和非平台产品一视同仁，但反垄断学者越来越多地将平台视为独一无二的。①

具体来说，学者们注意到通过数据收集实现的网络参与的吸引力，以及网络效应为新竞争者建立难以逾越的进入壁垒。② 由于数据和网络效应，投资者奖励规模超过利润，掠夺性定价变得高度理性（即使主流观点认为它是非理性的，因此不可信）。③ 因此，即使在代价高昂的情况下，在今天争取主导地位也是一个值得的策略，因为它确保了在未来的垄断租金。平台还能够"利用从使用其服务的公司收集的信息，削弱它们作为竞争对手的地位"。④

反之，经济学家已经开始将平台建模为双边市场，其中客户需求方与平台提供商的假设不同。⑤

就目的而言，笔者需要在这里简单地强调，市场集中度不仅带来反垄断挑战，而且这也是金融法的挑战：参与竞争的资产管理供应商越少，对创新的激励也越少，并且来自规模（"大而不能倒"）或互连（"连而不能倒"）的潜

---

① David S. Evans. The Antitrust Economics of Multi-Sided Platform Markets. *Yale J. on Reg.*, Vol.20, 2003, p.325(概述了多边平台市场的独特反垄断经济原则)；Khan, Amazon's Antitrust Paradox. p. 784. (2017)(讨论平台市场如何对反垄断分析提出独特挑战)；Frank Pasquale. Two Narratives of Platform Capitalism. *Yale L. & Pol'y Rev.*, Vol.35, 2016, pp.309, 311(对占主导地位的新自由主义平台经济观展开反叙事)。

② Adam Candeub. Behavioral Economics, Internet Search, and Antitrust, 9 I/S 407, 409 (2014)(认为在系统没有普遍故障的情况下，切换成本会阻止用户选择新的服务提供商)；Nathan Newman. Search. Antitrust and the Economics of the Control of User Data. *Yale J. Reg.*, Vol.31, 2014, pp. 401, 404(主张更加关注公司控制用户个人数据的反竞争效应)；Frank Pasquale, Privacy. Antitrust and Power. *Geo. Mason. L. Rev.*, Vol.20, 2013, pp.1009, 1015 – 1016(认为消费者很难转向新的社交平台，因为转移朋友网络的成本很高)。

③ See Khan, Amazon's Antitrust Paradox. p.701.

④ See Khan, Amazon's Antitrust Paradox. p.701.(认为亚马逊将其从竞争对手那里收集的信息作为服务提供商，以获得优于竞争对手的优势)；K. Sabeel Rahman & Lina Khan. Restoring Competition in the U.S. Economy, in Nell Abernathy, et al. Untamed: How to Check Corporate, Financial and Monopoly Power, 2016, p.18(研究发现，占主导地位的平台公司带来的危害包括员工工资降低、新业务创造率降低、地方所有权降低以及权力集中)；Mark R. Patterson. Antitrust Law in the New Economy: Google, Yeyp, Libor, and the Control of Information 1 – 4 (2017)(支持将数据概念化为产品，因为数据虽然不同于传统商品，但在反垄断术语中也存在类似的问题，如垄断和共谋)。

⑤ See Rochet & Tirole, Platform Competition in Two-sided Markets。

在系统性风险就越大。虽然平台短期内有助于优化基金服务，但一旦供应商获得主导地位，好处可能出现逆转。一个主要的担忧是，创新可能比没有主导平台的情况要慢。因此，确保长期市场效率的金融监管证明了平台监管的合理性。

2. 系统重要性数字金融平台(SI‑DFP)

金融监管的一个核心问题与金融体系的稳定性有关。如果一个对金融系统至关重要的实体倒闭，这种稳定性就会受到威胁，正如 2008 年全球金融危机所表明的那样。[①]

一般说来，如果一个实体的规模或相互关联程度足以致其失败，或违约会使金融系统或大量其他金融机构的更广泛运作面临风险，那么它就具有系统重要性。与规模相关的系统性风险传统上包含在"大而不能倒"(TBTF[②])风险的讨论中。受全球系统重要性金融机构(G‑SIFIs)特别监管的大型银行提供了最重要的例子。另一个系统性风险源于互联性，称为"连而不能倒"(TCTF)。例如，考虑证券交易所或中央证券存管处(CSD)，所有交易的金融机构依靠证券交易所和 CSD 进行交易、清算和结算。如果证券交易所或 CSD 违约，产品交易可能会由于定价和流动性功能的失去而停止。这种失败将影响所有市场的广泛参与者的利益，并可能影响系统的整体运作或对系统的信任。

资产管理行业的数字金融平台不像银行那样面临金融风险，因此受到不同的监管。银行的所有亏损和利润累积在银行自己的资产负债表中。如果银行客户违约，银行将注销信贷，注销的本金将远高于银行通过提供信贷产生的收入。

相比之下，资产管理公司和相关服务提供商的服务大多在资产负债表之外，也就是说，亏损和利润在客户名下的独立账户中累积。然而，数字金融平台确实会产生很大程度的运作风险，尤其是系统因人为原因或者越来

---

① Howell Jackson. Thinking Hard About Systemic Risk, in Amer et al. Systemic Risk in the Financial Sector，2019，pp. 2‑3(讨论金融危机期间金融系统的系统性风险)。

② Saule T. Omarova. The "Too Big To Fail" Problem. *Minn. L. Rev.*，Vol. 103，2019，pp. 2495，2499‑2504(TBTF 的分类)。

越多的技术原因而出现故障的风险。①

　　在 TBTF 和 TCTF 范式下，这些操作风险越来越具有系统性。至于TBTF，金融生态系统的庞大规模和范围表明，平台企业有可能在短时间内从"小而不关心"一跃到 TBTF。再考虑一下蚂蚁的规模，②它只需要几年不受限制的增长就能变得具有系统重要性；黑石的阿拉丁服务的资产几乎使全球最大银行的资产相形见绌，还有前端和后端平台供应商惊人的增长率。③

　　对于 TCTF 来说，数字金融平台提供了客户业务的核心功能。如果平台故障，它的客户往往会受到无法与它们的客户沟通的阻碍，也无法提供客户期望的服务。因此，平台故障造成的损失将蔓延至客户的客户，进而波及整个金融和非金融经济。这种"多米诺骨牌"效应之所以出现是因为阿拉丁连接各种资产管理者的人员和流程，即黑石所指"集体智慧"的事实。所有相关的人都可能遭受阿拉丁临时服务中断，经历"集体愚蠢"（Collective Stupidity）状态。更普遍地说，数字金融平台就像网中的蜘蛛，代表不仅是一个，而且是许多机构和零售客户的单点故障。就如管理着 2 380 亿美元资产的阿拉丁客户——纽约人寿投资集团的首席执行官说："阿拉丁就像氧气。没有它，我们将无法运作。"④此外，使用阿拉丁管理的价值增加了投资者羊群行为的风险，因为这些金额可能具有设定市场趋势的能力。阿拉丁的客户通过阿拉丁的风险进行隐性协调，可能会发现相同类型的资产同时具有吸引力或不具有吸引力。⑤ 如果是这种情况，阿拉丁的风险分析需要准确，否则可能会出现大规模资产错误定价和错误分配。监管者需要意识到，万一在阿拉丁出错而产生潜在的系统性错误定价和交易活动时该怎么办？

　　从 TBTF 和 TCTF 的视角都解释了电影制作人亚当柯蒂斯（Adam Curtis）对阿拉丁的描述："一种从未见过的力量……在某些方面比传统政

---

① Ross P. Buckley et al. TechRisk. *Sing*. *J*. *Legal Stud*. 2020，pp.35，39（将技术和数据问题纳入金融科技的运营风险框架）。

② 回顾蚂蚁集团的 SIFI 指定以及 2020 年 11 月暂停 IPO 的基本原理。

③ 至于前端平台，国际证监会组织（IOSCO）是全球证券监管（包括资产和基金管理）的标准制定者，在研究基金分销平台对资产管理行业的影响时发现，这些平台近年来增长迅速。

④ Gara，BlackRock's Edge.

⑤ Dunn，Meet Aladdin（解释阿拉丁如何使用蒙特卡洛模拟重视客户的每一项安全）。

治更强大。"①

3. 国家安全

在市场诚信范式中，数字金融平台可能吸引非法活动。抛开洗钱和恐怖主义融资问题不谈，②更重要的是，作为系统重要性的延伸，数字金融平台可能对国家安全构成挑战，因为它们仅代表单点故障。任何感兴趣的外国或恐怖势力可以专注于单一平台，且越来越多地这样做。网络风险尤其会引起重大的国家安全问题，使恢复能力成为第一要务。

根据这一分析，FSOC 警告称："金融系统越来越依赖信息技术，特别是在更广泛的互联平台上，这增加了网络安全事件可能对金融服务的提供产生严重负面影响的风险"，甚至"威胁到更广泛的金融体系的稳定性。"

4. 客户和投资者保护

数字金融平台也给投资者带来了各种风险。随着时间的推移，直接依赖当前金融秩序来维持个人财务状况的投资者数量急剧增加，因为越来越多投资者现在通过固定缴款计划来管理他们的退休储蓄。仅在美国就有多达 46% 的家庭将他们的个人储蓄转入共同基金。③ 因此，金融领域的特点是参与者不断增加，金融复杂程度不断降低，致使目标的数量和对平台故障的风险的脆弱性很高，而且每年都在上升。

如果基金本质上是合同网络的产物，则基金治理的核心问题是协调多个中介与投资者的利益。在投资者（客户）和投资组合资产两者之间添加一个数字平台，可以为客户创造利益（数据和流动性的捆绑产生回报），但也可能增加一层复杂性，从而为投资者增加风险。

学者们强调，平台既增强了信息不对称，也增加了平台供应商的操纵机会，认为平台的消费者客户受平台供应商支配。④ 投资基金的情况并不完

---

① Dunn, Meet Aladdin。

② 在大多数情况下，AML(CTF)问题与客户入职有关。KYC 流程可由平台自身或其客户执行。在这方面，几乎没有额外的风险源于这样一个事实，即平台是许多金融服务关系的中心。

③ Jennifer Rudden. Share of Households Owning Mutual Funds in the U.S. (1980 – 2019), https://www.statista.com/statistics/246224/mutual-funds-ownedby-american-households/.

④ Ryan Calo & Alex Rosenblat. The Taking Economy: Uber, Information, and Power. *Colum. L. Rev.*, Vol.117, 2017, pp.1623, 1650 – 1654(认为公司利用消费者的信息来促使消费者以有利于公司的方式行事)；Giancarlo Frosio. Reforming Intermediary Liability in the Platform Economy: A European Digital Single Market Strategy. *Nw. U. L. Rev.*, Vol.112, 2017, pp.19, 20(描述安全港立法通常不要求中介机构监控其传输或存储的信息，或积极寻求表明非法活动的事实或情况)。

全相同，因为投资顾问和托管人的客户有时是复杂的、受监管的金融中介机构，包括养老基金。

法律要求受监管的中介机构了解所使用的技术，并就服务质量和稳定性与平台供应商进行沟通。在消费者在场的地方，强制性金融立法解决典型的消费者相关风险，例如欺诈和中介机构向消费者收取的过高（有时是隐藏的）费用。在某些情况下，平台技术的额外透明度，加上金融法和金融监管的强制性披露要求，可能会改善消费者的处境。至少，我们期待典型的与消费者相关的风险，例如欺诈和收取过多或隐藏的费用不那么重要，还有本文前面讨论的前端平台目前在最佳成本分析工具的方面展开竞争。我们预计这一趋势将继续下去。

尽管如此，一个明显的额外风险集中在技术上，所有的客户端都将通过平台连接。算法必须足够成熟以反映大量潜在的多元化客户群体的利益，包括消费者、老练的投资者和批发客户以及其他金融中介，并且强大到可以承受许多不可预见的事件，从导致停电的自然灾害到网络攻击。

另一个风险来自平台用户指南，例如基于平台切换的软调试。很多前端平台要求基金产品的提供者在一定的时间内向平台的客户提供通过平台提供的任何产品，并确保提供的最低投资金额。软佣金也是如此，平台授予的上架时间取决于任何给定基金经理提供的总交易量。纳入此类条款的动机取决于平台供应商的成本结构：在平台上添加新产品会在平台供应商的一方产生一些固定成本。最低要求应确保这些固定成本被回收，通常通过分销费、销售佣金，或某种类型的软美元（例如研究）收回。

然而，对时间和数量（或相关销售激励）的最低要求可能会给投资者带来不利影响。想象一下，一只中小型基金投资于最多 1 000 名员工的企业，最大公司价值为 1 000 万美元，此类市场的投资机会非常有限。一个只受投资者利益驱动的基金经理，一旦投资机会变得不那么有吸引力就会停止发行基金。尽管奖金结构（通过附带权益和其他方式）使基金经理和投资者的利益保持一致，但平台用户指南中定义的最低要求可能与此相冲突。如果按照这些指导方针，基金收取的流入超过可获利的投资，那么，基金投资者的回报将被稀释，所有投资者都将遭受损失。

更复杂的是，同一数字金融服务平台同时服务的一些平台客户之间存在竞争。客户的不同利益要求严格分开处理客户的数据。例如，如果黑石和施罗德（Schroders）都使用阿拉丁，他们必须确保黑石的交易数据不能被施罗德访问，反之亦然，以避免市场操纵或内幕交易。虽然说起来容易，但这种分开处理却很难实现。一些技术专家可能可以访问两个（或多个）数据流，因为它们被相同的算法使用；否则，推动平台增长的规模经济将不会实现。

此外，平台还有非基金特有的弊端。例如，平台通过为双方之间强加一个技术中介来扰乱现有的合同关系法律治理。反之，合同保障和其他私人订购工具可能被证明不太有效。

五、监管数字金融平台的新方法

前文探讨了数字金融平台为投资者、市场结构、国家安全和金融稳定带来的风险的监管影响。[①] 鉴于资产管理中的平台集中度越来越多，在这些风险完全成熟之前，需要重新审视监管方式。笔者认为，在资产管理和更广泛的范围内规范数字金融平台将涉及界定技术集中度的界限，以确保审慎的投资者保护和维持运作良好的市场，即使我们目前面对朝着更大平台发展的轨迹，中国现在似乎正在蚂蚁和中国其他数字金融平台的背景下遵循这一方法。

首先，监管者可以采取观望态度。他们可以在有或没有支持创新监管工具的情况下这样做，例如监管沙盒、边试边学方法或特殊章程。其次，监管工作可以侧重于加强竞争。再次，监管机构可以通过监管委托安排进行适度干预。最后，监管机构可以要求公共机构拥有某些系统或平台的部分或全部所有权。虽然监管机构（例如美联储）对数字金融平台的完全所有权可能会通过国有化事后强加给供应商，以及以强有力的干预方法将某些系统或平台视为公用事业。然而，所有这些从根本上来说都

---

① Dirk Zetzsche, Ross Buckley, Janos Barberis & Douglas Arner. Regulating a Revolution: From FinTech and Regulatory Sandboxes to RegTech and Smart Regulation. *Fordham J. Corp. & Fin. L.*, Vol.18, 2018, pp.31(讨论金融科技的新监管方法)。

是基于向监管者披露信息和由监管者收集信息：如果监管者在这些系统的发展过程中不建立他们对这些系统的了解，他们将无法在平衡风险和收益方面做出适当的判断。[①]

从一开始，笔者就排除了可能的第五种反应：禁止。鉴于数字金融平台既是金融市场的关键基础设施，又为投资者节省大量成本，禁止是不恰当的。这一结论与金融科技创新的其他领域形成鲜明对比，在某些情况下，禁止可能是对滥用或风险的明智回应。

（一）促进创新：什么都不做或边试边学

1. 什么都不做

对于资产管理或其他领域的数字金融平台，第一种可能的方法就是不去监管它们。如果什么都不做，结果要么是严格缜密的；要么是自由放任的，具体取决于当前的金融监管是否适用于特定平台的运营。什么都不做可能意味着要求新进入者遵守现有的金融法规，这往往带来高度限制性的结果，并对金融创新产生不利影响。

什么都不做方法可能会同时加速金融创新并加剧数据驱动的市场动态。中国尤其是在 2015 年之前，经常被认为是在金融科技方面采取放任政策的领先和非常成功的例子。[②]

虽然中国金融体系在金融科技繁荣之前的稳健性可能解释了在这一特定案例中什么都不做对创新和发展的好处，[③]并且尽管非法律手段允许对金融生态系统的新兴提供者进行政治控制，但中国的例子也证明了某些市

[①] Kathryn Judge. Information Gaps and Shadow Banking. *Va. L. Rev.*, Vol.103，2017，pp.411，466 - 480(认为信息不对称是系统性风险的一个有意义的来源，并要求监管机构应专注于减少信息差距)。

[②] Weihuan Zhou, Douglas Amer & Ross Buckley. Regulation of Digital Financial Services in China: Last Mover Advantage? *Tsinghua China L. Rev.* Vol.8，2015，pp.25，27 - 28(声称 2015 年之前的中国数字金融服务法规缺乏详细和全面的规定)；Douglas Arner, Janos Barberis & Ross Buckley. The Evolution of FinTech: A New Post-Crisis Paradigm? *Geo. J. Int'l L.*，Vol. 47，2017，pp.1271，1298 - 1299(他认为，由于采用了基本商业化的金融体系，自 2009 年以来，中国 P2P 借贷平台快速增长)；Weihuan Zhou, et al. China's Regulation of Digital Financial Services: Some Recent Developments, *Austl. L.J.*，Vol.90，2016，p.297(认为监管工作进展缓慢，以实现中国数字金融服务的快速增长)。

[③] Christian Haddad & Lars Hornuf. The Emergence of the Global FinTech Market: Economic and Technical Determinants 20 (CESifo, Working Paper No.6131, 2016), https://ssm.com/abstract= 2830124(认为金融体系的健全性对金融科技初创企业的动态有负面影响，例如有许多赤字的金融体系为初创企业提供了一个充满活力的环境)。

场参与者的意外和不受限制的增长可能产生的系统性风险。自 2015 年以来,经济增长导致监管方法更加谨慎。[①] 最值得注意的是,在其不受监管的时期,阿里巴巴为形成世界上最大的金融生态系统(以其客户数量来衡量)奠定了基础。自由放任的方法可能会促进现有平台的增长。迄今为止,这种方法在很大程度上是大多数国家采用的方法,但仍有可能导致不受欢迎的赢家通吃的结果。

2. 边试边学：监管沙盒、特殊章程和许可证,以及创新中心

在金融科技创新的特定背景下,边试边学方法包括监管沙盒、创新中心和特别章程以及许可证[②]已被讨论为支持平衡创新的方法。[③] 这些工具虽然远非灵丹妙药,但确实增强了创新企业与监管者之间的信息流动。然而,这些工具可能没有什么价值,因为它们旨在促进新技术和商业模式的测试,而不是监管全球参与者。

(二) 支持竞争

第二种监管方法可以侧重于加强竞争,以确保竞争性市场力量发挥有益作用,而不是助长已经高度集中的金融业。在 IT(软件)、[④]关键 FMI 例

---

① Zhou, Arner & Buckley, Regulation of Digital Financial Services in China, p.27.

② 监管沙盒是一个安全的空间,创新的金融科技应用程序可以在大幅降低监管要求的情况下进行测试(取决于某些先决条件)。创新中心是一个门户,方便行业与监管机构接触,并寻求在个案基础上促进定制监管、无行动书和其他豁免。特别特许是指在不必遵守全面金融监管的情况下开展金融科技类业务的授权,尽管受到特殊限制。Ross P Buckley et al.. Building FinTech Ecosystems: Regulatory Sandboxes, Innovation Hubs and Beyond. *Wash. J. L. & Pol'y*, Vol.61, 2020, pp.55, 56 – 61)(在金融科技法规中引入监管沙盒和创新中心)。

③ Hilary J. Allen. Regulatory Sandboxes. *Geo. Wash. L. Rev.*, Vol.87, 2019, pp.579 – 645(监管沙盒提供了一个环境,金融科技企业家可以在较少的监管约束、真实客户、较少的执法风险和监管机构的持续指导下,对其创新进行有限的测试); Chris Brummer. Disruptive Technology and Securities Regulation. *Fordham L. Rev.*, Vol.84, 2015, pp.977, 1047 – 1051(认为创新中心为企业提供个人指导和额外支持,以帮助开发者理解监管框架); Chris Brummer & Yesha Yadav. FinTech and the Innovation Trilemma. *GEO L.J.*, Vol.107, 2019, pp.235 – 307(全面介绍创新监管策略,以应对金融科技监管中的政策三重困境); Kathryn Judge. Investor-Driven Financial Innovation. *Harv. Bus. L. Rev.*, Vol.8, 2018, pp.291, 334 – 341(概述金融科技领域的不同创新法规); Saule Omarova. New Tech v. New Deal: FinTech As A Systemic Phenomenon. *Yale J. on Reg.*, Vol.36, 2019, pp.735 – 793(介绍金融科技如何侵蚀新政解决方案,以及需要一个新的概念框架); W. J. Magnuson. Regulating FinTech. *Vanderbilt L. R.*, Vol.71, 2018, pp.1168 – 1226(呼吁金融科技金融监管的广泛重新概念化); Zetzsche, Buckley, Barberis & Arner, Regulating a Revolution(讨论金融科技的新监管方法)。

④ Microsoft on Trial: Legal and Economic Analysis of a Transatlantic Antitrust Case passim(引入用于监管微软等主导科技公司的反竞争措施)。

如支付、清算和结算系统以及"开放银行"(open banking)计划中，①已经考虑了促进竞争的措施。

1. 授权访问

监管可以旨在确保客观、透明和公平的基于风险而不是基于利润的准入条件。开放接口、开放技术核心的源代码、公平和非歧视的访问要求和透明的收费结构，使第三方开发者能够为平台客户编写专有应用程序。② 在这方面，IOSCO 原则第 18 条关于获取关键基础设施供应商服务的相关原则：FMI 的参与要求应根据 FMI 及其服务的市场的安全性和效率进行合理化，并与 FMI 的特定风险相适应，并公开披露。在保持可接受的风险控制标准的前提下，FMI 应努力设定对情况允许的准入影响最小的要求。③

2. 多元化

监管机构还可以要求客户分散对平台的依赖所带来的风险。监管机构可以要求任何金融公司必须使用至少两个或更多的供应商(系统)，并且这些供应商(系统)彼此不相关。虽然强制性多元化对市场结构有一些积极影响，但它也伴随着成本的增加、强加的冗余、额外的网络安全风险(鉴于多个系统将有权访问公司的客户数据)，并减少数据化的好处(因为 IT 流程变慢)。最重要的是，强制多元化可能会减少平台对客户的好处：一种外观和感觉、一个服务级别和一种服务质量以及客户流动性的积累和最佳利用，以确保后端成本更低。如果强制实施多元化，可能只在后端起作用。

这种强制性多元化建议的替代方案可能是限制某个平台在特定市场中的最大客户份额。

3. 轮换

代替多样化并遵循《萨班斯—奥克斯利法案》(*Sarbanes-Oxley Act*)关于审计的规定，可能会要求客户每隔几年更换服务供应商。轮换可能代价

---

① Markos Zachariadis & Pinar Ozcan. The API Economy and Digital Transformation in Financial Services: The Case of Open Banking, 2016 - 001, 2017, pp. 2 - 23, https://ssrn.com/abstract = 2975199(讨论开放应用程序编程接口给开放银行业带来的挑战和机遇)。

② United States v. Microsoft Corp., 231 F. Supp. 2d 144 (D.D.C. 2002)(解决了美国司法部对微软长达一年的反垄断诉讼，该诉讼涉及滥用第三方网络浏览器软件的条款，并要求微软以合理和非歧视的条款向第三方提供微软服务器操作系统产品使用的某些技术，以与 Windows 操作系统产品互操作)。

③ Bank for Int'l Settlements & Int'l Org. of Sec. Comm'n, Principles for Financial Market Infrastructures, 2012, p.101, https://www.bis.org/cpmi/publ/d10la.pdf.

高昂：所有的网页链接、数据接口在每次切换后都需要重新调整经纪业务联系，从而使机构的客户更有理由直接与平台提供商签约。如果法律要求定期转移流动性，那么，供应商也会发现很难根据流动性来协商费用减免，因为折扣会激励他们留下来。此外，如果客户的技术（无论是技术上还是经济上）与平台挂钩，机构的客户将更有理由直接与平台签约，从而加剧而不是减缓市场集中度。

4. 开放数据

监管机构可以要求现有企业授予新进入者访问客户账户数据的权限；新进入者可以因此通过确保顺利的技术迁移来降低客户的转换成本。虽然客户数据的标准化是顺利迁移的重要前提条件，[1]但对于小型新进入者是否会从这样的规则中受益仍有疑问，特别是在欧盟的开放银行计划中，对客户数据的访问似乎促进了大型科技公司的市场准入，这些公司拥有资源来吸引足够数量的新客户，并对大规模数据传输接口进行编程。[2]

因此，笔者建议仅要求拥有强大的、潜在优势地位的公司公开客户数据。为了阻止资产管理行业进一步集中，一旦任何资产管理市场的份额超过5%，就可以附加与数据治理要求相匹配的开放数据要求，以便打入基于数据的规模经济，并允许较小的竞争对手更容易进入。

5. 服务和价格的拆分

另一种监管策略是规定单独的服务定价，并允许客户选择从数字金融平台获取不同的单独服务。拆分旨在将以前作为套餐出售的不同服务的费用分开，并禁止隐藏的捆绑回扣（搭售）。拆分有两个不同的目标：一是单一的服务价格变得透明，在无法与整个平台竞争的情况下允许新进入者审查它们是否可以通过提供更好的单一服务来竞争。二是拆分禁止将某些服务从其他可能存在更多竞争的服务收益中交叉补贴。但是，作为监管要求，拆分必须谨慎处理。拆分会降低捆绑客户联系人带来的一些效率，以及同

---

[1] Giuseppe Colangelo & Oscar Borgogno. Data, Innovation and Transatlantic Competition in Finance: The Case of the Access to Account Rule, Eur. *Union Law Working Paper*, No.35, 2018, pp.22 - 26（观察到欧盟范围的金融科技市场需要标准化，以简化数据传输，促进竞争和互操作性）。

[2] Dirk Zetzsche, Douglas Arner, Ross Buckley & Rolf Weber. The Evolution and Future of Data-Driven Finance in the EU. *Common Market L. Rev.*, Vol.57, 2020, p.331（分析欧盟开放银行业的便利性，以增强银行业和支付业的竞争）。

时处理更多相关服务所固有的更好数据。① 毕竟,拆分涉及将集成平台拆开,尽管集成是其主要优势之一。施加拆分要求的监管者面临进一步的挑战,即在不妨碍基于非中介化的创新情况下,确定服务的哪一部分可以在什么时候解绑。

6. 合并控制

合并控制是应对过度集中市场的标准反垄断方法。尽管反垄断法的主要依据是市场效率,但笔者对数字金融平台的分析表明,从金融监管的角度来看,合并控制也是合理的:禁止超大型平台的合并不仅是因为反垄断问题,而且因为客户保护、创新,尤其是金融稳定问题。

（三）适度的监管干预

作为适度的监管干预,监管者有各种类型的命令和控制、自我监管和共同监管方法。该方法将取决于任何给定平台的发展阶段。一般而言,数字金融平台的规模和(或)重要性越大,干预的理由越充分。

1. 命令和控制监管

（1）规范金融数据收集和分析。监管者对某一行业日益集中的标准反应包括对参与者增加额外的监管,特别是通过许可这种受监管的活动。通过这样做,他们加强了对行业的控制并为监管决策获得更好的数据。将数字金融平台提交监管的困难在于找到一个活动的共同标准,准确描述可能涉及的活动范围。

鉴于平台活动的核心是数据收集和处理,监管机构可以将"金融数据收集和分析"定义为受监管的活动,并为不满足特定规模或范围要求的参与者提供豁免。这种监管的结果可能对大型平台实行分层规则的差异化制度,类似于适用于 SIFI 的规则:对中型平台的适度报告要求和对小型平台无需额外披露的单纯注册要求。

---

① 有大量反垄断文献讨论搭售做法和分拆要求。Keith N. Hylton & Michael Salinger. Tying Law and Policy: A DecisionTheoretic Approach. *Antitrust L. J.*, Vol.69, 2001, pp.469, 469 - 526(回顾后芝加哥搭售法律和理论,并使用决策理论分析搭售学说); Nicholas Economides & Ioannis Lianos. The Elusive Antitrust Standard on Bundling in Europe and in the United States in the Aftermath of the Microsoft Cases. *Antitrust L.J.*, Vol.76, 2009, pp.483, 483 - 567(分析欧洲和美国的捆绑方式,并提倡对捆绑和搭售进行统一测试)。

（2）间接监管：委托和（或）交易对手。另一种方法侧重于任何给定平台的受监管客户。要求受监管的用户确保一些先决条件将创造优势，特别是在跨境环境中，因为只有部分平台位于监管机构的管辖范围内。例如，法规通常要求受监管实体确保遵守其所在司法管辖区的法律，即使它们将服务委托给位于其他司法管辖区的实体。然而，当委托公司依赖于受托人的服务而不是相反时，间接监管的局限性就出现了。这种片面依赖可能是由于委托的规模（使代理人较少依赖单一客户）、外包公司在特定行业缺乏替代方案，或者交易成本过高阻碍了轻易转换。在数字金融平台的情况下，上述担忧可能存在，当然还有以下两个担忧：一是通过仔细观察会发现，受监管的公司几乎没有办法确保平台的稳定性和诚实行为。阿拉丁的客户如何确保阿拉丁正确执行其技术工作？如今，许多公司的价值在于阿拉丁拥有的数据中。客户无法令人信服地给市值比自己大很多倍的公司施加压力（例如，黑石可以轻松收购德意志银行）。客户也不能应用控制措施来确保技术正常工作。最终，金融机构受制于主导平台。二是在占主导地位的数字金融平台的背景下，外包关系是颠倒的间接监管，无力应对平台是许多金融公司的事实，尤其是在资产管理领域。

（3）英国金融服务管理局的代码审查。一种不同的监管方法可以专注于基础代码，即它的技术功能。监管机构可以寻求了解这项技术，并需要额外的代码来实现有意义地平衡私人激励与公共利益。这种以代码为中心的方法对金融和法律事务方面的监管人员要求很高。[1] 据笔者所知，自学算法的功能和限制的审查工具尚未开发出来，[2]而模型风险评估是现代金融中最复杂的任务之一；即使是资金最雄厚、最敏感的组织，包括国防部和中央情报局有时也无法应对网络威胁。[3]

2. 自我监管

当监管者达到其自身专业知识的极限时，自我监管是利用参与者知识

---

① 我们已经考虑了监管机构如何在其他地方应对网络风险的问题（提供解决技术创新和金融数字化带来的新安全风险的方法）。

② Joshua Kroll et al. Accountable Algorithms. *U. Pa. L. Rev.*, Vol.165, 2017, pp.633, 633 - 705（提出一个技术工具包来验证和审查自动化决策系统）。

③ Significant Cyber Incidents, Ctr. for Strategic & Int'l Stud., https://www.csis.org/programs/strategic-technologies-program/significant-cyber-incidents（提供政府机构遭受重大网络攻击的详细信息）。

的重要手段。因此，FMI 提供商通常会为所有参与者建立一套共同的规则和程序、技术基础设施和专门定制的风险管理框架。虽然这些规则和程序通常采用合同格式，但自我监管的方法可以正式采用和修改这些规则，并建立最短的公布和通知期。监管者可以使用这些框架来加强对平台的控制。

自我监管的缺点是"自我监管的选民"依赖于采用规则。当集体的私人和公共利益发生冲突，前者可能不会认真努力进行自我监管，特别是尽管我们可能会看到基本投资者保护的建立，但供应商及其参与者对通过减少他们从中受益的网络效应来减缓增长的兴趣不大，因此也不会对打击反垄断和基于规模的系统性风险有什么帮助。自我监管组织面临着保持宽松和利益友好之间的紧张关系，或像 FINRA 一样，[1]成为一个除了强制性监管之外，更侧重于关注技术性问题的公共监督机构。

3. 共同监管

监管者可以采取共同监管策略。共同监管被定义为："一种机制，即立法行为将实现立法机关规定的目标委托给该领域公认的各方（例如经济经营者、社会伙伴、非政府组织或协会），通过设定要实现的目标，实现委托给经济和社会领域的非公共行为者。"[2]

共同监管被认为对非金融平台行业具有潜在的有效性，因为它将广泛的创新者群体纳入"政策、法律、规范制定、监督和监管的阐述、执行和发展中"，[3]从而产生更平衡的观点。示例包括地方当局和爱彼迎就征收旅游税达成的协议。

对于数字金融平台，监管机构可以寻求与运营商签订反映系统性风险、客户保护、市场诚信和国家安全等公共问题的共同监管协议。然而，与任何其他监管工具一样，当公共利益与供应商在营利方面的私人利益冲突时，共同监管也有其局限性：利润。因此，尽管共同监管可能是实施适度投资者

---

[1] William A. Birdthistle & M. Todd Henderson, Becoming a Fifth Branch. *Cornell L. Rev.*, Vol. 99, No. 1, 2013, pp. 1, 12 - 23(分析 FINRA 从自我监管组织到准政府组织的演变)。

[2] Michele Finck. Digital Co-Regulation: Designing a Supranational Legal Framework for the Platform Economy. *LSE Legal Stud. Working Paper*, No. 15, 2017, p. 15, https://ssrn.com/abstract=2990043 (定义共同监管)。

[3] Raymond Brescia. Regulating the Sharing Economy: New and Old Insights into an Oversight Regime for the Peer-to-Peer Economy. *Neb. L. Rev.*, Vol. 95, 2015, pp. 87, 134(认识到分散决策和监管多元化的好处)。

保护和国家安全措施的方式，但对于我们概述的反垄断和金融稳定问题，它可能不太有效。

（四）作为公用事业监管

1. 公用事业现状

根据平台行业的研究，[1]数字金融平台可以作为公用事业进行监管。公用事业监管的特点包括费率监管、最低服务水平和质量保证规定，以及确定的或有上限的投资回报率。这份清单表明，传统的公用事业监管最适合高度标准化的服务，例如能源和供水。寻求在高度创新、快速发展的环境（例如资产管理和金融）中设定上述限制的监管者，将面临潜在的难以克服的挑战。

公用事业地位的一种侵入性较小的形式是根据《多德弗兰克法案》第八章下将某些系统指定为金融市场公用事业，要求先进的风险管理方法、强化监管和规则变更的提前通知。[2] 这些规则是为清算组织和中央对手方而起草的，需要修改以反映本文中强调的数字金融平台的数据和流动性方面。这是中国在蚂蚁和其他数字金融平台的背景下采取的方法：将它们指定为具有系统重要性的金融机构，例如在控股公司层面引入了新的集团监管方法，并对它们进行更高程度的监管和监督。

2. 公共机构的参与（所有权）

作为一种间接监管形式，监管机构可以成为数字金融平台的重要股东或运营商。示例包括 RTGS 支付系统，其中技术核心是在中央银行的参与下开发的，在某些情况下，央行也参与运营。现在越来越多的司法管辖区在零售层面采用了类似的"快速支付系统"。[3] 除了诸多主管当局明显的能力

---

① K. Sabeel Rahman. The New Utilities: Private Power, Social Infrastructure, and the Revival of the Public Utility Concept. *Cardozo L. Rev.*, Vol.39, 2018, pp.1621, 1634(认为公共事业概念为理解和竞争包括金融和平台市场在内的各个部门的私人权力提供了一个框架); K. Sabeel Rahman. Regulating Informational Infrastructure: Internet Platforms as the New Public Utilities. *Geo. L. Tech. Rev.*, Vol.2, 2018, pp.234, 240 - 246(详细说明效用概念如何应用于互联网平台)。

② Designated Financial Market Utilities, BD. of Governors of the Fed. Rsrv. Sys., https://www.federalreserve.gov/paymentsystems/title-viii-dfa.htm.

③ Anton Didenko, Dirk A. Zetzsche, Douglas A. Arner & Ross P. Buckley. After Libra, Digital Yuan and COVID-19: Central Bank Digital Currencies and the New World of Money and Payment Systems 9, https://ssr n.com/abstract=3622311.

限制之外,同时拥有数字金融平台的股份为中央银行或其他监管机构带来潜在的信息优势。

不利的一面是,平台中的权威股权会产生不良结果:中央银行或其他当局入股的平台很可能是垄断者。这个垄断者将可能不会给额外的市场主导的创新留下空间。在竞争不可能首先发展的市场中,政府投资最有意义,例如现有金融机构资金不足或技术专业知识匮乏,[1]或竞争不受欢迎,因为所有金融机构必须满足相同的标准,以降低客户的交易成本(例如支付系统)。

(五)分拆

一种更具干预性的方法是分拆。分拆是公认的反垄断措施,但金融法也经常强制分离和分拆。事实上,有些人认为,银行法的"核心原则"是"银行与商业分离"。[2]至少在美国,根据1956年的《银行控股公司法》,禁止拥有或控制美国银行的公司从事除银行业务或管理银行以外的商业活动。[3]

投资法规规定了类似的分离和分拆。例如,投资顾问的角色应与以下角色分开:第一,持有基金资产法定所有权的投资公司;第二,托管人,在大多数情况下托管人负责保管基金的资产;第三,协助投资者选择基金的经纪商和理财规划师。这些分拆要求反映了基金管理、托管和投资者角色共同代表了集体或集合投资的传统利益领域。原则上,无论谁代表投资者行事,例如经纪商、财富管理人、财产规划人或投资顾问(统称为

---

[1] 我们发现,这些先决条件在发展中国家和新兴经济体中经常得到满足。这就解释了为什么印度中央银行通过公私伙伴关系(印度国家支付公司)发展并作为金融服务核心基础设施的运营商,Us. Nat'l Payments Corp. of India, https://ww w.npci.org.in/who-we-are/about-us(将NPCI描述为印度所有零售付款的非营利伞式组织)。

[2] Saule T. Omarova. The Merchants of Wall Street: Banking. Commerce, and Commodities. *Minn. L. Rev.*, Vol.98, 2013, pp.265, 268, 274 - 275(概述将银行业务与某些商业活动分开的政策依据); Bernard Shull. Banking and Commerce in the United States. *J. Banking & Fin.*, Vol.18, 1994, pp. 255, 267, reprinted in Bernard Shull, Banking and Commerce in the United States. *J. Reprints Antitrust L. & Econ.*, Vol.27, 1997, pp.359, 371(回顾银行和商业之间的历史关系及其分离背后的政策)。

[3] Khan, Amazon's Antitrust Paradox, p.794(强调这些规则与反垄断和竞争政策目标的相似性,并指出保持银行和商业分离的主要理由包括"需要维护受保存款机构的安全和健全性,确保信贷公平高效地流向生产性防止金融和经济权力过度集中于金融部门")。

"客户中介")，都必须为投资者的个人利益服务，而基金经理和托管人(存管人)应致力于"基金"而非个人投资者。特别是，《投资公司法》要求共同基金严格保管基金资产，将其与基金经理的资产分开。[1] 原则上，注册投资公司的所有投资"应存放在银行或其他公司的保管处或金库或其他存放处，这些银行或公司的职能和实体设施由联邦或州政府监管"。[2] 第三方托管使投资基金能够在托管人遇到困难时控制自己的资产和托管人持有的资产(特别是抵押品)。这种方法的优势体现在 2008 年雷曼兄弟投资银行倒闭后。[3]

这种方法揭示了这样一个观点，即每个核心中介都实现了一个相对于其他类型中介的控制功能。只要核心中介功能是分离的，我们可以预期一种均衡存在于不同类型的核心中介之间。如果分离得到保证，那么，市场力量可能只在每个核心中介内部导致不良结果。

区分不同类型的中介分开的必要性存在一个问题，即是否应该对干扰加以限制。法律是静态的，对于金融法来说，这是由监管当局执行的。因此，法律可能作为破坏的障碍。具体而言，法律可能会限制基于技术的创新简化价值链和整合到平台中的服务的程度。如果破坏仅限于每个领域内核心中介功能内创新，出于结构性原因，法律必须明确界定这些限制。

然而，通过仔细观察会发现，这些界限是模糊的。根据规则 17f-2(c)，《投资公司法》允许对各种抵押、托管或其他在途证券进行自行保管，或者在与证券管理日常业务过程中进行必要或适当的交易。[4] 在数字金融平台的背景下，破产风险并未消失；相反，随着市场集中度提高，供应商的破产可能会产生更严重的影响。因此，其他司法管辖区取消了自我保管，并总是要求

---

[1] 17 C.F.R. § 270.17f-2 (2019)(注册管理投资公司的投资托管)，关于进一步的保管要求 17 C.F.R. § 270.17f-1 (2019)(经纪商托管)；17 C.F.R. § 270.17f-2 (b)(自我托管)；17 C.F.R. § 270.17f-4 (2019)(证券托管机构)；17 C.F.R. § 270.17f-5 (2019)(外国银行)；17 C.F.R. § 270.17f-6 (2019)(期货佣金商)；17 C.F.R. § 270.17f-7 (2019)(foreign securities depositories).

[2] 17 C.F.R. § 270.17f-2 (b) (2019).

[3] Comprehensive Regulatory Regimefor U.S. Mutual Funds, Inv. Co. Inst. (2014)，https://www.ici.org/pdf/4_iciusfundsregulation.pdf(有第三方托管安排的共同基金比没有此类安排的市场参与者更容易控制其抵押品)。

[4] 17 C.F.R. § 270.17f-2 (b) (2019).

第三方保管投资基金资产。①

对托管安排中的投资者保护的讨论已超出本文的范围。笔者只对美国《托管法》中平台建设的限制感兴趣。为了解决以平台为基础的集中问题，建议修改规则 17f - 2(c)，以便投资公司和投资顾问可以只持有自己少量资产。"几乎所有共同基金都使用银行托管人来托管国内证券，而托管协议通常比用于其他银行客户的协议复杂得多。"这一事实表明，该政策建议符合客户期望和行业惯例。

同样，客户中介职能和基金经理职能之间的严格界限可以防止服务职能进一步整合带来的额外利益冲突。如果投资顾问提供自己的产品，它就有动机将这些产品提供给客户，而不是可能更适合客户的产品。如果投资顾问作为托管人，可能会通过将投资者的资产引入这些基金，而不是推荐客户最佳投资，来寻求提高托管职能的利润。要求投资建议、经纪商和托管人严格分离与当前的行业实践有些距离。像嘉信理财这样的经纪商集团不是仅提供经纪业务和投资建议，其作为客户中介也提供 ETF，这是它们作为基金经理的一部分职责。这个事实暴露了现有证券监管中可能存在的一大缺陷：所有这些服务可以通过一家控股公司拥有和控制的实体提供，特别是，《美国银行控股公司法》允许有资格作为"金融控股公司"的银行开展所有"金融性质"活动，包括证券交易和保险承保。正如我们所表明的，许多企业都依赖这种豁免来打造全面的金融生态系统，从而使政策目标置于风险之中。

更温和的分拆和分离形式需要分离。例如，投资顾问可能被禁止在自己账户中记录基金的资产，尽管在某些情况下它可能在指定为投资者资产的账户中持有资产。一种更温和的形式是只管理冲突：一个实体可以提供两种功能，但必须建立信息屏障并监控冲突，在可能的情况下避免，在不可

---

① Directive 2011/61/EU of the European Parliament and of the Council of 8 June 2011 on Alternative Investment Fund Managers and amending Directives 2003/41/EC and 2009/65/EC and Regulations (EC) No. 1060/2009 and（EU）No. 1095/2010, 2011 O.J.（L. 174）28 Article 21; Sebastiaan Hooghiemstra. Depositary Regulation, in Zetzsche ed. *The Alternatlve Investment Funds Directive*. 2020，pp.441, 460 - 466; John Siena. Depositaries: Still a Bit of a Mess, in Zetzsche ed. *The Alternative Investment Funds Directive*. 2020, pp. 497, 526 - 533; Dirk A. Zetzsche,（Prime）Brokerage, in Zetzsche ed. *The Alternative Investment Funds Diesctive*. 2020，pp.545, 569.

避免的情况下管理。

按照这种思路，监管不仅需要在法律上，正如目前法律要求独立的法律实体来执行这些任务，而且需要在技术上对上述四项职能进行分拆和分离。技术分拆要求将宣布同时提供或便利基金管理人、基金、托管人和投资者功能的平台定义为非法平台，并使用数据和流动性访问来确保对整个基金价值链的控制。

六、结论

本文对金融法作出了三个主要贡献。

第一，概念化并提供数字金融平台的理论分析。在资产管理行业，这些平台正在前端和后端发展，随着时间的推移，似乎正在演变成全面的、从前到后的金融生态系统。

第二，作为技术发展的结果，资产管理以及更普遍的金融，是一个新兴的、迅速增长的、未被重视的平台行业，伴随许多好处及问题。笔者认为，资产管理价值链越来越多的部分将被整合到越来越少的主导平台生态系统中。这一过程对于理解被动投资平台的演变至关重要。这种演变可能在一定程度上是有益的，因为去中介化可以降低成本。在这种情况下，社会及其金融监管必须寻求保持对创新的开放和平衡创新与风险。

第三，笔者认为法律和监管必须对资产管理领域数字金融平台的出现做出回应。更广泛地说，监管者应采取与每个平台的规模、范围和角色相称的法律方法。这些干预措施包括通过采取观望态度促进创新、采取适度监管干预促进竞争，以及对公用事业进行严格监管。

监管机构应采取的选择将取决于给定的数字金融平台的发展阶段，特别是在市场份额、主导地位以及平台提供的功能的重要性方面。然而，监管机构必须准备好采取行动，以遏制与数字金融平台相关的重大风险。这些平台已经成为资产管理行业的核心，其中最大的平台"大而不能倒"。笔者还不知道数字金融平台的最大威胁是来自它们霸道的成功还是灾难性的失败中。但不管是哪种情况，现在是进行冷静的立法和监管审查的时候了。

欧盟对数字金融价值链的监管:《金融工具市场指令Ⅱ》、数字一揽子计划以及两者之间的巨大差距

埃米利奥·阿夫古利亚斯 艾莱克山杜洛斯·色瑞塔克斯*

胡志杰 译 钟凯伦 沈伟 校

摘要: 随着2020年新冠疫情的到来,金融服务业价值链的完全数字化加快了步伐。它的主要前提是通过使用算法工具以及综合平台和应用程序远程提供服务,以实现投资过程的自动化。在同一时期,我们目睹了分散式金融、加密货币的出现,以及区块链技术的使用增加。这些发展使得市场结构和微观结构发生了根本性的变化。金融价值链的数字化可能分别导致更大的市场集中,或相反地,导致投资市场的彻底民主化。出于这个原因,决策者的选择将是至关重要的。与此同时,数字化既是迄今为止建立一个完全一体化的欧盟证券一级市场和证券二级交易市场的最佳机会,也是促进中小企业获得融资的最佳机会,从而使欧盟资本市场联盟的愿景成为现实。尽管这些事态的发展给后英国脱欧时代的欧盟政策制定者带来严峻挑战,但欧盟的监管格局仍然主要受到原《金融工具市场指令Ⅱ》(*MIFID II*)市场监管方式的主导。改革尝试似乎过于谨慎,不愿释放技术和创新的强大力量,以避免颠覆既定的行业惯例(以及现有的寡头垄断)。欧盟的监管必须更加积极主动地促进监管实验与技术实验相结合,以确保消费者利益得到保障,竞争得到进一步推进,至关重要的金融基础设施不会被严格的寻租寡头垄断所主导。因此,欧盟目前的数字金融一揽子计划是一个受欢迎但

---

* 埃米利奥·阿夫古利亚斯(Emilios Avgouleas),爱丁堡大学法学院金融法教授;艾莱克山杜洛斯·色瑞塔克斯(Alexandros Seretakis),都柏林三一学院教授。

又胆怯的进步。需要进行进一步的改革，以加快监管调整的步伐，适应新的数字时代的挑战和机遇，从而促进后新冠疫情时代的欧洲市场经济复苏。

关键词：金融数字化；加密货币；分散式金融；区块链技术；《金融工具市场指令Ⅱ》

一、引言

一段时间以来，由于限制性规定的出台、通信技术的演变和以开发新产品的形式进行的金融创新等外部因素，金融服务业的价值链①处于被打乱和重新配置的过程。② 此外，信息通信技术和宽容的监管机构已经允许金融服务公司将金融服务业的价值链分为前台、中间和后台3个环节。后台功能的研发或运行通常以签订合同的形式进行外包，这些后台功能包括从客户端加载到交易处理（验证）和客户数据存储等，通过外包给提供基础设施服务的高度专业化的公司的方式来最大限度地节约成本。

这大概是过去30年全球金融服务部门的内部业务和整个行业组织运行的模式。但随着人工智能和机器学习等支持自动化的技术的广泛应用，云存储技术的无限扩张发展，以及分布式总账技术的兴起，金融价值链现在正日益受到不可逆转的破坏。此外，后新冠疫情时期是第一个产品开发、市场基础设施建设、服务供应和贸易执行正朝着一个完整的数字价值链发展的时期。

金融科技在5个领域已经或必定会产生可观的影响：零售银行基础设施建设；支付业务；资本市场基础设施建设；投资咨询；资产管理。至于零售银行业务及支付业务，两者都是本文讨论范围以外的业务，它们的转型是通

---

① 价值链理论是迈克尔·波特在他1985年出版的著名著作《竞争优势》中首次提出的一个企业管理概念。价值链理论是企业组织的过程视图，用于解释这些组织是一个系统，由不同的子系统组成，每个子系统都有投入、转换过程和涉及资源[货币、劳动力、原材料或加工材料、资本资产存量（例如土地和建筑物）的获取和消费的产出]企业管理学。价值链理论对现代企业的管理产生了深远影响，因为它解释了企业内外不同类型的关系或"联系"如何被管理、杠杆化或商业化，从而创造价值，使企业比同行更具竞争力或更有利可图。参见 Michael E. Porter. Competitive Advantage：Creating and Sustaining Superior Performance，1985.
② PWC, Financial Services Technology 2020 and Beyond：Embracing Disruption, https://www.pwc.com/gx/en/financial-services/assets/pdf/technology2020-and-beyond.pdf.

过开放式银行业务(通过数据共享来促进银行交易)①及有大量新工具(除了加密数字货币)发展中的支付业务来实现的。同样,投资咨询领域,以及在某种程度上的资产管理领域也经历了根本性的转型,主要是通过开发算法工具来确定客户的投资偏好,包括其风险承受能力和其期望的收益水平,并据此提供具体的投资建议或总体的资产配置战略。因此,市场和金融价值链的转型通过两种截然相反的金融服务基础设施一体化模式表现出来,也就不足为奇了。

首先,金融服务基础设施日益受到像经营着基础设施服务阿拉丁②的美国投资公司黑石(Black Rock)和中国巨头蚂蚁金服(Ant financial)③等大型金融机构的主导。此外,人们普遍预计,谷歌、Facebook 和其他大型科技公司,将进入批发和零售金融服务市场,导致金融市场基础设施由于网络效应而进一步集中化。④ 因为新科技行业表现出一种倾向,即鼓励少数大公司主导市场。⑤

其次,是以分散式金融(DeFi)为代表的强劲崛起,尽管目前它是在非传统的金融领域运营,而且主要是由以加密数字货币作为抵押品的个人间借贷或签订金融合同的方式推动的。⑥同时,贸易融资和其他商业和商业银行活动(例如支付处理)正越来越多地转向一种分散的模式。实际上,这种模

---

① 关于内部市场支付服务的指示(EU)2015/2366/EU (PSD II)。开放式银行是指第三方金融服务提供商可以通过 APIs(程序之间的合约)的方式安全访问金融数据的银行系统,这使得银行和非银行金融机构之间的账户和数据联网成为可能。本质上,它允许在传统的金融系统中使用新型的产品和服务。然而分散式金融是一个独立于现有基础设施的新金融体系。因此,分散式金融有时也被称为开放式金融。

② https://www.blackrock.com/aladdin.

③ 蚂蚁金服是阿里巴巴集团(Alibaba Group)的关联企业,在其上市计划最近取得成功之前,其股票曾被广泛誉为全球最大的首次公开发行股票。早在 2018 年,蚂蚁金服的估值就超过了高盛50%(1 500 亿美元,高盛为 990 亿美元)。蚂蚁金服增长的关键在于其平台的商业模式,从支付宝服务开始到提供货币市场基金。Ryan McMorrow, Nian Liu and Sherry Fei Ju. The Transformation of Ant Financial, https://www.ft.com/content/c636a22e-dd3f-403e-a72d-c3ffb375459c.有关蚂蚁金服商业模式的更详细分析,请参阅本文第二部分。

④ 英国《金融时报》对拜登政府的新任美国证券交易委员会主席的报道称:"这种背景将使他在一个最大的科技平台公司——从谷歌(Google)、Facebook 到亚马逊(Amazon)和苹果(Apple)正在进入金融业之际,成为一名更有用的监管者。"Rana Foroohar. Wall Street's Sheriff is on a Mission. https://www.ft.com/content/7884afc4-6e8c-4b2f-910e-adff489f12b6.

⑤ Eleanor Fox and Harry First. We Need Rules to Rein in Big Tech, *NYU. Law and Economics Research Paper*, No.20 - 46, 2020, pp.2 - 3.

⑥ Consensys. Q3 Ethereum DeFi Report, https://consensys.net/insights/q3-DeFi report/.

式得到了大型金融机构的支持。[1] 金融科技初创企业的薄弱营利能力可能成为采用分散式金融（DeFi）模式的催化剂。例如，对于利润微薄的金融科技公司，一旦用尽其用于建立合作和竞争关系、在分散的平台上营销和销售产品的种子资金，其便面临破产的威胁，是否破产只是时间问题。[2] 此外，采用区块链协议的分散式金融（DeFi）的出现，是迈向市场基础设施建设飞跃的第一步。这一飞跃将合并金融合同交易环节和贸易结算环节，并可能在稍后阶段合并投资咨询和订单执行这两个环节，而这些环节都是如今独立的市场职能（服务）。

金融服务业的数字价值链中的每一项发展内容都明显对金融监管发起了挑战。欧洲金融市场立法的核心是所谓的 MIFID II 制度（《金融工具市场指令II》）。[3]《金融工具市场指令II》取代了 2004 年金融危机后采用的原《金融工具市场指令》。[4]《金融工具市场指令II》旨在加强对投资者的保护，提高金融市场的效率和透明度，其既关注微观层面，也关注宏观层面。[5] 在微观层面，《金融工具市场指令II》旨在降低交易成本，提高市场的流动性；在宏观层面，它旨在解决系统性风险，并允许监管机构更好地监督和监管金融市场。但这是一项复杂的立法，不适合新的数字时代。此外，自动化监管已经通过一系列名为 RegTech 的应用程序的开发得到发展，用于检测监管制度是否被遵守，[6]这些应用程序可用于监测和追踪非法资金流动，以及检测"虚假"信息。

由于价值链活动的进行方式（例如人工或自动化）决定了成本和对利润的影响，金融价值链数字化的不同途径对市场结构，即市场竞争参与者的数量及其市场份额和市场微观结构都有深远影响。后者指的是市场机制，包

---

① M. Huillet. HSBC: Blockchain Platform Will Keep Trade Finance Smooth Despite Coronavirus, https://cointelegraph. com/news/was-2020-a-DeFi-yearand-what-is-expected-from-the-sector-in-2021-experts-answer.

② 参见 Emilos Avgouleas and Aggelos Kiayias. The Architecture of Decentralized Finance Platforms: A New Open Finance Paradigm. *Edinburgh School of Law Research Paper*, No.2020/16, 2020.

③《金融工具市场指令 II》包括有关金融工具市场的第 2014/65/EU 号指令（《金融工具市场指令 II》）及有关金融工具市场的第 600/2014 号规例（欧盟）。

④ Danny Busch and Guido Ferrarini ed. Regulation of the EU Financial Markets: *MIFID II and MIFIR*, 2017.

⑤ Guido Ferrarini and Paolo Saguato. Reforming Securities and Derivatives Trading in the EU: from EMIR to MIFIR. *Journal of Corporate Law Studies*, 2013, pp.324 – 325.

⑥ Eva Micheler and Anna Whaley. Regulatory Technology: Replacing Law with Computer Code. *European Business Organization Law Review*, 2020, p.349.

括根据明确的交易规则交换资产的过程和结果。[①]

　　黑石公司(阿拉丁)类型的基础设施供应商的出现,为说明上述挑战的规模提供了一个很好的例子。虽然它们提供的每一项服务可能都受到明确的监管,并受到供应商和用户公司之间不同合同安排的约束,但很难理解内部系统的建立和配置是从哪里开始或结束分拆。实际上,它们是一个一站式平台,在内部系统配置和业务组织方面对不同部门进行了精心划分,以显得符合金融服务监管规定。一个更大的问题是,所有经过上述内部系统处理的数据会发生什么变化? 即使有最高级的数据过滤器和控制措施,每天仍有大量的金融数据都集中在一家基础设施供应商的私人运营系统中。

　　这些都不是新问题。经纪自营商过去面临的问题是控制自然人、代理人之间的信息流动和处理同一企业内的利益冲突。首先,是关于客户咨询和投资组合管理职能,以及自己的公司财务咨询职能和相关交易对这些职能的影响;其次,是关于客户的指令执行和交易委托账本管理之间的相互作用。这些担忧促使欧盟的《市场滥用监管指令》禁止提前交易行为,现在由市场滥用监管条例(MAR)引入的后续制度中得到了扩展。[②] 同样地,促进《金融工具市场指令Ⅰ》中的经营行为(COB)规制和利益冲突制度也开始出现。[③]《投资服务指令》(ISD)[④]中为数不多的监管投资行为[⑤]的一般原则,被详细的规则手册取代,即《金融工具市场指令Ⅱ》进一步扩展了这些规则,并扩展到包括产品管理规则,[⑥]以扩大对客户的保护。但是目前,随着数据循环处理的自动化,当技术本身实际上可以提供符合预期的检查、控制和补救

---

① 因此,作为金融理论的一个分支,市场微观结构研究关注的是"特定的交易机制如何影响价格形成过程"。Maureen O'Hara. Market Microstructure Theory, 1995.

② 欧盟关于市场滥用的第 596/2014 号规例(市场滥用规例) OJ l 173/2014, 1-61,第 7 条第(1)项;第 21—30 条《MiFID II》以及第 24 条 MiFIR 也适用于抢先行为,其中包括投资公司有义务以促进市场完整性的方式诚实、公平和专业地行事(MiFIR 第 24 条),按照客户的最佳利益行事《MiFID》第 24 条),以最有利于客户的条件执行指令(《MiFID》第 27 条)(《MiFID》第 2 条)客户指令处理规则(《MiFID》第 28 条),以及查明和防止或管理利益冲突的义务(《MiFID》第 23 条)。关于金融工具市场的第 2004/39/EC 号指令(《MiFID I》)、《MiFID II》(投资公司的经营条件)。

③ Directive 2004/39/EC on markets in financial instruments (MiFID I), Ch. II (Operating Conditions for Investment Firms).

④ Directive 93/22/EEC on investment services in the securities field OJ L 141/1993, pp.27-46, Art. 11.

⑤ 这种高级别的立法给内部市场的规则冲突留下了空白,导致交易成本增加而不是减少。Emilios Avgouleas. The Harmonisation of Rules of Conduct in EU Financial Markets: Economic Analysis, Subsidiarity and Investor Protection. *European Law Journal*, Vol.6, 2000, pp.72-92.

⑥ Articles 16(3) and 24(2) MiFID II.

措施时,仅提出更加详细而复杂的监管建议可能会被证明是徒劳的。

分散式金融(DeFi)平台也对现有的监管框架提出了挑战,很难看出这些平台的不同功能是如何被拆分为不同的投资服务的。例如,通过平台获得一个新的代币,将其存储在一个单独的数字钱包中,并使用钱包在平台上进行交易,委托平台的应用程序执行资产分配的相关建议,可能会给监管框架带来真正的难题。如何对一个同时包含服务和投资的代币作分类交易?这个平台从整体上来说是否金融服务的提供者?一个经常活跃在平台中的交易对手是一个专业(尽管不受监管)的投资者吗?或者,如果交易是连续的,交易对手是否(不受监管的)投资服务的提供者,就像经纪自营商可能充当《金融工具市场指令Ⅱ》监管的系统化内部撮合商一样?[1]

当然,如今分散式金融(DeFi)的大部分活动都在监管范围之外,但这种情况已经不能再持续下去。因此,欧盟委员会最近提出了一个数字金融一揽子计划,旨在促进欧洲在金融领域的竞争力和创新力。[2] 该一揽子计划包括数字金融战略、零售支付战略、关于加密资产和数字经营弹性的立法建议,以及以分布式分类账技术为动力的市场基础设施试点制度,[3]但仍在考虑中的数字一揽子计划只是开始。欧盟金融服务监管条例将很快被要求进行全面改革,以跟上与欧盟和全球金融价值链的数字化转型。

本文将对欧盟金融服务的监管制度进行批判性评估,重点是《金融工具市场指令Ⅱ》(《MIFID Ⅱ》)和欧盟委员会的数字金融一揽子计划,强调在金融服务业的数字价值链的监督和监管方面出现的差距。本文将阐述分散式金融(DeFi)为实现资本市场联盟蓝图[4]的关键目标提供机会,例如欧盟零售市场一体化、中小企业获得资金和投资市场民主化,条件是 DeFi 的关键部分置于监管保护伞之下。为了实现这一目标,欧盟的金融监管必须

---

[1] Article 4(1)(20) of MiFID II.

[2] European Commission Press Release. Digital Finance Package: Commission Sets Out New, Ambitious Approach to Encourage Responsible Innovation to Benefit Consumers and Businesses, Brussels 24 September 2020.

[3] 关于基于分布式分类账技术的市场基础设施试点制度条例的提案。分布式分类账技术(Distributed ledger Technology,DLT)是一种安全的数据库或分类账,在没有集中控制器的情况下跨多个站点、国家或机构进行复制。共享分类账跟踪资产所有权和任何最近的迭代,自动化资产转移和链上的储存和伴随记录。

[4] For the Revamped Blueprint of September 2020, see EU Commission Communication, A Capital Markets Union for people and businesses—new action plan COM/2020/590 final.

在 DeFi 的特性和严格的金融服务制度之间取得恰当的平衡。后者在追求高度的投资者保护的同时也使现有经营者能够通过监管所巩固的由少数垄断的结构赚取大量租金。在这方面,被提出的数字金融一揽子计划需要接受批评。它忽略了 DeFi 商业模式的重要方面,例如通过智能合同自动交易和执行,从而消除了在保管链中对中间人的需求。然后,它表明完全不愿意考虑可以整合 DeFi 最具挑战性内容的监管模式,例如未经许可交易和匿名交易。

本文由五部分组成,包括引言。第二部分分析了数字化给金融服务价值链带来的变化,以及它带来的机遇和风险。在这方面,笔者深入讨论了金融服务业基于平台的商业模式,以及这种模式如何产生了两种完全相反的趋势,一方面,是市场(商业)职能以及客户和数据网络的集中化(集群化);另一方面,是基本上不受管制的地方分权模式。第三部分解释了这些变化如何挑战《MIFID Ⅱ》作为欧盟金融服务立法的核心,它考虑了欧盟委员会提出的数字金融一揽子计划的影响。第四部分为改革提供了一些建议,包括扩大欧盟试点制度,并对目前讨论的不同立场进行了全面总结。第五部分是结论和建议。

二、金融服务价值链的数字化:机遇与风险

在分析价值链模型的有效性时,迈克尔·波特介绍了 10 种成本驱动因素,这些因素有助于确定需要改进的领域。[①] 根据波特的观点,风险管理、研发、人力资源和企业基础设施是企业价值链的关键组成部分。就金融服务提供者而言,情况也完全如此,所有这些领域都因金融价值链的完全数字化而中断或转变。然而,企业自身为了从其价值链中获得最高的效率以实现商业目标的组织形式同样非常重要。以下分析了推动金融价值链数字化的两种相反的平台模式,即集中式平台模式和分散式平台模式。可以说,每种模式的平台组织都可以对《MIFID Ⅱ》的监管范式产生深远的影响。

---

① 这些因素是:① 通过对需求规模的成本分析确定的规模经济;② 学习,是指为提高效率或改善环境而改变环境的活动;③ 产能利用率,是指将能力保持在有效水平以防止利用不足或增加不必要产能的程序;④ 活动之间的联系,包括通过协调和优化确定跨职能改进的领域;⑤ 业务单位之间的相互关系,是指共享信息和资源的机会;⑥ 纵向一体化程度;⑦ 市场进入的时机,可能受到经济或世界条件和市场竞争地位的影响;⑧ 坚定的成本或差异化政策;⑨ 地理位置;⑩ 体制因素,例如税收、工会和规章制度。Porter, Competitive Advantage: Creating and Sustaining Superior Performance. Ch. 1.

（一）集中式平台模式与网络效应

基于平台的模式通常是指一种通过促进两个或多个相互依赖的群体之间的交流来创造和利用价值的商业模式，[1]这些群体导致了可以按需访问的大型、可扩展的用户和资源网络的创建。[2] 例如，像 Facebook、Uber 或阿里巴巴这样的企业声称，交流促进和用户匹配——连接手段的所有权是它们唯一的业务，其不像线性企业那样通过供应链直接创造和控制库存，即它们不拥有生产手段。可以说，这些企业如今远不止于此，因为它们是自己所创造的新产品的垄断供应商，互联网搜索列表市场和广告市场[3]就是主要的例子。因此，金融领域基于平台的商业模式应该被理解为一种商业组织和客户管理的综合模式。它将平台产生的用户活动和在此过程中产生的关系和数据进行重新包装和商品化，以达到商业目的。

对于今天的政策制定者来说，坚持以前对基于平台的商业模式的理解，却不承认两个无可争议的市场现实将是不合时宜的。

第一个市场现实与特定平台对相关分销渠道（网络）的控制有关，例如蚂蚁金服。蚂蚁金服运营着一种平台业务模式，将非常受欢迎的支付宝（Alipay）[4]服务与借贷、保险和投资结合起来，并将其线性的小额贷款和小额投资结合起来。蚂蚁金服的混合模式创造了一个广度无与伦比的金融服务生态系统。蚂蚁金服声称，通过为中国 116 家共同基金管理公司提供平台，拥有 1.8 亿用户的蚂蚁财富实现了资产管理和退休计划的民主化。实际上，该平台的算法根据每个用户的财务状况和期望推荐基金，从而消除了

① Karl Taeuscher and Sven M. Laudien. Understanding Platform Business Models: A Mixed Methods Study of Marketplaces. *European Management Journal*, 2018, pp.319 - 329.

② 更简单地说，它意味着一个数字中心或固定的数字会议点，用户可以进入这个中心进行互动，分享兴趣，扩大他们的网络，在这个过程中替代旧的市场或创造新的市场，而这些市场的成功又取决于网络的长度和密度（网络规模经济）。

③ 美国司法部于 2020 年 10 月 20 日对谷歌提起诉讼，指控该公司滥用职权，对搜索和搜索广告进行非法垄断。具体而言，谷歌被指控通过独家商业合同和协议锁定与苹果等巨头合作伙伴的交易，以抵御竞争，使其搜索引擎成为用户的默认选项。这些协议占据了大部分互联网搜索市场主导份额（美国司法部估计这一数字超过 60％）。Complaint, U.S. Department of Justice v. Goggle LLC. https://www.justice.gov/opa/press-release/file/1328941/download.

④ 与 Paypal 类似，支付宝处理任何两个用户之间的支付，无论他们是购物者、小企业、室友或街头表演者和通勤者。2017 年，支付宝拥有超过 7 亿活跃用户，交易额超过 8 万亿美元，相当于中国 GDP 的 65％。Tero Ojanpera, 5 Steps—How Ant Financial Built a 200 Billion Platform Business, https://intelligentplatforms.ai/5-steps-how-ant-financial-built-a-200-billion-platform-business/.

过去可能阻碍许多用户投资的金融知识差距。此外,考虑到庞大的用户群,金融服务提供商无法抗拒加入其网络的诱惑。此外,蚂蚁金服还利用该网络推出了新的金融(和专有)产品,例如非常受欢迎的货币市场基金"余额宝"。[①] 在"余额宝"上开立一个账户只需 1 元(0.15 美元)。[②]

　　第二个市场现实与平台使用的应用程序的能力有关,它可以通过数据搜索工具利用用户的社会兴趣和社会经济偏好、消费习惯和消费能力、推测可支配收入等大量信息。因此,很难相信像谷歌和 Facebook 这样的大型科技公司计划进入金融服务市场,而不打算利用上述数据工具,这些工具与现有的用户网络将一起为它们提供了比其他金融服务提供商更明显的优势。相反,由于网络的规模和客户数据的滥用,大型科技公司对其市场的控制是很常见的。[③] 因此,监管机构面临一项艰巨的任务,以防止大型科技公司垄断金融服务基础设施。

　　与此同时,操纵用户认知和偏好的风险一直存在,尤其是在零售市场。与所有其他市场一样,在金融服务领域,框架决定消费者选择的力量依然没有减弱。由于有限理性和其他认知偏差,个人投资者和非专业金融服务用户的其他认知限制也是如此。[④] 深度学习神经网络[⑤]沉浸在丰富的用户信

[①] Emilie Valentova. E-Commerce Customers into Financial Investors,https://digital. hbs. edu/platform-digit/submission/yue-bao-turned-185m-e-commerce-customers-into-financial-investors/.

[②] 应该指出的是,如果允许集中式平台模式主导数字金融服务市场,未来将面临风险。在这个极好的例子中,余额宝能够利用支付宝的数据,识别那些在支付宝数字钱包中留有正余额的用户。公司会联系任何有存款的用户,向他们介绍货币市场基金的好处,并邀请他们开设账户。在一个急需消费金融产品的市场,蚂蚁金服的投资平台一炮而红。Ant Group. How Alipay Changed the Way China Invests and Helped a Fund Grow 400+ Times Over,2 April 2019,https://medium.com/alipay-and-the-world/how-alipay-changed-the-way-china-invests-and-helped-a-fund-grow-400-times-over-9c13f77af4b6.

[③] 大型科技平台的网络效应是如此巨大(每个人都希望他们的朋友在同一个平台上,供应商希望他们的买家在同一个平台上),以致进入的门槛非常高,即使最有前途的潜在进入者也很难找到进入必需的临界用户数量。市场有竞争的时期,之后市场可能倾向于一个主导公司。这种新平台经济的一个关键因素是数据。这些平台从平台用户那里收集大量数据,这些数据不仅用于提高效率,而且用于开发和排除……这些平台获取的数据远远超过了服务平台用户所需的数据。通常,他们未经询问就拿走数据……平台接受并结合。通常情况下,他们不需要询问就可以获取数据。平台可以获取和合并数据。

[④] 具体分析参见 Emilios Avgouleas. Cognitive Biases and Investor Protection Regulation an Evolutionary Approach. https://papers.ssrn.com/sol3/papers.cfm?abstract_id=1133214.

[⑤] 深度学习神经网络(DLNN)是人工智能科学的一个子集,是学习算法的骨干。具体来说,人工神经网络(ANNs)是深度学习的基础。人工神经网络通过一组算法模拟人脑,该算法在基本层面上包括四个主要组成部分:输入、权重、偏差或阈值和输出。然而,由于它们被设定为连续的行为,不具备人脑的重要能力,例如在许多可能的选项之间暂停和反思的能力。与此同时,DLNNs 被用来允许信息系统训练自己处理数据并从数据中学习。也就是说,与老一代的 ANNs 不同,DLN 系统是 (转下页)

息中，可以很容易地检测出是什么让消费者"心动"，随后，可以通过使用正确的算法来操纵消费者的选择。[①]

在这种情况下，通过所谓的机器人顾问实现零售投资管理（资产配置）的自动化存在最大的风险。人们常说，机器人顾问的兴起与一个事实有关，即这些系统以非常廉价的利率为零售市场带来了专业投资的好处。[②] 虽然这种说法十分准确，但不应忽视另外 3 个使机器人顾问的兴起成为可能的因素。一是与机器人在现实世界中感知、理解、计划和导航的能力有关。更好的认知能力意味着机器人能够在不同的、动态的和复杂的环境中自主工作。二是与第一个因素相关的，还有机器人在理解环境和操纵物体方面进行精确控制和灵活操作的能力的提高。这一领域的技术进步使得机器人能够完成更加多样化的任务，并被用于更多的用例中。三是通过自然语言处理程序，机器人向人类学习和与人类合作的能力明显提高，其拥有了语言沟通及以外的能力。也就是说，机器人进行语言和非语言交流的能力的增强，使得机器人越来越有能力与自然人一起工作。

将来，如果驱动机器人顾问运行的机器学习算法不能识别在什么领域可以"合法"操纵人类选择，例如限制推荐投资的数量，那么，这是很难预测的。除非在分散的环境中操作，这些数据可以存储在加密散列中，并且事后很容易追踪，否则，事后使用可解释性[③]技术可能不足以发现通过限制选择

（接上页）自学的，通过多个隐藏层过滤信息，以类似于人类代理的方式进行学习。因此，它们在识别隐藏的突触和含义方面非常有效，因为它们能够使用不寻找因果结果的非典型逻辑。更多分析参见 Charu C. Aggarwal, *Neural Networks and Deep Learning—A Textbook*, 2018, pp.4 - 20.

① 自然语言处理（NLP）是人工智能的一个分支，它帮助计算机理解、解释和操作人类语言。自然语言处理借鉴了包括计算机科学和计算语言学在内的许多学科，旨在填补人类交流与计算机理解之间的空白。参见 Dr. Dataman. Looking into Natural Language Processing（NLP）, 1 Nov. 2018, https://towardsdatascience.com/natural-language-processing-nlp-for-electronic-health-record-ehr-part-i-4cb1d4c2f24b.

② Benjamin P. Edwards. The Rise of Automated Investment Advice: Can Robo-Advisors Rescue the Retail Market? *Chicago-Kent Law Review*, Vol.97, 2018, pp.106 - 108.

③ 经合组织的人工智能原则规定，人工智能使用者必须提供适合具体情况并符合最新技术水平的有意义的信息：促进对人工智能系统的一般理解，使受人工智能系统影响的人能够理解结果，并使受人工智能系统不利影响的人能够根据有关因素的简单易懂的信息以及作为预测、建议或决定基础的逻辑对其结果提出质疑。OECD. Recommendation of the Council on Artificial Intelligence, https://legalinstruments.oecd.org/en/instruments/OECD-LEGAL-0449; G20 Ministerial Statement on Trade and Digital Economy, https://g20trade-digital.go.jp/dl/Ministerial_Statement_on_Trade_and_Digital_Economy.pdf. 欧盟人工智能高级别小组也提出了类似的原则。人工智能系统及其决策应以适合利益相关者的方式进行解释。人类需要意识到他们正在与人工智能系统互动，并（转下页）

的方式操纵用户决策的非常规和特殊的案例，而不是系统性算法偏差。①
在任何时候监察机器人全部产出的零星偏差，是一项甚至超出用于解释黑
盒行为的先进技术能力的任务。

（二）分散式金融：能否解除网络效应

分散式金融（DeFi），是指建立在区块链网络之上的金融应用生态系统。
由于这是一个通用定义，本文将使用这一术语，具体是指旨在创建一个没有
任何中央权威的开放透明的金融服务生态系统的行动。分散式金融（DeFi）
平台既可以是基于许可的，也可以是无许可的，后者比前者更受欢迎。用户
可以完全控制自己的资产，并通过对等式网络（P2P）、分散式应用程序
（Dapps）与这个生态系统进行交互。分散式金融应用程序不需要任何中介
或仲裁者。该规则规定了可以提前预测的争议解决方案。本质上，该规则
是用户之间的法律规范，因此在区块链平台的背景下，它被命名为 Lex
Cryptographia，即通过自动执行智能合约管理的规则。②

主流金融系统运行在由监管机构和中介机构管理的集中式基础设施
上，而分散式金融则由规则驱动，运行在以太区块链或其他区块链模型的分
散式基础设施上，在这些基础设施中，用户可以自由地部署不变的智能合
同。此外，分散式金融是基于公共区块链上可互操作的分散式金融应用程
序构建的模块化框架，用户能够设计和操作全新的金融市场、产品和服
务。③分散式金融的配置不可避免地导致金融基础设施和投资价值链的范
式转变。简单地说，分散式金融以一种完全不同的方式分配风险、信任和机
会，因为几乎完全没有中介机构，但这并不意味着消除所有风险；相反，在某

（接上页）且必须被告知系统的能力和局限性。参见 EU High Level Group on AI, Ethics Guidelines for
Trustworthy AI, https://ec.europa.eu/digital-single-market/en/news/ethics-guidelines-trustworthy-ai.

① 广义上说，在开发过程中有两类不同的可解释的人工智能技术：一是本身可解释的人工智能方法，
"意味着系统的复杂性或设计受到限制，以便使人类用户能够理解它是如何工作的"；二是处理"黑匣
子"系统如何工作这一更复杂和更具挑战性的问题的方法。后者可能涉及初始模型的重新运行，其
中更改了一些输入，以提供有关不同输入特征的重要性的信息。Royal Society. Explainable AI.
https://royalsociety.org/-/media/policy/projects/explainable-ai/AI-and-interpretability-policy-briefing.pdf.

② 参见 Primavera De Filippi and Aron Wright. Blockchain and the Law—The Rule of Code, 2018;
Georgios Dimitropoulos. The Law of Blockchain. *Washington Law Review*, 2000, p.111.

③ 由于分散式金融的金融服务和产品部署在区块链之上，因此消除了单点故障。这些数据被记录在区
块链上，散播在数千个节点上，使得欺诈、审查或潜在的服务关闭成为一项复杂的风险。

些情况下，与主流金融市场相比，风险变得更大，风险分布更难预测。

新冠疫情暴发以来，分散式金融经历了爆炸性的增长，这更多是由于新的投机渠道打开了，而不是因为比特币和以太坊等关键加密货币价格的爆炸性增长。[①] 尽管如此，这种投机活动的爆炸性增长也导致分散式金融基础设施的不断升级。[②] 由此可合理地预测，分散式金融平台将很快成为集中式平台模式的明显替代方案。

大型金融机构已经开创了分散的贸易融资平台。在这种平台上，活动是在特许的环境中开展的，并且是在受监管机构的框架内开展的。[③]有人认为，大型金融机构有兴趣参与分散式金融，以便在即将到来的金融业务运作方式的转变以及今后获得和提供金融服务的方式方面发挥引领作用。[④]

此外，鉴于分散式金融平台目前的受欢迎程度，以及它们对希望在创新密集型环境中经营的初创公司的天然吸引力，这种吸引力将触及更容易接受创新和道德投资产品的年轻一代投资者。鉴于分散式金融平台的结构性优势，[⑤]对于那些艰难挣扎的初创性金融科技公司，这些平台将不可避免地

①　"分散式金融公司总价值的巨大增长——从 2020 年夏天开始，本月超过 160 亿美元——无疑使该行业成为 2020 年讨论最多的话题之一。" Max Yakubowski. Was 2020 a "DeFi Year" and What is Expected From the Sector in 2021? Experts Answer，https://cointelegraph.com/news/was-2020-a-DeFi-year-and-what-is-expected-from-the-sector-in-2021-experts-answer.

②　"分散式金融生态系统已经形成了一个由综合协议和金融工具组成的庞大网络。以太坊智能合约锁定了价值超过 130 亿美元的价值，分散式金融已成为区块链领域最活跃的领域，为个人、开发人员和机构提供了广泛的用例。"

③　大型金融机构在一个被允许但又分散的环境中使用区块链进行贸易融资，现在已经成为一个被接受并经过充分检验的惯例。第一家合资企业是于 2018 年在中国香港地区推出的 eTradeConnect 平台，得到了汇丰（HSBC）、法国巴黎银行（BNP Par-ibas）、渣打银行（standard chartered）和其他 9 家银行的支持。这种风险项目现在已经被其他大型全球金融机构的财团复制，例如德意志银行、桑坦德银行、荷兰合作银行等，它们与超级账本 Fabric 支持的 IBM 区块链合作，完成实时操作。参见 Huillet. HSBC：Blockchain Perform Will Keep Trade Finance Smooth Despite Coronavirus.

④　"摩根大通（JP Morgan）和高盛（Goldman Sachs）等传统巨头是分散式金融的著名支持者，许多银行和金融机构在金融垂直财团中测试分散化的系统，以改善支付、贸易融资和银行间转账的处理时间。对于这些传统的金融机构来说，采用分散式金融不仅是为了测试新技术，以精简和增强它们当前的流程，而且是为了成为一场潜在的变革运动的一部分，认识到它们的领导作用，并将它们纳入其中。" Leon Perlman. Regulation of the Financial Components of the Crypto-Economy, Columbia School of International and Public Affairs Entrepreneurship and Policy. *Working Paper Series*，2019，p.21.

⑤　普惠金融的结构性好处包括低交易成本、产生分布式信任、可互操作、无国界和透明的商业场所，以及通过分散的金融服务扩大金融包容性，这些服务对年轻企业家具有强烈的吸引力。显然，"金融技术和分散式金融的新领域可能会重塑现代金融的结构，为创业和创新创造新的环境，展示分散式商业模式的前景和挑战"。参见 Yan Chen and Cristiano Bellavitis. Blockchain Disruption and Decentralized Finance：The Rise of Decentralized Business Models. *Journal of Business Venturing Insights*，2020.

被证明是不容错过的大好机会。在任何情况下,这些平台都非常灵活,可以按照分散的商业模式运作,或者根据自己的需要进行调整。因此,在不久的将来,我们将看到金融基础设施,无论是集中式的还是分散式的将在一个单一的平台内整合以前不同的投资服务功能,例如自动化咨询、投资组合管理、承销、执行、调节和结算。

在许多人看来,分散式金融进入主流市场意味着监管将被(智能)合约所取代,即所谓的 Lex Cryptographia。尽管如此,从某种程度上来说,现有的分散式金融模型将逐渐出现在主流金融领域。这种观点是错误的。在实践中,监管分散式金融市场和金融产品将是产品发展的关键因素。投资者保护需要指向简化的监管规则手册,以自上而下的方式指导"智能合约"守则中的合同交易和交易执行方式。当然,这种监管方法应该考虑到市场实践、技术优势和参与者的偏好。这一点对于经营行为(COB)规则在分散的金融网络中的发展方式尤为重要。

正如前文提到的,分散式金融并非没有风险,其爆炸式增长迄今几乎没有被监管机构注意到的唯一原因是,它仍然只是全球金融日常交易总量的一小部分。无许可制度鼓励黑社会利用这些制度转移、投资或洗钱,这些资金或者是违法所得,或者是逃税所得,或者可以用来资助恐怖主义。同时,主要的加密货币运营商声称,虽然无许可的分散式金融平台不监督、监测身份和个人账户,但它们仍然运行有效的系统,通过监测活动来监督市场的完整性。也就是说,它们已经从"了解你的客户"(KYC)系统过渡到"了解你的交易"(KYT)系统,以此作为检测可疑交易的更有效方法。[①] 然而,这一说法并没有经过任何外部的评估推敲。无论如何,鉴于金融系统的完整性面临许多威胁,金融服务公司作为现有《金融服务公约》《反洗钱法》的补充可能是有价值的,但不能取而代之。[②] 因此,笔者不认为强制分散式金融遵守《金融服务公约》和洗钱检查是任何旨在获得分散式金融最明显优势的监管尝试

---

① "了解你的交易(KYT)……通过评估参与者地址的行为而不是参与者的身份来保护隐私。通过提供为基于区块链的资产设计的、具有最高质量的链上数据的 KYT 监控,KYT 提供了反洗钱检查,以确保交易在遵守法规的同时保持匿名。"ConsenSys Launches CoDeFi Compliance, https://consensys.net/blog/press-release/consensys-launches-coFefi-compliance/.

② 在任何情况下,这里所表达的观点也越来越多地得到加密货币交易所的支持,例如,荷兰 Bitstamp 交易商加密货币交易所。我们预计至少在从他们那里拿走资金的情况下,KYC 将成为标准,如果不是用于访问 DApps 和 DEFexs 的话。

的重大障碍，特别是在为零售金融服务建立和整合欧盟市场的背景下。

分散式金融基础设施可以提供合同设计的灵活性和透明度，以及高水平的记录安全性。这些源于一个事实，那就是区块链记录不可变的固有特性促进了分布式分类账中防欺诈数据的协调，分布式分类账以分散的平台形式进行操作。以太坊区块链易编程性的特点允许设计和使用具有自动执行功能的高度可编程的智能合约，以创建新的金融工具和数字资产。

首先，与早期的区块链协议不同，以太坊的可组合软件确保分散式金融协议和应用程序能够相互整合和互补。因此，分散式金融基础设施享有高水平的互操作性，为开发人员和产品团队提供了在现有协议基础上构建、自定义接口和集成第三方应用程序所需的灵活性。[①]　其次，分散式金融平台提高了市场和贸易透明度。在公共以太坊区块链上，尽管以太坊地址是伪匿名的加密密钥，可以保护交易者的隐私，但每个交易都被广播给网络上的其他用户并由他们进行验证。也就是说，所有用户都可以看到网络活动。交易数据的这种透明度允许不受限制的数据分析，使订单和交易具有高度可审计性。最后，由于分散式金融平台允许数字钱包与其他分散式应用程序和协议相互作用，市场参与者始终保持对资产的保管和对个人数据的控制，因此消除了用户数据链带来的实质性的收益。

（三）市场微观结构、分散式金融与欧盟金融市场一体化

改革后的基于许可和监管的分散式金融平台可以为执行欧盟计划提供独特的市场渠道，这些计划涉及创建流动性强的泛欧洲零售资本市场和市场一体化，拓宽中小企业和初创企业获得资本市场融资的渠道，并促进资本市场的创新。这些目标是欧盟委员会为建立欧盟资本市场联盟（EU Capital Markets Union）而改变的战略的支柱，包括单一的欧盟品牌在一级市场上市。[②]

简言之，欧盟监管机构应该严格审查分散式金融平台的上述特征，例如

---

① 因此分散式金融协议称为"货币乐高"。

② Emilios Avgouleas and Guido Ferrarini. The Future of ESMA and a Single Listing Authority and Securities Regulator for the CMU: Costs, Benefits and Legal Impediments, In Busch, Avgouleas, Ferrarini eds. *Capital Markets Union in Europe*, OUP, 2018, Ch. 4.

在加密集成的分布式信任基础上运营开放式金融系统的能力,[1]提高透明度,降低交易成本。如果分散式金融的特性最终得到证实,那么,市场分散化(尤其是对市值较小的发行者而言)应该受到欢迎。具体而言,分散式金融的关键特性之一"代币化"(tokenisation),[2]以及区块链上的分散的交易所通过预先承诺的资产池(充当做市商)提高流动性,可以为许多市场微观结构障碍提供可信的市场解决方案,这些障碍阻碍了欧盟为小盘股(低市值)创建一体化市场。

一方面,由于其网络正外部性,代币化提高了可交易性,从而提高了资产流动性;另一方面,代币是安全的和即时可转移的,它也可以通过编程携带一系列具有内置属性的其他功能。因此,代币化可以帮助先前非流动性资产的流动性市场的出现,例如,社会市场的股权市场或绿色经济中小企业股权市场。这样,不仅可以拓宽获得市场资金的渠道,而且可以拓宽获得有助于实现更好的可持续性目标,并影响经济的新型投资和工具的渠道。

在一系列的市场环境中,分散式交易所[3]似乎以一种稳定和无问题的模式运作。从根本的角度看 DeFi,很难理解为什么对无许可不受监管的网络有效的方法,对于经营分散式市场的受监管的网络无效。在这些市场中,信息发现和投资教育也是用户的责任。随着每个用户对投资和投资专业知识以及获取资讯方面的专业知识有更深入的了解,分散式市场运行的效率也会越高。[4] 这当然是一种支持简单或标准化的投资工具(例如股票或债券)的论点。对于那些需要较高的投资熟悉度和专业知识或高昂的信息获取成本的工具,集中式交易所自然会占据主导地位,特别当它们受到投资中介机构的欢迎的时候。[5] 此外,监管机构可以允许市场参与者进行与无许

---

[1] Avgouleas and Kiayias. The Architecure of Decentralived Finance Platforms.

[2] 简言之,代币是在区块链上创建、发行和管理的数字资产。代币化既是分散式金融的基石,也体现了以太坊区块链的本地功能。

[3] 在这里,分散式交易所(DEX)被定义为一个平台,允许用户在智能合约的帮助下直接在用户钱包之间交易数字资产,而不需要可信的中介(交易所)来存放他们的资金。

[4] Vincent Glode and Christian Opp.Can Decentralized Markets Be More Efficient? *Jacobs Levy Equity Management Center for Quantitative Financial Research Paper*,2016.

[5] Vincent Glode and Christian Opp.Can Decentralized Markets Be More Efficient? *Jacobs Levy Equity Management Center for Quantitative Financial Research Paper*,2016.

可平台操作有关的试验，在这些平台上，匿名墙可能会在监管机构的要求下被事后突破。可以说，DeFi 吸引大量交易商的原因是无许可平台的匿名性。相反，在事后控制的无许可证平台上，是否会出现明显的交易流动性下降还不得而知。

分散式交易所提供的基础设施服务在交易和"上市"费用方面往往比集中式交易所低廉，这意味着分散式交易所可以用来为中小企业和初创企业开发一个欧盟上市品牌。能够提供自动做市和其他流动性解决方案的机制的存在，是支持上述断言的一个非常有力的论据。

与此同时，市场微观结构的问题，例如大型机构是否愿意购买比其规模小的公司的股票，以及相关市场的流动性水平较低，从而出现较高的加价和较大的买卖价差，以及较高的波动性，[①]都可能成为零售投资者进入这些市场的严重阻碍。由于分散式交易所不通过交易委托账本提供交易，因此与集中交易所相比，流动性问题可能很容易加剧。然而，最近在分散式交易所试用的自动市场交易系统（AMMs）可能为流动性问题提供了一个有效的解决方案。自动交易市场通过市场参与者预先承诺的资产池进行交易。他们通过算法制定价格，随时准备在分散的网络中与感兴趣的买家或卖家进行交易，以解决流动性短缺问题。

自动交易市场可能有两个缺点：一是由于分散式交易所不提供交易委托账本，因此其所提供的价格可能不能完全反映供求关系。同时，通过固定在区块链上的算法来监控相关交易，自动市场交易可以很容易地充分了解分散式交易所或其他市场的交易量，并根据过去的记录对即将到来的交易量做出不知情的预测。二是自动交易市场必须保护自己不受激进性套利者的影响。作为将其资产放入自动交易市场的回报，流动性提供者通常有权按比例分享交易商在自动交易市场上交换资产所支付的交易费用。交易费用形式的回报是激励代理人充当流动性提供者的主要动力。这些费用可以

---

① 关于流动性溢价，参见 Yakov Amihud. Illiquidity and Stock Returns: Cross-section and Time Series Effects. *Journal of Financial Markets*, Vol.5, 2020, pp.31-56; Yakov Amihud, Haim Mendelson and Lasse Heje Pedersen. Liquidity and Asset Prices. Foundations and Trends in Finance, 2005, pp. 269-364; Emilios Avgouleas and Stavros Degiannakis. Trade Transparency and Trading Volume: The Possible Impact of the Financial Instruments Markets Directive on the Trading Volume of EU Equity Markets. *International Journal of Financial Markets*, Vol.1, 2009, pp.96-123.

由自动交易市场逐步调整,使套利成本高而无利可图。[1] 相反,应该指出,由于交易意向书循序地到达一个分散式交易所,驱动一个不知情的自动交易市场的算法系统可以根据市场整体情况调整其价格和费用,这取代了集中式交易所的交易委托账本的价格均衡功能。在这种情况下,自动交易市场将只是调整其报价,以同样的方式操作或多或少 Glosten 和 Milgrom 模型应用的扩展。[2]

提高透明度、利用节点验证交易的必要性、自动化做市和分散市场的流动性提供机制,可以保护这些不成熟的市场免受流动性不足或过度内幕交易和市场操纵活动的风险,而这些风险在中小企业和初创企业发行人交易的集中市场并不鲜见。最后,消除分散式交易所的代币化股票和债券的清算和结算成本、简化股票贷款程序,以及将股票抵押品与公司贷款结合起来的能力,使这些市场特别适合小发行人的投资者。

分散式账本技术(DLT)基础设施无法处理高频交易(HFT)的固有特性,将使市场更加稳定,避免由于过度投机和波动而引起的任何价格大幅波动,同时又不会造成市场损失和降低信息流通的效率,这是由于抛空行为[3]大概仍会获准进行。在一个非常透明的市场环境中,如果没有高频交易,就会有健全的交易验证机制,从而减少算法串通的可能性。此外,高频交易和算法交易技术可能最终会扭曲或操纵市场价格,例如,欺骗行为[4]在分散式市场中本质上是不可能的。任何进入该系统的交易指令都是自动执行的,这减少了目的在于误导市场的、具有"欺骗"性质的指令扰乱网络的可能性。

---

[1] Vuay Mohan, Automated Market Makers and Decentralized Exchanges: A DeFi Primer, 30 October 2020.

[2] Lawrence R. Glosten and Paul. R. Milgrom. Ask and Transaction Prices in a Specialist Market with Heterogeneously Informed Traders, *Journal of Financial Economics*, Vol. 14, 1985, pp. 71 - 100; Sanmay Das. A Learning Market—Maker in the Glosten-Milgrom Model. *Quant Finance*, Vol. 5, 2005, pp. 169 - 180. Yakov Amihud and Haim Mendelson, Dealership Market: Market-Making with Inventory, *Journal of Financial Economics*, Vol. 8, 1980, pp. 31 - 53.

[3] 关于抛空行为可能带来的效率效益以及风险,参见 Emilios Avgouleas. A New Framework for the Global Regulation of Short Sales: Why Prohibition is Inefficient and Disclosure Insufficient. *Stanford Journal of Law, Business and Finance*, Vol. 376, 2020.

[4] 关于投资者如何策略性地"欺骗"股票市场,参见 Kyong Shik Eom and Kyung SuhPark. Microstructure-based Manipulation: Strategic Behavior and Performance of Spoofing Traders. *Journal of Financial Markets*, 2013, pp. 227 - 252; On Trade-Based Manipulation see Emilios Avgouleas, The Mechanics and Regulation of Market Abuse: A Legal and Economic Analysis, 2005, Ch. 5.

像最近卷入 GameStop 争议的 Robinhood 平台这样的免佣金经纪商，将订单流卖给 Citadel Securities[①] 这样的新的高频交易市场中介机构，这些中介机构运行着最先进的算法，这说明在流动性领域持续进行中介活动的风险。虽然在交易量低、波动性低的情况下，这种中介可能显示出价值链中专业化的价值，但在交易量和波动性飙升的情况下，它可能成为重大风险的来源，正如最近的 GameStop 案例所发生的那样。打破这些惯例的 DeFi 平台可以在市场中进一步增强稳定机制，阻止高度投机的高频交易活动，这也利用了相对较长的 T+2 或较长的结算周期。[②] 因此，将分布式账本技术市场的结算周期缩短至 t + 0 会带来稳定市场的后果，从而抑制波动性，提高用户对市场的信心。

分散式衍生品市场的运作可以带来潜在的优势，包括节约大量的交易成本。[③] 基于以太坊的智能合同能够创造代币化衍生品，其价值来自基础资产的表现，其中对手方协议是通过代码形式连接的。分散式金融衍生品可以代表现实世界的资产，例如法定货币、债券和商品，以及加密货币。鉴于 2008 年后对场外衍生品市场（OTC）监管带来的问题，大量系统性风险集中在中央对手方（CCP）内部。分布式账本技术（DLT）平台可以为场外衍生品交易和结算提供另一种分散的模式，这种模式有多个故障点，可以减轻中央结算对手和衍生品市场的压力，使其更容易进入和更有效率。[④]

因此，积极主动的监管机构有责任在 DeFi 的安全沙盒环境中进行监管实验，并从这些实验中汲取经验教训，这将使他们能够获得 DeFi 的好处，并

---

① 在像 Citadel 这样的免佣金经纪人应用程序和流动性经纪人的错综复杂的网络上，可以参见 Nikhilesh De. What Really Happened when Robinhood Suspended Game Stop Trading, https://www.coindesk.com/what-really-happenedwhen-robinhood-suspended-gamestop-trading.

② Michael McClain. Why Shortening the Settlement Cycle will Benefit the Industry & Investors, Mr Mcclain is Managing Director and General Manager of Equity Clearing and DTC Settlement Services of Depository Trust and Clearing Corporation (DTCC), one of the Biggest FMI Providers in the World. https://www. dtcc. com/dtcc-connection/articles/2021/february/04/why-shortening-the-settlement-cycle-will-benefit-the-industry-and-investors.

③ Emilios Avgouleasi and Aggelos Kiayias. The Promise of Blockchain Technology for Global Securities and Derivatives Markets: The New Financial Ecosystem and the "Holy Grail" of Systemic Risk Containment. *European Business Organization Law Review*, 2019, pp.81 - 110.

④ Emilios Avgouleasi and Aggelos Kiayias. The Promise of Blockchain Technology for Global Securities and Derivatives Markets: The New Financial Ecosystem and the "Holy Grail" of Systemic Risk Containment. *European Business Organization Law Review*, 2019, pp.81 - 110.

控制其风险。数字金融一揽子计划的实施应该被视为欧盟市场和监管转型过程的开始。

三、金融领域的数字价值链和《MIFID Ⅱ》

《MIFID Ⅱ》对金融工具在投资服务中的提供进行监管。[①]《MIFID Ⅱ》并不直接规范平台,但平台提供的不同功能确实属于《MIFID Ⅱ》的范畴。例如,机器人咨询服务和交易场所都受到《MIFID Ⅱ》的监管。此外,《MIFID Ⅱ》对金融工具制造或分销公司施加了一系列产品治理要求。[②]下文对现行制度进行审查,以确定由于金融价值链数字化已经出现的潜在差距,以及未来将出现的监管困境,特别是在分散式金融平台的背景下。

(一)《MIFID Ⅱ》机器人顾问制度的范围

《MIFID Ⅱ》对投资服务的定义包括投资建议和投资组合管理,不论这些服务是否自动化。[③] 根据机器人顾问提供的服务,它们的投资服务可以等同于投资建议或投资组合管理。如果机器人顾问只向客户提供建议,而客户随后做出投资决策,机器人顾问就是根据《MIFID Ⅱ》提供投资建议,这个过程可以被视为向客户提供个人建议。[④] 如果机器人顾问也代表客户管理金融工具,那么,它的服务就属于投资组合管理的定义范围。投资组合管理包括根据客户的委托管理投资组合,这种投资组合包括一种或多种金融工具。[⑤] 机器人顾问作为投资公司提供投资咨询或投资组合管理服务必须经过相关授权。

这里的一个有趣的转折是,根据其第3条,欧盟成员国可以选择不对公司适用《MIFID Ⅱ》,这些公司不持有客户资金,不允许提供任何投资服务,除了接受和传递可转让证券或集体投资事业单位的指令和(或)提供与

[①] 投资服务和活动的定义包括一系列广泛的活动,包括接收和传递指令、执行指令、投资咨询、自营交易、投资组合管理、承销以及作为多边交易设施和有组织交易设施的交易场所的运作。

[②] Articles 16(3) and 24(2) *MIFID II*, Articles 9 and 10 *MIFID II* Delegated Directive; ESMA Guidelines on *MIFID II* product governance requirements (ESMA35 - 43 - 620/5.02. 2018).

[③] George Ringe and Christopher Ruof. A Regulatory Sandbox for Robo Advice. *European Banking Institute Working Paper Series*, 2018, No.26, p.29.

[④] Art. 4(1)(4) *MIFID II*.

[⑤] Art. 4(1)(8) *MIFID II*.

此类金融工具有关的投资建议。① 因此,满足这些条件的机器人顾问属于《MIFID II》的监管范围之外,受制于各自的国家监管制度。应当指出,根据《MIFID II》第 3 条,成员国的国家监管制度必须对这些公司的授权、监管和履行商业义务施加条件,但受到这样监管的公司并不获得《MIFID II》的认可。

《MIFID II》为有资格成为投资公司的机器人顾问引入了严格的授权和商业规则。除了获得主管当局的授权外,该指令还要求投资公司遵守严格的资本金要求,②并要求受监管的公司负有过多的责任,必须按照客户的最佳利益诚实、公平和专业地行事。③ 投资公司必须管理和避免公司不同活动与客户利益之间的利益冲突。④

《MIFID II》引入了大量实质性和规范性的披露要求,并规定了向客户或潜在客户提供公平、清晰和不误导的信息的高度义务。⑤《MIFID II》的业务管理制度的一个基石是要求提供投资组合管理或投资服务的投资公司进行适当性评估。⑥ 公司必须根据相关客户信息,为投资服务和金融工具提供合适的建议。为了满足这些要求,机器人顾问要求客户完成问卷调查,并采取其他步骤解释他们的投资目标和风险偏好。然而,在这个背景下,关于机器人顾问的一个有趣的问题出现了,这些顾问在最初的问卷调查和评估之后自动重新配置客户的投资组合,包含重新配置的投资组合的投资是否合适?

(二)《MIFID II》和交易场所

就交易场所而言,《MIFID II》实施了新的规定,并引入了一类新的平台,即所谓的有组织的交易设施。根据《MIFID II》,有三类平台:传统受监管的场所;多边交易场所(MTF);有组织的交易场所(OTF)。此外,《MIFID II》对系统化内部撮合商(SI)提出了监管要求。传统受监管的市

---

① Art. 3 *MIFID II*.
② Art. 15 *MIFID II*.
③ Art. 24(1) *MIFID II*.
④ Art. 23 *MIFID II*.
⑤ Art. 24(3) *MIFID II*.
⑥ Art. 25(2) *MIFID II*.

场和多边交易场所是多边体系,根据其非自由裁量规则,将金融工具的多个第三方买卖利益汇集在一起或为其提供便利。① 有组织的交易场所是一个多边系统,它不是一个传统受监管的市场或多边交易场所。在这个系统中,债券、结构性融资产品、排放限额或衍生工具等非股权工具的多个第三方买卖权益能够在系统中相互作用。② 此外,有组织的交易场所在自由裁量的基础上执行交易。多边交易场所或有组织的交易场所的公司能够以作为交易双方的其中一方的身份,在自己的账户上执行交易指令,而不是将客户交易指令发送给受监管市场(RM)。系统化内部撮合商指的是某些公司,在传统受监管的市场、多边交易场所(MTF)或有组织的交易场所(OTF)之外执行客户订单时,它们会使用双边体系,并通过自己的账户进行交易。③

　　根据交易工具和指令执行方式的不同,分散式平台可能属于传统受监管市场、多边交易场所或者有组织的交易场所的范畴。由于综合平台既不是在双边基础上运作,也不是在自己的账户上交易,因此它们不能采取系统化内部撮合商(SIs)的形式。同时,如果分散式金融平台按照拟议的分布式账本技术的试点制度下的规定,提供《MIFID Ⅱ》中提及的金融工具的交易服务,那么,上述自动化做市商可能被视为系统性内部撮合商(SIs),但这将严重限制分散式金融平台上自动化做市商的功能。因此,笔者希望,如果自动化做市商处理的是低市值股票,则目前的上市公司制度将不适用于它们,而且可以证明,如果自动化做市商经营的预先承诺的资产池可以与自营交易账户相对应,那么,自动化做市商正在通过客观的市场学习算法提供价格,以便有偿提供流动性,而不是利用自营账户获利。

　　此外,多边交易场所和有组织的交易场所表现出某些重要的差异。④最值得注意的是,虽然有组织的交易场所只能交易非股权工具,但是多边交易场所可同时交易股权和非股权工具。此外,有组织的交易场所的执行基于自由裁量权。相比之下,多边交易场所在执行命令时适用非自由裁量规则。金融科技平台和应用程序为客户提供各种金融工具的交易服务,更有

---

① Art. 4(1)(21) and (22) and Art. 19(1) *MIFID II*.

② Art. 4(1)(23) *MIFID II*.

③ Art. 4(1)(20) *MIFID II*.

④ Danny Busch. *MIFID II* and MIFIR: Stricter Rules for the EU Financial Markets. *Law and Financial Markets Law Review*, 2017, pp.126 - 128.

可能以多边交易场所的形式组织起来，即部署多边系统，并根据非自由裁量规则执行交易。同样，分散式金融平台也不太可能像有组织的交易场所那样提供可自由支配的服务。与此同时，欧盟的试点制度为分布式账本技术的多边交易场所的运营腾出了空间。显然，允许的分散式金融平台可以在试点制度下成为分布式账本技术的多边交易场所。

这里可能出现的另一个问题是与一级市场上市有关的。受监管的市场受制于更多关于允许金融工具进行交易的法定规则。[①] 此外，在受监管市场上发行金融工具的发行人必须遵守最初的、持续的特别披露义务。[②] 总体而言，受监管市场的运作需要金融科技平台承担相当大的成本。

多边交易场所或有组织的交易场所的经营被视为投资活动，因此在经营上被视为投资公司，并受透明度和组织性要求的约束。[③] 除了适用所有投资公司的一般组织规定，例如除了利益冲突管理的相关规定外，多边交易场所和有组织的交易场所还受额外的具体组织要求的约束。[④] 此外，它们被禁止用自己的账户进行交易，[⑤]多边交易场所不受客户规则（例如最佳执行要求）的约束。[⑥] 相比之下，有组织的交易场所在执行和下达指令层面上有自由裁量权，但受客户规则（例如最佳执行要求）的约束。[⑦] 此外，在某些情况下，它们可以用自己的账户进行交易。[⑧]

就传统的受监管的市场而言，受监管的市场的经营不被视为《MIFID II》下的投资活动。[⑨] 相反，经营商必须作为一个受监管的市场获得许可证，并遵守一套不同的规则。这些规则尽管与适用于传统的受监管的市场的规则相似，但并不完全相同。例如，对投资公司采用的相称性方法不适用于传统的受监管的市场。[⑩] 但是，交易《MIFID II》中所提及的金融工具的分散式交易所不太可能寻求这种授权。除了它们的声望和认可度之外，传统的受

---

① Art. 51 *MIFID II*.
② Art. 51(3) *MIFID II*.
③ Art. 4(1)，Art. 4(2) and Annex I，Section A *MIFID II*.
④ Art. 19(1) *MIFID II*.
⑤ Art. 19(5) *MIFID II*.
⑥ Art. 19(4) *MIFID II*.
⑦ Art. 20(6) *MIFID II*.
⑧ Art. 20(3) *MIFID II*.
⑨ Art. 44 *MIFID II*.
⑩ Art. 16(4) *MIFID II*.

监管的市场的主要优势是它们交易委托账本的深度。然而，由于分散式交易所并不以交易委托账本为基础运作，他们没有任何动机去寻求作为传统的受监管的市场授权。

（三）金融科技平台和《MIFID Ⅱ》的产品管理机制

在提供或推荐投资产品时，综合一站式金融科技平台也可能成为分销商；在创造、开发、发行或设计自己的投资产品时，甚至可能成为金融产品制造商。在这种情况下，该平台也将受到《MIFID Ⅱ》关于产品管理规则的约束，其对分销或制造金融工具的投资公司实施了一系列严格的产品管理规则。产品制造商必须制定产品批准程序，其中包括确定产品的潜在目标市场，并评估该目标市场的所有相关风险。①

此外，《MIFID Ⅱ》使产品制造商受制于产品管理安排，这些安排涉及利益冲突、市场整体性和金融稳定的威胁。② 此外，公司被要求对其生产的产品进行定期审查。③ 根据《MIFID Ⅱ》，分销商必须确定投资产品的实际市场。④ 此外，它们必须确保适当的产品管理安排到位，以便所提供或推荐的产品和服务符合目标市场的需要、特点和目标。⑤ 如果分销商不是产品的制造商，它必须从制造商那里获得有关产品和产品批准程序的所有相关信息。⑥ 分销商还必须定期审查本身的产品管理安排以及所提供或推荐的产品。⑦

显然，如果分散式金融平台开始充当《MIFID Ⅱ》提及的金融工具的"分销商"，那么，它们将发现很难遵守其中的产品管理机制，平台成员和监管机构都必须表现出愿意在不削弱投资者保护的情况下改进该机制。笔者建议这样做的一种方法是分散式金融平台对新的金融产品有一个流入审核程序，只有在能够证明产品的"制造商"和"分销商"已经遵守《MIFID Ⅱ》要求的情况下，这些产品才能获得批准和经过验证。无论如何，这是一个更

---

① Art. 16(3) and Art. 24(2) *MIFID II*，art. 16(3)&24(2)．

② Art. 16(3) *MIFID II*．

③ Art. 16(3) *MIFID II*．

④ Art. 16(3) and Art. 24(2) *MIFID II*．

⑤ Art. 16(3) and Art. 24(2) *MIFID II*．

⑥ Art. 16(3) *MIFID II*．

⑦ Art. 16(3) *MIFID II*．

广泛的问题,如果分散式金融产品要置于《MIFID Ⅱ》的监管保护之下,就必须在某个时候解决这个问题,因为其中一些产品甚至可能无法识别"制造商"。

（四）对《MIFID Ⅱ》的评价

总体而言,综合金融科技平台及其不同功能受制于一系列《MIFID Ⅱ》的规则。作为提供机器人咨询服务、经营交易场所、制造和(或)分销投资产品的公司,这些平台必须遵守《MIFID Ⅱ》。因此,它们被一个复杂的行为网络和客户保护规则所困。这些规则根据客户所属的类别和投资服务的类型而有所不同。总之,金融科技平台根据其运营的交易平台的类型而受到不同的许可和规则的约束。

对于分散式金融科技平台来说障碍更大。我们已经注意到自动化做市商和系统化内部撮合商体制的问题,以及将分散式金融平台纳入产品管理机制的挑战。另一个挑战是遵守分散式金融平台上的经营行为规则。例如,在《MIFID Ⅱ》的背景下,如果平台和交易对手方都没有被授权为投资公司,谁来履行经营行为职责便是一个问题。[①] 因此,必须找到具备独创性的解决方案,在不牺牲消费者或投资者利益的情况下,实现分散式金融平台的上述优势。

例如,分散式综合平台为愿意在平台上交易的散户投资者提供直接的渠道。然而,交易场所并不能为投资者提供直接的渠道;相反,投资者可以通过金融中介机构进入。交易场所只接受拥有足够交易能力和足够组织标准和资源的投资公司、信贷机构和其他机构作为成员或参与者。此外,《MIFID Ⅱ》是在数字金融兴起之前采用的,并没有考虑到新技术发展带来的问题。因此,其规则无法处理分散式综合分散平台带来的新的行为、业务和财务稳定性问题,例如职能一体化造成的利益冲突加剧,以及运营和网络安全风险。

四、分布式账本技术平台和新的欧盟试点制度

欧盟推出的 DLT 试点制度,旨在促进分布式分类账技术在《金工市场

---

① Avgouleas and Kiayias. The Architecture of Decentralize Finance Platform.

指令》所提及的金融工具（可转让证券）发行、交易和结算中的使用。[①] 它一方面消除监管障碍；另一方面，弥合监管漏洞，特别是在市场诚信、透明度和投资者保护方面。[②] 因此，试点制度允许分布式账本技术（DLT）市场基础设施获得临时豁免，不受欧盟有关金融服务立法规定的限制性要求的约束。同时，它意图通过针对分布式账本技术平台带来的特定风险，来保持金融稳定和促进投资者保护。

欧盟委员会的提议为分布式账本技术市场基础设施建立了一个覆盖整个欧盟的监管沙盒。应该指出的是，建议所提出的制度是可选的和有时间限制的。从具体许可之日起，给予在试点制度下经营的许可和豁免，许可期限最长为 6 年。[③] 因此，在试点制度经营 5 年之后，欧洲证券和市场监管局（ESMA）和欧盟委员会需要对试点制度进行评估，包括将试点制度延长实施的成本和效益，从而无论是否对其进行修改或终止，也使该制度永久化。[④]

试点制度引入两类新的分布式账本技术（DLT）市场基础设施，即 DLT 多边贸易场所（DLT MTF）和 DLT 证券结算系统（DLT SSS）。[⑤] 根据《MIFID Ⅱ》获认可为投资公司或市场经营者的市场参与者，或根据《中央证券托管法规》[⑥]获认可为中央证券托管机构的市场参与者，均可申请准许在试点制度下经营 DLT 多边贸易场所或 DLT 证券结算系统，并获特别准许暂时不受某些规则的约束。为了在维护金融稳定的需要与促进创新和试验的需要之间取得平衡，该建议对可以在 DLT 多边交易场所上进行交易，或记录中

---

① 第 3 条关于试点制度条例的建议。

② 有关广泛采用 DLT 带来的监管障碍，参见 Alexandros L. Seretakis. Blockchain, Securities Markets and Central Banking in：Philipp Hacker, Ioannis Lianos, in Georgios Dimitropoulos and Stefan Eich ed. *Regulating Blockchain*. Techno-Social and Legal Challenges, 2019.

③ Art. 7(4) and Art. 8(5) Proposal for a Regulation on a Pilot Regime.

④ Art. 10 Proposal for a Regulation on a Pilot Regime.

⑤ 根据建议书第 2(4)条："DLT 多边交易场所"是指由投资公司或市场经营者经营的多边交易设施，其设施仅允许交易 DLT 可转让证券，并可根据透明、非酌情、统一的规则和程序允许：① 确保 DLT 可转让证券的初始记录；② 以付款方式结算 DLT 可转让证券交易；③ 提供与 DLT 可转让证券有关的保管服务，或酌情提供与 DLT 转让证券使用的相关付款和抵押品有关的保管服务。第 2 条第(5)款将 DLT 证券结算系统定义为由"中央证券托管机构"运作的证券结算系统，用于 DLT 可转让证券交易的付款结算。

⑥ Regulation (EU) No 909/2014 on improving securities settlement in the European Union and on central securities depositories (CSDR).

央证券托管机构上经营的 DLT 证券结算系统的可转让证券种类作出限制。①

认识到目前的监管制度不适合处理（DLT）分布式账本技术可能带来的一些风险，建议包括了旨在保护投资者、消费者和金融体系的严格保障措施。② DLT 基础设施的业务经营者必须制定详细的业务计划，包括说明 DLT 的技术情况和这项技术的用途。一是 DLT 市场基础设施运作的规则，包括经营者、成员、参与者、发行人和客户的法律权利、义务、责任，必须以书面形式向公众公布。二是经营者必须建立风险管理规则、规定进入内部基础设施的方式、参与验证节点、管理利益冲突的规则。DLT 市场基础设施的经营者也应确保他们有适当的信息技术和网络方面的制度安排。三是运营商必须保护任何存储数据的完整性、安全性和机密性。四是该建议要求经营者在资金、抵押品和 DLT 可转让证券的保管方面遵守严格的规定。五是 DLT 市场基础设施的经营者应建立一个公开可用的策略，以便从特定的 DLT 市场基础设施转出或逐步退出。

国家主管当局负责管理试点制度，并批准在试点制度下开展业务的特别许可。申请人必须向主管当局提供各种资料，包括业务计划、整体资讯科技及网络安全的制度安排、申请豁免及理据。③ 当局如果认为对投资者保障、市场诚信或金融稳定构成风险，或者存在监管套利的危险，可以拒绝批准申请人在试点制度下经营。④ 在试点制度下经营的许可在整个欧盟范围内有效。⑤

DLT 市场基础设施可以要求豁免某些规则，这些规则与 DLT 在证券交易过程和交易后使用不相容。要求这种豁免的 DLT 基础设施必须符合每项豁免附带的特定条件，以及国家主管当局可能施加的任何附加条件。因此，虽然欧盟第 909/2014 号条例要求可转让证券的记录和相关交易的结算由中

---

① 只有股票和某些类别的债券才有资格在 DLT 多边交易场所或 DLT 证券结算系统上进行交易。就股票而言，发行人的市值或暂定市值必须少于 2 亿欧元，而就可转换债券、担保债券、公司债券或公共债券（主权债券除外）而言，发行规模必须少于 5 亿欧元。主权债券不能在 DLT 市场基础设施上进行交易。此外，在 DLT 基础设施上记录的证券总价值不能超过 25 亿欧元。Art. 3 Proposal for a Regulation on a Pilot Regime.

② Art. 6 Proposal for a Regulation on a Pilot Regime.

③ Art. 7(2) and Art. 8(2) Proposal for a Regulation on a Pilot Regime.

④ Art. 7(4) and Art. 8(4) Proposal for a Regulation on a Pilot Regime.

⑤ Art. 7(5) and Art. 8(5) Proposal for a Regulation on a Pilot Regime.

央证券托管机构(CSD)充当中介,但作为同一活动的一部分,这可能在分布式分类账上进行。为了避免分布式分类账和中央证券托管机构上的记录被复制,从而对 DLT 市场基础设施所处理的金融工具的交易生命周期造成功能上的冗余覆盖,DLT 多边交易场所要求免除入账要求,并且不用根据第 909/2014 号条例在中央证券托管机构进行记录。当 DLT 多边交易市场与那些申请进入中央证券托管机构的申请人具备相同条件时,上述豁免条款将适用,特别是 DLT 多边交易场所可要求免除执行目前由中介机构(例如中央证券托管机构)履行的活动。根据 909/2014 号条例第 4(2)条,可允许 DLT 多边交易场所交易 DLT 可转让证券,这些证券没有记录在中央证券托管机构中,而是记录在 DLT 多边交易场所的分布式分类账中。对 DLT 证券结算系统也引入了类似的豁免,DLT 证券结算系统也受到中介义务的约束。[①]

此外,试点制度允许申请人寻求免受《MIFID》规则的约束,这些规则要求传统交易场所通过投资公司或信贷机构等金融中介机构接触零售投资者。[②] 这些规则与 DLT 系统不兼容,后者的业务模式是以点对点交易为前提的。同样,《中央证券托管法规》第 40 条规定,在可行和切实可行的情况下,以中央银行货币结算支付,或以商业银行货币结算支付。[③] 将沙盒内的 DLT 平台与 DLT 生态系统中使用的分散支付形式(这会增加市场参与者的数量)切断,但可能会适得其反。在这种情况下应该考虑一种不同的方法,包括与未经许可的平台连接,这些平台的匿名性可能在事后被破坏。此外,DLT 证券结算系统也可以免除适用于传统结算系统的某些其他要求,这些要求与 DLT 系统不兼容,例如有关证券的非物质形式、证券账户、证券记录、资产分离、活动和服务的扩展及外包,以及中央证券托管系统与其他市场基础设施之间的标准连接的相关规定。[④]

五、结论和建议

数字化的到来意味着全球金融价值链发生了不可逆转的转变。截至目

---

① Art. 5(4) Proposal for a Regulation on a Pilot Regime.

② Art. 4(1) Proposal for a Regulation on a Pilot Regime.

③ 然而,该提案将允许 DLT 证券结算系统申请豁免,从而允许以代币形式或电子货币代币形式在商业银行结算支付。Art. 5(5) Proposal for a Regulation on a Pilot Regime.

④ Art. 5(2) and (6) Proposal for a Regulation on a Pilot Regime.

前，这种转变表现在两种截然相反的趋势中。一是在批发市场和零售市场上的完全垂直整合和产业集中化；二是由分散式金融的基础设施所形成的。这两种市场组织模式的共同特征是将金融服务的供应整合在一站式服务平台中。目前，主要金融市场已被黑石的阿拉丁和蚂蚁金服等平台主导。在Avgouleas 和 Kiayias 提供的模式中，由分布式账本技术驱动的分散式金融平台还可以在单一平台中集成各种功能，例如自动建议、投资组合管理、承销、执行、调解和结算等功能。

这两种以客户为主的一站式多资产平台，可以使得资产市场间的完全连接与方便访问相结合。用户将能够在任何资产市场上获得投资建议，机器人咨询服务和交易平台将被合并。机器人顾问将决定交易的方向，这也是交易发生的基础平台的一部分。在极端情况下，该平台可以成为产品顾问、分销商和产品制造商。将机器人咨询服务、结算、托管和交易结合在一个单一的平台上，对目前的传统模式提出了挑战，这种模式的前提是对金融市场和参与者的监管采取基于筒仓的方法。

尽管如今分散式金融与价值可疑的加密货币、高风险贷款以及无许可加密空间中的临时交易密不可分，但其基础设施的前景不容小觑。由于存在多个故障点、交易可审计性、市场透明度以及其增强自动遵从性和改进监督的能力，对金融监管机构来说，系统具备复原力具有明显的好处。

由于分散式金融活动的激增，对于这种技术的弹性、功能性、可伸缩性和连通性的任何挥之不去的怀疑越来越少，没有任何关于严重中断或系统故障的报告。2020 年新冠疫情暴发后，分散式金融平台上不间断的交易量——尽管是前述讨论的那种——本身就反映了分散式金融的基础设施具备功能性和弹性。因此，任何试图在主流金融及其监管框架内利用这一技术和相关业务优势的监管尝试都是有一定道理的。

如果将分散式金融平台纳入一个灵活的监管范围，使其了解自动化和日益自动化合规的优势及危险，由 DLT 提供动力的被允许设立的分散式金融平台可以加速欧盟市场一体化，并实现欧盟资本市场联盟的愿景。首先，分散式金融的基础设施将有助于扩大中小企业和大公司的融资渠道，减少欧盟经济对银行融资的依赖。其次，它们将降低大型机构的租金，放松对大型科技公司的控制，从而使它们在零售市场上容易发展。再次，分散式金融基础设施将为投资者(消费者)提供更高水平的保护,使高效[低成本(高透明)度]和具有合理流动性的小盘股市场在欧盟范围内得以运作,这可能有助于为中小企业上市开发一个在欧盟制造的全球品牌。最后,它可以帮助消费者的投资偏好和投资范围与其投资组合的结构保持一致,因为它们为终端用户提供了更好的控制。

需要对包含在《MIFID Ⅱ》概念中的欧盟金融监管进行重新思考,包括从单一公司授权模式到多公司协作平台授权模式,这些投资服务公司持有单一入口点许可、独特的集中交易和结算场所。这是通过由大型科技公司和大型金融公司拥有的占主导地位的一站式平台,以此来对抗欧盟金融市场基础设施的控制权的突出威胁的唯一办法,但这将给《金融工具市场指令》带来相当大的挑战,必须找到创新的解决方案,包括在实体层面上的自动遵从性。

然而,欧盟金融监管制度的重新配置,是为了应对欧盟金融服务交付模式的挑战以及国际货币基金组织的转型,而这一方式将面临巨大的障碍。首先,现有企业可能希望维持现状,以保持市场份额和租金。其次,监管机构将不得不采取艰难的平衡措施,因为任何非渐进式的改革都必将对欧盟目前的监管模式产生深远影响。

改革必须权衡。一方面,推进数字化转型可能带来的福利——考虑到市场数字化已成为欧盟的官方产业政策的事实;另一方面,政府和行业内部的细分领域将呈现垂直整合和价值链转型,为打造欧洲第一企业提供机会。据称,这些企业将能够与美国和中国的金融服务巨头例如黑石和蚂蚁金服竞争。

这是一个虚假的承诺。由于欧盟金融服务和数据保护框架的限制性远远超过美国或中国大型金融机构的运营框架,集中化的金融平台可能会导致结构性变化,使欧盟金融市场更加被少数所垄断。因此,支持"建设欧洲第一企业"的政策将导致寻租行为的增加,从而增加而不是减少市场垄断。

实际上,欧盟决策者将不得不重新考虑提议的 DLT 试点制度,特别是,他们将不得不考虑扩大适用提议的 DLT 试点制度,以包括分散式金融平台,分散式金融平台不需要持有作为《金融工具市场指令》投资公司的授权,这将给其的规制带来相当大的挑战,必须找到创新的解决方案,例如促进公司在实体层面上遵守法规的自觉性。

虽然这是向前迈出的重要一步，但欧盟现有的试点制度也向后退了一步。正如 Giudici 和 Ferrarini、Marjosola 所论证的那样，试点制度是基于这样一种期望，即围绕新技术的新市场趋势可以适应欧盟金融市场现有的基于披露和许可的监管范式。然而，这是一种毫无根据的期望，因为现有的行业利益集团希望避免对现有行业惯例，以及建立在非常复杂和烦琐的规则基础上严密的寡头垄断受到大规模的破坏。它回顾了过去，忽略了未来在投资者保护和市场发展方面的挑战和内部市场运作的机会。

分散式金融本身给监管机构带来了相当大的挑战。尽管如此，随着英国脱欧时代欧盟市场的重建，这是一条值得尝试和认可的路线。分散式金融平台有可能填补欧盟资本市场联盟拼图中缺失的部分。扩大提议的 DLT 试点制度的适用既是促进欧盟金融价值链进一步数字化的最佳途径，也是促进随之而来的效率物质化的最佳途径，同时避免大型集中式金融科技平台支配市场的不良后果。在开放金融范式下，适当监管的分散式金融的基础设施可以成为欧盟资本市场民主化和进一步一体化的安全通道。

◢ 后 记

　　本书是国家社科基金重大项目"美国全球单边经济制裁中涉华制裁案例分析与对策研究"（21&ZD208）的阶段性成果。之所以对数字货币加以关注和研究，是因为数字货币正在成为金融制裁和反制裁新的争夺焦点。了解数字货币的运用场景和发展特点至关重要。

　　本书得到了作者们的大力支持，他们慷慨地授权，使得本书论文的翻译和出版顺利进行。

　　本书的出版得到了上海市法学会国家安全法律研究会的资助，以及董卫民会长、杭燕老师、巫社广老师的帮助和支持。特此致谢！

　　汪娜编辑精心编辑全书，所有译者翻译并且三校了译文，感谢他们的付出！

沈 伟

2023 年 3 月 20 日

"国家安全法治研究丛书"已出版书目

总体国家安全观法治理论研究

非传统安全理论研究：以总体国家安全观为分析框架

国际法框架下航行自由制度研究

数字时代的金融平台和加密资产：技术、风险和规制

数字时代的货币：风险和监管